वीरेंद्रकुमार गुप्त

वीरेंद्रकुमार गुप्त का जन्म 29 अगस्त, 1928 को सहारनपुर, उत्तर प्रदेश में हुआ। उन्होंने एम.ए. और साहित्यरत्न की उपाधि प्राप्त की। मूलतः कवि रहे। बाद में उपन्यास लेखन आरम्भ किया। कथा के क्षेत्र में खोजपूर्ण ऐतिहासिक विषयों में उनकी विशेष रुचि रही। कथा-लेखन के साथ-साथ उन्होंने चिन्तनपरक निबन्ध भी लिखे। 1950 से 1988 तक अध्यापन किया। थारो, जैक लंडन, डिकेन्स, अरविन्द आदि की कई रचनाओं का हिन्दी में अनुवाद भी किया। जैनेन्द्र से उनका एक लम्बा संवाद 'समय और हम' शीर्षक से 1962 में प्रकाशित हुआ। बाल-साहित्य और अंग्रेजी के चिन्तनात्मक लेखन में भी उनका योगदान रहा।

उनकी प्रकाशित पुस्तकें हैं—'सुभद्रा-परिणय' (नाटक); 'प्राण-द्वंद्व' (प्रबन्ध-काव्य); 'मध्यरेखा', 'शब्द का दायरा', 'चार दिन', 'प्रियदर्शी', 'विजेता', 'विष्णुगुप्त चाणक्य' (उपन्यास); 'झील के पार', 'समद्र पर सात दिन' (बाल उपन्यास); 'समय और हम', 'Ahinsa in India's Destiny' (चिन्तन) आदि।

विष्णुगुप्त चाणक्य

वीरेंद्रकुमार गुप्त

राजकमल पेपरबैक्स

राजकमल पेपरबैक्स में
पहला संस्करण : 1994
छठा संस्करण : 2023

राजकमल पेपरबैक्स : उत्कृष्ट साहित्य के जनसुलभ संस्करण

राजकमल प्रकाशन प्रा. लि.
1-बी, नेताजी सुभाष मार्ग, दरियागंज
नई दिल्ली-110 002
द्वारा प्रकाशित

शाखाएँ : अशोक राजपथ, साइंस कॉलेज के सामने, पटना-800 006
पहली मंजिल, दरबारी बिल्डिंग, महात्मा गांधी मार्ग, प्रयागराज-211 001
वेबसाइट : www.rajkamalprakashan.com
ई-मेल : info@rajkamalprakashan.com

बी.के. ऑफसेट
नवीन शाहदरा, दिल्ली-110 032
द्वारा मुद्रित

मूल्य : ₹ 399

VISHNUGUPTA CHANAKYA
Novel by Virendra Kumar Gupta

ISBN : 978-81-267-0039-4

जीवन एवं रचना-यात्रा
में
संगिनी राजेश्वरी को

दो शब्द

चाणक्य और चन्द्रगुप्त के जीवन एवं उनकी उपलब्धियों के विषय में जो मूल तथ्य निर्विवाद रूप से मान्य हैं, वे हैं : (1) चाणक्य तक्षशिला में राजनीतिशास्त्र के अध्यापक थे और चन्द्रगुप्त को शिष्य-रूप में ग्रहण करके उन्होंने उसे एक विज्ञ एवं वीर योद्धा का स्वरूप दिया था; (2) जिस समय सिकन्दर का आक्रमण हुआ, चन्द्रगुप्त लगभग 22-23 वर्ष का युवक था और सिकन्दर एवं पुरु के युद्ध के समय वह अपने गुरु के साथ युद्ध-क्षेत्र में उपस्थित था; (3) किसी समय किसी कारण नन्द ने चाणक्य का घोर अपमान किया और क्रुद्ध चाणक्य ने नन्द के विनाश का प्रण लिया; (4) चाणक्य और चन्द्रगुप्त ने पाटलिपुत्र पर आक्रमण कर उस पर अधिकार कर लिया और नन्द के स्थान पर चन्द्रगुप्त सम्राट् बना; (5) अब चाणक्य के मार्गदर्शन में चन्द्रगुप्त ने साम्राज्य-विस्तार किया एवं मगध-साम्राज्य पश्चिम में तक्षशिला तक फैल गया: तथा (6) जब अनेक वर्षों बाद सिल्यूकस ने आक्रमण किया तो चन्द्रगुप्त ने उसे सिन्धु-तट पर बुरी तरह पराजित किया और उससे कई पश्चिमोत्तर प्रान्त छीन लिये। सिल्यूकस को अपनी कन्या का दान भी करना पड़ा। इन मूलभूत तथ्यों से सम्बन्धित विविध विवरण एवं अवर तथ्य अनिश्चित हैं। ग्रीक लेखों, बौद्ध-जैन-हिन्दू ग्रन्थों में बिखरे उल्लेखों, पुरातात्त्विक अवशेषों-शिलालेखों तथा काव्याख्यानों में प्राप्त वर्णनों एवं किंवदन्तियों के हवाले देकर इतिहासकारों ने अपनी-अपनी चिन्तना और धारणा के अनुसार चाणक्य एवं चन्द्रगुप्त के अनिश्चित जीवन-तथ्यों को एक निश्चित रूपरेखा देने का प्रयास किया है। इन दो इतिहास-पुरुषों को लेकर रचे गए अनेक नाटकों एवं उपन्यासों के रचयिताओं ने भी इतिहासकारों के ही पथ पर चलकर अपनी-अपनी कथावस्तुओं की रचना अपने-अपने ढंग से की है। कोई अन्य मार्ग रहा भी नहीं है और प्रस्तुत उपन्यास में भी इसी का अनुसरण किया गया है। अनिश्चित विवरणों-तथ्यों को विशेष रूपरेखा देते समय मेरा क्या चिन्तन रहा यह स्पष्ट करना आवश्यक मानकर ही ये दो शब्द लिख रहा हूँ।

मूल समस्या यह है कि चाणक्य को किस रूप में ग्रहण किया जाए? क्या वे मात्र एक कुटिल कूटनीतिज्ञ थे, जिन्होंने अपने व्यक्तिगत प्रतिशोध के लिए दुर्द्धर्ष कूटनीति को साधन बनाया? अथवा, किसी महत् राजनीतिक-राष्ट्रीय लक्ष्य से अनुप्राणित होकर

कूटनीति को शस्त्र के रूप में उन्होंने ग्रहण किया? नन्द द्वारा किए गए व्यक्तिगत अपमान का प्रतिशोध उनका मुख्य साध्य था या वह मात्र एक उद्दीपक प्रेरणा थी? चाणक्य की प्रवृत्ति के विषय में कुछ तथ्य सर्वमान्य हैं। विशाल मौर्य साम्राज्य के निर्माता एवं महामात्य होते हुए भी जीवनभर वे राजधानी के राजकीय वैभव से दूर एक आश्रम में ही रहे। अपने महान कृतित्व एवं उच्चतम पद के आधार पर किसी व्यक्तिगत लाभ का दावा उन्होंने कभी नहीं किया। अध्यापन को उन्होंने अन्त तक नहीं छोड़ा। ऐसा निस्संग सिद्ध पुरुष किसी भी व्यक्तिगत प्रतिशोध से अभिभूत नहीं रह सकता। प्रतिशोध उसका लक्ष्य नहीं, उसके महदुद्देश्य, उसकी किसी विराट् योजना का गौण अंग मात्र ही बन सकता है। वस्तुतः, ऐसा ही था भी, क्योंकि नन्द के विनाश के साथ चाणक्य चुक नहीं गए। वे एक अधिक विशद, अधिक गहन आयास में जुट गए। पूरे भारत को उन्होंने एक साम्राज्य के रूप में संगठित किया और यवन आक्रामक सिल्यूकस को वह मुँहतोड़ उत्तर दिया जिसका उदाहरण बाद के इतिहास में अप्राप्य है। चाणक्य एक ऋषि थे, अध्यात्मवादी ऋषि नहीं, कूटनीतिज्ञ ऋषि। चाणक्य को इसी रूप में चित्रित करने का प्रयास प्रस्तुत उपन्यास में किया गया है।

चाणक्य कहाँ के थे और चन्द्रगुप्त कौन था? ये दोनों प्रश्न निरन्तर विवादास्पद रहे हैं। हेमचन्द्र ने 'अभिधान चिन्तामणि' में चाणक्य के अनेक नाम दिये हैं—वात्स्यायन, मल्लिनाग, कुटल, चाणक्य, द्रामिल, पक्षिलस्वामी, विष्णुगुप्त और अंगुल। (सत्यकेतु विद्यालंकार) 'मौर्य साम्राज्य का इतिहास, पृष्ठ 21)। मात्र द्रामिल और पक्षिलस्वामी नामों की साक्षी से चाणक्य को दाक्षिणात्य सिद्ध करने का प्रयास किया गया है। असम्भव नहीं है कि उनके पूर्वज दक्षिण से आकर उत्तर में बसे हों। पर बौद्ध ग्रन्थों में चाणक्य को तक्षशिला का वासी बताया गया है (महाबंसो एवं वंशत्थप्पकासिनी)। जैन अनुश्रुति के अनुसार वे गोल्ल जनपद के चण ग्राम में उत्पन्न हुए थे और उनके पिता चणक नाम से प्रसिद्ध थे (उत्तराध्यायन सूत्र टीका एवं परिशिष्ट पर्व)। गोल्ल जनपद की भौगोलिक स्थिति अज्ञात है। ऐसी स्थिति में बौद्ध साक्ष्य का अनुसरण करके यह मानना संगत लगता है कि गोल्ल जनपद पश्चिमोत्तर प्रदेश में ही था। भरहुत के एक उत्कीर्ण लेख में गोल्ल जनपद का उल्लेख भी यही बात पुष्ट करता प्रतीत होता है। कुछ विद्वानों ने चाणक्य को मगध का वासी माना है। पर अन्तःसाक्ष्य इस मान्यता से मेल नहीं खाते। चाणक्य ने तक्षशिला में शिक्षा पाई और वहीं वर्षों अध्यापन भी किया। चन्द्रगुप्त को शिक्षित करके वे तत्काल मगध नहीं लौट गए। पंजाब में रहकर उन्होंने पहले यूनानियों से टक्कर ली और फिर वहीं रहकर मगध-अभियान के लिए सेना का संग्रह किया। पंजाब के छोटे-छोटे गण एवं राज्यों में बँटे-बिखरे होने और इनकी क्षुद्र पारस्परिक कलह से वे अत्यन्त त्रस्त रहे, यह बात 'चाणक्य नीति' से भी उभरकर आती है और इस तथ्य से भी स्पष्ट है कि मौर्य साम्राज्य की शक्ति का उपयोग उन्होंने पंजाब एवं पश्चिमोत्तर प्रदेश

को संगठित और सुदृढ़ बनाने में विशेष रूप से किया। प्रस्तुत उपन्यास में गोल्ल जनपद को तक्षशिला का समीपवर्ती माना गया है। चाणक्य के पिता चण ग्राम के होने के कारण चणक और वे स्वयं चणक-पुत्र होने के कारण चाणक्य कहलाए। उनका व्यक्तिगत नाम विष्णुगुप्त था, जिसका हर कहीं उल्लेख मिलता है। कुटल सम्भवत: उनका गोत्र नाम था और कौटल्य उसी से बना।

चन्द्रगुप्त की पहचान भी विवादों से मुक्त नहीं रही है। यह सब मानते हैं कि उसकी माँ का नाम मुरा था। कहा गया है कि मुरा-पुत्र होने के कारण ही वह मौर्य कहलाया। पर 'महाबंसो' के अनुसार मोरिय खत्तियों (मौर्य क्षत्रियों) का एक गण पिप्पलिवन प्रदेश में अवस्थित था और चन्द्रगुप्त इस गण के राजा का पुत्र था। मौर्य को शाक्यों की एक शाखा भी माना गया है। महापरिनिब्बान सुत्त में उल्लेख है कि बुद्ध के निर्वाण पर पिप्पलिवन के मोरियों ने भगवान की अस्थियों के एक अंश की माँग की थी। भगवान महावीर के ग्यारह गन्धर्वों में एक था मोरिय सन्निवेश का कश्यप-गोत्रीय मोरिय-पुत्र। पटना से 58 मील पूर्व में ईस्ट इंडियन रेलवे पर एक स्टेशन है, मोर, जहाँ प्राचीन टीले बहुत मिलते हैं। बौद्ध एवं ब्राह्मण धर्म-चिह्न यहाँ से बड़ी संख्या में मिले हैं। पीपल के वृक्ष भी यहाँ बहुतायत से पाए जाते हैं। सम्भवत: यहीं मोरिय क्षत्रियों का नगर था। यह कहना संगत नहीं लगता कि चन्द्रगुप्त मुरा-पुत्र होने के कारण मौर्य कहलाया। मुरा को किसी नन्द की पत्नी या दासी मानना भी अनुचित है। सम्भावना यही लगती है कि नन्द ने पिप्पलिवन के मोरिय नगर को ध्वस्त किया हो और मुरा अपने पति के मारे जाने अथवा बन्दी बन जाने पर अपने नवजात पुत्र को लेकर भागी हो और पाटलिपुत्र में किसी सम्बन्धी के यहाँ आश्रय लेकर रहने लगी हो। यह भी हो सकता है कि चन्द्रगुप्त के पिता को बन्दी बनाकर पाटलिपुत्र लाया गया हो और मुरा पीछे-पीछे वहीं आ गई हो। कुछ भी हुआ हो, चन्द्रगुप्त क्षत्रिय-पुत्र था और मुरा नन्द की दासी या पत्नी नहीं थी। 'मुद्राराक्षस' नाटक में चाणक्य द्वारा चन्द्रगुप्त को 'वृषल' सम्बोधित किए जाने का अर्थ यह नहीं है कि वह शूद्र था। इसकी सूचना यही है कि "सम्भवत: चन्द्रगुप्त सनातन वैदिक या पौराणिक धर्म का अनुयायी नहीं रहा था।" (सत्यकेतु विद्यालंकार)। प्राच्य प्रदेशों के "क्षत्रियों को प्राय: 'क्षत्रिय-बन्धु' या 'व्रात्य' कहा गया है।"

चाणक्य ने बालक चन्द्रगुप्त को पाटलिपुत्र के निकट पाया, इससे यह स्थापित नहीं हो जाता कि ये दोनों पाटलिपुत्र के थे। चन्द्रगुप्त निस्सहाय होने के कारण वहाँ था और चाणक्य स्यात् भ्रमण के लिए वहाँ आया था। उस काल में नियम था कि छात्र गुरुकुल की शिक्षा समाप्त करके देश का भ्रमण करते थे और अपने-अपने विषय के विद्वानों से मिलते थे। चाणक्य का विषय राजनीति होने के नाते विशाल नन्द-साम्राज्य की राजधानी पाटलिपुत्र उसके लिए एक स्वाभाविक आकर्षण थी। फिर तक्षशिला के स्नातक शकटार सामाज्य के महामंत्री थे।

ग्रीक अभिलेखों के अनुसार सिकन्दर और पुरु के समय चाणक्य एवं चन्द्रगुप्त करई के युद्ध-क्षेत्र में उपस्थित थे। इनकी उपस्थिति के पीछे तीन कारण हो सकते हैं। चाणक्य ने चाहा हो कि युवक चन्द्रगुप्त युद्ध का अनुभव प्राप्त करे और ग्रीक युद्ध-कौशल का अध्ययन करे। दूसरा कारण पुरु की सहायता करना हो सकता है। ये दोनों कारण प्रस्तुत उपन्यास में स्वीकार किए गए हैं। तीसरा कारण, जैसा कि ग्रीक लेखक कर्टियस ने लिखा है, यह था कि चन्द्रगुप्त युद्ध के परिणाम पर दृष्टि रखने के लिए वहाँ था। वह नहीं चाहता था कि सिकन्दर या पुरु कोई भी पूर्ण पराजय का मुँह देखे, क्योंकि पुरु से उसके अच्छे सम्बन्ध थे और सिकन्दर से उसने तक्षशिला में सन्धि की थी कि सिकन्दर यहाँ के बाद नन्द-साम्राज्य पर आक्रमण करेगा। कर्टियस ने यह भी लिखा है कि जब युद्ध के अनिर्णीत चलने की स्थिति में बात करने के लिए आए आम्भीक पर भाला फेंककर पुरु ने उसे भगा दिया, तब मेरोस (चन्द्रगुप्त) ने पुरु से बात की और पुरु और सिकन्दर के बीच सन्धि कराई।

प्रसिद्ध विद्वान डॉ. बुद्धप्रकाश का मत है कि ग्रीक लेखकों ने स्वात के एक महत्त्वाकांक्षी सामन्त शशिगुप्त (ग्रीक अभिलेखों में सिसिकोट्टस) को चन्द्रगुप्त से मिला दिया है। यह भ्रम मेरोस नाम के कारण हुआ है, जो मौर्य से मिलता-जुलता है। शशिगुप्त आम्भीक और पुरु से सुपरिचित था और आरम्भ में ही सिकन्दर के पक्ष में आ गया था। ध्यान देने की बात है कि यद्यपि चाणक्य और चन्द्रगुप्त युद्ध-स्थल पर थे, पर उस क्षण वे ऐसी स्थिति में कहाँ थे कि प्रबल केकय-नरेश पुरु और विश्व-विजेता सिकन्दर के निर्णयों को प्रभावित कर सकते। उस क्षण न तो उनके पैरों के नीचे धरती थी, न हाथ में कोष था और न ही साथ में कोई सेना थी। चाणक्य मात्र एक शिक्षक थे और चन्द्रगुप्त हाल ही में स्नातक बना एक साधनहीन युवक था। फिर चाणक्य के चरित्र और बाद में उनके द्वारा छेड़े गए ग्रीक-विरोधी अभियान को देखते हुए यह असंगत लगता है कि उन्होंने सिकन्दर से साँठ-गाँठ करने की अनुमति चन्द्रगुप्त को दी होगी। वस्तुतः, आम्भीक के भाग जाने के बाद पुरु से मिलने आनेवाला भारतीय 'मेरोस' शशिगुप्त था, न कि चन्द्रगुप्त। शशिगुप्त बाद में पुष्कलावती का क्षत्रप नियुक्त किया गया और वर्षों बाद ग्रीक सेनापतियों के आपसी संघर्ष में लड़ता हुआ मारा गया।

अब प्रश्न यह उठता है कि क्या करई के युद्ध में पुरु पराजित हुआ था और बन्दी बनाया जाकर सिकन्दर के सामने पेश किया गया था? इतिहासकारों ने यही तस्वीर सबके सामने रखी है। इस विषय में स्वयं ग्रीक लेखकों ने अलग-अलग मत व्यक्त किए हैं। जस्टिन और प्लूटार्क के अनुसार पुरु बन्दी बना लिया गया था। डियोडोरस का कहना है कि घायल पुरु सिकन्दर के कब्जे में आ गया था, पर सिकन्दर ने उसे उपचार के लिए भारतीयों को लौटा दिया था। कर्टियस ने मत रखा है कि घायल पुरु की वीरता से प्रभावित होकर सिकन्दर ने सन्धि का प्रस्ताव

रखा। एरियन ने भी यही लिखा है कि हारते हुए घायल पुरु के साहस को देखकर सिकन्दर ने शान्ति के लिए पुरु के पास दूत भेजा। एक विवरण में यह भी मिलता है कि पुरु लड़ाई में मारा गया। यथार्थ में पुरु नहीं, उसका पुत्र इस युद्ध में खेत रहा था। कुछ का मत है कि युद्ध अनिर्णीत रहा और पुरु के दबाव के सामने सिकन्दर ने सन्धि का मार्ग ही उचित समझा। ग्रीक लेखकों की मतभिन्नता से स्पष्ट है कि अपने विश्व-विजेता सम्राट् के गौरव को बचाने के प्रयास में वे एक अरुचिकर तथ्य पर पर्दा डाल रहे हैं। वे मान रहे हैं कि सन्धि की पहल सिकन्दर ने की। पर क्यों? मेसीडोनिया से झेलम तक की यात्रा के बीच ऐसी उदारता उसने कहीं भी नहीं दिखाई थी। वह एक क्रूर नृशंस विजेता था। विजितों के अनेक नगरों को जलाकर उसने राख किया, जिनमें ईरान के प्रसिद्ध नगर पर्सीपोलिस का नाम उल्लेखनीय है। सहस्रों पराजित शत्रुओं को उसने तलवार के घाट उतारा। कुछ ही दिन पूर्व मशकावती में रक्षा का वचन देने के बाद भी पाँच सहस्र स्त्री-पुरुषों, बच्चों को उसने निर्ममता से कटवा डाला था। झेलम के इस युद्ध के बाद भी उसने कठों का नरसंहार किया और उनके नगर साँगल की ईंट से ईंट बजा दी। यही नहीं, अपने ही अनेक स्वामिभक्त सहयोगियों को उसने तनिक-सी बात से रुष्ट होकर तड़पा-तड़पाकर मारा था। इनमें योद्धा बेसस, उसकी अपनी ही धाय का भाई क्लीटोस, पर्मीनियन आदि के नाम उल्लेखनीय हैं। ऐसा सिकन्दर पुरु के प्रति ही इतना उदार क्यों हो उठा कि जंजीरों में जकड़े पुरु को न केवल उसने छोड़ दिया, बल्कि उसे बराबर में बैठाया और उसका राज्य उसे वापस कर दिया। इतना ही नहीं, बाद में यमुना तक का विशाल प्रदेश भी, जो उसने गणों को कुचलकर जीता था, पुरु को ही सौंप दिया। ध्यान देने की बात है कि जाते समय पुरु की राजधानी में उसने अपना कोई ग्रीक क्षत्रप नियुक्त नहीं किया, जबकि तक्षशिला में समर्पित आम्भीक के रहते भी उसने फिलिप्स को वहाँ रखा। पुरु के लिए उसने अपने प्रबल सहयोगी और पुरु के शत्रु आम्भीक को निराश और नाराज़ तक किया। यदि पुरु हार गया था और बन्दी बना लिया गया था, तो तर्कसंगत यह था कि सिकन्दर पुरु का राज्य अपने साथी आम्भीक को सौंपकर उसे पूरे उत्तर-पश्चिमी भारत का एकछत्र शासक बना देता। आम्भीक निश्चय ही ग्रीक-प्रभाव में रहता और तब ग्रीक-विजय सिकन्दर के भारत छोड़ते ही बिखर न गई होती। ये सब साक्ष्य यह सिद्ध करने के लिए पर्याप्त हैं कि पुरु की वीरता अथवा बन्दी पुरु के सुप्रसिद्ध उत्तर (जैसा एक राजा दूसरे राजा के साथ करता है) से सिकन्दर के प्रभावित होने की बात एक छद्मजाल था, जिसे ग्रीक लेखकों ने अपने हारते हुए सम्राट् की प्रतिष्ठा को बचाने के लिए बुना था।

इसमें सन्देह नहीं कि ग्रीक अश्वारोहियों के आरम्भिक वेग के सन्मुख पुरु के रथ टिक नहीं सके। वर्षा के कारण दलदली भूमि ने भी रथों को बेकार कर दिया। पुरु के पास अश्वारोही कम थे और वे ग्रीक अश्वारोहियों के सामने जम

नहीं सके। आरम्भ में पुरु को बहुत क्षति उठानी पड़ी और वह घायल भी हो गया। किन्तु तत्काल ही उसने अपने सौ के लगभग हाथियों को आगे बढ़ाया और रथों को छोड़कर अपने अश्वारोहियों एवं पदातिकों को व्यूहबद्ध किया। हस्ति-सेना ने यूनानियों का भयंकर संहार किया। वे आतंकित हो उठे। उनका वेग रुक गया और व्यूह छिन्न-भिन्न हो गया। स्वयं पुरु का भाला फेंकने का शौर्य एक स्मृति बनकर रह गया है। इस वीरता से तो सिकन्दर को प्रभावित होना ही था। वह तिलमिला उठा। ग्रीक सेना का ऐसा विनाश उसके अपने अस्तित्व के लिए चुनौती था। पूर्ण पराजय की स्थिति में आम्भीक पर विश्वास वह नहीं कर सकता था। इसीलिए उसने तत्काल सन्धि के लिए उपक्रम किया। जैसा कि कर्टियस ने लिखा है, पुरु का हाथी अवश्य मरा होगा और उसे अन्य वाहन लेना पड़ा होगा, पर इससे यह अर्थ कैसे निकल गया कि पुरु हार रहा था। जैसा कि माना गया है, सन्धि यदि सिकन्दर की माँग पर की गई तो पुरु का सुप्रसिद्ध उत्तर पुरु की उदारता और सदाशयता का सूचक ही हो सकता है। सन्धि के लिए दोनों सम्राट् मिले तो होंगे ही। यदि पुरु बन्दी हो गया था तो सिकन्दर द्वारा आम्भीक को और तत्काल बाद मेरोस को भेजे जाने की बात कैसे और कहाँ से पैदा हो गई? कूटनीतिक स्तर पर पुरु जीता, यह दिन की तरह उजागर है। उसके परम्परागत शत्रु आम्भीक को मुँह की खानी पड़ी। स्वयं उसे ग्रीक आधिपत्य के लिए बाध्य नहीं होना पड़ा। ग्रीक सहायता से उसने दुर्द्धर्ष गणों को कुचल डाला। यह कूटनीतिक विजय पुरु को नहीं मिल सकती थी, यदि करई के मैदान में वह पराजित हुआ होता और शृंखलाओं में जकड़ा जाकर सिकन्दर के समक्ष लाया गया होता।

अपनी पुस्तक 'स्टडीज इन इंडियन हिस्टरी एंड सिविलिजेशन' में डॉ. बुद्ध प्रकाश ने ग्रीक अभिलेखों के अत्यन्त प्राचीन संस्करणों, जैसे कि स्यूडो केलिस्थीन्स आदि के नए अनुवादों, जोजेफ बेन-गोरियन के 'हिस्टरी आफ दि ज्यूज' तथा फिरदौसी के शाहनामा का हवाला देकर लिखा है कि ग्रीक अश्वारोहियों का बड़ा भाग इस युद्ध में नष्ट हो गया था। सिकन्दर ने युद्ध रोकने का आदेश दिया और त्रस्त और घबराई हुई अवस्था में उसने शान्ति की गुहार की। सिकन्दर के सैनिक हाथियों की मार के सामने बिलबिला उठे थे और अपने राजा को छोड़कर भागने के लिए तैयार थे। गोरियन ने लिखा है कि ग्रीक सैनिक सिकन्दर को पकड़कर पुरु को सौंप देने तक की सोच उठे थे। इन विवरणों से सिद्ध हो जाता है कि पुरु के हारने और पकड़े जाने की कहानी झूठी थी और ग्रीक लेखकों ने जान-बूझकर गढ़ी थी। यही बात चन्द्रगुप्त द्वारा सिकन्दर से साँठ-गाँठ किए जाने के बारे में भी कही जा सकती है।

अगली समस्या यह है कि नन्द ने चाणक्य का अपमान क्यों किया था और कब किया था। मुद्राराक्षस के टीकाकार ढुंढिराज ने लिखा है कि नन्द की भुक्तिशाला में चाणक्य के अग्रासन पर आ बैठने के कारण नन्द ने उसका अपमान किया।

नन्द-वंश के नाश की प्रतिज्ञा करके चाणक्य पाटलिपुत्र छोड़कर अन्यत्र चला गया। वर्तमान नन्द का सौतेला भाई मुरा का पौत्र और मौर्य का पुत्र युवक चन्द्रगुप्त, जो स्वयं नन्दों से अवमानित था, चाणक्य से जा मिला। 'कथासरित्सागर' में भी चाणक्य का अपमान इसी परिस्थिति में हुआ वर्णित है। महाबंसो के टीकाकार के अनुसार भी अग्रासन पर आ विराजने के कारण ही तक्षशिलावासी चाणक्य नन्द द्वारा अपमानित किया गया था। बालक चन्द्रगुप्त इस अपमान के बाद ही उसे मिला, जिसे साथ लेकर वह तक्षशिला लौट गया। चन्द्रगुप्त मौर्य क्षत्रिय था और उसकी माँ मुरा अपने अनाथ बालक को किसी प्रकार पाल रही थी। बालक चन्द्रगुप्त के राजा का खेल खेलने का भी यही सुन्दर वर्णन है। जैन स्रोत भी महाबंसो में वर्णित तथ्यों का न्यूनाधिक अनुमोदन करते हैं। उपरोक्त तथ्यों में बौद्ध एवं जैन स्रोतों से प्राप्त तथ्य अधिक युक्तिसंगत एवं यथार्थ प्रतीत होते हैं। सभी विवरण दो बातों को लेकर एक स्वर हैं। पहली यह कि भुक्तिशाला में अग्रासन पर आ बैठने के कारण चाणक्य अपमानित हुए, जिससे उत्तेजित होकर नन्द के वंश-नाश की प्रतिज्ञा उन्होंने की और दूसरी यह कि इस प्रतिज्ञा के बाद ही चन्द्रगुप्त उनके सम्पर्क में आया। ये दोनों बातें असम्भव नहीं हैं। और यह भी असंगत नहीं है कि चाणक्य ने अपने प्रतिशोध की पूर्ति के लिए चन्द्रगुप्त को प्रशिक्षित एवं सज्जित किया हो। किन्तु चाणक्य की विराट् कल्पना, उनकी अद्वितीय राजनीतिक एवं प्रशासकीय उपलब्धि तथा उनके द्वारा 'चाणक्य नीति' जैसे अद्भुत शास्त्र की रचना कहती है कि ऐसा समर्थ ऋषि एक व्यक्तिगत अपमान को लेकर ऐसा विकट संकल्प नहीं लेगा। यह चोट निश्चय ही कोई बहुत बड़ी और बहुत गहरी होनी चाहिए। सम्भवत: यह चोट पंजाब की टूटी-बिखरी अवस्था और सिकन्दर के झंझावाती आक्रमण ने उन्हें दी थी। असम्भव नहीं कि वे सिकन्दर के विरुद्ध सहायता माँगने के लिए नन्द के दरबार में आए हों। चाणक्य जैसे सन्तुलित व्यक्ति का अनिमंत्रित आकर अग्रासन पर बैठ जाना निश्चय ही अटपटा प्रतीत होता है। होनहार चन्द्रगुप्त को शायद कभी पहले वे ले आए होंगे और उस समय इसमें उनका कोई व्यक्तिगत उद्देश्य नहीं रहा होगा। सिकन्दर के आक्रमण के समय चन्द्रगुप्त युवक था। अपमान के बाद वह चाणक्य की योजना का केन्द्र बन उठा और उन्होंने उसे ही मगध का सम्राट् बनाया।

लगभग सभी विद्वानों का मत है कि सिकन्दर के चले जाने के बाद चाणक्य एवं चन्द्रगुप्त ने ग्रीक शक्ति को उखाड़ फेंकने के लिए अनथक आयास किया। तक्षशिला में नियुक्त क्षत्रप फिलिप्स को मार डाला गया। ग्रीक छावनियों पर आक्रमण किए गए। यह भी संकेत है कि राजा पुरु की हत्या चाणक्य की प्रेरणा से की गई। पुरु ने सिकन्दर के साथ मिलकर जो कठादि गणों का विनाश किया था, वह चाणक्य को सम्भवत: रुचिकर नहीं लगा था। इस समय तक नन्द के विनाश का संकल्प दृढ़ हो चुका था। पंजाब में ग्रीक-विरोधी अभियान से चन्द्रगुप्त को प्रतिष्ठा मिली होगी और

सैन्य-संग्रह में सुगमता हुई होगी। पर लगता है चाणक्य पंजाब से पर्याप्त सेना का संग्रह नहीं कर सके थे। मुद्राराक्षस में वर्णित पर्वतक आदि पाँच राजाओं के सैन्य-सहयोग की बात गलत नहीं हो सकती। लगता है, ये राजा हिमाचल और गढ़वाल के पहाड़ी राजा थे, जिन्हें धन देकर या साम्राज्य में भाग का लोभ देकर चाणक्य ने अपने साथ लिया होगा। मुद्राराक्षस में वर्णित चाणक्य और पर्वतक-मलयकेतु की टकराहट और पर्वतक की हत्या की घटनाएँ इसी तथ्य की ओर संकेत करती हैं।

एक अन्य समस्या जिस पर इतिहासकारों एवं अन्य विद्वानों ने स्पष्ट प्रकाश नहीं डाला है, यह है कि चाणक्य अपनी अच्छी बड़ी सेना को इतनी दूर पाटलिपुत्र किस मार्ग से ले गए। पंजाब से चलकर मार्ग के प्रदेशों-राज्यों को जीतते हुए आगे बढ़ने का उल्लेख केवल 'महाबंसो' में है। पर यह तर्कसंगत नहीं लगता। जिसके विषय में सुनकर सिकन्दर की सेना साहस खो बैठी, उस मगध-साम्राज्य की शक्ति से सीधा टकराने के साधन चाणक्य के पास कहाँ थे। इससे सोये पड़े साम्राज्य में हलचल आ जाती और चाणक्य की अपेक्षाकृत छोटी-सी सेना पलभर में काट दी जाती। योजना यही बनाई गई होगी कि सेना को चोरी-छुपे पाटलिपुत्र तक पहुँचाया जाए और अचानक आक्रमण करके राजधानी पर अधिकार कर लिया जाए। पर सेना को किस मार्ग से ले जाया जाए? उस काल में पूर्व की ओर जाने के लिए दो प्रमुख मार्ग थे। गंगा-यमुना का जल-मार्ग और इन्हीं नदियों के समानान्तर चलते स्थल-मार्ग तथा वर्तमान अंबाला, सहारनपुर से होकर जानेवाला तराई का स्थल-मार्ग। पंजाब से आनेवाले व्यापारिक सार्थ सुदूर पूर्व तक जाने के लिए इस मार्ग को अधिक सहज और सुरक्षित पाते थे। इसके दोनों ओर अनेक सम्पन्न गण थे। यमुना को पार करते ही एक बड़ी मंडी थी, जिसे बृहद्दहट्ट कहा जाता था। जिला सहारनपुर में स्थित बेहट कस्बा ही शायद बृहद्दहट्ट था। सहारनपुर का प्राचीन नाम सम्भवत: सहारण्य था, जो इस स्थल पर सघन वन होने का सूचक है। सर्वाधिक युक्तिसंगत यही लगता है कि चाणक्य इसी मार्ग से अपनी सेना को ले गए, शायद व्यापारिक सार्थों के रूप में। अन्तिम गुत्थी यह है कि सिल्यूकस ने अपनी कन्या का विवाह क्या चन्द्रगुप्त से ही किया था? कहा गया है कि सिकन्दर के आक्रमण के समय सिल्यूकस की पुत्री से युवक चन्द्रगुप्त का प्रेम हो गया था और जब वर्षों बाद सिल्यूकस ने भारत पर आक्रमण किया और वह पराजित हुआ, तब दोनों विवाह-सूत्र में बँधे। सिकन्दर का भारत में आना और वापस जाना 326 ई.पू. में सम्पन्न हुआ। 323 ई.पू. में चन्द्रगुप्त सम्राट् बना और उसने दुर्धरा से, जो सम्भवत: नन्द की दुहिता थी, विवाह किया। अगले वर्ष अर्थात् 322 ई.पू. में बिन्दुसार का जन्म हुआ। सिल्यूकस का आक्रमण 303 ई.पू. में हुआ और उस समय बिन्दुसार लगभग 19 वर्ष का था। कुल चार वर्ष बाद चन्द्रगुप्त राज्य-त्याग करके जैन मुनि बन गया बताया जाता है। इससे स्पष्ट लगता है कि 303 ई.पू. में चन्द्रगुप्त की

मन:स्थिति नया विवाह करने की नहीं हो सकती। फिर यदि 326 ई.पू. में सिल्यूकस की बेटी से चन्द्रगुप्त के प्रेम की बात मान भी ली जाए तो क्या 22-23 वर्ष बाद लगभग 40 वर्ष की आयु तक वह अविवाहित बैठी रही? सिल्यूकस की एक बेटी फिला के एन्टीगोनस से विवाह का उल्लेख मिलता है। सम्भवत: फिला ही चन्द्रगुप्त की कल्पित प्रेमिका थी। सन्धि की शर्तों के अनुसार यवन-कन्या का विवाह एक राजनीतिक विवाह था, जो निश्चित रूप से विरक्ति की ओर उन्मुख चन्द्रगुप्त के स्थान पर उसके युवक पुत्र बिन्दुसार से किया गया होगा। यह कन्या वह किशोरी नहीं हो सकती, जिससे चन्द्रगुप्त के प्रेम की बात प्रसिद्ध है।

चाणक्य के अन्त के विषय में कोई प्रामाणिक सूचना नहीं है। यह निश्चित है कि बिन्दुसार के शासन के आरम्भिक वर्षों में वे महामात्य थे। जैन स्रोत परिशिष्ट-पर्व के अनुसार चाणक्य के द्वारा नियुक्त और सम्भवत: उन्हीं के शिष्य एक सुबन्धु नामक अमात्य ने ईर्ष्या के वशीभूत होकर उन्हें उपलों की आग में जलाकर मार डाला था। नहीं कहा जा सकता कि वे जलकर मर गए थे या किसी युक्ति से बचकर निकल गए थे।

चाणक्य भारतीय इतिहास एवं संस्कृति के प्रमुख शलाकापुरुषों में से एक थे। विश्व के रचनात्मक कूटनीतिज्ञों एवं राजनीतिज्ञों के बीच वे उच्चासन पर प्रतिष्ठित हैं। भिक्षाभोगी अकिंचन छात्र एवं अध्यापक के रूप में आरम्भ करने वाला एक नितान्त साधनशून्य ब्राह्मण कैसे राजनीति-गगन में सूर्य बनकर चमक सका एवं इतने बृहद् एवं दृढ़ साम्राज्य का निर्माण कर सका। इसका उत्तर मात्र कूटनीतिक कुटिलता में खोजना एवं पाना संगत नहीं होगा। चाणक्य में व्यक्तिगत महत्त्वाकांक्षा अर्थात् अपने अहं के विस्तार की वासना का पूर्ण अभाव था। पूरी भारत-भूमि के कल्याण के लिए उसे राजनीति के एक सूत्र में पिरोने की महत् कल्पना उन्हें प्रेरित कर रही थी। गहन अध्यात्म एवं क्रूर सांसारिक यथार्थ को समान गरिमा प्रदान करने एवं दोनों को परस्पर पूरक मानने का विवेक उनमें कूट-कूटकर भरा था। सामने के व्यक्ति एवं प्रस्तुत परिस्थिति के तलातल को निरावरित कर देख पाने की उनमें अद्भुत क्षमता थी तथा दोनों का अपने उद्देश्य के लिए उपयोग करने की प्रखर प्रतिभा थी। एक दिव्य अन्तर्दृष्टि एवं एक अद्वितीय निर्द्वंद्व साहस की दुर्लभ पूँजी से वे सम्पन्न थे। इन सब क्षमताओं के साथ वे शास्त्रकार भी थे और उनकी 'चाणक्य-नीति' राजनीतिक एवं प्रशासनिक यथार्थ का एक अप्रतिम दस्तावेज है। चाणक्य का गौरव नन्द को हटाकर चन्द्रगुप्त को मगध-सम्राट् बनाने में नहीं, आक्रामक सिल्यूकस को अभूतपूर्व पराजय देने और भारत की सीमा को कुभा के पार तक ले जाने में निहित रहा है। चाणक्य इस देश के प्रेरणास्रोत रहे हैं और आगे भी रहेंगे।

प्रस्तुत उपन्यास का लेखन मैंने 1974 में आरम्भ किया था, जो 1979 में समाप्त हुआ। तब से 1991 तक, इन लगभग 12 वर्षों के बीच कई प्रकाशकों द्वारा स्वीकृत

होकर भी कोई न कोई बाधा पड़ती रहती और इस उपन्यास के प्रकाशन का योग नहीं बन सका। इसके बाद लिखे गए दो अन्य ऐतिहासिक उपन्यास (प्रियदर्शी एवं विजेता) इस बीच प्रकाशित हो गए। मैं राजकमल प्रकाशन के श्री मोहन गुप्त का हृदय से आभारी हूँ कि उन्होंने इस उपन्यास को न केवल स्वीकृत किया, बल्कि अनेक व्यावसायिक समस्याओं के रहते भी इसके त्वरित प्रकाशन का मार्ग प्रशस्त किया। यह श्री गुप्त की एवं राजकमल प्रकाशन की गुणग्राहक प्रवृत्ति का ही फल है कि यह 'विष्णुगुप्त चाणक्य' अन्ततः पाठकों के हाथों में पहुँच रहा है।

—वीरेन्द्रकुमार गुप्त

28 अक्तूबर, 1991
220/1, पाकेट डी-6, सेक्टर 6
रोहिणी, दिल्ली-110085

चाणक्य पाटलिपुत्र में

संध्या पीछे छूट चुकी थी। बादलों से अँटा आकाश मानो अँधेरा उगल रहा था। पाटलिपुत्र का राजपथ लगभग सुनसान पड़ा था। कोई इक्का-दुक्का जन ही लपकता हुआ-सा निकल जाता था और इस-उस घर में या गली में लुप्त हो जाता था। दुकानें कभी की बन्द हो चुकी थीं। पर दोनों ओर घरों में दीपक अभी जल रहे थे, जिनका प्रकाश यहाँ-वहाँ सड़क पर उजली छाया बना लेटा था।

दो व्यक्ति सधी चाल से चले जा रहे थे। इनमें एक था तिष्य और दूसरा चाणक्य, जिसके हाथ में एक मोटी गठरी थी।

"कितनी दूर और है, तिष्य?" चाणक्य ने पूछा। "बस, पहुँच ही गए, विप्रवर!" तिष्य ने उत्तर दिया। कुछ ही पल बाद दोनों एक गली के सामने जाकर रुक गए।

"विप्रवर! दाहिनी ओर से तीसरा घर आचार्य रुचि का है। आप बढ़कर द्वार खटखटाइए। आपके भीतर प्रवेश कर जाने पर ही मैं आगे बढ़ूँगा।" तिष्य ने कहा।

जहाँ तिष्य और चाणक्य खड़े थे, वहाँ सामने के घर की खिड़की से झरकर आता मन्द प्रकाश फैला था। पर, उनके चतुर्दिक गहरा अँधेरा था और वे नहीं जानते थे कि उनके पास ही छुपे दो व्यक्ति उन्हें घूर रहे थे।

"नहीं, तिष्य! तुम चलो। तुम्हें बहुत कष्ट दिया मैंने।" चाणक्य स्निग्ध स्वर में कह उठा।

"आर्य! क्या कहते हैं आप? तक्षशिला से यहाँ तक की लम्बी यात्रा में कितना स्नेह, कितना विनोद और कितना ज्ञान मुझे मिला आपसे!" तिष्य का स्वर भी भावपूर्ण था।

तभी अँधेरे में छुपे दोनों व्यक्ति बाहर निकले। उनके सिरों पर भारी उष्णीष बँधे ये और चेहरे पूरे ढके थे। उनके हाथों में परशु थे।

"यह गठरी इधर दो!" उनमें से एक ने कड़ककर कहा।

तिष्य और चाणक्य दोनों चौंक पड़े। पर चाणक्य ने सतर्क होकर एक हाथ से खींचकर तिष्य को अपने पीछे किया और गठरी दोनों हाथों से सिर के ऊपर उठाकर कहा, "लो।" और भारी गठरी को इतने जोर से उनमें से एक के मुँह पर फेंका कि वह अपने को सँभाल नहीं सका, धरती पर लुढ़क गया और परशु उसके हाथ से

छूट गया। अब वह परशु चाणक्य के हाथ में था। यह सब इतना अकस्मात् हो गया कि दोनों दस्यु हड़बड़ाकर भाग निकले और अँधेरे में लुप्त हो गए।

"अब इस परशु का क्या करूँ मैं?" चाणक्य ने हँसकर कहा और उसे फेंककर उसने अपनी गठरी उठा ली।

"आर्य! चमत्कार कर दिखाया आपने।" तिष्य की आँखों में प्रशंसा का भाव था। "पर, क्या स्वागत हुआ है आपका इस कुसुमपुर में?"

"क्या ये ही राजा नन्द के कुसुम थे?" चाणक्य ने विनोद किया।

"मैं लज्जित है, आर्य!"

"तुम क्यों लज्जित होगे? तिष्य! इतने भावुक बनोगे तो कर्म की चेप से कैसे छूटोगे भला?" चाणक्य बोला।

तिष्य हँस दिया।

"हाँ, तो मित्र! रात के इस दूसरे प्रहर में मैं क्या आशीर्वाद दूँ तुम्हें?"

"मैंने पा लिया, आर्य! धन्यवाद!" कहकर तिष्य हँस पड़ा।

"कल आप आएँगे न?"

"अवश्य!" चाणक्य ने कहा। और तिष्य के अपनी राह लेने की प्रतीक्षा किए बिना ही वह गली में मुड़ गया।

तीसरे घर के सामने पहुँचकर चाणक्य ने द्वार पर थपकी दी।

भीतर से किसी ने पूछा, "कौन है?"

"कोई दस्यु नहीं है, रुचि! द्वार खोलो।"

भीतर दीपक का प्रकाश चमका और द्वार खुला। अतिथि और गृहपति आमने-सामने थे।

"बन्धु चाणक्य!" गृहपति के मुँह से निकला, "स्वागत! इस पाटलिपुत्र में स्वागत!"

गठरी रुचि ने अपने एक हाथ में उठा ली और दूसरे से दिया दिखाता वह आगे-आगे चला। अन्दर आकर चाणक्य ने द्वार बन्द कर अर्गला सरका दी और मित्र के पीछे-पीछे बढ़ चला।

ड्योढ़ी पार कर दोनों आँगन में आ गए, जिसके चारों ओर कई कक्ष थे।

"श्यामला, ओ श्यामला!" रुचि ने सोल्लास पुकारा।

"आई!" एक सरस कंठ सुन पड़ा और नूपुरों की ध्वनि भीतर से बाहर चली आने लगी।

"देख, कौन आया है, श्यामल! मेरा गुरुभाई, चाणक्य!"

चाणक्य की दृष्टि, सकुचाती, पर स्थिर देखती ललना पर टिक गई।

"क्यों?" उसने रुचि की ओर कुटिलता से निरखा।

"हाँ।"

रुचि की आँखें चमक उठीं।

"देवि! तक्षशिलावासी चणक का पुत्र यह चाणक्य अपनी भाभी को नमस्कार करता है।" चाणक्य ने अपने आन्तरिक उल्लास को वाणी दी।

"मैं छोटी हूँ, आर्य!" श्यामला मधुर सम्भ्रम के साथ बोली, "प्रथम नमस्कार का अधिकार मेरा था।"

"ऊँहुँ...रुचिशील मेरे अग्रज हैं। इस नाते आयु में छोटी होते हुए भी आप मेरे लिए माननीया हैं।"

"श्यामी!" रुचि ने कहा।

"आर्य!"

"इन्हें यहीं खड़ा रखोगी?"

"ओह! जल लाई मैं!" कहती श्यामला सलज्ज चपलता से भीतर भाग गई।

"रुचि! मेरी बधाई स्वीकार करो। तुम्हारी सुरुचि की प्रशंसा करता हूँ।"

"धन्यवाद मित्र! अभी एक माह पहले ही हमारा पाणिग्रहण हुआ है। श्यामला के पिता त्रिवेद के प्रकांड पंडित हैं। तुम्हारी भाभी भी विदुषी हैं। इसके पिता काशी जा रहे थे। मेरे माता-पिता भी समधी के साथ चले गए हैं। हम अकेले रह गए हैं।..."

"तब तो बुरा हुआ कि मैं आ टपका! क्यों?"

"दुष्ट कहीं का!"

तभी हाथ में जलपात्र लिये श्यामला लपकी आ पहुँची।

"हाथ-मुँह धो लीजिए।"

रुचि ने दीपक से नाली पर प्रकाश किया। एक पटरा पहले ही वहाँ रखा था। श्यामला ने पानी डाला। चाणक्य ने अच्छी तरह हाथ-मुँह, पैर धोए और वस्त्र से पोंछ डाले। अब रुचि उसे अतिथिकक्ष में ले गया। श्यामला पीछे-पीछे आई।

"आप क्या लेंगे, आर्य?" उसने पूछा।

"भोजन तैयार करो, श्यामी!"

"नहीं, रुचि!"

"अभी बन जाता है।" रुचि ने कहा।

"क्या लाभ होगा?"

"क्यों?" श्यामला विस्मित हो उठी।

"भाभी! इस समय तो आपके बनाए व्यंजनों से न्याय मैं कर नहीं सकूँगा और यह होगा आपका अनादर! जीवन रहते वैसा मैं नहीं करूँगा।"

"पर भूखा रहना क्या मेरा अनादर करना नहीं होगा?" श्यामला ने पूछा।

"थकान ने भूख को मार दिया है, भाभी! इस समय तो थोड़ा दूध आप ले आइए। फिर, नव दम्पति के बीच अधिक रहना मैं नहीं चाहूँगा। आशा है, आप दोनों भी मेरे और मेरी निद्रा के बीच अनावश्यक नहीं रुकेंगे।"

कहकर चाणक्य मन्द मुस्करा दिया। रुचि ठठाकर हँस पड़ा।

"मेरी भावी बहन की इस सौत को आप अर्द्धचन्द्र क्यों नहीं दे डालते।" श्यामला तत्काल बोली।

"कभी भी किसी नारी का अपमान करना आर्य का धर्म नहीं है।" चाणक्य ने सहज उत्तर दिया।

श्यामला का मुक्त हास दीपक की ज्योति की तरह कक्ष में भर उठा।

प्रातः, जब तक रुचि और चाणक्य नित्य कर्म एवं संध्या-वन्दन से निवृत्त हुए, श्यामला ने पूए तैयार कर लिए। शक्कर के स्थान पर उसने नव मधु डाला और अच्छी तरह सेंककर पूओं को करारा कर लिया। साथ नें था उष्ण गो-दुग्ध।

जब दासी ने थालियों में सजाकर पूए दोनों मित्रों के सामने रखे, तो उनके मुँह में पानी भर आया। पर चाणक्य ने कहा, "मित्र! भाभी नहीं आएँगी?"

"देव! वे रसोई में व्यस्त हैं।" उत्तर दासी ने दिया। "गोपे! श्यामला को भेज दो। तुम रसोई सँभालो।" रुचि ने आदेश दिया।

"जो आज्ञा, स्वामी!" कहकर गोपा चली गई।

दोनों मित्र प्रतीक्षा करने लगे। तभी आँचल से हाथ पोंछती श्यामला ने प्रवेश किया।

"पुए ठंडे नहीं हो जाएँगे?" उसने कहा। "अब आइए भाभी! मैं अधिक धैर्य नहीं रख सकता।" चाणक्य ने कहा।

श्यामला हँस पड़ी। एक थाली में दो पूए लेकर वह रुचि के पार्श्व में बैठ गई। तीनों ने खाना शुरू किया।

"तक्षशिला में ऐसे पूए बनाना कोई नहीं जानता।" स्वाद लेकर खाते हुए चाणक्य ने कहा।

"गुरुकुल का क्या हाल है?" रुचि ने पूछा।

"वैसे सब ठीक है, रुचि। पर पता नहीं क्यों, वातावरण में एक रूखापन, उखड़ापन-सा आ गया है। गुरुकुल को तक्षशिला-नरेश, श्रेष्ठिगण एवं वाहीक के अनेक गणपतियों का संरक्षण प्राप्त है, पर जैसे प्रदेश के जन-मन से वह तेजी से कटता जा रहा है।"

"मैं एक ही वर्ष पहले तो लौटा हूँ। यह बात मैंने भी अनुभव की थी। यह तो शुभ नहीं है।" रुचि बोला।

"इसका कारण क्या है?" श्यामला ने पूछा। "वैदिक विद्या और संस्कृति के इस केन्द्र में तो शिथिलता नहीं आनी चाहिए।"

"एक वाक्य में तो मैं कह नहीं सकता, भाभी?" चाणक्य ने उत्तर दिया। "पर आपका प्रश्न संगत है। क्यों, मित्र?"

"निश्चय ही। शायद प्रचुर धन और विस्तार ही इसके कारण हैं।" रुचि ने विचार रखा।

"धन की प्रचुरता बुरी चीज नहीं है और विस्तार भी अश्लाघ्य नहीं होना चाहिए।" श्यामला ने विचार रखा।

"बन्धु!"

"हाँ!"

"भाभी के संस्कार शुद्ध वैदिक हैं। ये ठीक कहती हैं। साधनों की प्रचुरता से डरना, उससे भागना कायरता है। उनके समुचित, सार्थक उपयोग की सामर्थ्य मनुष्य को अपने में पैदा करनी चाहिए। परिस्थिति को गाली देना, उसे नकारना, उससे पलायन करना, शुभ नहीं हो सकता; न आज के लिए, न कल के लिए। अपने पूरे अन्तर्बाह्य से उसका अध्ययन एवं विश्लेषण-विवेचन करना मनुष्य का पहला कर्तव्य है।"

"मैं इससे इंकार नहीं करता। लेकिन त्याग की अपेक्षा रहे तो विद्या में श्रद्धा बनी रहती है। वह न रहे तो विद्वान् आलसी और विलासी हो उठता है।"

"बन्धु! विद्वान् त्याग की अनिवार्यता का अभिनन्दन क्यों करता है?" चाणक्य बोला।

"उसके सामने एक परम उद्देश्य रहता है। ज्ञान की प्यास उसे प्रेरित करती है।" रुचि ने उत्तर दिया।

"ठीक, मित्र! विद्वान् विलासी और आलसी तभी बनता है, जब उसके सामने परम लक्ष्य नहीं रहता। परम लक्ष्य तीन हो सकते हैं—लोक-कल्याण, ज्ञान की प्यास तथा आध्यात्मिक प्रेरणा। इनमें से कोई भी सन्मुख रहे, तो साधनों की प्रचुरता साधक ही बनेगी, बाधक नहीं! वैसे ही जैसे पूए चर्चा में सहायक हैं, बाधक नहीं। क्यों भाभी!"

श्यामला ने अत्यन्त स्निग्धता से चाणक्य की ओर देखा और जोर से हँस पड़ी।

"अरे, पुए चुक गए हैं। गोपा! ओ गोपा!" उसने पुकारा।

रुचि विचारों में डूबा था। "तब तक्षशिला विद्यापीठ की समस्या के बारे में तुमने क्या चिन्तन किया है?"

"मेरी समझ में तो वहाँ के उखड़ेपन के पीछे एक आर्ष उद्देश्य का अभाव ही है। आर्यान-सम्राट् दारस् ने आक्रमण करके आधे वाहीक तक के पश्चिमोत्तर प्रदेश पर अधिकार कर लिया था। यह बहुत पुरानी बात नहीं है। उस पराजय ने पूरे देश की राजनीति को विकृत कर डाला। फलत: विभिन्न जनपदों एवं राज्यों के बीच सहयोग के स्थान पर तनाव और खिंचाव आ गया है। उनके लक्ष्य आत्मकेन्द्रित, अहं-केन्द्रित हो गए हैं। आज चारों ओर बिखराव का वातावरण है। तक्षशिला का गुरुकुल संगठन एवं सामंजस्य का लक्ष्य अपने सामने रख सकता था, पर वह तो राजनीतिक विशृंखलन का लाभ उठाकर बस स्वर्ण-मुद्राएँ समेट रहा है।"

"तब क्या गुरुकुल राजनीतिक नेतृत्व हाथ में ले?" रुचि ने संशय प्रकट किया।

"वह गुरुकुल नहीं करेगा, उसके छात्र करेंगे। गुरुकुल तो वैचारिक नेतृत्व ही कर सकता है, जिसे न करके वह अपने धर्म से विमुख हो रहा है। पाणिनि पर वार्तिक लिखकर, चिकित्सा अथवा ज्योतिष के क्षेत्र में चमत्कार दिखाकर ही विद्यापीठ के कर्तृत्व की इतिश्री नहीं हो जाती। हजारों विदेशी साहसिक उत्तर-पश्चिम के दर्रों से होकर गांधार एवं वाहीक में आ रहे हैं। इन बर्बरों को अनुशासित एवं संस्कृत करना किसका काम है? सिर्फ राजा का या सिर्फ गुरुकुल का या कि दोनों का? पर दोनों ही विमुख हैं। इन बर्बरों का प्रभाव हर प्रकार की साहसिकता को, यायावरी को मूल्य बनाए दे रहा है। तब सामान्य जन विद्या में आस्था क्यों रखे? तभी, विद्यापीठ के प्रति मात्र एक श्रद्धा और सम्भ्रम का भाव वह रखता है। वह करे भी क्या? विद्यापीठ के कार्यकलाप लोक को अपने आलिंगन में लेते ही नहीं। गुरुकुल तो बस, राज्यों एवं जनपदों को कुशल, पर लक्ष्य-शून्य राज-कर्मचारी एवं शिक्षक देने का साधन-मात्र बनकर रह गया है।"

"यही दशा यहाँ भी है, चाणक्य! किया क्या जाए? विद्वान पंगु बन जाता है।" रुचि ने कहा।

"क्यों बन जाता है? दोष विद्वान् का है। वह भूल जाता है कि उसकी पंगुता समाज एवं राष्ट्र का सबसे बड़ा दुर्भाग्य होती है।" श्यामला कह उठी।

"भाभी!" चाणक्य के मुँह से निकल पड़ा, "आपका यह वचन एक कटु सत्य को वाणी देता है। कहीं हमारे विद्वान् इतने उत्तरदायी बन पाते।"

"कहना सरल है, चाणक्य! विद्वत्ता ही विद्वान् की सबसे बड़ी कुंठा होती है।" रुचि बोला, "पर छोड़ो। तुम अपने बारे में बताओ। अब तुम्हारी क्या योजना है?"

"कुलपति ने मुझे अध्यापक नियुक्त कर दिया है।" चाणक्य ने बताया।

"बधाई, मित्र! तक्षशिला में शिक्षक बनना बहुत बड़े सम्मान की बात है।"

"धन्यवाद, बन्धु! पर, मुझे लगता है, केवल राजनीति पढ़ाकर मेरी तृप्ति नहीं होगी। सक्रिय राजनीति में कूदे बिना मुझे चैन नहीं पड़ेगा।"

"यह कोई कठिन बात नहीं है। मंत्रि-पद तुम कहीं भी पा सकते हो।" रुचि ने कहा।

"मात्र राजा की आज्ञानुकारिता से क्या लाभ है? उससे अच्छी तो अध्यापकी ही है।"

"फिर?"

"रुचि! इस समय तो मैं मगध घूमने आया हूँ। यहाँ के सूत्रधारों से मिल लेना अवश्य चाहता हूँ। अभी तो मैं अपनी अध्यापकी में ही व्यस्त और मस्त रहना चाहूँगा। पर, आँखें खुली तो रखनी ही होंगी।"

श्यामला ने दासी द्वारा लाए गए दुग्धपात्र दोनों मित्रों के सामने रखे। फिर बोली, "आर्य! इस मगध का भविष्य क्या है?"

"देवि! राजनीतिज्ञ को भविष्य-वक्ता नहीं, भविष्य-निर्माता होना चाहिए। उसके सामने एक लक्ष्य हो और कोई व्यक्ति या भूखंड उसकी गणना में हो, तभी वह उसका भविष्य बता सकता है, अन्यथा नहीं। रास्ते में जो मैंने मगधराज एवं उनके साम्राज्य के बारे में सुना और जो यहीं गली के बाहर सड़क पर मेरे साथ घटा उससे तो लगता है, मगध की नियति अस्थिर है।"

रुचि और श्यामला दोनों ही चौंक पड़े।

"क्या घटा?" दोनों के मुँह से निकला।

"कुछ नहीं! दो परशुधारियों ने मेरी गठरी छीनने का उपक्रम किया।"

"फिर?"

"दोनों मुँह की खाकर भागे। पर रुचि! रात के पहले प्रहर में राजमार्ग पर ऐसा दुस्साहस!...छोड़ो। रुचि, तुम तिष्य को जानते हो न?"

"वही, जो पिछले वर्ष तक्षशिला गया था?"

"वही। रात वह भी मेरे साथ था। तुम्हारे घर तक मुझे वही तो छोड़ गया था।"

"वह लौट रहा होगा?"

"हाँ।"

"तिष्य अमात्य कन्दर्प का पुत्र है। कन्दर्प पाटलिपुत्र के सबसे बड़े श्रेष्ठियों में से एक हैं। मेरे पिता तो उन्हें अच्छी तरह जानते हैं। मुझसे परिचय नहीं है।"

"इस तिष्य से मिलने चलोगे?"

"पर वह तो किशोर है।"

"पर श्रेष्ठि-पुत्र है, चतुर है।"

"चलो, चलता हूँ।"

वस्त्र पहनकर दोनों निकल लिए।

मार्ग पर आते ही रुचि ने चाणक्य से कहा, "इस एक वर्ष में लगता है, तुममें कुछ निगूढ़ परिवर्तन आए हैं।"

"कैसे, मित्र?" चाणक्य ने चौंककर पूछा।

"तुम अधिक प्रखर, अधिक अस्थिर बन उठे हो।"

"बन्धु, पता नहीं क्यों एक असन्तोष, एक तृषा मुझमें व्यापती गई है। कई बार मुझे लग उठता है, मैं कहीं प्रव्रज्या न ले लूँ। पर, वैसे धैर्य की, हँसी की कमी मुझमें नहीं है।"

"एक बात पूछूँ?" रुचि कुछ सोचते हुए बोला।

"हाँ-हाँ!"

"क्या कोई बाला इस बीच तुम्हारे जीवन में आई है?"

"आई थी।"

"चाणक्य!"

"सच! पर पूरी कहानी कुछ मास में ही समाप्त हो गई।"

"पितृ-श्री को पता है?"

"है।"

"चाणक्य, श्यामला की एक चचेरी बहन है। इससे चपल, पर अधिक कुशल एवं शिक्षिता। तुम चाहो तो बात करूँ? पर उसका रंग साँवला है।"

"कुछ भी हो, पुए तो बनाकर खिलाएगी ही। किन्तु, अभी नहीं मित्र! अभी मैं सोच रहा हूँ।"

"क्या?" रुचिशील ने पूछा।

"यही कि क्या स्त्री का मेरे जीवन में कोई स्थान है? या नियति ने यह पक्ष सदा के लिए निपटा डाला है।"

"हुआ क्या था?"

"छोड़ो, रुचि! मुझे नगर देखने दो। आर्य कन्दर्प का निवास कितनी दूर है यहाँ से?"

"काफी दूर है।"

"तब तो हाट से होकर चलो।"

रुचि चाणक्य को नगर के सबसे बड़े हाट के बीच से ले चला। सड़क के दोनों ओर ऊँचे-ऊँचे भवन और नीचे के प्रकोष्ठों में बड़ी-बड़ी दुकानें। सब ओर भीड़-ही-भीड़। कितनी ही दुकानों के सामने छकड़े खड़े थे, जिनमें नवागत पण्य लदा था। बहंगियों में पण्य लाया-ले जाया जा रहा था। राजपुरुषों एवं श्रेष्ठियों के रथ एवं शिविकाएँ बड़ी संख्या में आ-जा रही थीं। रुचि ने बताया कि यहाँ हाटों में प्रात: और सायं ही हलचल रहती है। दोपहर को गर्मी के कारण लोग बाहर कम ही निकलते हैं। चाणक्य ने देखा कपड़े की दुकानें वहाँ अधिक थीं। हर प्रकार के ऊनी, सूती और रेशमी वस्त्रों से प्रकोष्ठ ठसाठस भरे थे। अन्न बेचनेवालों ने अपनी-अपनी दुकानों के सामने पथ के किनारे पर ही अन्नों-दालों की तथा शर्करा की ढेरियाँ लगा ली थीं और बेच रहे थे। लकड़ी, धातु एवं चमड़े से बनी विविध वस्तुओं तथा भांडों आदि का पण्य भी बहुत बिक रहा था। स्वर्णाभूषणों एवं मणि-माणिक्यों की भी अनेक दुकानें वहाँ थीं। पक्वान्नों की दुकानों के सामने से निकलने पर मधुर गन्ध नाक में प्रवेश करती थी। इनके सामने अनेक लोग स्वादपूर्वक खा-पी रहे थे। ऐसे पक्वान्न तक्षशिला में नहीं मिलते थे। चाणक्य मुग्ध भाव से एक-एक दुकान में झाँक-झाँककर देख रहा था।

भीड़ में हर वर्ग के लोग थे। उनके वस्त्रों से उनकी सामाजिक-आर्थिक स्थिति का पता चलता था। ऊँचे वर्ग के सम्पन्न लोग रेशमी वस्त्र पहने दीख पड़े। मध्य

वर्ग के लोग सूत के तथा निर्धन लोग तूल या शण के वस्त्र पहने थे। आसपास के ग्रामों से आए काफी लोग हाट में थे। ये अपने-अपने पण्य दुकानदारों को बेच रहे थे। स्त्रियाँ साड़ी बाँधे थीं। लड़कियाँ-युवतियाँ घघरा-चोली पहने थीं। लोग अधिकतर साँवले-काले थे। पर उनके शरीर गठे हुए थे। चाणक्य को उनके चेहरों पर कोमलता और लावण्य दीख पड़ा। मार्ग पर जगह-जगह कुएँ थे और जल की तनिक भी असुविधा नहीं थी।

हाट में आगे चलकर एक बहुत बड़े घेर में बड़ी भीड़ चाणक्य ने देखी। उसने कुतूहल प्रकट किया तो रुचि ने बताया कि लगता है, दास-दासियों की नई खेप आई है। उन्हीं के क्रय-विक्रय की तैयारी हो रही है। चाणक्य के लिए यह नया नहीं था। उसने तक्षशिला में यह व्यापार खूब देखा था।

आगे मन्दिरों एवं धर्मशालाओं का क्षेत्र पड़ा। चाणक्य ने एक शिव मन्दिर में दर्शन किए। यहाँ बड़ी संख्या में ब्राह्मण एवं साधु-संन्यासी उसे दीख पड़े। भीड़-की-भीड़ गृहस्थ स्त्री-पुरुष बच्चों सहित इन मन्दिरों में आ रहे थे। इनके बाहर पुष्पों एवं मिष्टान्नों की दुकानें थीं।

दोनों मित्र बढ़ते गए। आगे एक क्षेत्र में श्रेष्ठियों के ऊँचे सुसज्जित भवन उन्हें दीख पड़े। यहीं भगवान पार्श्वनाथ का एक गगनचुम्बी मन्दिर भी चाणक्य ने देखा। एक छोटा मन्दिर प्रथम तीर्थंकर ऋषभदेव का भी था।

"लो, आ गए।" रुचि बोल उठा। "वह सामने का भवन अमात्य कन्दर्प का है।"

"यहाँ के अधिकतर श्रेष्ठी जैन प्रतीत होते हैं। चाणक्य ने कहा।

"हाँ, बन्धु! पाटलिपुत्र की ही नहीं, पूरे नन्द-साम्राज्य की अर्थव्यवस्था जैनों के हाथ में है।"

कुछ ही क्षणों में दोनों अमात्य कन्दर्प की विशाल अट्टालिका के सामने पहुँच गए।

रंगीन पताकाओं से सुसज्जित शिखर; वातायनों एवं छज्जों तथा भित्ति-चित्रों से सज्जित चौमंजिला समक्ष। बेल-बूटों एवं चित्रों से अलंकृत, लकड़ी का ऊँचा, ठोस द्वार। द्वार पर द्वारपाल हाथ में बल्लम लिए। अनगिनत दास-दासियों की हलचल से नीचे की पूरी मंजिल कलरवित थी।

रुचि ने द्वारपाल से तिष्य के विषय में पूछा। द्वारपाल ने एक दास को इशारा किया। वह दोनों को तिष्य के कक्ष की ओर ले चला। आँगन के पार कोने का कक्ष तिष्य का था। दोनों ने प्रवेश किया। तिष्य एक कुशासन पर बैठा ताड़-पत्रों की एक पुस्तक में डूबा था।

"क्या पढ़ रहे हो, तिष्य!" चाणक्य ने द्वार से ही पुकारकर पूछा।

तिष्य ने चौंककर देखा। वह आनन्दपूर्वक उठ खड़ा हुआ। उसने दोनों को आसन दिया। तीनों बैठ गए।

"इस पुस्तक में क्या है?"

"आर्य! मुनिराज ने इन पुस्तकों के लिए ही तो मुझे तक्षशिला भेजा था। इनमें कुछ ऐसे संकेत हैं, जिनसे पता चलता है कि 'जिन' के धर्म के मूल सिद्धान्तों का जन्म सिन्धु-तट पर हुआ था।" तिष्य ने कहा।

"यह अनुमान झूठ नहीं है, तिष्य! जैन सिद्धान्त उस पणि संस्कृति की देन है, जिसके नगर कभी सिन्धु-तट के साथ समुद्र तक फैले थे।" चाणक्य ने कहा।

"आर्य! यही बात भिन्न सन्दर्भ में आप पहले भी कह चुके हैं। इस पर थोड़ा प्रकाश और डालिए।" तिष्य ने निवेदन किया।

"तिष्य! आर्य राष्ट्र और पणि संस्कृति के बीच जो संघर्ष हुआ वही देव-दानव संग्राम के रूप में वेदों में वर्णित है। इस संग्राम में पणि नगर नष्ट हुए और इन नगरों के निवासी पूर्व की ओर सरककर गंगा-यमुना के तटों पर जा बिखरे। इन लोगों ने प्रकट में वैदिक संस्कृति को अपना लिया, पर इनके मूल जीवन-सिद्धान्त सुरक्षित रहे। पूरा अवैदिक चिन्तन इन्हीं बीजों से उगा और पनपा है। पर तिष्य! मैं तो सोचता था तुम किसी जैन मन्दिर में मिलोगे।"

"मुनिराज ने मुझे यहाँ रहने की अनुमति दे रखी है।"

"क्यों? इससे तुम्हारे व्रत में शिथिलता नहीं आती?"

"आती तो है। पर मैं मुनि नहीं बना हूँ। जैन धर्म एवं साधना का अध्ययन ही मेरा लक्ष्य है। आप जानते हैं, मैं पिता की एकमात्र सन्तान हूँ। उनका यह कारोबार मुझे ही सँभालना है।" तिष्य ने बताया।

"हाँ, तिष्य! तुम्हें एक श्रेष्ठि के रूप में देखकर मुझे निश्चय ही अधिक प्रसन्नता होगी।"

"विप्रवर! एक बात जानने की उत्कंठा मुझमें जगी है।"

"पूछो।"

"जैन सिद्धान्तों की जड़ें आपने पणि संस्कृति में ही क्योंकर पाई हैं? क्या वे वैदिक संस्कृति की देन नहीं हो सकते?"

"वे उससे प्राचीन हैं, तिष्य! दोनों के बीच स्पष्ट अन्तर है। वैदिक संस्कृति कर्म को प्रतिष्ठा देती है। वह संसार को उल्लासपूर्वक स्वीकार करती है, उसका निषेध नहीं करती। कर्म को बाधक नहीं, साधक मानती है। कर्म से, संसार से, शरीर से तथाकथित मुक्ति की कल्पना वेदों में नहीं है। वेद आत्मा और शरीर दोनों को मान्यता देते हैं, किसी एक का निषेध नहीं करते। इन दोनों से युक्त पूर्ण मानव और उसका ऐहिक जीवन ही वेद का विषय है। जैन सिद्धान्त कर्म को हिंसा मानकर

उसका, संसार का निषेध करते हैं। दूसरी बात यह कि वैदिक निष्ठा समष्टि में है, जबकि जैन आस्था आत्मा में, व्यष्टि में। वैदिक यज्ञ सिर्फ एक के कल्याण के लिए नहीं, सबके कल्याण के लिए किया जाता है।"

"पर क्या आत्मा ही परम सत्य नहीं है?" तिष्य ने टोका।

"है। पर क्या संसार और शरीर से अलग उसकी कोई सार्थकता है? क्या इस आत्मा की कल्पित मुक्ति कर्म का पूर्ण निषेध किए बिना सम्भव नहीं है? आत्मा के लिए मानव का निषेध क्या शुभ हो सकता है? तिष्य! जन्म-मरण का क्रम निन्द्य क्यों है? वह आत्मा को समृद्ध नहीं करता क्या? उसे आनन्द नहीं देता क्या?"

"विप्रवर! मैंने पणि संस्कृति के सन्दर्भ की बात पूछी थी।"

रुचि मूक बैठा दोनों की चर्चा सुन रहा था। चाणक्य को तिष्य की उत्सुकता पर हँसी आ गई।

"तिष्य! मानव और समष्टि को लेकर चलोगे तो हर पग पर परिवर्तन और अनुकूल समंजन के लिए सक्रिय रहना पड़ेगा। व्यवस्था में परिवर्तन वणिक को प्रिय नहीं होता। फिर वह समष्टि की सोचकर चलेगा तो वैभव अर्जित कैसे करेगा? इसलिए वह सिर्फ आत्मा को, सिर्फ अहं को महत्त्व देता है। अब शेष से अर्जित वैभव की रक्षा वह कैसे करे? यहाँ अहिंसा कवच बनकर आती है। वह किसी भी अन्य के आरोप से, किसी भी परिवर्तन से वणिक की रक्षा ही नहीं करती, सबकी दृष्टि में उसे श्रद्धेय भी बना डालती है। आत्मा और अहिंसा का दर्शन वणिक का सहज दर्शन है।"

"आप बहुत कठोर हैं, आर्य!"

"मैं अभी बहुत स्पष्ट नहीं हूँ, तिष्य! अभी इस विषय पर मेरा चिन्तन अन्तिम नहीं है।"

तभी अचानक एक वयोवृद्ध सज्जन ने कक्ष में प्रवेश किया।

"अमात्य कन्दर्प!" रुचि फुसफुसाया।

दोनों खड़े हो गए। तिष्य ने भी उत्थान दिया।

"तात! तक्षशिला गुरुकुल के स्नातक एवं वहीं राजनीति के अध्यापक आर्य चाणक्य से मिलें। और ये हैं आचार्य विनय के सुपुत्र आचार्य रुचि।"

"अमात्यवर! अभिवादन।" रुचि ने कहा।

"श्रेष्ठिवर! प्रणाम!" चाणक्य सविनय बोला।

कन्दर्प ने चौंककर चाणक्य की ओर देखा। उसकी थाह ली।

"ब्राह्मण! मगध में क्या देखा?"

"अभी केवल सुना है, श्रेष्ठिवर! देखा नहीं। उसके लिए आपके अनुग्रह का प्रार्थी हूँ।"

"तक्षशिला की राजनीति की दिशा किस ओर है?"

"पूरा देश ही दिग्भ्रमित है। तक्षशिला अपवाद नहीं है।" चाणक्य ने कहा।

"मगध दिग्भ्रमित कैसे है, ब्राह्मण?"

"दृष्टि-संकोच से दिग्भ्रम ही तो उत्पन्न होगा।"

"वह किसे है?"

"सबको है। मगध को भी है।"

"कैसे?"

"मैंने सुना है, राजा धनलोलुप है। इसीलिए उसे धननन्द भी कहते हैं।"

"तुम बहुत मुँहफट हो, ब्राह्मण!" कन्दर्प ने दृष्टि टेढ़ी करके कहा।

"तात! आर्य चाणक्य बहुत ही स्पष्टवक्ता हैं।" तिष्य बोल उठा।

"चाणक्य! अभी तो हो यहाँ? मैं तुमसे बात करना चाहूँगा। कल दोपहर बाद मेरे विश्रान्ति-सदन पर पधारिए।" कहकर उत्तर की प्रतीक्षा किए बिना ही अमात्य कन्दर्प चले गए।

चाणक्य के मुँह पर एक मुस्कान दौड़ गई।

"आप चिन्ता न करें, विप्रवर! मगध में आपका बाल भी बाँका नहीं हो सकता।" तिष्य ने कहा।

"वत्स! अपनी महत्त्वशून्यता और अमात्य कन्दर्प की अहिंसा पर मुझे पूरा भरोसा है।"

"विप्र...!" तिष्य के मुँह से निकला।

"तुम्हें इतना तीखा नहीं होना चाहिए।" रुचि ने डाँटा।

"नहीं-नहीं, चाणक्य तीखे नहीं हैं। दम्भ से रहित और स्नेह से सिक्त सत्य क्रूर भले ही हो, तीखा नहीं होता; अतः अप्रिय नहीं होता। पितृपाद ने इसीलिए इन्हें निमंत्रित किया है।"

"बन्धु।..." चाणक्य ने रुचि को सम्बोधित किया।

"हाँ!"

"मैं अन्तदृष्टि से देख रहा हूँ कि भाभी व्यंजन तैयार कर चुकी हैं और मेरे मुँह में पानी आ रहा है।"

रुचि हँस पड़ा।

"भोजन कैसा लगा, आर्य?" श्यामला ने पूछा।

"भाभी!" चाणक्य ने कृतज्ञ दृष्टि से श्यामला की ओर देखा, "मेरी माँ शैशव में ही मर गई थी। पिता के रूखे ममत्व और उनकी कठोर महत्त्वाकांक्षा की छाया में मैं पला। जब भी तुम जैसी किसी भावनामयी नारी का स्नेह मुझे अचानक मिला

है, मैं विभोर हो उठा हूँ। मैं आशीर्वाद देता हूँ, भाभी, जीवन में आपको कृतार्थता मिले।"

श्यामला गद्गद हो उठी।

"मैंने तो भात के बारे में पूछा था, आर्य!"

"श्यामी! चाणक्य को अमात्य कन्दर्प ने निमंत्रित किया है?" रुचि ने बताया।

"क्यों?"

"शायद मैं उन्हें कुछ काम का जन प्रतीत हुआ हूँ।"

"किस काम का?"

"यह तो जाने से ही पता चलेगा।"

"बुरा न मानें तो मैं एक बात कहूँ?" श्यामला ने गम्भीर भाव से कहा।

"अवश्य, भाभी!"

"आपको किसी झंझट में नहीं पड़ना चाहिए।"

"मैं किसी झंझट में क्यों पड़ूँगा। मिल लेने में हानि ही क्या है।"

तभी हँसता हुआ रुचि बोल पड़ा, "इसने आज कन्दर्प और उसके पुत्र को काफी कड़ी बातें सुना डालीं।"

"क्यों?" श्यामला ने चिन्तापूर्वक चाणक्य की ओर देखा।

चाणक्य मुस्कराकर बोला, "भाभी! राजनीति में कड़ी-नम बातों का कोई अर्थ नहीं होता। एक-दूसरे की गहराई नापने के लिए ही इनका प्रयोग किया जाता है। राजनीतिज्ञ और विशेषकर श्रेष्ठि नाराज होने या बुरा मानने के चक्कर में कभी नहीं पड़ता।"

"यदि वह पड़ जाए तो?"

"वह नहीं पड़ेगा भाभी! हाँ, रुष्ट होने का नाटक कर सकता है।"

"नन्द के ये अमात्य बहुत कुटिल हैं, चाणक्य!" रुचि ने कहा।

"हाँ, बन्धु! मेरे इस जीवन का यहीं अन्त होना हो, तो हो। इसके लिए मैं अपना लक्ष्य तो नहीं छोड़ सकता।"

"कौन-सा लक्ष्य?" श्यामला ने पूछा।

"राजनीति के अध्ययन का लक्ष्य। बुद्धि को बुद्धि से और मन को मन से घर्षित करके ही कुछ जाना जा सकता है। इसी आयास पर पूरी राजनीति खड़ी होती है। कुछ पशु होते हैं, भाभी, जो सीधी भाषा नहीं समझते। युवक संन्यासी और वणिक राजनीतिज्ञ 'मैं' की संकीर्णता से ऊपर नहीं उठ सकते।"

"इस सूची में एक को और सम्मिलित करना होगा।" रुचि हँसता हुआ बोल उठा।

"किसे?"

"रूपसी को।"

"क्यों?" श्यामला ने घूरकर पूछा।

"नाराज न हों, भाभी! रुचि ने केवल रूपसी कहा है, नारी नहीं; पत्नी या माँ नहीं।"

श्यामला का मुँह एक आभा से चमक उठा।

गोपा शालि, रोहक, गुड़, मट्ठा और ले आई। मना करते-करते भी श्यामला ने चाणक्य की थाली में और परसवा दिया। वह स्वादपूर्वक खाता रहा।

"कन्दर्प के यहाँ कब जाना है?" श्यामला ने पूछा।

"कल तीसरे पहर रथ आएगा।"

"तब तो खाकर निश्चिन्ततापूर्वक विश्राम कीजिए। ठीक मध्याह्न सिर पर है।"

"चाणक्य!" रुचि बोला।

"हाँ!"

"मैं सोचता हूँ, तुम्हें विवाह कर लेना चाहिए।"

"मागधी कन्या कहें तो..." श्यामला बोल उठी।

"भाभी! मेरे लिए विवाह उतनी सहज चीज नहीं है।"

"क्यों?"

"मैं उलझ गया हूँ, भाभी!"

"कहाँ? किसमें?"

"क्या बताना ही होगा?"

"हाँ!"

"वह एक यवन बाला थी। उसका नाम था, हेमा। उसके बाल गहरे सुनहरे थे; आँखें नीली थीं। शरीर लता की तरह लचकता था। पर मेरे पास इस क्षुद्र विद्वत्ता के सिवाय और क्या था? गेहूँ की मोटी-मोटी रोटियाँ स्वयं सेंककर, नमक, दूध या मट्ठे से ही मैं आज तक खाता आया हूँ। एक झोंपड़ी है, जिसमें मैं और मेरे बूढ़े पिता चटाई पर सोते हैं। मैं हेमा की ओर आकर्षित हुआ; पर पता नहीं वह हेमा कैसे मेरे प्रति उत्सुक हो उठी। शायद कुतूहलवश या उपहासवश। भाभी, कंगाली में खिली विद्वत्ता का आदर केवल ब्राह्मण कन्या ही कर सकती है। मेरी उत्कंठित धरती में आकांक्षा का, ललक का बीज बोकर वह यवन बाला एक प्रतिष्ठानी सामन्त की अंकशायिनी बनकर मेरी आँखों से ओझल हो गई। मैं मुँहबाए देखता रह गया। पितृश्री, पुत्रवधू का मुँह देखने का सपना अपनी बुझती आँखों से सँवारा करते होंगे। उनकी उन आँखों से बचने के लिए ही स्यात् मैं यहाँ भाग आया हूँ... ताम्बूल नहीं दोगी, भाभी!"

श्यामला ने ताम्बूल दिया।

"मैं चित्रकार नहीं हूँ, भाभी! नहीं तो उसका चित्र बनाकर दिखाता।" चाणक्य ने कहा।

"मुझे नहीं देखना है चित्र। मूर्तिमती मूर्खता और भाग्यहीनता का चित्र देखकर क्या करूँगी? हीरक को पत्थर मानकर उसे फेंक देना किसी को बुद्धिमत्ता लग सकता है, पर वह है तो अन्धापन ही। आँखों का अन्धा सुन्दर हो सकता है, पर जिसके अन्त:चक्षु बन्द हैं, उस रति या कामदेव को भी सुन्दर नहीं कहा जा सकता। आपको उसे भूल जाना चाहिए।"

"मैं आभारी हूँ, भाभी!"

संध्या समय चाणक्य और रुचि फिर घूमने निकले। सोचा, पहले हाट में घूमेंगे और फिर गंगा-तट की ओर निकल जाएँगे। वहीं स्नान करेंगे और संध्या-वन्दन करके घूमते हुए घर लौट आएँगे।

हाट में इस समय प्रात: से अधिक हलचल थी। प्रात: तो भीड़ का ध्यान क्रय-विक्रय में अधिक था, पर इस समय सबका ध्यान भ्रमण और मनोविनोद में था। वार-वनिताएँ, राजकुमार, श्रेष्ठि-पुत्र एवं अभिजात सैनिक अपने-अपने रथों पर, अश्वों पर अथवा शिविकाओं पर सज-धजकर निकल पड़े थे और अपने-अपने गौरव और वैभव का प्रदर्शन करते हुए तने घूम रहे थे। पैदल लोग दुकानों के सामने से सिकुड़कर चल रहे थे और पथ का पूरा मध्य भाग दनदनाते-झनझनाते आते-जाते इन रथों आदि के लिए छोड़ दिया गया था। वस्त्रों, आभूषणों एवं सुगन्धियों की दुकानों पर इस समय अधिक रेल-पेल थी। खाने-पीने की दुकानों पर भी खूब रौनक थी। रथ रुकते थे और आरूढ़ स्त्री-पुरुष उतरकर इन पण्य-गृहों में घुस जाते थे। लगभग सभी के होंठ ताम्बूल से लाल थे।

हवेलियों एवं घरों के वातायनों से झाँकती नवोढ़ाएँ, खोमचेवालों से झगड़ती स्त्रियाँ, खेलते-रोते बच्चे और यहाँ-वहाँ बतियाते बूढ़े—चाणक्य को यहाँ के और तक्षशिला के जनों में विशेष अन्तर नहीं दीख पड़ा। मानव सब कहीं एक ही तो है!

दोनों मित्र बातें करते और यह सब देखते चल रहे थे कि अचानक एक घटना घट गई। एक श्रेष्ठिपुत्र का रथ आकर एक जौहरी की दुकान के सामने रुका। वह स्वयं नीचे उतरा और उसने सहारा देकर साथ की युवती को नीचे उतारा जो निश्चित रूप से कुल-कन्या नहीं थी।

"आओ, भद्रे! सामने चलें।"

शरीर लचकाती गणिका ने एक कदम रखा ही था कि सैनिक वेशधारी एक युवक ने आगे बढ़कर उसका मार्ग रोक लिया।

"भद्रे! मेरे साथ चलो।"

गणिका ने उसकी ओर देखा और सहम उठी।

"क्या धृष्टता है?" श्रेष्ठि-पुत्र ने चिल्लाकर कहा।

"यह मेरी है, श्रेष्ठि-पुत्र! आओ भद्रे! मेरे रथ पर बैठो।"

गणिका की आँखों में भय कम, कौतुक अधिक था। पर अपनी चपल दृष्टि कभी धनिक पर डालती, कभी सैनिक पर।

"आओ सुन्दरी! तुम्हारी ग्रीवा रत्नहार पहनने के लिए आतुर है।" श्रेष्ठि-पुत्र ने कहा।

"ललने! मेरे साथ चलकर भरपूर यौवन-सुख का भोग करो और मैं वचन देता हूँ, तुम्हारी ग्रीवा भी सूनी नहीं रहेगी।" सैनिक बोला।

गणिका ने एक बार वणिक-पुत्र की ओर देखा और मुड़कर उसने सैनिक का हाथ थाम लिया।

अपमानित श्रेष्ठि-पुत्र क्रोध से पागल हो उठा। उसने बगल में लटकी तलवार खींची और सैनिक पर झपटा। सैनिक को जैसे इसकी आशंका ही थी। उसने शत्रु के खड्गधारी हाथ को बीच में ही पकड़कर ऐसा मरोड़ा कि शस्त्र नीचे गिर पड़ा और वह पीड़ा से तिलमिलाकर रह गया।

"जाओ, वणिक! ये प्राण मूल्यवान हैं।" सैनिक ने कहा और वह अपनी प्रिया को लेकर पास ही खड़े अपने रथ पर जा बैठा। आहत श्रेष्ठि-पुत्र देखता रह गया।

इन कुछ पलों में ही वहाँ भीड़ इकट्ठी हो गई थी। गणिका के जाते ही भीड़ बिखर गई और हतप्रभ श्रेष्ठि-पुत्र ने अपने रथ में शरण ली।

"क्या सोच रहे हो, चाणक्य?" रुचि ने पूछ।

"नन्द का यह कैसा शासन है, मित्र? यह साम्राज्य कैसे चल रहा है?" चाणक्य चकित भाव से बोला।

"बन्धु! यहाँ सैनिकों और वणिकों में खुला संघर्ष है। सत्ता श्रेष्ठियों के हाथ में है तो बल सैनिकों के।"

"और ब्राह्मण क्या करते हैं?"

"कभी इसके और कभी उसके साथ होने का नाटक। उनकी तात्कालिक भलाई तो वणिकों के साथ रहने में ही है।" रुचि ने कहा।

कुछ दूर आगे चलने पर वह बाड़ा आ गया, जहाँ प्रात: दास-दासियों का क्रय-विक्रय हो रहा था। इस समय वहाँ अनेक क्षुद्र विक्रेता हस्तशिल्प की विविध वस्तुएँ लिए विक्रयार्थ बैठे थे। सामान्य स्त्री-पुरुषों के समूह प्रत्येक के सामने जमे थे और क्रय करने के लिए जाँच-परख कर रहे थे।

तभी नगर-सभा के सैनिकों की एक टोली वहाँ आ निकली। उसे देखते ही सब फेरीवाले आतंकित होकर अपना-अपना पण्य समेटने लगे और भागने को आतुर हो उठे।

सैनिकों ने पलभर में सबको घेर लिया। नायक ने गरजकर कहा, "तुम्हें कितनी बार कहा है कि अपना पण्य दुकानदारों को बेचा करो। यहाँ हाट लगाने का तुम्हें अधिकार नहीं है।"

फेरीवाले भयभीत गिड़गिड़ाने लगे।

"सैनिको! इनका सब पण्य छीन लो।" नायक ने आदेश दिया।

पलभर में वहाँ हाहाकार मच गया। ग्राहक स्त्री-पुरुष तो सैनिकों को देखते ही दूर सरक गए थे। डंडे खा-खाकर दीन विक्रेता भी अपना पण्य छोड़कर रोते-बिलखते भागने लगे। थोड़ी ही देर में वस्तुओं के ढेर और सैनिकों को छोड़कर वहाँ कोई न रहा। रुचि और चाणक्य भी आगे बढ़ गए।

"यह सब बड़े वणिकों का षड्यंत्र है, क्योंकि व्यवस्था तो उन्हीं के हाथ में है न।" रुचि ने बताया।

"हूँ!" गहन चिन्तन में डूबे चाणक्य के मुँह से निकला।

दोनों मित्र चलते-चलते घाट पर पहुँच गए। दूर-दूर तक फैले जलविस्तार को छूकर आती पवन ने उन्हें शान्ति और शीतलता प्रदान की। डूबते सूर्य की किरणों से, गंगा की चमकती लहरों की तरह ही उनके हृदय आनन्द से भर उठे। दोनों ने कपड़े उतारे और जल में कूद पड़े।

पाटलिपुत्र के विशाल घाट संध्या समय जन-संकुल रहते थे, क्योंकि नागरिकों के तप्त तन-मन को सबसे अधिक चैन गंगा-तट पर ही मिल सकता था। घाट के साथ-साथ देव-मन्दिरों एवं पुण्य-गृहों की लम्बी पंक्ति चली गई थी। समाज के सभी वर्गों के लोग वहाँ उपस्थित थे। अलग-अलग वर्गों के लिए पृथक् घाट थे। बच्चे किलकिलाते घूम रहे थे और स्त्रियाँ दिनभर के चिन्ता-क्लेश त्यागकर सीढ़ियों पर बैठी बतिया रही थीं या पानी में उतरकर स्नान-क्रीड़ा में व्यस्त थीं। जल पर अनगिनत नावें तैर रही थीं। इनमें कुछ भारवाही अथवा यात्रा-योग्य बड़ी नौकाएँ थीं और कुछ सैर और मौज के प्रयोजन की पतली और लम्बी, जिनमें अनेक युवक-युवतियाँ बैठे वातावरण का आनन्द ले रहे थे।

रुचि और चाणक्य ने स्नान किया और देव-दर्शन के लिए मन्दिर में आ गए।

शकटार, नन्द एवं राक्षस

नगर से एक कोस दूर एक आम्र वन में अमात्य कन्दर्प का विश्रान्ति-सदन है। तीसरे पहर का समय वे अधिकतर यहीं बिताते हैं। किसी विशेष अतिथि को एक निश्चिन्त चर्चा के लिए प्रायः वे यहीं बुलाते हैं। विश्राम एवं आमोद का हर साधन

यहाँ सज्जित है। उनके कारोबार के प्रमुखतम प्रबन्धक भी यहीं बैठते हैं। अगले दिन दोपहर बाद चाणक्य यहीं पहुँच गया। आँगन में आया तो एक दास ने उसका स्वागत किया। वह चाणक्य को लेकर एक सजे-धजे कक्ष में पहुँचा। उसमें एक चौकी पर तकिए का सहारा लिए अमात्य कन्दर्प अधलेटे थे और एक स्वर्ण-पात्र से एक पेय चुसक रहे थे। "आओ, ब्राह्मण! स्वागत। बैठो।" कन्दर्प ने एक चौकी की ओर संकेत किया, पर उन्होंने अपनी मुद्रा नहीं बदली।

चाणक्य बैठ गया।

"ब्राह्मण! द्राक्षासव तो लोगे?"

"नहीं, श्रेष्ठिवर!"

"अरे, कोई है?"

एक दास ने प्रवेश किया।

"एक पात्र द्राक्षारस लेकर आओ।"

दास चला गया।

"मैं सोचता हूँ, ब्राह्मण! यदि मागधी सेनाएँ मध्य देश को पार कर वाहीक पर आक्रमण करें तो?"

"अवश्य करें, श्रेष्ठिवर!"

"तुम्हारी क्या सम्मति है?"

"मुझमें उसकी अर्हता नहीं है, अमात्य! मैं मगध या वाहीक की आकांक्षाओं अथवा उनकी क्षमताओं से परिचित नहीं हूँ।"

तभी दास ने द्राक्षारस का पात्र लाकर चाणक्य को दिया। उसने उसे मुँह से लगाया।

"क्या यह उचित और व्यावहारिक नहीं होगा कि तक्षशिला से पाटलिपुत्र तक का समस्त उत्तरापथ एक शासन-तंत्र के अधीन होकर रहे?" चिन्तन की मुद्रा में कन्दर्प ने कहा।

"निश्चय ही होगा। पर क्या हर उचित और व्यावहारिक बात सम्भव हो पाती है, अमात्य?"

"मगध में उसकी सामर्थ्य है।"

"मगध की सेना में हो सकती है। पर क्या उसके नेतृत्व में है?"

"क्या नहीं है?"

"मुझे सन्देह है।"

"क्यों?"

"उत्तर शायद आपको रुचिकर नहीं लगेगा, श्रेष्ठिवर!" चाणक्य ने भौंहों को कसते हुए कहा।

"चिन्ता नहीं, ब्राह्मण!"

"तो सुनिए। एक विलासी और लोभी सम्राट् और वणिक अमात्य आक्रामक सेनाओं का नेतृत्व नहीं कर सकते।"

"ब्राह्मण..." कन्दर्प क्रोध से हिल उठा। उसके होंठ काँपने लगे।

चाणक्य ने अन्तिम घूँट गले में उँडेलकर पात्र नीचे रख दिया। एक मुस्कान उसके होंठों पर दौड़ गई।

"अमात्यवर! मैंने तो एक सहज सिद्धान्त की बात कही थी। युद्ध, विशेषकर आक्रामक युद्ध के लिए एक विशेष दुर्द्धर्ष मानसिकता की अपेक्षा रहती है।"

अब तक कन्दर्प सँभल चुका था।

"ब्राह्मण! केकय के युवा राजा पुरु के विषय में तुम क्या जानते हो?"

"मैंने सुना है, वह भारी योद्धा और समर-लिप्सु है। पर उससे भी अधिक तो चारों ओर फैले गणराज्य आपको भारी पड़ेंगे।"

"क्या यह सच है कि गान्धार और केकय के बीच मधुर सम्बन्ध नहीं हैं?"

"सम्बन्धों की मधुता-कटुता कभी स्थायी नहीं हुआ करती, अमात्य! समय-विशेष पर गणक किस ढंग से गणनाएँ करेंगे, इस पर बहुत-कुछ निर्भर करता है।"

"क्या गण बहुत शक्तिशाली है?" कन्दर्प ने फिर पूछा।

"मध्य देश से आर्यान की सीमा तक बिखरे ये आर्य गण उन रंगीन, सुडौल पत्थरों के समान हैं, जिन्हें चबा डालने की क्षमता मगध के दाँतों में नहीं हो सकती।" चाणक्य ने उत्तर दिया।

कन्दर्प कुछ देर तक चुप रहा। फिर बोला, "विप्र चाणक्य! क्या महामंत्री शकटार और महाराजा नन्द से मिलने की उत्सुकता आपमें है?"

"श्रेष्ठिवर, धन्यवाद! पर मैं मिलकर करूँगा क्या? मैं तो सहपाठी रुचि के आग्रह पर पाटलिपुत्र घूमने आया हूँ। कोई राजनीतिक उद्देश्य मेरा नहीं है। मैं अध्यापक हूँ और वही रहना चाहता हूँ।" चाणक्य ने कहा।

कन्दर्प ने फिर कुछ सोचा।

"मैं समझता हूँ, आपको अपनी मंत्रि-परिषद् में लेकर राजा नन्द को प्रसन्नता ही होगी।" उसने प्रस्ताव रखा।

"अमात्यवर! मेरे वृद्ध पिता ने बड़ी ही अनिच्छापूर्वक मुझे इस यात्रा की अनुमति दी थी। मुझे वापस जाना ही होगा। हाँ, यदि आप मेरे परामर्श को महत्त्व दें, तो आचार्य रुचि से उत्तम व्यक्ति आपको नहीं मिलेगा।"

"ब्राह्मण! तक्षशिला में मागध प्रतिनिधि बनना तो तुम अस्वीकार नहीं करोगे?" कन्दर्प ने नया प्रस्ताव रखा।

"वह भी मैं स्वीकार नहीं कर सकूँगा, अमात्यवर!"

"क्यों?"

"राज-सेवा की अर्हता ही मुझमें नहीं है।"

"छोड़िए। क्या मित्र के नाते थोड़ा काम मेरा करते रह सकते हैं आप?"

"कहिए।"

"वाहीक और गान्धार में मेरे व्यापार के मार्ग में कुछ बाधाएँ हैं। बस, उनका निराकरण आपको करना होगा।" कन्दर्प ने कहा।

"क्या तिष्य को इसीलिए भेजा था?" चाणक्य ने पूछा।

"वह अभी बालक है।"

"मैं भरसक प्रयास करूँगा। अपने प्रतिनिधि से कहिए, वह मुझसे तक्षशिला में मिल ले।"

"वह आजकल यहीं है। आपसे आचार्य रुचि के घर आज ही मिल लेगा।"

"किस समय?"

"संध्या के ठीक बाद।"

"ठीक है।"

"आप धन की चिन्ता न करें।" कन्दर्प ने कहा।

"वह तो आपका विषय है, श्रेष्ठिवर!"

कन्दर्प हँस दिया।

"आपसे मिलकर बड़ी ही प्रसन्नता हुई।"

"मुझे भी। तो अब आज्ञा दें।"

"रथ तैयार है।"

"धन्यवाद! नगर अधिक दूर नहीं है। मैं घूमते-फिरते ही जाना चाहूँगा।" चाणक्य ने कहा।

"जैसी आपकी इच्छा।"

चाणक्य भवन से बाहर आकर, आम्रवन को भेदती चली गई वीथी पर सीधा बढ़ चला। उसके भीतर से एक विनोदपूर्ण हँसी फूटी पड़ रही थी। कैसी विचित्र बात है, लोग अपने साधारण व्यक्तिगत स्वार्थ की सिद्धि के लिए पूरे राज्य को युद्ध में झोंक देने के संकल्प से भी नहीं हिचकिचाते। जिस राज्य को ऐसे महत्त्वाकांक्षी मंत्री मिले हों, उसकी भगवान ही रक्षा करे, तो करे। चाणक्य के मन में अचानक इच्छा उपजी कि वह महामंत्री शकटार और महाराजा नन्द से भी भेंट करे। नन्द से? नहीं। नन्द से नहीं। राजा से व्यर्थ नहीं मिलना चाहिए। हाँ, शकटार से मिला जा सकता है। उनसे मिल लेना बुरा नहीं होगा। पर कैसे मिला जाए? सीधे या कन्दर्प के माध्यम से? देखा जाएगा। जैसा संयोग जुड़े। कन्दर्प शुद्ध वणिक है। तिष्य भी कम नहीं है। सांसारिक प्रतिभा उसमें भी कूट-कूटकर भरी है।

चाणक्य कन्दर्प के आम्रवन से निकलकर पाटलिपुत्र जानेवाले राजमार्ग पर आ गया। वह इससे परिचित था। उस दिन इस पर चलकर ही तो राजधानी पहुँचा था। उसे याद आया, कुछ ही दूर आगे सड़क के दाईं ओर एक सराय होनी चाहिए। सराय में एक दुकान थी, जिस पर बैठी एक काली, लम्बी स्त्री चबेना, फल और अन्य चीजें बेच रही थी। वहाँ मद्य का भी प्रबन्ध था। उस स्त्री का चेहरा चाणक्य की स्मृति में उभर आया। हलके काले, पर सुडौल चेहरे पर चमकती दो पीली-सफेद आँखें बड़ी ही क्रूर मालूम पड़ती थीं। वह स्त्री कुटिलतापूर्वक धीमे मुस्कराती थी और मोती-से चमकते उसके सुगढ़ दाँत उसके कठोर व्यक्तित्व पर चाँदनी-सी बिखेर देते थे। दुकान में एक लड़का था, लगभग बारह वर्ष का। छरहरा, लम्बा, पर चपल और सतर्क। उसका रंग काला नहीं, साँवला था; ठीक श्यामला-जैसा। लोहे के रंग की उसकी आँखों में साँप की आँखों-जैसी मोहिनी थी। वह बातूनी था और ग्राहकों का अच्छा मनोरंजन करता था। चाणक्य की इच्छा हुई कि वह कुछ देर उस दुकान पर रुके।

दुकान कुछ ही दूर आगे थी। पर जब चाणक्य वहाँ पहुँचा तो वह बन्द थी। सराय के बरामदे में कुछ लोग बैठे थे। चाणक्य ने दुकान के बारे में पूछा तो एक ने बताया कि कुछ ही देर पहले सरायवाली अचानक दुकान बन्द करके दो आदमियों को साथ लेकर कहीं चली गई है।...

"और वह लड़का?"

"कंकु?"

"हाँ, वही।"

"वह भी दोपहर से नहीं दिखा।"

"आप कब से यहाँ हैं?"

"कल संध्या से। मुझे ज्वर हो आया है।" चाणक्य टिककर क्या करता? वह नगर की ओर चल दिया।

मुख्य द्वार से बाहर एक जगह कुछ भीड़ लगी थी। चाणक्य ने पास जाकर देखा, एक घायल लड़के को घेरे कुछ लोग खड़े हैं। उसके बाएँ हाथ पर तलवार का घाव है और डंडे से उसे कसकर पीटा गया है। चाणक्य ने देखते ही पहचान लिया। वह कंकु था। कंकु आँखें बन्द किए भूमि पर लेटा था। किसी ने एक कपड़ा उसके घाव पर कसकर बाँध दिया था।

"कंकु!"

कंकु ने धीमे से आँखें खोलीं।

"क्या बात हुई? तुम्हारी माँ कहाँ है?"

"वह मेरी माँ नहीं है।" कंकु ने कष्ट के साथ कहा।

"फिर?"

"वह लड़कियाँ बेचती है। मैंने एक लड़की को उसकी जकड़ से भगा दिया। पर उसके पुरुषों ने हमें पकड़ लिया। मुझे आहत करके, वे उसे उठा ले गए।" कंकु की आँखों में पानी भर आया।

तभी एक व्यक्ति एक डोली लेकर वहाँ आया। उसने कंकु को सहारा देकर उठाना चाहा। चाणक्य ने उसे अपने हाथों पर उठा लिया और डोली में लिटा दिया।

चाणक्य ने उस व्यक्ति से पूछा, "मैं भी साथ चलूँ?"

उसने कृतज्ञतापूर्वक स्वीकार किया।

मार्ग में उसने बताया, "मैं इस बालक की वीरता से अत्यन्त प्रभावित हुआ है। इसने अकेले ही उन दुष्टों का प्रतिरोध किया। इसके गिरने पर ही वे इसके साथ की बाला को ले जा सके।"

"क्या किसी ने इसकी सहायता नहीं की?" चाणक्य ने पूछा।

"यही तो सबसे विचित्र बात है। कुछ घटना भी ऐसे झपाटे से घट गई कि सब देखते ही रह गए। मैं दूर था। पर पास पहुँचने तक सब हो चुका था।"

"मैं तुम्हारी प्रशंसा करता हूँ कि तुमने इस अनजान बालक के लिए इतना कष्ट किया।"

"मैं सन्तानहीन हूँ, ब्राह्मण! सैनिक हूँ। जीवन का कुछ पता नहीं। मैं सोचता हूँ, इसे रख लूँ। यह मेरी पत्नी का सहारा बनेगा।"

"तुमने बालक की जाति के विषय में जान लिया है?"

"यह निम्न जाति का नहीं हो सकता। कहता था, सराय में आकर कोई टिके थे, उन्हीं की सन्तान हूँ। यह निश्चित रूप से क्षत्रिय है। कम-से-कम इसका पिता क्षत्रिय अवश्य है।"

"तुम ठीक कहते हो।" चाणक्य ने कहा।

"विप्रवर! आपने अपना परिचय नहीं दिया।"

"मेरा नाम विष्णुगुप्त चाणक्य है। मैं तक्षशिला के गुरुकुल में अध्यापक हूँ।"

उस व्यक्ति ने तत्काल झुककर चरण छुए।

"मैं अनपढ़ हूँ। पर मैं इस बालक को पढ़ाना चाहूँगा। आर्य! क्या इसमें आप मेरी सहायता करेंगे?"

"क्यों नहीं?" चाणक्य बोला, "पर इसके लिए तुम्हें इसे तक्षशिला भेजना पड़ेगा। तुम ऐसा करो, स्वस्थ होने पर इसे आचार्य रुचि के पास भेजना। मैं उनसे कह छोड़ूँगा। वे मेरे मित्र हैं। तुम्हारा नाम?"

"व्याड़ि, आर्य!" वह बोला, "मैं मुख्यामात्य शकटार के अंग-रक्षक दल का प्रधान हूँ। मुझे आप किसी सेवा का अवसर दें।"

"हम मित्र हुए, व्याड़ि! कभी आवश्यकता पड़ी तो अवश्य कहूँगा। हाँ, आर्य शकटार से मिलने में कोई बाधा तो नहीं है?"

"नहीं, देव! आपके लिए बिल्कुल नहीं है। वे विद्वानों का बहुत आदर करते हैं। किसी दिन प्रात: आप चले आइए।"

"किसी मंत्री से उनका विशेष वैमनस्य है?" चाणक्य ने पूछा।

"कह नहीं सकता, आर्य! पर सुना है अमात्य कन्दर्प से उनकी नहीं पटती। राजा नन्द कन्दर्प की बहुत सुनता है। उनका एक सहायक है—राक्षस। राक्षस बहुत तेज है। दोनों पता नहीं क्या-क्या चक्र रचते रहते हैं।"

"राक्षस!"

"जी!"

"हूँ!" चाणक्य के मुँह से निकला, "व्याड़ि! कल प्रात: मैं पहुँचूँगा। वहीं मिलना।"

"अवश्य!"

तभी वैद्यराज का घर आ गया। दोनों कंकु को उठाकर भीतर ले गए। वैद्यराज ने उसकी परीक्षा की और बताया कि मामला गम्भीर नहीं है। उसका उपचार करके और आवश्यक तैल आदि देकर वैद्यराज ने व्याड़ि और चाणक्य को विदा किया। चाणक्य कंकु और व्याड़ि को आश्वासन देकर रुचि के घर की ओर चल दिया।

कन्दर्प का पुरुष शिवसेन आया तो रुचि के लिए मंत्रिपद का प्रस्ताव भी लाया।

"कल आप महामंत्री शकटार से मिल लें।" उसने रुचि से कहा।

शिवसेन के चले जाने पर रुचि ने पूछा, "यह सब कैसे हो गया?"

"तुम्हें स्वीकार है न?"

"है। पर पिताजी तो हैं नहीं।" रुचि ने आह्लादपूर्वक कहा।

श्यामला सब सुन रही थी। बोली, "तुम राज-सेवा में जाओगे?"

"क्यों?"

"फिर इस अध्यापन का क्या होगा?" उसने पूछा।

"एक सीमा तक यह भी करता रह सकता हूँ। पर चाणक्य, यह हुआ कैसे?"

"कन्दर्प मुझे चाहता था। वह मुझे तक्षशिला में मगध का प्रतिनिधि भी बनाना चाहता था। पर तुम जानते हो, मैं कोई उत्तरदायित्व लेने की मन:स्थिति में नहीं हूँ। मैंने तुम्हारा नाम प्रस्तावित कर दिया।" चाणक्य ने बताया।

"मैं तुम्हारा आभारी हूँ, चाणक्य!"

"पर मैं नहीं हूँ। स्पष्ट कहे देती हूँ।" श्यामला ने हँसकर कहा।

"तब आधे आभार का मैं क्या करूँगा? इसे तुम अपने ही पास रखो, रुचि!"

"मुझे महामंत्री से मिलने किस समय जाना चाहिए?" रुचि ने पूछा।

"प्रात: मैं उनसे मिल रहा हूँ। उसके बाद ही तुम्हें जाना चाहिए।...भाभी!"

श्यामला ने चाणक्य की ओर देखा।

"व्यक्ति कहीं भी, किसी भी रूप में हो, रचना कर सकता है, धर्म कर सकता है। मेरी समझ में, भाभी, मगध को सच्चे, निष्ठावान लोगों की आवश्यकता है। रुचि, तुम्हें शकटार के हाथ पुष्ट करने चाहिए।"

"यह विवाद में पड़ना तो नहीं होगा?"

"विवाद से कहीं भी और कभी भी बचा नहीं जा सकता। उससे बचना हो तो संन्यास ले लेना ही श्रेयस्कर है। पर संन्यासियों एवं भिक्षुओं-मुनियों के बीच भी उनके अपने विवाद हैं। इसलिए संसार के विवादों से जूझना ही क्या उत्तम नहीं है?"

"ये बहुत सीधे हैं, बन्धु!" श्यामला बोली।

"परिस्थिति में पड़कर ही व्यक्ति सीखता है, भाभी!" चाणक्य ने कहा।

"मैं स्वयं को राजाज्ञा तक सीमित रखूँगा।" रुचि बोला।

"रुचि! राजाज्ञा अवर मंत्रियों तक कभी अविकृत नहीं पहुँचती। राज्य का हित किसमें है, इसका धर्माधर्म-विवेक ही तुम्हारी सहायता कर सकेगा। तुम्हें पद को साधन मानना होगा, साध्य नहीं।"

अगली प्रात: चाणक्य शकटार की हवेली के सामने पहुँचा तो व्याड़ि उसे प्रतीक्षा करता मिला।

उसने चाणक्य के चरण-स्पर्श किए और कहा, "मैंने आर्य शकटार से निवेदन कर दिया है। उन्हें आपके विषय में ज्ञात है।"

"सच?"

"आर्य के गूढ़पुरुष बहुत सतर्क हैं।"

"अच्छा!" चाणक्य मुस्कराया, "तब मुझे ले चलो।"

"कंकु को नहीं देखिएगा? मैं उस ओर एक हिस्से में यहीं रहता हूँ।"

"पहले आर्य शकटार से मिल लूँ। क्यों? ऐसा न हो, अवसर निकल जाए।"

"ठीक है, श्रीमन्! चलिए।"

चाणक्य ने मुख्यामात्य शकटार के कक्ष में प्रवेश किया। साँवले रंग और अधपके बालों का एक भव्याकृति राजपुरुष उसके सामने था। देखते ही शकटार आसन से उठा।

"मगध का महामंत्री तक्षशिला के स्नातक एवं अध्यापक चाणक्य को प्रणाम करता है।" उसने कहा।

एक बार चाणक्य सम्भ्रम से चौंका। पर तत्काल बोला, "क्षमा करें श्रीमन्, मगध के मुख्यामात्य से मिलने मैं यहाँ नहीं आया हूँ। मैं तो तक्षशिला के स्नातक एवं राजनीति के महापंडित आर्य शकटार की कृपा का आकांक्षी हूँ।"

शकटार ने स्नेह-भरी विस्मित दृष्टि युवक चाणक्य पर डाली।

"मैं प्रसन्न हुआ, वत्स! तुम आर्य चणक के योग्य पुत्र हो।"

"क्या आप मेरे पिता से परिचित हैं?"

"मैं कुछ दिन उनका शिष्य रहा हूँ। गुरुपुत्र चाणक्य, तुम्हारा स्वागत है।"
"पर पितृपाद ने मुझे कभी नहीं बताया।"
"योग्य पिता अपनी सन्तान को अपना रास्ता स्वयं बनाने का अवसर देते हैं।"
"मैं कृतार्थ हुआ, देव!"
"बैठो।"
दोनों बैठ गए तो चाणक्य ने कहना आरम्भ किया, "श्रीमन्, मैं आपसे शिक्षा पाने का आकांक्षी हूँ। व्यवहार-क्षेत्र में उन्नत एवं सफल पुरुषों से सार-ग्रहण किए बिना शिक्षा पूरी नहीं होती।
शकटार मुस्कराया।
"कोई विशेष जिज्ञासा है, वत्स!"
"जी हाँ! दंडनीति..."
"दंडनीति नहीं, राजनीति कहो।"
"मैं समझा, आर्य! राजनीति के व्यवहार के मूल तत्त्व क्या हैं?"
"चाणक्य! जहाँ तक मैं समझा हूँ, दो तत्त्व मूल हैं : पहला—लक्ष्य की स्पष्टता और दूसरा—व्यक्ति, उपाय एवं सिद्धान्त विशेष के प्रति पूर्वाग्रह एवं आसक्ति से उत्तीर्णता।"
"थोड़ा विस्तृत करें, आर्य!"
"वत्स! राजनीतिज्ञ को उसका लक्ष्य असन्दिग्ध एवं दर्पण की भाँति स्पष्ट होना चाहिए। हर लक्ष्य के पीछे व्यापक हित होना चाहिए। हर लक्ष्य उससे बृहत्तर लक्ष्य का अंग होना चाहिए और दोनों के बीच का सम्बन्ध, परिप्रेक्ष्य और तारतम्य लक्ष्य-जितना ही स्पष्ट सतत रहना चाहिए। यह सब बड़ा रोचक है, चाणक्य! जैसे एक छोटा घेरा बड़े घेरे में, बड़ा उससे बड़े घेरे में और वह उससे भी बड़े में रहता है; और क्रमशः घेरा विराट् बन जाता है, लक्ष्यों की—जीवन के स्वार्थों की भी ठीक यही स्थिति है। बृहत्तर, हो सके तो विराट्, राजनीतिज्ञ की दृष्टि में हर क्षण रहना चाहिए। इसीलिए आवश्यक है कि वह ऋषि भी हो।"
"पर क्या राज-सेवा में रहते यह सम्भव है?" चाणक्य ने प्रश्न किया।
"नहीं, वत्स! इसीलिए कहा है कि राजा को ऋषि का मुखापेक्षी होना चाहिए। पर अधिकतर दिव्य-दृष्टि ऋषि रूढ़ सिद्धान्तवादी बन जाते हैं। उनकी अलौकिक उपलब्धि से उनका अहं जुड़ जाता है। दूसरों की उनमें जो आस्था होती है, उसकी शक्ति से वे राजनीति पर छा तो जाते हैं, पर उसे विकृत ही करते हैं।"
"तब लक्ष्य के निर्धारण का आधार क्या हो?"
"बृहत्तर अर्थ और हित; क्योंकि वही प्रत्यक्ष, मूर्त और प्रकट होता है। अप्रत्यक्ष और अमूर्त कितना भी ज्वलन्त और महत् क्यों न हो, उसे राजनीति में हस्तक्षेप नहीं करने देना चाहिए। वह जन-जन की मानसिकता की रचना में अपना योग दे। अध्यात्म का क्षेत्र वहीं तक सीमित है। उसका सूक्ष्म, अप्रत्यक्ष रस ही व्यवहार तक

पहुँचना चाहिए। अमूर्त आदर्श एवं सूक्ष्म धर्म की स्थूल प्रेरणा से प्रेरित राजनीति अर्थ से भ्रष्ट होकर विडम्बना-मात्र बन सकती है।"

"आर्य! यह अनुभव-ज्ञान मेरे लिए मननीय है। अब मैं दूसरे तत्त्व की व्याख्या सुनने को उत्सुक हूँ।"

"चाणक्य! राजनीति को केवल लक्ष्य से बँधा होना चाहिए। कोई एक व्यक्ति, कोई एक उपाय, कोई एक सिद्धान्त अथवा धर्म उसके पैरों में शृंखला नहीं बनना चाहिए। ये सब उसके लिए साधन-भर बने रहने चाहिए।"

"पर, श्रीमन्! अधम व्यक्ति, अधम उपाय और अधम सिद्धान्त के पंक में फँस जाने से वह कैसे बचेगा?"

"वत्स! मन की निरहंकारिता, विवेक की पारदर्शिता और हृदय की सुदृढ़ साहसिकता ही भीतरी और बाहरी अधमता से उसकी रक्षा करेगी। पर, क्या पंक अधम होता है? सुफल का कमल क्या उसी में से नहीं उगता? कोई व्यक्ति, कोई उपाय, कोई सिद्धान्त अधम नहीं होता। प्रत्येक की उपयोगिता है। पर किसी की भी उपयोगिता और संगति असीमित नहीं हो सकती। प्रत्येक की स्थायी-संचारी संगति एवं उसकी उपयोगिता की स्थायी-संचारी सीमा का विवेक राजनीतिज्ञ को रहना चाहिए। यह सन्तुलन बहुत असाध्य है, चाणक्य! कठिनाई यह है कि दिव्यता और अध्यात्म का आग्रह भी इस सन्तुलन को खंडित ही करता दीखता है। समस्त पूर्वाग्रहों और दुराग्रहों का त्याग ही एकमात्र उपाय है।"

शकटार ने देखा, चाणक्य की आँखों में कृतार्थता का भाव था।

"देव! क्या मगध की राजनीति के विषय में कुछ पूछ लूँ।"

"निस्संकोच, वत्स!"

"तक्षशिला से कामरूप तक एक विशाल साम्राज्य स्थापित करने की सामर्थ्य क्या मगध में है?"

"मगध में है, नन्द में नहीं है।"

"क्यों?"

"उसमें स्वार्थ और क्रूरता तो है, पर महत्ता का संस्पर्श नहीं है।"

"क्या...?"

"हाँ, ये दोनों दुर्गुण साम्राज्य-निर्माण के लिए अनिवार्य हैं। पर महत् लक्ष्य से सम्बद्ध होकर, ये ही गुण बन जाते हैं। पर चाणक्य! यह साम्राज्य-निर्माण का विचार तक्षशिला से तो तुम नहीं लाए हो। यहाँ तुम कन्दर्प को छोड़ किसी से मिले नहीं। क्या तुम इससे सहमत हो?"

"मैं व्यवहार्यता की बात नहीं करता, केवल समय की आवश्यकता की करता हूँ। सीमाओं की जो स्थिति है और पूरे उत्तर-पश्चिमी प्रदेश में जो अस्तव्यस्तता और विशृंखलता है, वह वैदिक संस्कृति के भविष्य के प्रति मुझे सन्देहों से भर

देती हैं। आर्यान प्रदेश के दारस् द्वारा आक्रमण और आधिपत्य को अधिक दिन नहीं बीते हैं। वह हीनता एवं कायरता के भाव तक्षशिला की मानसिकता में छोड़ गया है। बर्बर विदेशियों का एक प्रवाह स्थायी निवास के लिए निरन्तर तक्षशिला में प्रवेश करता जा रहा है; और वह, आर्य जीवन-मूल्यों के प्रति हमारे जन-मानस की आस्था को दुर्बल बनाए दे रहा है। शिक्षित वर्ग और सामान्य समाज के बीच एक खाई बन चुकी है। सुदृढ़ द्वीपों के रूप में गणतंत्र हैं, जो दूर-दूर बिखरे हैं और जिनके बीच सेतु नहीं हैं। यह सब सोचता हूँ तो साम्राज्य-निर्माण का विचार मुझे अनुचित नहीं लगता।"

"कन्दर्प का तर्क क्या था?" शकटार ने पूछा।

"उनका तर्क था, व्यापार का अविच्छिन्न प्रवाह।"

"वह इससे अधिक सोच भी नहीं सकता। चाणक्य, इन वणिक मंत्रियों ने नन्द को घोर धनलिप्सु और विलासी बना डाला है। उसकी साहसिकता ह्रास की ओर है।"

"आर्य! कन्दर्प ने मुझसे मंत्री बनने का अनुरोध किया था। मैंने रुचि का नाम प्रस्तावित किया है। रुचि आज आपसे मिलने आ रहे हैं।"

"मुझे मालूम है। आज्ञा-पत्र मेरे पास आ चुका है। तुम इसी से अनुमान लगा लो कि कन्दर्प का नन्द पर कितना प्रभाव है।"

"क्या आप शंकित हैं?"

"भविष्य का भय राजनीतिज्ञ को नहीं होना चाहिए।"

"रुचि आपके अनुवर्ती रहेंगे।"

शकटार हँस दिया।

"चाणक्य! वापस जाने पर गुरुवर्य को मेरा प्रणाम निवेदित करना।"

"अवश्य करूँगा, देव! पितृपाद को अत्यन्त प्रसन्नता होगी। एक बात और।"

"हाँ!"

"आपके अंगरक्षक व्याड़ि ने कल एक बालक को बचाया है। क्या आप उसे तक्षशिला भिजवाने का प्रबन्ध कर देंगे? मैं उसे शिक्षित करूँगा। बालक होनहार है।"

"कर दूँगा। जिस कन्या को बचाने का प्रयास उस बालक ने किया था, वह नन्द के केलिगृह में पहुँच चुकी है। उस सरायवाली स्त्री को कन्दर्प का संरक्षण प्राप्त है।"

कहकर शकटार ने एक दीर्घ निःश्वास छोड़ी।

"मैं चमत्कृत हूँ, देव!"

"अच्छा, वत्स! फिर निस्संकोच मिलना।"

चाणक्य बाहर आ गया। द्वार पर व्याड़ि प्रतीक्षा में था। वह उसके साथ उसके घर गया। कंकु अब सँभल गया था। उसने हाथ जोड़कर चाणक्य को प्रणाम किया। चाणक्य ने व्याड़ि को बताया कि आर्य शकटार का संरक्षण कंकु को प्राप्त हो सका

है। दोनों बहुत प्रसन्न हुए। सबसे प्रसन्न थी व्याड़ि की पत्नी। उसके गोल, पके मुख पर लाल सिंदूर की बड़ी-सी बिन्दी और चमक उठी।

व्याड़ि के घर से निकलकर चाणक्य निरुद्देश्य बढ़ चला। रुचि के यहाँ पहुँचने की कोई जल्दी नहीं थी। खाने के समय में अभी काफी देर थी और पूरा पाटलिपुत्र उसके सामने फैला पड़ा था। चाणक्य ऐसे ही इस गली से उस मार्ग तक और उस मार्ग से उस चौक में घूमने लगा।

एक स्थान पर एक स्त्री टोकरी में चबेना लिए बेच रही थी। चाणक्य की इच्छा कुछ लेकर खाने की हुई। वह पास जाकर चबेना खरीदने लगा।

"तुम बिदेसी हो, भाई?"

"हाँ, माई!"

"कहाँ से आए हो?"

"तक्षशिला से।"

"पहली बार?"

"हाँ, माई!"

"बेटा, कैसा लगा हमारा कुसुमपुर?" उस प्रौढ़ा ने पूछा। उसकी बड़ी-बड़ी आँखें उत्कंठा से चमक उठी थीं।

"बहुत अच्छा है, माई!"

"कितना अच्छा?"

"बहुत, बहुत अच्छा।" कहकर चाणक्य हँस पड़ा।

"दूर से देखने पर हर चीज अच्छी लगती है, बेटा!"

"मैं समझा नहीं, माँ!"

"इस नगरी को भीतर-ही-भीतर कोई घुन खा रहा है। डाकू का बेटा लुटेरा ही तो बनेगा।"

"कैसा धुन? लुटेरा कौन?"

"मैं नहीं जानती, बेटा! बड़ी आपाधापी हो गई है अब। कोई सुनता ही नहीं है। निर्धन पिस रहा है। तुम भिक्खु सुनन्द से मिले हो?"

"मिलो। कितनी शान्ति मिलती है उनके उपदेश सुनकर!"

"मिलूँगा, माँ!" कहकर चाणक्य चल दिया। वह सोचने लगा, यह चबेना बेचनेवाली स्त्री जो सूँघ रही है, वह असत्य नहीं हो सकता। इसी वर्ग के युवक सेना में सबसे अधिक होते हैं और यही वर्ग क्षुब्ध है।

सहसा उसके मन में उठा कि नन्द के राजमहल को भी क्यों न देखा जाए। उसने एक व्यक्ति से वहाँ का मार्ग पूछा। पता चला, जहाँ वह खड़ा है, वहाँ से राजभवन

अधिक दूर नहीं है। चाणक्य उसी ओर चल पड़ा। वह सड़क शीघ्र ही समाप्त हो गई। अब उसके सामने एक ऊँची प्राचीर थी। सम्भवत: उसके प्रमुख द्वार के सामने ही वह इस क्षण खड़ा था। वहाँ सैनिकों का कठोर पहरा था। पचासों घुड़सवार और पैदल सैनिक वहाँ एकत्र थे। हर आने-जानेवाले पर कठोर दृष्टि रखी जा रही थी। प्राचीर के पार राजभवन था, जिसके ऊँचे शिखर आकाश को चूम रहे थे।

चाणक्य की कल्पना में नन्द का एक चित्र उभर उठा। चालीस के लगभग का एक राजा, जो मद्य के नशे और कामुकता के आलस्य से झूम रहा था, जिसके पास मंत्रियों के निवेदनों पर विचार करने का समय नहीं था। सोने और मणि-माणिक्यों से लदा नन्द सुन्दर ललनाओं एवं यवन-दासियों से हर समय घिरा रहता होगा। क्या उसे पता होगा कि देश-विदेश में क्या हो रहा है और उसकी अपनी सेना में इस समय कितनी समर-सामर्थ्य है। स्यात् नन्द का यह चित्र सत्य न हो और वह उतना निकम्मा न हो, जितना वह समझ बैठा है। पर इतना निश्चित है कि वह विवेकी नहीं है। व्यक्ति एवं स्थिति की सही पहचान उसे नहीं है। वह वणिकों के हाथों में खेल रहा है। शकटार का भविष्य प्रकट संकट में है। वह साहसी एवं हठी है। वह चुनौती से भागेगा नहीं। मैं उसकी क्या सहायता करूँ? मगध की भावी, देखें, शकटार से क्या खेल करती है। पर मैं निश्चय ही उसकी कोई सहायता नहीं कर पाऊँगा। कन्दर्प कहीं उसका घातक शत्रु सिद्ध न हो। वह जैसे उसे समाप्त करने के लिए बेचैन है।

किसी स्त्री की चीख अचानक चाणक्य के कानों से टकराई और उसका दिवास्वप्न झनझनाकर टूट गया। उसने देखा, एक विक्षिप्त-सी स्त्री राजद्वार में प्रवेश के लिए उद्विग्न है और द्वारपाल उसे रोक रहे हैं और धक्के देकर पीछे हटा रहे हैं। वह रो रही है, चीख रही है और बिलखकर कह रही है, "मुझे महाराजा नन्द से मिलना है। मेरी बेटी को दस्यु उठाकर ले गए हैं। मुझे महाराज से मिलने दो।"

चाणक्य ने देखा, स्त्री के बाल बिखरे हैं, आँखें सूजी हुई हैं। उनमें बदहवासी है। कपड़े मैले और अस्त-व्यस्त हैं। वह आपे में नहीं है। उसने एक बार फिर सैनिकों को धकेलकर घुस जाना चाहा। पर एक सैनिक ने उसे इतने जोर का धक्का दिया कि वह धरती पर चित जा पड़ी। उसका चीखना रुक गया। चकित-आतंकित होकर पागल की-सी दृष्टि से वह सैनिकों को घूरने लगी। और फिर वहीं बैठकर फूट-फूटकर रो उठी।

चाणक्य से यह सब न देखा गया। उसने आगे बढ़कर उस स्त्री का कन्धा पकड़कर उसे उठाया। उसने चौंककर चाणक्य की ओर देखा।

"चलो, मैं तुम्हें घर छोड़ दूँ।"

"पर मेरी बेटी भीतर है। मैं महाराज से उसे माँग लेने आई हूँ।"

चाणक्य को लगा, कहीं यह उसी लड़की की माँ न हो, जिसे बचाने का विफल प्रयास कल कंकु ने किया था।

"माँ!" चाणक्य के भरे गले से निकला।

वह स्त्री उसकी ओर देख उठी।

"उसे भूल जाओ, माँ! श्येन के हाथों में पड़ी कपोती वापस नहीं मिला करती।"

उस स्त्री ने चाणक्य की ओर ऐसे देखा, जैसे उसका विवेक वापस लौट आया हो।

"तुम स्यात् ठीक कहते हो, बेटा! तुम समझदार लगते हो। क्या तुम मेरी कुछ मदद नहीं कर सकते?"

"यहाँ से उठो। मुझे सब बताओ।" चाणक्य ने कहा।

वह स्त्री उठी और चाणक्य के साथ एक ओर को चल दी। कुछ ही दूर हटकर वह एक पत्थर पर बैठ गई।

साँस लेकर उसने कहना शुरू किया, "ब्राह्मण! मैं एक विधवा हूँ। मेरा पति नन्द की सेना में नायक था। मैं किसी तरह अपने बच्चों को पाल रही थी। यह लड़की सबसे बड़ी है। दो छोटे भाई हैं इसके। एक सप्ताह हुए हम नगर से बाहर गंगा-तट पर स्थित देवालय में दर्शनों के लिए गए थे। लौटते समय अचानक एक निर्जन स्थान पर दो दुष्ट मेरी बेटी पर झपटे और उसे उठाकर एक झाड़ी के पीछे लुप्त हो गए। मैं बहुतेरा चीखी-चिल्लाई, इधर-उधर भागी, झपटी पर कोई फल न निकला। कुछ राहगीर इकट्ठे हो गए। पर उन्होंने मुझे आश्वासन ही दिया। अन्त में अपने दोनों बच्चों को लेकर रोती-कलपती मैं वापस लौट आई। कल मुझे पता लगा कि किसी बालक के साथ वह नगर में घुसने ही वाली थी कि उसे फिर उठा लिया गया। इस बार, कहते हैं, उसे राजमहल में ले जाया गया है।"

धीमे-धीमे सिसक-सिसककर उस स्त्री ने अपनी पूरी कहानी कह डाली।

"माँ!" चाणक्य ने कहा, "मैं भी तुम्हें आश्वासन के अतिरिक्त और कुछ नहीं दे सकता। पत्थर की इन दीवारों से सिर टकराने का कोई लाभ नहीं। यदि तुम अपने दोनों पुत्रों की सुरक्षा चाहती हो तो बेटी को नियति की वेदी पर बलि हुआ मानकर उसे भूल जाओ और इस नगर से चली जाओ और अपने पति के वंश को चलाने के लिए पुत्रों को पाल-पोसकर बड़ा करो।"

"तुमने सत्य कह दिया है, बेटा! मैं भी इससे अनजान नहीं हूँ। पर क्या करूँ? यह मन नहीं मानता। अन्दर से एक हूक-सी उठती है। बेटा!"

"हाँ।"

"देखो, वह जो घुड़सवार राजद्वार से बाहर आ रहा है, वह राक्षस है। तुम उससे बात करके तो देखो। या मैं ही उसके पैरों में लोटती है। वह इसी ओर आ रहा है।"

"कोई लाभ नहीं होगा। फिर भी बात कर लेते हैं।"

एक पल में ही राक्षस बराबर में आ पहुँचा।

"अमात्यवर!" चाणक्य ने आवाज लगाई।

"क्या है, ब्राह्मण!"

"यह प्रवंचिता स्त्री निवेदन करने द्वार पर पहुँची थी, पर सैनिकों ने इसे धक्के देकर भगा दिया।"

"क्या कुछ बुरा किया, ब्राह्मण? यह स्त्री महाराज पर आरोप लगा रही है और इस स्त्री का पक्ष लेकर खड़े होनेवाले तुम कौन हो?"

चाणक्य ने कोई उत्तर नहीं दिया, पर उस स्त्री की ओर मुँह करके कहा, "माँ, अपनी हानि को विष की तरह पी जाओ। यहाँ से न्याय की आशा तुम नहीं कर सकती।"

"मैं पूछता हूँ, तुम हो कौन?" राक्षस चीख पड़ा।

"मैं तक्षशिला विश्वविद्यालय का एक अध्यापक चाणक्य हूँ।

"चाणक्य!"

"हाँ! अमात्य राक्षस! क्या यही देखने के लिए मैं इतने उत्साहपूर्वक सैकड़ों योजन चलकर यहाँ आया हूँ? क्या यही मैं वहाँ जाकर सबसे कहूँगा? इससे निश्चय ही महाराज नन्द की या यहाँ के अमात्यवर्ग की कीर्ति नहीं बढ़ेगी।"

राक्षस ने ध्यान से सुना और एक पल सोचा। तब कहा, "स्त्री! घर जाओ। संध्या तक तुम्हारी बेटी तुम्हारे घर पहुँच जाएगी। अब जाओ, तत्क्षण जाओ।"

उस स्त्री ने किसी ओर नहीं देखा। वह एक ओर को लपक ली।

"धन्यवाद, अमात्य!" चाणक्य ने कहा और चलने के लिए मुड़ा।

"ठहरो, ब्राह्मण! मुझे तुम्हारा परिचय आर्य कन्दर्प से मिला है। पर क्या यह हस्तक्षेप नहीं है?"

"पाप या अपराध में हस्तक्षेप तो प्रशंसनीय कहा गया है, अमात्य!"

राक्षस घोड़े से नीचे उतर आया। घोड़ा एक अनुचर को सौंपकर वह चाणक्य के पास आ गया। उसका हाथ थामकर बोला, "मेरे घर नहीं चलिएगा?"

"अवश्य!" चाणक्य ने कहा।

"तब आइए।" राक्षस चाणक्य को एक भिन्न गली में ले चला।

"आर्य! मैं आपकी बुद्धि की प्रशंसा करता हूँ।" राक्षस ने मार्ग में कहा।

"बन्धु! बुद्धि से बड़ा होता है मनुष्य और मनुष्य से बड़ा होता है, सदुद्देश्य।" चाणक्य बोला।

"आप पाटलिपुत्र किस उद्देश्य से आए हैं?"

"क्या बताने की बाध्यता है?"

"अनुरोध है, आर्य!"

"तब बन्धु! मैं सच कहता हूँ, मैं यहाँ निरुद्देश्य आया हूँ। मैं राजपुरुष नहीं हूँ। किसी राजा से मेरा दूर का भी सम्पर्क-सम्बन्ध नहीं है। मैं अध्यापक हूँ और अध्ययन ही मेरा उद्देश्य है।"

"आपने क्या अध्ययन किया है?"

"ऐसी गम्भीर बातें मार्ग में नहीं होतीं, मित्र! फिर मस्तिष्क को गति देने के लिए कोई पेय भी सामने चाहिए।" चाणक्य ने हँसकर कहा।

"अवश्य-अवश्य!" कहकर राक्षस भी हँस पड़ा।

शीघ्र ही वह चाणक्य को लेकर एक घर में घुसा।

"यहीं मैं रहता हूँ।" उसने बताया।

बाहर के कक्ष में एक मंचिका पर उसने चाणक्य को बैठा दिया। एक पल भीतर जाकर वह तत्काल ही कक्ष में लौट आया।

एक दास ने आकर शीतल जल से उसके और चाणक्य के हाथ-पैर धुलाए। दोनों ने वस्त्र से हाथ पोंछे और आकर अपने-अपने आसन पर बैठ गए। तत्काल ही वह दास दो पात्रों में सुगन्धित दुग्ध लेकर आया। और एक-एक उसने दोनों के सामने रख दिया।

"आपके विषय में मैं नहीं जानता। पर, सुरा मैं नहीं लेता और देता भी नहीं।" राक्षस ने कहा।

"पर आर्य कन्दर्प तो लेते भी हैं और देते भी हैं।" चाणक्य अबोध भाव से बोला।

"मैं हर बात में उनका अनुसरण नहीं कर सकता।" राक्षस खीज-सा उठा।

"करना भी नहीं चाहिए।"

चाणक्य ने दूध का एक घूँट भरा।

"आपने आर्य कन्दर्प की बात क्यों नहीं मानी?" राक्षस ने प्रश्न किया।

"तब आपको स्यात् इस पद से मुक्ति पानी पड़ती।" चाणक्य ने कुटिल मुस्कान के साथ कहा।

"मुझे क्यों?"

"मेरी उपस्थिति स्यात् आपको रुचिकर न लगती और तब मैं भी बुद्धि से काम लिए बिना न रह पाता।" कहकर चाणक्य हँस पड़ा।

राक्षस भी हँस दिया।

"आर्य चाणक्य! यहाँ आपने क्या अध्ययन किया?"

"क्रूर सत्य पूछते हो या व्यावहारिक सत्य?"

"क्रूर और अप्रिय।"

"तो सुनो राक्षस! मगध के मंत्री अपने राजा और राष्ट्र के प्रति निष्ठावान नहीं हैं।"

"क्या एक भी नहीं है?"

"नहीं।"

"कोई भी नहीं?"

"नहीं।"

"आर्य शकटार भी नहीं?"

"नहीं।"

"कैसे?"

"मित्र! केवल पूरा समर्पण ही निष्ठा नहीं होती। पूरी तरह सत्यनिष्ठ होते हुए भी यदि व्यक्ति परिस्थितियों को वश में लाने में स्वयं को सचमुच विफल पाए तो उसे विफलता स्वीकार कर लेनी चाहिए और पद से चिपके नहीं रहना चाहिए, विशेषकर महामंत्री को।"

"किन परिस्थितियों को?"

"आर्य कन्दर्प और आर्य राक्षस को।"

"क्या?" राक्षस चौंक पड़ा।

"हाँ।"

"हम परिस्थितियाँ हैं?"

"विकट। शक्ति के स्रोत राजा को हीन और कुंठित करके तंत्र पर हावी होनेवाली परिस्थितियाँ।"

"चाणक्य!" राक्षस ने आँखें तरेरकर देखा।

"राक्षस! सुरा और सुन्दरी में राजा को डुबा देना, उसे देखने और सोचने का अवसर ही न देना क्या भयानक नहीं है।"

राक्षस सुनकर एक पल चुप रहा।

"आर्य चाणक्य! आपकी दृष्टि अत्यन्त प्रखर एवं सूक्ष्म है। पर वाणी का भी उतना ही प्रखर और मुखर होना क्या एक राजनीतिज्ञ के लिए हितकर है?"

"हो भी सकता है, नहीं भी। समय पर निर्भर करता है। पर मैं राजनीतिज्ञ कहाँ हूँ? मैं मंत्री नहीं, अमात्य नहीं, राजदूत नहीं; एक साधारण अध्यापक हूँ।"

"पर विकट अध्यापक।" कहकर राक्षस खिलखिलाकर हँस पड़ा।

चाणक्य ने उसका साथ दिया।

"एक बात पूछूँ?"

"अवश्य?"

"आप ब्राह्मण हैं..."

"नहीं, जैन।"

"तब तो मेरा प्रश्न और भी सरल हो गया।"

"पूछो।"

"एक संकीर्ण लक्ष्य के लिए ऐसे विकृत साधन अपनाना क्या अहिंसा है?"

"चाणक्य! अहिंसा साधना है, उपासना है। उसका राजनीति में कोई स्थान नहीं है। दूसरे, मेरा लक्ष्य संकीर्ण नहीं है। महत्त्वाकांक्षा संकीर्णता नहीं होती।"

"आपकी महत्त्वाकांक्षा! पर मगध की महत्त्वाकांक्षा भी तो है, परे आर्यावर्त की महत्त्वाकांक्षा भी तो है।"

"है, ब्राह्मण! मैं उससे अपरिचित नहीं है। मैं पद पर हूँगा, तभी तो उसकी पूर्ति का प्रयास कर सकूँगा।"

चाणक्य हँसे बिना न रह सका।

"यह वैदिक सिद्धान्त तो नहीं है, राक्षस! क्या यह अहिंसा के तत्त्व-दर्शन से तुम्हें प्राप्त हुआ है? अपनी वैयक्तिक उन्नति के मार्ग से चलकर समष्टि की उन्नति की सोचना आर्य मार्ग नहीं है। मैं यही तो जानना चाहता हूँ। क्या अहिंसा केवल मैं की सीमाओं में सीमित है! समाज के समष्टि के हित की तड़प क्या उसकी प्रवृत्ति में नहीं है?"

"आप कहना क्या चाहते हैं?"

"इतना ही, बन्धु! कि निषेध का रास्ता ग्रहण मत करो। अहं के लिए समग्र को मत दुत्कारो। सिर्फ मैं की महत्त्वाकांक्षा निश्चित रूप से एक संकीर्ण लक्ष्य है, फिर वह आकांक्षा चाहे धन की हो, राज्य की हो, पद की हो या निर्वाण की। मगध के और पूर्ण आर्यावर्त के कल्याण में ही मेरा कल्याण है। सिर्फ मेरे कल्याण से समष्टि का कल्याण तो होगा ही नहीं, मेरा भी नहीं होगा।"

"चाणक्य!" राक्षस मुस्काया, "तुम युवक हो, वृद्धों की-सी बातें करना तुम्हें शोभा नहीं देता।"

चाणक्य हँसा। "मित्र! यौवन और महत्त्वाकांक्षा पर्याय नहीं हैं।"

"धन्यवाद, बन्धु! अब मगध फिर कब आओगे?" राक्षस ने पूछा।

"देखो। आर्य कन्दर्प का एक काम मैंने अपने ऊपर ले लिया है। सम्पर्क तो रहेगा ही। क्यों?"

"ऐसे ही। मुझे भूलना नहीं।"

"कभी नहीं। मेरी बधाई पहले से ही स्वीकार करिए।"

"किस बात के लिए?"

"महामंत्रित्व के लिए।"

"धन्यवाद।"

घर पहुँचकर भोजन करते समय चाणक्य ने रुचि से कहा, "एक बात कहूँ, मित्र?"

"हाँ-हाँ।"

"अच्छा हो तुम पद-लिप्सा त्यागकर अपनी अध्यापकी में सन्तुष्ट रहो।"

रुचि ने चौंककर उसकी ओर देखा। श्यामला ने भी आँखें उठाईं।

"क्या हुआ?" रुचि ने पूछा।

"कुछ नहीं। तीसरे पहर तुम्हें आर्य शकटार से मिलना है। पर मगध की राजनीति भयानक और प्रणिता मोड़ लेती जा रही है।"

"आर्य!" उत्तर श्यामला ने दिया। "राजनीति में मधु और घृत ही कैसे होगा?

कटु को न झेल सकें, इतने अयोग्य तो शायद ये नहीं हैं। राज-पद बार-बार नहीं मिलता। अब तो इन्हें उसे लेने ही दो।"

"मुझे आप पर पूरा विश्वास है, भाभी!"

रुचि के चले जाने पर चाणक्य ने श्यामला से कहा, "भाभी! मैं रुचि से अत्यन्त स्नेह करता है और आपके प्रति मेरे मन में सच्चा आदर है। एक बात सच-सच बताना, क्या आप मुझसे किंचित् भी रुष्ट हैं? क्या मुझसे कुछ अप्रिय हो गया है?"

"नहीं, आर्य! पर मैं इनसे रुष्ट हूँ। मंत्रित्व पर ऐसा गिरना क्या ब्राह्मणोचित है?"

"भाभी! यह स्वाभाविक तो है। यदि मैं अपनी परिस्थितियों से विवश न होता तो क्या मैं अमान्य कर देता? पर हमारे रुचि सरल विद्वान हैं और इस क्षेत्र में घोर कुटिल और प्रपंची मेधा की आवश्यकता होती है।"

"आप इनका नाम प्रस्तावित करने से पहले इनसे और इनके सत्य से, दोनों से ही परिचित थे। क्यों?" श्यामला ने तनिक मुसकाकर कहा।

"नाम सद्भाववश अनायास ही निकल गया। भय और आशंका का कोई विषय नहीं है। ईश्वर जो करता है हित के लिए ही करता है। भाभी! हर व्यक्ति में हर सामर्थ्य नहीं होती। हम बहुत सीमा तक एक-दूसरे के पूरक बनते हैं। सौभाग्यवश आप बन्धु रुचि की श्रेष्ठतम पूर्ति हैं।"

"मैं आभारी हूँ।"

चाणक्य ने देखा, श्यामला की दृष्टि में एक स्वच्छ चमक थी।

एक ऐतिहासिक संयोग

कुछ ही देर बाद चाणक्य फिर निकल पड़ा। इस समय वह सीधा नगर से बाहर निकल लिया और गंगा की ओर चल दिया। मार्ग में तट के समानान्तर फूँस की झोंपड़ियों और कच्चे घरों की एक बस्ती पड़ी, जिसमें अधिकतर नन्द की सेना के साधारण सैनिक और छोटे नायक रहते थे। कुछ श्रमिक एवं कारीगर भी वहाँ बसे हुए थे। इस बस्ती को मूलत: पाटलिपुत्र नगर के निर्माता राज-मजदूरों ने बसाया था।

तट बस्ती से कम से कम चौथाई कोस आगे था। वहाँ तक पहुँचने के लिए चाणक्य ने बस्ती में प्रवेश किया।

कितना बड़ा अन्तर था पाटलिपुत्र में और इस गाँव में। कहाँ नगर के चिकने-चुपड़े नागरिक और कहाँ यहाँ के रूखे, मैले-कुचैले वासी। देखने से लगता था, जैसे मनुष्य न हों, प्रेत हों। दस वर्ष तक के बालक नंगे ही घूम रहे थे। अधिकतर स्त्रियों की धोतियाँ कीचड़-सी मैली थीं और उनमें छोटे-बड़े झरोखे खुले हुए थे। कई के शरीर पर अंगिया तक नहीं थी। पच्चीस-तीस तक की युवतियों के चेहरे

भी पककर ऐसे सूख-सिकुड़ गए थे कि उन पर कोई भाव शेष नहीं बचा था। स्थान-स्थान पर काला पानी गड्ढों में भरा था, जिन पर मक्खी-मच्छर भिनभिना रहे थे। घरों के चतुर्दिक की कच्ची नालियों में मैला बह रहा था। हाथ नचा-नचाकर लड़ती-बतियाती स्त्रियों, बहती नाक लिए रोते-चिंचियाते अथवा ज्वार की रूखी रोटी चूसते बच्चों को देखकर चाणक्य एक पीड़ा से भर उठा। तक्षशिला में इतनी गरीबी तो नहीं देखी। पर वहाँ का राजा भी तो इतना अरबपति नहीं है। गाँव को पार कर चाणक्य खुले में पहुँचा तो उसने चैन की साँस ली। सामने ही गंगा का विशाल पाट दीख पड़ रहा था।

तट पर पहुँचकर वह एक ऊँचे कगार के सिरे पर नदी की ओर मुँह करके बैठ गया और भागीरथी की अगम धारा को देखने लगा। इसकी तुलना केवल सिन्धु से की जा सकती है। कितनी ही नौकाएँ और यान सतह पर आ-जा रहे थे और यातायात अक्षुण्ण था।

यहाँ कितनी शान्ति और आनन्द है, जैसे आत्मा, अनन्त प्रवाह के तट पर आ बैठी हो। विशालकाय लहरों का यह गड्-गड् संगीत कैसा रोमाचंक है, कैसा गद्गद कर रहा है। इस लुढ़कते, भागते जल को देखने से क्या मन कभी भर सकता है? दूर, वह उस पार का तट कैसे कसक भरे सपने अपने में छुपाए बैठा प्रतीत होता है। अचानक चाणक्य को लगा कि हेमा दूर उस तट पर खड़ी है और जैसे वह उसे आया देखकर आगे चली आई है। एक कोस की दूरी के बावजूद हेमा की मुखाकृति उसे साफ दीख रही है। वह उस मुख पर के भाव तक पढ़ सकता है। वह बहुत प्रसन्न नहीं दीखती। स्यात् उसका प्रतिष्ठानी सामन्त क्रूर है। वह उसके शरीर पर बर्बर आचरण करता है। स्यात् वह उसे छोड़कर किसी अन्य ललना पर रीझ उठा है। चाणक्य को लगा कि उसकी आँखों में याचना है, पछतावा है। उसकी दृष्टि गीली है। उसको दीखा कि हेमा का लता-जैसा छरहरा, कोमल, बल खाता शरीर सिहर रहा है, उसमें त्रास का कम्पन है, रुदन जैसे धूम-लता की तरह बिलख रहा है। चाणक्य की अन्तश्चेतना में से पुकार उठी कि वह नदी में कूद पड़े और लहरों को चीरता हुआ उस पार पहुँच जाए और उस व्यथा—तन को अपनी बाँहों में भर ले और उसकी सुनहरी छातियों के बीच अपना मुँह छुपा ले और उसे अपने से कसकर भींच ले। उसने गंगा के विस्तार को देखा और अपने को देखा। वह असमर्थ नहीं है। उसने वितस्ता को तैरकर पार किया है। वह उठकर खड़ा हो गया। उसकी डूबी दृष्टि पार खड़ी हेमा पर जमी रही। उसे लगा उसके दोनों हाथ सामने की ओर फैल गए हैं और वह उसके स्वागत के लिए आतुर है। चाणक्य ने पदत्राण उतार दिए और धोती कसकर बाँध ली। अँगरखा और चादर उसने उतारकर एक ओर रख दी। सीधे तनकर उसने फिर उस पार खड़ी हेमा पर दृष्टि डाली। वह मचलती-सी उसे दीखी। वह कूदने को ही था कि उसकी नजर तट के ऊपर

ज्वलन्त नीले आकाश पर पड़ी। उसे अचानक दीखा कि पितृश्री चणक की आकृति वहाँ उभर आई है। वे रोष से भरकर उसे घूर रहे हैं। उनकी दृष्टि में गहरा तिरस्कार है, फटकार है। वह सन्न रह गया। पिता की आँखों में गहरी करुणा और स्नेह भी उसे दीखा। उसने सामने तट पर दृष्टि डाली तो हेमा वहीं थी और याचनापूर्वक उसे बुला रही थी। उसने फिर आकाश को देखा तो पिता को प्यार से बरजते और डाँटते पाया; वैसे ही जैसे वे, जब वह बालक था, तब उसे डाँटा करते थे। तभी उसे लगा, वे उसके पास आकर उसके कानों में कह रहे हैं—चाणक्य! क्या तुम्हारा जीवन इसीलिए है कि तुम एक सनहरी छलना को बाँहों में लेने के लिए गंगा की लहरों से जूझने चल दो। एक मरीचिका तुम्हारे मन को इतना ग्रस्त कर लेगी, तो तुम क्या कर पाओगे? चाणक्य ने अपनी आँखें बन्द कर लीं और कानों को दोनों हथेलियों से भींच लिया। उसने अनुभव किया कि उसकी बन्द पलकों की प्यालियाँ आँसुओं से भर उठी हैं। उसने आँखें बन्द किए-किए ही झुककर अपने पदत्राण और वस्त्र उठाये और गंगा की ओर पीठ करके रेत पर भागा। पैर धँस-धँस गए पर वह भागता गया, भागता गया। हेमा की खिलखिलाहट उसका पीछा कर रही थी। पर वह रुका नहीं। नहीं, हेमा मेरा लक्ष्य नहीं बन सकती; नहीं बन सकती। जब वह हाँफ गया, तभी वह रुका।

उसने आँखें खोलकर देखा। कुछ दूर पर एक पेड़ के नीचे आठ-दस बच्चे खेल रहे थे। उनसे कुछ दूर पर गायें चर रही थीं। और पीछे वही बस्ती दीख पड़ रही थी। चाणक्य ने सँभलकर चप्पलों में पैर डाले, अंगवस्त्र गले में डाला और स्वस्थ होने के लिए सिर को दोनों हाथों में भींचा। उसे समझ नहीं आया कि उसे हो क्या गया था। क्या उसका मस्तिष्क इतना दुर्बल है कि इस प्रकार के इन्द्रजाल से इतना ग्रस्त हो उठे। हेमा इतनी आसक्ति के योग्य तो नहीं थी। नहीं, अब मेरे मन में ऐसी किसी दुर्बलता के लिए कोई स्थान नहीं होगा। मैं पितृश्री की आज्ञाओं का पालन करूँगा और उनकी आशाओं को पूरा करूँगा। उफ्, उनको मेरा कितना ध्यान है। उन्होंने ही तो आज मेरी रक्षा कर ली। मैं प्रण करता हूँ कि मैं जीवन-भर एक पल के लिए भी पिता द्वारा निर्देशित कर्तव्य से विचलित नहीं हूँगा। मुझे क्षमा करें तात! मुझे क्षमा करें!

संध्या अब अधिक दूर नहीं थी। सूर्य की झुकी किरणों को पीकर तट झमक रहा था। पवन तीव्र थी, मीठी थी। कुछ दूर से आता बच्चों का कलरव सोते में सुन पड़ते संगीत-जैसा मधुर लग रहा था। चाणक्य स्वस्थ होकर बच्चों की ओर बढ़ा।

पास पहुँचकर उसने देखा, बच्चे दस थे। कुछ बड़े मैली-कुचैली धोतियाँ घुटनों तक बाँधे थे; कुछ लँगोटियाँ कसे थे और कुछ एकदम नंगे ही थे। केवल एक

बालक कुछ साफ धोती पहने था। उसके बाल कंघी किए हुए थे, मुँह स्वच्छ था और कानों में छोटे-छोटे कुंडल पड़े थे। उसके गले में नन्हे रुद्राक्षों की एक माला भी थी। इस बालक का रंग भी शेष सबसे गोरा था—कुछ पीलापन लिए हुए गोरा। मुखाकृति से लगता था जैसे वह पर्वतीय हो।

चाणक्य कुछ दूरी पर खड़े रहकर बच्चों का खेल देखने लगा। वह गोरा बालक राजा बना हुआ था। एक बड़ा पत्थर उसका सिंहासन बन गया था। एक टेढ़ी टहनी उसकी तलवार थी। वह छाती निकाले अकड़ा बैठा था और अपने सेवकों को तरह-तरह के आदेश दे रहा था। कभी-कभी वह शत्रु पर चढ़ाई करता था। टहनियों से युद्ध होता था। शत्रु को मार दिया जाता या पकड़ लिया जाता था और वह झुककर अधीनता स्वीकार कर लेता था। कभी राजा आखेट के लिए निकलता था और सभी सेवक उसे घेरकर आगे, बराबर में या पीछे चलते थे। कभी राजा न्याय करता था। अपराधी लाए जाते थे। उनके नन्हे, बालकीय अपराधों का उल्लेख सुनकर चाणक्य को बहुत हँसी आई। 'इसने मेरी गुल्ली चुरा ली है', 'इसने कल मुझे मारा था', 'यह इतना बड़ा होकर भी नंगा फिरता है।' आदि-आदि। राजा बालक ने आवश्यक गौरव के साथ निर्णय सुनाए। उसके निर्णय सुनकर चाणक्य गद्‌गद हो उठा। 'तुम इसे गुल्लियाँ वापस करोगे।' 'आगे तुमने मारा तो तुम्हें राजदंड से पीटा जाएगा।' 'तुम अब माँ से कहकर लंगोटी बनवा लो।' आदि। इसके बाद राजसभा की गई! राजा के सामने दो पंक्ति बनाकर बाल-सभासद मिट्‌टी में ही पालथी मारकर बैठ गए। एक द्वारपाल बनकर सामने खड़ा हो गया। राजा सेवकों एवं प्रजाजनों को पुरस्कार बाँटने लगे। जब सबको पुरस्कृत किया जा चुका और सभा विसर्जित होने को हुई तो चाणक्य से न रहा गया। वह नंगे खड़े द्वारपाल के पास पहुँचा और बोला, "महाराज से कहो, ब्राह्मण चाणक्य आया है।"

द्वारपाल ने महाराज को सम्बोधित करके ब्राह्मण के आगमन की घोषणा की।

राजा ने रोब से कहा, "आने दो।"

द्वारपाल ने मार्ग दिया। चाणक्य ने उस पंक्ति के बीच प्रवेश करके हाथ उठाकर आशीर्वाद दिया, "महाराज! आयुष्मान हों।"

"ब्राह्मण, स्वागत है। हम आपकी क्या सेवा करें?" राजा ने विनयपूर्वक पूछा।

चाणक्य बहुत प्रसन्न हुआ। वह बिना रुके बोला, "राजन्! दूध के लिए मुझे गाय की आवश्यकता है।"

"ब्राह्मण! सामने जो गायें चर रही हैं, उनमें से जितनी चाहिए हाँक कर ले जाइए।" राजा ने निर्द्वंद्व आदेश दिया।

चाणक्य चौंका, पर बोला, "महाराज! यदि ग्वाले ने मुझे पीटा तो?"

चाणक्य ने देखा उस बाल-राजा का मुँह तमतमा गया। उसकी आँखों से जैसे चिंगारियाँ छूटने लगीं। वह आवेश से भरकर बोला, "आप हमारी हँसी कर रहे हैं,

ब्राह्मण! जानते हैं यह महाराज चन्द्रगुप्त का आदेश है। किसका साहस है कि उसे अमान्य करे। जाइए, गाय ले जाइए।"

"महाराज की जय हो।" चाणक्य ने कहा और पंक्ति से बाहर निकल आया।

सब बालकों ने 'महाराज की जय' का घोष किया और सभा विसर्जित हो गई।

चाणक्य चकित, स्तम्भित रह गया। वह आज पहली बार किसी राजा के सम्मुख गया था—नकली राजा के, नहीं-नहीं, असली राजा के। इससे अधिक असली कौन हो सकता है? नन्द के पाटलिपुत्र के चरणों में पड़ी इस क्षुद्रतम बस्ती में यह कौस्तुभमणि कहाँ से आई? इस तेजस्वी बालक ने उसका मन मोह लिया था। वह उसके विषय में विशेष जानने के लिए उत्कंठित हो उठा। वह बालक को पुकारने ही वाला था कि सब बालक किलकारियाँ भरते हुए गाँव की ओर भाग लिए। चन्द्रगुप्त सबसे आगे था। चाणक्य भी उनके पीछे-पीछे गाँव की ओर चल दिया।

चाणक्य उस गाँव में घुसा। सौभाग्यवश एक झोंपड़ी के सामने उन्हीं बालकों में से एक बालक खड़ा चाणक्य को दीखा! उसने उसे पास बुलाया और पूछा, "पुत्र! तुम्हारा 'राजा' चन्द्रगुप्त कहाँ रहता है?"

"ग्वाले ने गाय नहीं लेने दी?" बालक ने अबोध भाव से पूछा।

"नहीं।" चाणक्य ने हँसकर उत्तर दिया।

उस बालक ने आगे-आगे भागकर चन्द्रगुप्त का घर चाणक्य को दिखा दिया। चन्द्र आँगन में खड़े पेड़ से अमरूद तोड़ने का प्रयास कर रहा था। चाणक्य ने द्वार पर खड़े होकर पुकारा, "महाराज चन्द्रगुप्त!"

चन्द्रगुप्त ने सकपकाकर ब्राह्मण की ओर देखा और सहमकर भीतर भाग गया। चाणक्य विनोदपूर्वक मुसकरा दिया।

चार पल बाद ही मैली साड़ी में लिपटी, पर सम्भ्रान्त दीखनेवाली एक महिला आटे से सने हाथ लिए बाहर आई। उसके चेहरे पर उसका दुर्भाग्यपूर्ण अतीत साफ अंकित था, पर उसकी आँखों का तेज बुझा नहीं था। उसने सामने खड़े ब्राह्मण को देखा और गले में आँचल डालकर हाथ जोड़कर उसे प्रणाम किया और विनम्र स्वर में बोली, "विप्रवर! मेरा यह पुत्र बड़ा ही दुष्ट और ढीठ है। क्या इसने आपसे कोई धृष्टता की है? यदि ऐसा हो तो इसे एक विधवा का अनाथ पुत्र मानकर क्षमा कर दें।"

"देवि! एक कुलीन घर की सुसंस्कृता वधू ही ऐसे वचन कह सकती है। मेरा अनुमान ठीक निकला है। और देखिए, इस बालक को आप अनाथ न कहिए। यह अनाथों का नाथ और राजाओं का राजा होगा। यह मेरी आत्मा की सहज ध्वनि है।"

उस स्त्री के मुख की सलवटें सहसा ही खुल-सी गईं और एक चमक उसके धूमिल चेहरे पर तैर गई।

"आर्य! आप भीतर आएँगे और मेरा रूखा अर्घ्य स्वीकार करेंगे तो मुझे अत्यन्त प्रसन्नता होगी।" उसने निवेदन किया।

"सहर्ष, देवि!"

अब तक चन्द्रगुप्त भी बाहर आकर माँ के पीछे खड़ा हो गया था।

माँ के कहने पर चन्द्रगुप्त ने चाणक्य के हाथ-पैर धुलाए। माँ ने आसन बिछा दिया और एक पत्तल पर कुछ फल और गुड़ सामने रख दिया। चाणक्य बैठकर सप्रेम खाने लगा।

"देवि! आपने इस बालक की शिक्षा का क्या प्रबन्ध किया है?"

"मेरे पास उसका साधन नहीं है, आर्य!"

"देवि! क्या आप अपना कुछ परिचय मुझे देना पसन्द करेंगी? पर पहले मैं बता दूँ, मैं तक्षशिला गुरुकुल के एक अध्यापक चणक का पुत्र चाणक्य हूँ। मेरा विषय राजनीति है। आप जो भी बताएँगी, मेरे हृदय में सुरक्षित रहेगा।"

"आर्य! आपको अपना क्या परिचय दूँ? परिचय तो आपके सामने है। यह झोंपड़ी, यह पतल, उस पर रखे ये सूखे फल और पुराना सूखा गुड़। पर यदि आप बारह वर्ष पूर्व इस बालक के जन्म-दिन पर मेरे घर पधारे होते तो मेरे पति सोने की थाली में सर्वोत्तम व्यंजनों से आपको तृप्त करते और मणि-माणिक्यों से आपकी झोली भर देते। वे दिन बीत चुके हैं, विप्रवर! आज मेरे पास केवल एक ही निधि है, मौर्यों का कुल-दीपक यह चन्द्रगुप्त। मैं इसे आँचल में छुपाए यहाँ पड़ी हूँ।"

"देवि! राजाओं का भाग्य ऐसा ही अस्थिर होता है। और उसे सहने की क्षमता भी उन्हीं को दैव ने दी है। मैं आपके धैर्य की प्रशंसा करता हूँ।"

"आर्य! मौर्य कुल के इष्ट देवता ने ही शायद आपको भेजा है। मेरा नाम मुरा है। मैं बल मौर्य की पत्नी हूँ। पिप्पलिकानन के मौर्यों का नाम तो आपने सुना होगा। मौर्य प्रसिद्ध शाक्यों की एक शाखा हैं। सुदूर अतीत में शाक्यों से टूटकर इन्होंने पिप्पलिकानन में मोरिय नगर बसाया था। शीघ्र ही वह उत्तर कुरु के व्यापार-केन्द्र बृहद्हट्ट से चलकर तराई-मार्ग से आनेवाले सार्थों का प्रमुख लक्ष्य बन गया। उत्तरी पहाड़ी क्षेत्रों के व्यापारी भी यहीं इकट्ठे होते थे और यहीं से राजगृह और पाटलिपुत्र को भी सीधा मार्ग जाता है। यही कारण है, मोरिय नगर अत्यन्त समृद्ध बन गया था। मगध की बहुत समय से उस पर कुदृष्टि थी। कई बार संघर्ष हुए, पर मगध को सफलता नहीं मिली। चन्द्र के जन्म के कुछ ही दिन बाद अन्तिम आक्रमण हुआ। मेरे पति लड़ते हुए मारे गए और मुझे इस नवजात शिश को लेकर भागने पर विवश होना पड़ा। मैं कोलिय गणराज्य में अपने भाई के पास पहुँची। भाई ने मुझे आश्रय दिया। पर कुछ ही दिन बाद कोलियों ने मगध की अधीनता स्वीकार कर ली। कुछ ही समय बाद मगध की सेना में नायक होकर भाई यहाँ आ गया। वह

अपने परिवार के साथ प्राचीर के उस पार रहता है। हमें प्रति मास व्यय दे देता है और हम दोनों यहाँ रहते हैं। यही मेरी कहानी है, देव!"

"क्या आपके भाई ने कभी महाराज नन्द से आपकी दुरवस्था का निवेदन नहीं किया?"

"नहीं, आर्य! वास्तव में नन्द मोरिय नाम से ही चिढ़ता है। मेरे पति ने नन्द को गम्भीर रूप से घायल किया था। उस समय नन्द स्वयं सेनाओं का नेतृत्व किया करता था। वह मरकर बचा था। इस बात को वह आज तक भी भूल नहीं पाया है।"

"क्या आप उससे कभी मिली हैं?"

"एक बार। उसने हम दोनों की खिल्ली उड़ाई थी और हमारा अपमान किया था। मैं बालक को लेकर चुपके से खिसक आई थी कि वह पता नहीं क्या कर बैठे।" अब तक चाणक्य अल्पाहार ले चुका था। उसने जल पिया और बालक को अपनी गोदी में खींचकर बोला, "क्यों चन्द्र! मेरे साथ चलोगे? मैं तुम्हें अस्त्र-शस्त्र की शिक्षा दूँगा, पढ़ाऊँगा और राजा बनाऊँगा।"

चन्द्रगुप्त ने गौर से चाणक्य की ओर देखा, जैसे गहरा सोचा हो। फिर माँ की ओर देखा और बोला, "मैं चलूँगा।"

"देवि! आप इस बालक को मुझे सौंप दीजिए। मैं इसे तक्षशिला ले जाऊँगा। वहाँ सैकड़ों राजकुमार शस्त्र-विद्या एवं दंडनीति की शिक्षा पाने के लिए रहते हैं। यह भी रहेगा। मैं इसकी हर प्रकार की व्यवस्था कर दूँगा। मैं इसका संरक्षक रहूँगा। मैं आपको वचन देता हूँ कि इसे एक योग्य सेनापति एवं राजनीतिज्ञ बनाने में मैं कोई कसर नहीं छोड़ूँगा।" चाणक्य ने कहा।

"आर्य! इसके पिता ने भी एक बार कहा था, मैं चन्द्र की शिक्षा-दीक्षा तक्षशिला में ही कराऊँगा। पर, हृदय काँपता है। कलेजा मुँह को आता है। इसके बिना मैं कैसे जीवित रहूँगी।" मुरा की आँखें आँसुओं से भर गईं।

"आपको जीवित रहना होगा, देवि! पति का राज्य लुटते आपने देखा है। पुत्र को राजा बनते भी आपको देखना होगा। पुत्र के लिए यह त्याग आपको करना ही होगा। फिर शिक्षा के लिए गुरुकुल भेजना त्याग नहीं, कर्तव्य है।"

"आर्य! क्या कल तक का समय आप मुझे देंगे? या समय का क्या करना है? मुझे किससे पूछना है? मैं चन्द्र को आपको और इसकी नियति को सौंपती हूँ।" कहकर मुरा फूट-फूटकर रो उठी और चन्द्रगुप्त को छाती से लिपटा लिया।

चाणक्य ने आगे बढ़कर अपना हाथ मुरा के सिर पर रख दिया।

"मैं आयु में आपसे छोटा हूँ। पर ब्राह्मण के नाते मैं कहता हूँ कि आप रंच भी चिन्ता न करें। अमात्य आर्य रुचि के माध्यम से चन्द्र के पत्र आपको मिलते रहेंगे। रुचि मेरे परम मित्र हैं। उनकी पत्नी श्यामला बहुत ही उदार और सुसंस्कृत महिला हैं। वे आपकी हर प्रकार से सहायता करेंगी।"

अब तक मुरा सँभल चुकी थी।

"आप ठीक कहते हैं, आर्य! मैं आर्य रुचि और बहन श्यामला से मिलूँगी।"

"तो तय रहा?"

"जी। पर, एक पल ठहरिए।"

मुरा झोंपड़ी के एक कोने में गई और वहाँ गड़ी एक हंडिया में से एक हार निकालकर वह लाई जिसमें हीरे जड़े थे। उसे चाणक्य की ओर बढ़ाकर बोली, "आर्य! आप गुरु हैं। मेरे घर से खाली नहीं जाएँगे। घोर विपत्ति के रहते भी यह हार मैंने बचाकर रखा है। यह मेरे पति ने प्रथम मिलन के अवसर पर मुझे दिया था। आपको देने से बढ़कर इसका उपयोग और क्या हो सकता है।"

"नहीं, इसकी आवश्यकता नहीं है, देवि!"

"आर्य, गुरु-दक्षिणा तो देनी ही होगी। इसके अतिरिक्त मेरे पास और कुछ भी तो नहीं है।"

"गुरु-दक्षिणा मैं इसी से लूँगा। पर आपके अनुरोध को भी टालूँगा नहीं। यह हार मेरे पास सुरक्षित रहेगा।"

चाणक्य ने हार ले लिया।

मुरा ने चाणक्य को प्रणाम किया।

"अच्छा, कल मैं आऊँगा।" चाणक्य ने कहा।

वह चलने लगा। चन्द्रगुप्त ने गुरु को साष्टांग प्रणाम किया।

चाणक्य नगर लौट आया। रुचि भी शकटार से मिलकर वापस आ चुका था। वह बहुत प्रसन्न था। उसका विषय उसे सौंप दिया गया था और कल से उसे उत्तरदायित्व सँभालना था।

आज संध्या को गंगा-तट पर जो कुछ हुआ, वह सब चाणक्य ने रुचि और श्यामला को बताया और वह हार भी दिखाया। श्यामला चन्द्रगुप्त एवं मुरा से मिलने के लिए बहुत उत्सुक हो उठी। चाणक्य ने बताया कि कल वह दोनों को लेकर यहाँ आएगा। उसने वह हार भी श्यामला के पास ही रखवा दिया और कहा कि उसके तक्षशिला लौटने के बाद इसे वह मुरा को सौंप दे।

अगले दिन चाणक्य उन दोनों को लिवा लाया। दोनों ने एक-दूसरे को बहुत पसन्द किया।

चाणक्य का मन अब पाटलिपुत्र से उखड़ चुका था। वह वापस लौटने के लिए अस्थिर हो उठा। उसने कन्दर्प से यह जानने के लिए भेंट की कि उसका सार्थ तक्षशिला कब जा रहा है। वे कुछ दिन काटने उसे भारी हो गए। पिता चणक के ध्यान से वह अस्थिर रहने लगा था।

जाने से पहले चाणक्य ने शकटार और राक्षस से भी बिदा ली। व्याड़ि को उसने रुचि और मुरा से मिला दिया और शकटार एवं राक्षस-कन्दर्प के बीच की पूरी परिस्थिति भी व्याड़ि को समझा दी। वह समझदार व्यक्ति था। उसने तरह-तरह के अनेकों दिन देखे थे। वह सब समझ गया।

कंकु की शिक्षा श्यामला के यहाँ आरम्भ करा दी गई। निश्चित हुआ कि एक वर्ष बाद कंकु को भी तक्षशिला भेज दिया जाएगा।

चाणक्य ने चन्द्रगुप्त के साथ पाटलिपुत्र से कूच किया। जब कई मास बाद वह तक्षशिला पहुँचा तब उसने पाया कि उसके जर्जर पिता स्वर्गवासी हो चुके हैं। मृत्यु का दिन जानने के बाद गणना करके उसने देखा कि पिता की मृत्य उसी दिन, उसी समय हुई थी, जिस दिन, जिस समय वह गंगा के तट पर बैठा था और उस पार हेमा उसे दीखी थी। चाणक्य का हृदय एक पीड़ा और पश्चात्ताप से भर उठा। वह कई दिन अपनी झोंपड़ी से नहीं निकला। वह पछताने लगा कि वह यहाँ से पाटलिपुत्र गया ही क्यों था। पर अपने दुख के रहते भी उसने चन्द्रगुप्त की उपेक्षा नहीं की। उसकी शिक्षा का पूरा प्रबन्ध उसने तत्काल किया।

सक्रियता का आरम्भ

समय की गति बड़ी ही विचित्र है। जब वह भागता है तो जैसे पूरा युग पलक झपकते बीत जाता है और जब वह अड़ जाता है तो एक पल भी द्रोपदी का चीर बन उठता है। चाणक्य को वापस तक्षशिला लौटे दस वर्ष बीत गए पर लग रहा था जैसे मगध से चन्द्र को लाना पिछली रात की ही बात हो।

एक दिन तीसरे पहर चाणक्य अपनी कुटिया के सामने ध्यानस्थ बैठा था। पता नहीं क्या-क्या तरंगें उसके अन्तरंग में उठ रही थीं। दस वर्ष से वह इसी कुटिया में केन्द्रस्थ है। उसके चारों ओर छात्र जुड़ते आए हैं—अलग-अलग क्षेत्रों से और परिस्थितियों में से आए, अलग-अलग आकांक्षाओं और लक्ष्योंवाले छात्र। उसका यश फैलता गया है। उसकी कुटिया के साथ ही कुटियों पर कुटियाएँ उठती गई हैं, जिन्होंने एक छात्रावास का रूप ग्रहण कर लिया है। एक पूरा गुरुकुल बन उठा है। चाणक्य पूरे मनोयोग से छात्रों को शिक्षा देता रहा है, उन्हें तराशता-गढ़ता रहा है। छात्र कृतकृत्य हैं। वह स्वयं सन्तुष्ट है, पर अतृप्त है। ध्यान में अक्सर उसने इस अतृप्ति के कारणों को खोजा है। दस वर्ष पहले बन्धु रुचि से कहे शब्द, "केवल राजनीति पढ़ाकर मेरी तृप्ति नहीं होगी। सक्रिय राजनीति में कूदे बिना मुझे चैन नहीं पड़ेगी।" उसे बार-बार याद आए हैं। बार-बार उसे लगा है कि अब इस कुटीरस्थ समाधि से उठने का क्षण आ पहुँचा है।

पर प्रश्न है, वह क्या करे? क्या लक्ष्य अपने सामने रखे? चन्द्रगुप्त बड़ा हो गया है। जो वह यहाँ सीख सकता था, सीख चुका है। उसकी तरुण आँखों में एक प्रश्न है, कुछ अस्पष्ट आकांक्षाएँ हैं। उसे अब व्यस्तता चाहिए, एक अर्थपूर्ण कर्म चाहिए। सबसे अधिक उसे एक गन्तव्य चाहिए। उसके लिए क्या किया जाए? उसके भीतर की प्यास को वह समझ पा रहा है। उसके सभी साथी तरुण अपने-अपने गणों या जनपदों को चले जाएँगे। चन्द्रगुप्त कहाँ जाए? मगध वह जा सकता है। वह जाना भी चाहता है। माँ के साथ रहने के लिए वह व्यग्र है, पर वहाँ जाकर वह करेगा क्या? पता नहीं क्यों उसे भेजते हुए उसका मन भी टूटता है। वह उसे अपने से अलग नहीं कर सकता। उसे नहीं लगता कि मगध से उसे कोई भविष्य मिल सकेगा। राजा नन्द उसे अपनाएगा नहीं। वहाँ के पंक में चन्द्र धँस जाएगा। क्या कन्दर्प चन्द्र की सहायता कर सकता है? करना भी चाहे तो राक्षस उसे करने नहीं देगा। उसने आर्य शकटार तक को अंधकूप में डलवा दिया है। पर क्या नन्द के या किसी के भी राज्य में एक मामूली सेनानायक बनना ही चन्द्रगुप्त की उपलब्धि होगी? पर उसने मुरा से कहा था कि यह बालक राजा होगा।

पर, चाणक्य, क्या तुम शकटार के लिए कुछ नहीं कर सकते?

तभी एक शिष्य सामने प्रकट हुआ और उसने चरण-स्पर्श कर निवेदन किया—

"देव! एक यवन-महिला आपसे मिलने की हठ कर रही है।"

"उन्हें यहीं भेजो। पर, पहले सामने आसन बिछा दो।"

शिष्य आसन बिछाकर महिला को बुला लाया। देखते ही चाणक्य चौंककर रह गया।

"हाँ, विष्णु!" पास आकर उस स्त्री ने कहा।

"हेमा!..."

"विष्णु! वह विष्णु कभी का मर चुका है। मैं आचार्य चाणक्य हूँ। आने का प्रयोजन कहो।" चाणक्य के स्वर में रूक्षता थी।

"महाराज आम्भीक ने शशिगुप्त को वक्त्र पर आक्रमण करने के लिए भेजा है।" हेमा ने बताया।

"पर मुझे इससे क्या? यह सूचना देने के लिए तुम्हें किसने प्रेरित किया है?" चाणक्य ने खीजकर पूछा।

"आपके ही शिष्य कंकु ने।" चाणक्य चौंक पड़ा।

कंकु भी चन्द्र की तरह ही पढ़कर परिपक्व हो चुका था। चाणक्य ने उसे गूढ़-चर्या का प्रशिक्षण बड़ी ही लगन से दिया था।

"तुम उसे कब से जानती हो?" उसने प्रश्न किया।

"एक वर्ष से।"

"यह सूचना कंकु को स्वयं लानी चाहिए थी।"

"मुझे कंकु ने ही इस कार्य में नियुक्त किया है।"

"तब तुम उसके पास जातीं। यहाँ क्यों आई हो?"

"मुझे आपसे कुछ निवेदन करना था।"

"जाओ देवि! मुझे उसमें रुचि नहीं है।"

हेमा कुछ पल स्तब्ध बैठी रही। फिर अनायास ही चाणक्य के चरणों में झुकी और चरण-रज लेकर तेजी से बाहर निकल गई।

चाणक्य ने तत्काल कंकु को बुलवाया और रोषपूर्वक उत्तर माँगा, "यह हेमा का चक्कर क्या है?"

"मुझसे धृष्टता हो गई है, गुरुदेव!"

"यह निश्चित करना मेरा काम है। तुम बस प्रश्न का उत्तर दो।"

"आज्ञा, गुरुदेव!"

"तुम हेमा के सम्पर्क में कैसे आए?"

"तात! क्षमा करें तो मैं सब-कुछ बता दूँ।"

"सब-कुछ बताना है तुम्हें। क्षमा करना उसकी शर्त नहीं है।"

"सच यह है, गुरुदेव! कि मैंने आपके और देवि के विषय में सुना था।"

"किससे?"

"एक बार केकय राज्य के महामात्य और आपके गुरु-बन्धु अनन्त शर्मा आपसे मिलने आए थे। मैंने आपके और उनके बीच हुई बातचीत का कुछ अंश सुना था।"

"अंश सुना था, पूरी क्यों नहीं?"

"वैसा मेरा कोई संकल्प नहीं था। आपके बुलाने पर आते-जाते समय ही कुछ विनोद-परिहास की बातें मेरे कानों में पड़ गई थीं।"

"तब?"

"मैंने आपके कई परिचितों से सब-कुछ जाना और देवि हेमा का पता भी मालूम किया। तब मैं एक मागध सैनिक का रूप धरकर उनसे मिला। उस समय वे विधवा बन चुकी थीं। पहली ही भेंट में मुझे लगा कि देवि बहुत सफल गूढ़ स्त्री बन सकती हैं। इस अनुमान को कई उपायों से पुष्ट कर लेने के बाद मैं आपके शिष्य के रूप में ही संयोग बनाकर देवि से मिला। उन्होंने मुझसे बहुत-सी बातें कीं और आपके बारे में बहुत-कुछ पूछा। अब मैं उनके यहाँ आने-जाने लगा। मैं इस निष्कर्ष पर पहुँचा कि उन्होंने अब आकर आपको पहचाना है और उनके मन में पश्चात्ताप है। उनके पति की क्रूरता ने उनके जन्मजात बर्बर कोनों को जैसे काफी तोड़-घिस दिया है। एक अनगढ़ आभिजात्य उनमें निखर उठा है। वे यवन-महिला

नहीं, आर्य नारी बन गई हैं। वे उत्तरापथ की आज की स्थिति को सन्तोषप्रद नहीं मानतीं। वे कुछ करना चाहती हैं। मैं समझता हूँ, गूढ़ चर्या में उनका बहुत ही सार्थक उपयोग किया जा सकता है।"

चाणक्य कुछ पल सोचता रहा। फिर बोला, "पर किस उद्देश्य के लिए?"

"हर सम्भव सूचना प्राप्त करना अपने में एक सार्थक उद्देश्य है, गुरुदेव! देवि हेमा यूनानी, पारसीक तथा उत्तर-पश्चिमी बोलियाँ सहजता से बोल लेती हैं। वे इन तीनों देशों की स्त्री सहज समझी जा सकती हैं। उनके माध्यम से गान्धार में होती हर हलचल का पता पाया जा सकता है। मुझे लगता है, गुरुदेव! गान्धार शीघ्र ही एक बड़ी उत्क्रान्ति का केन्द्र बननेवाला है। मैंने सुना है, पारसीक देश पर यवनान सम्राट् ने हमला किया है। इसी का लाभ उठाकर आम्भीक ने सेनापति शशिगुप्त को वक्त्र पर अधिकार करने के लिए भेजा है।"

"यह शशि तो हेम का प्रेमी रहा है न?"

"अब हेमाजी उससे घृणा करती हैं।"

"इस शशि के विषय में तुम्हारा क्या मत है?"

"वह अस्थिर मन का एक महत्त्वाकांक्षी व्यक्ति है। पहले आम्भीक को छोड़कर पुरु से जा मिला था। अब फिर उसी के पास वापस आ गया है।"

"हेमा उससे अब घृणा क्यों करने लगी है?"

"शशि ने इन्हें ठुकराकर एक षोडशी का वरण कर लिया है। उसे वह अपने साथ वक्त्र ले गया है।"

"हेमा को मेरे पास भेजने में क्या बस इतना ही तुम्हारे मन में रहा?"

"एक बात और रही।"

"क्या?"

"संकोच होता है।"

"निस्संकोच कहो।"

"देव! मैंने सोचा आपके कर्तृत्व के मार्ग में जो मानसिक अवरोध है, उसे देवि हेमा का पुन: सम्पर्क ही हटा सकता है। उनका सदुपयोग करके ही आप उनसे सही प्रतिशोध ले सकते हैं।"

चाणक्य कुछ पल चुप बैठा रहा। उसका कंठावरोध उसकी आँखों में छलक आया, पर उसने स्वयं को तत्काल सँभाला। इस बीच कंकु सिर झुकाए बैठा रहा।

"पुत्र!" चाणक्य की स्वच्छ पर तरल वाणी कंकु के कानों में पड़ी।

उसने सिर उठाकर देखा।

"कंकु! मैं आशीर्वाद देता हूँ, तुम कभी असफल नहीं होगे। महानतम उपलब्धियों के अदृश्य साधक तुम बनोगे। पर पुत्र! सफलता के गर्व से अपनी प्रतिभा का आच्छादित हो उठना तुम कभी सहन न करना।"

कंकु की आँखों में पानी भर आया। वह प्रकट हिचकियाँ लेने लगा। अपना माथा उसने चाणक्य के चरणों पर रख दिया।

"उठो। यह दुर्बलता तुम्हें शोभा नहीं देती। उठो, पुत्र!"

"इन चरणों की रज बने रहना ही इस जीवन की सार्थकता होगी।"

"कंकु! स्वस्थ होकर सुनो। तक्षशिला और सीमा पार की राजनीति पर हेमा को नियुक्त करो। उसे प्रमुख विदेशियों से सम्पर्क रखना चाहिए। आर्यान देश की नियति क्या करवटें ले रही है, इसकी पूरी जानकारी हमें रहनी चाहिए। हेमा को आवश्यक बातें समझा दो। उसके पास धन बहुत है। वह चाहे तो कुछ चर भी यहाँ-वहाँ लगा सकती है। मैं मानता हूँ, यह उत्तेजक काम हेमा की प्रकृति-प्रवृत्ति के बहुत अनुकूल रहेगा। उससे कहना, मैं उसके प्रति रूक्ष रहा, इसका मुझे खेद है। तुमने पता लगाया, तिष्य कब इधर आ रहा है?"

"इसी सप्ताह, गुरुदेव!"

"अब तुम जाओ।"

"जो आज्ञा, देव!"

कहकर कंकु चला गया।

कुछ देर चिन्तन में मग्न रहकर चाणक्य ने एक शिष्य से चन्द्रगुप्त को बुला लाने को कहा। चन्द्रगुप्त धीमे से आकर ध्यानमग्न गुरु के चरण-स्पर्श करके सामने बैठ गया।

अब यह चन्द्रगुप्त दस वर्ष पहले का बालक चन्द्र नहीं रहा था। लम्बा, हृष्ट-पुष्ट शरीर, गोरे-पीले मुख पर तेज, आँखों में निर्द्वंद्वता की चमक, मन में कुछ करने की व्याकुलता। इस युवक चन्द्र के व्यक्तित्व में भव्यता और गहरा आकर्षण था।

"चन्द्र!" चाणक्य ने कहा।

"गुरुदेव!"

"तुम्हारी शिक्षा पूरी हो चुकी है, वत्स! अब तुमने क्या सोचा है?"

"अभी कहाँ पूरी हुई है, आर्य! मैंने युद्धों में भाग तो लिया ही नहीं है।"

"इसके दो ही उपाय हैं, चन्द्र! या तो किसी जनपद या गण की सेना में तुम भर्ती हो जाओ या अपनी निजी सेना संगठित करो।"

"दूसरा उपाय ही मुझे रुचिकर होगा। पर उसके लिए साधन कहाँ से आएँगे?"

"साधन पैदा करने होते हैं, वत्स! पर उससे पहले प्रयोजन चाहिए, क्योंकि निष्प्रयोजन सेना संयोजक को ही खा जाती है। पर छोड़ो; यह बताओ, क्या तुम कुछ दिन के लिए मगध जाना चाहोगे?"

"मैं कितने ही राज्यों और गणों में घूमना चाहता हूँ, गुरुदेव! विशेषकर मालव, क्षुद्रक और कठ गणों में, जहाँ के मेरे कुछ सहपाठी हैं।"

"चन्द्र!"

"आज्ञा, गुरुदेव!"

कितनी ही बातें चाणक्य के मन में झोंके की तरह भर उठीं। तक्षशिला की राजनीति, मगध, अपना निजी दल, धन, शकटार आदि।

"मैं कुछ सोच रहा हूँ, वत्स! पर अभी स्पष्ट नहीं है। कल प्रात: तुम और कंकु यहाँ उपस्थित होगे। अब तुम जाओ।"

चन्द्रगुप्त प्रणाम करके चला गया।

अगले दिन प्रात: जब चाणक्य ध्यान-मनन से उठा तो कंकु और चन्द्रगुप्त ने आकर प्रणाम किया।

दस वर्षों की अपनी इन उपलब्धियों को चाणक्य ने गर्व के साथ देखा। साँवला कंकु उठान में चन्द्र से कम नहीं था। पर उसका शरीर बाण की तरह छरहरा था। उसकी आँखों में भी साँप की आँखों-जैसी असहनीय चमक थी।

चाणक्य ने कहना शुरू किया, "चन्द्र! मैंने तय किया है कि एक छोटा दल तुम्हें संगठित करना ही होगा। शस्त्र-व्यवसायियों की इस प्रदेश में कमी नहीं है। पर धन का प्रबन्ध करना होगा।"

"धनी संरक्षक के अभाव में साहसिक वृत्ति ही इसका उपाय होती है, आर्य!" कंकु ने कहा।

"इस वृत्ति में लक्ष्य-भ्रष्ट हो जाने का भय रहता है। तुम दोनों के कितने ऐसे मित्र हैं, जो तुमसे अनन्य हैं।"

"दस, दस तो समझिए!" चन्द्रगुप्त ने कहा।

"यह नेतृत्व-गुण का प्रमाण नहीं है। चन्द्र! तुम कम-से-कम सौ समर्पित युवकों का दल निर्मित करो। इतने धन का प्रबन्ध कहीं से भी हो सकता है। पुत्रो!"

"गुरुदेव!"

"तुम दोनों आज से ही इस काम में जुट जाओ। इसके परिणाम पर ही आगे का कार्यक्रम निर्भर करेगा।"

"जो आज्ञा, गुरुदेव!" दोनों ने प्रसन्न होकर कहा।

कंकु की बात चाणक्य के भीतर मचल-मचलकर उठने लगी। उसने कितना ठीक उसे समझा है। उसकी दृष्टि कितनी सूक्ष्म है, और मर्मभेदी और हितकामी है। उसके एक वाक्य ने चाणक्य की गाँठ को जैसे खोल डाली है, उसके मन के शीशे को धो-पोंछकर चमका दिया है। कंकु के इस अहसान को क्या वह कभी भूल सकेगा? उसके अन्तर्मन में कल तक जीवित हेमा आज जैसे एकदम मर चुकी है। उसका चिन्ह भी वहाँ शेष नहीं बचा है। उसके स्थान पर कर्मेच्छा का एक ज्वार उसके

भीतर उठ रहा है। नए विचार, नई आकांक्षाएँ उसमें उमड़ रही हैं। उसके जीवन का एक नया अध्याय शुरू हो रहा है और यही शायद वास्तविक अध्याय भी है। अध्यापन चाणक्य का साधन बन सकता है, लक्ष्य नहीं।

कंकु ने ठीक ही कहा था, हर सम्भव सूचना प्राप्त करना अपने में एक सार्थक उद्देश्य है। ये सब बातें चाणक्य ने ही तो इसे सिखाई हैं। गूढ़ पुरुष के लिए यह एक मूल मंत्र है। पर वह ही इस तत्त्व को भूल गया। अध्यापन व्यक्ति को निष्क्रिय तो बना देता है। या हेमा की छाया या पिता की मृत्यु ने उसे जड़ बना डाला है। पर अब यह कुटिया उसे बाँधे नहीं रख सकेगी। आर्यान पर जो संकट आया है वह भारत पर भी घहरा सकता है। पर, इस सन्दर्भ में कुछ तथ्यों का पता लगाना पहले आवश्यक है। हेमा को इस विषय में कहला दिया है। पर मैं भी क्यों न आम्भीक से मिलूँ। स्यात् कुछ धन की सहायता भी उससे मिल सके। चाणक्य ने सोचा, सीधे राजा से ही मिलना उचित रहेगा। उसका मुख्यामात्य भागुरि धूर्त और अहंकारी है।

चाणक्य ने जाकर महाराज के दर्शनों का अनुरोध किया। उसे तत्क्षण ही बुला लिया गया।

"आचार्यवर! आपके गुरुकुल का क्या हाल है?" आम्भीक ने पूछा।

"सब ठीक है, राजन्!"

"मेरे योग्य कुछ कर्तृत्व हो तो कहिए।"

"राजन्! मेरे गुरुकुल में शिष्यों की संख्या सौ से अधिक हो चुकी है। आप जानते हैं कि मैं राजनीति और युद्ध-विद्या की शिक्षा देता हूँ। छात्रों का खाना-पीना और रहना-सहना तो चल जाता है, पर शस्त्रों एवं अश्वों की मुझे विशेष आवश्यकता है, जिसे आप ही पूरा कर सकते हैं।" चाणक्य ने कहा और राजा के चेहरे पर एक गहरी दृष्टि डाली।

"विप्रवर! गुरुकुलों का संरक्षण गान्धार-नरेश का कर्तव्य है। पर ये गुरुकुल चिन्ता के विषय बन गए हैं।"

"क्यों, राजन?"

"हर राज्य और गण के युवक यहाँ रह रहे हैं।"

"पर वे तो शताब्दियों से रहते आ रहे हैं। तक्षशिला ने इसे चिन्ता का नहीं, गौरव का विषय ही सदा माना है।"

"ब्राह्मण! अस्तित्व गौरवानुभूति से अधिक महत्त्वपूर्ण है।"

"पर वह संकट में कैसे है, राजन्?"

"आपने तो कहा था, आप राजनीति की शिक्षा देते हैं। गान्धार की स्थिति से क्या आप इतने अनभिज्ञ हैं?"

"गान्धारी या कैकेय राजनीति की शिक्षा तो मैं छात्रों को नहीं देता। उसे जानने का कोई साधन भी मेरे पास नहीं है। उसमें रुचि भी नहीं है। राजन्! मैं शिक्षक हूँ

और सिद्धान्तों का संसार ही मेरा संसार है। पर, आपकी चिन्ता का कारण जानने की उत्सुकता मुझमें जाग उठी है। आप अनुचित न समझें तो बताएँ।"

"विप्रवर! केकय तो हमारा शत्रु है ही। अश्वकायन, हस्तिनायन आदि गण भी मिलकर चलना नहीं चाहते। उधर, सुना है यवनान देश के सम्राट् अलक्षेंद्र ने आँधी की तरह आकर आर्यान पर आक्रमण कर सम्राटदारस् को पराजित कर दिया है और पर्शुपुरी पर अधिकार कर लिया है। दारस् सेना एकत्रित कर पुनः युद्ध की तैयारी में है।"

"मैं आपको आश्वासन दूँ, राजन्! कि हमारे गुरुकुलों का कोई छात्र गान्धार के हितों के विरुद्ध नहीं जाएगा। मेरा परामर्श है कि आपको सहयोग की नीति ही अपनानी चाहिए, जिससे आपका पश्चिमी मोर्चा अभेद्य बन सके। मैं समझता हूँ अस्तित्व का संकट उपस्थित होने पर पुष्कलावती, मशकावती आदि गणों की और वक्त्र की सेनाएँ एक भूमि पर खड़ी हो सकती हैं।"

"मैंने वक्त्र पर अधिकार करने के लिए शशिगुप्त को भेजा है।"

"यह आपने ठीक नहीं किया है।"

"क्यों? गान्धार की सीमा वक्त्र तक पहुँच जाएगी।"

"इस क्षण यह हितकर लक्ष्य नहीं है।"

"कैसे?"

"राजन्! आपकी शक्ति का वहाँ अपव्यय होगा। सेना का एक बड़ा भाग इतनी दूर बँध जाएगा। सीमा से लगे गण सतर्क होकर विरोधी बन जाएँगे। आक्रमण की स्थिति में आपकी वह सेना अकेली पड़कर नष्ट हो जाएगी। शेष सेना यहीं घर में पर्याप्त नहीं रहेगी। एक ओर पुरु का भय, दूसरी ओर अलक्षेंद्र का।"

"मैंने इस दृष्टि से नहीं सोचा।"

"तभी मैंने कहा था राजन्! इस परिस्थिति में सहयोग की नीति ही श्रेयस्कर है।"

"पर, यह भी तो हो सकता है, ब्राह्मण, कि वक्त्र पर अधिकार से गणों का हठ कमजोर पड़ जाए। उनके कवच में दरारें पड़ जाएँ और पूरा पश्चिमोत्तर प्रदेश एक हो जाए। तब?"

चाणक्य के मुख पर एक मन्द मुस्कान फैल गई।

"आप हमारा परिहास कर रहे हैं, आचार्य?" आम्भीक ने भृकुटि टेढ़ी करके पूछा।

"मुझे उसमें रुचि नहीं है, राजन्! आवश्यकता भी नहीं है उसकी। इतना ढीठ भी मैं नहीं हूँ। मैं यही सोच उठा था कि एक सफल शुभाकांक्षा के पीछे कुशल योजना और श्रेष्ठतर प्रयास तो रहना चाहिए।"

"क्या वह नहीं है?"

"मेरी बुद्धि से नहीं है।"

"क्या प्रमाण है आपके पास?"

"इनका प्रमाण नहीं होता, राजन्! केवल आश्वस्त अन्तर्दृष्टि होती है। मैं अब भी सोचता हूँ, आपको-पश्चिमोत्तर प्रदेश में विश्वास और सहयोग का वातावरण निर्मित करना चाहिए।"

"गुरुकुल में बैठा व्यक्ति ऐसा सोच सकता है, पर यहाँ हमें गणनाएँ करनी पड़ती हैं, आचार्य! संकट भी उठाने पड़ते हैं। पर हम आपकी बात पर लौटें।"

"हाँ, राजन!"

"मैं इस समय आपकी कोई सहायता नहीं कर सकूँगा। साथ ही आप, विशेषकर आप, अपने राजनीतिज्ञ छात्रों को साहसिकता के क्षेत्र में प्रवेश न करने दें।

"कल्याण हो, राजन्! पर यह पहली बार है कि गान्धार-नरेश ने किसी आचार्य को निराश करके भेजा है। आप चिरायु हों।"

वापस लौटते हुए चाणक्य मन-ही-मन पूरी बातचीत का विश्लेषण करने लगा। आम्भीक की बातों से आश्वासन उसे नहीं मिला; आशंका ही उत्पन्न हुई। अभी तो दारस् लड़ रहा है। पूरी तरह हारा नहीं है। उसके हार जाने पर अलक्षेंद्र वहीं से लौट भी सकता है। हो सकता है, वह केवल अपनी पुरानी शत्रुता का प्रतिशोध लेने के लिए ही आया हो। पर यदि आर्यान को पूरी तरह पादाक्रान्त करके यवनान-सम्राट् ने भारत की ओर अपने घोड़ों को मोड़ ही दिया, तब क्या होगा? हठी और अहंकारी विश्रृंखलित गणों की क्या नियति होगी और यह गान्धार क्या उस झंझा को रोक पाएगा?

संयोग की ही बात थी कि दो दिन बाद पुरु के महामात्य अनन्त शर्मा अकस्मात ही चाणक्य की कुटिया पर आ उपस्थित हुए। हर्ष और विस्मय से आकुल चाणक्य ने बढ़कर सहपाठी मित्र को गले से लगा लिया। कुशल-क्षेम और भोजन-विश्राम के बाद दोनों मित्र बैठे तो चाणक्य ने कहा—

"अब पहले इस यात्रा का प्रयोजन कहो।"

"कुछ विशेष नहीं, मित्र! मन में कितनी ही बातें भरी थीं। मैंने सोचा, कुछ विचार-विमर्श होगा।" अनन्त ने कहा।

"हार्दिक स्वागत है।"

"यहाँ कितनी शान्ति है। मैं जैसे पिता की गोद में ही आ गया हूँ। चाणक्य! तुम्हारे उस चन्द्रगुप्त का क्या हाल है?"

"वह शिक्षा समाप्त कर चुका है।"

"तुम उसे मेरे साथ क्यों नहीं भेज देते? महाराज पुरु उस-जैसे वीर युवक का हृदय से स्वागत करेंगे।"

"अभी नहीं, अनन्त! मैं चाहता हूँ, अभी वह सीखे।"

"वहाँ रहकर वह सीखेगा ही तो।"

"पर उतना नहीं जितना स्वच्छन्द साहसिकता के मार्ग से।"

"तो क्या उसे यायावर बनाना चाहते हो?"

"हाँ! बहुत-कुछ यायावर ही। इस पंचनद में तो यायावरी को ऊँची सम्भावनाएँ प्राप्त हैं। हर राज्य समय पर इन स्वच्छन्द सैनिकों की सेवाएँ प्राप्त करता है। यायावरी सिर्फ दस्युओं का ही व्यवसाय क्यों हो? शुभेच्छु और कल्याणकारी लोग क्यों इसे नहीं अपना सकते?"

दोनों हँस पड़े। "यहाँ के क्या समाचार हैं?"

"यहीं के समाचारों ने यह विचार मुझे दिया है। गान्धार की स्थिति बड़ी विकट है, अनन्त! नरेश विवेक और बल से क्षीण है, पर महत्त्वाकांक्षी है। पश्चिमोत्तर प्रदेशों से आ-आकर मिश्रित जातियों के अनगिनत साहसिक राज्य में बस गए हैं और उन पर राज्य की सेना का कोई वश नहीं है। इस शशिगुप्त के बारे में तुम्हारी क्या सम्मति है?"

"मैंने सुना है उसे वक्त्र पर अधिकार करने के लिए भेजा गया है।"

"सुना तो है।"

"शशिगुप्त एक छोटे मन का वीर सेनानायक है। महाराज पुरु उसे मित्रवत् मानने लगे थे। पर वह महाराज तक के दुर्द्धर्ष शौर्य से ईर्ष्यालु हो उठा।"

"मैंने सुना है यवनान के सम्राट् अलक्षेंद्र ने दारस् को पराजित कर दिया है। महाराज पुरु इस परिस्थिति के बारे में क्या सोचते हैं?"

"मैं अपनी कह सकता हूँ, चाणक्य! दारस् हारे या जीते, यह हमारे लिए विशेष महत्त्व का विषय नहीं है। बस, अलक्षेंद्र भारत की ओर मुँह न करे। गान्धार उसकी टक्कर को झेल नहीं सकेगा। यह चोट पुरु की ढाल को ही झेलनी पड़ेगी। इसीलिए मैं सोचता हूँ उत्तर-पश्चिम में कुभा से इधर मध्य देश तक एक ही साम्राज्य स्थापित हो सके तो कितना शुभ हो। पर यह एक सपना ही है, मित्र!"

"पर है श्रेयस्कर। गान्धार आने का वास्तविक उद्देश्य उचित समझो तो कहो।"

"तुमसे कहूँगा, विष्णु! दारस् ने पत्र भेजकर महाराज पुरु से सहायता की याचना की है।"

"फिर?"

"क्या सहायता करना उचित है? पर महाराज उसके लिए व्यग्र हैं। वे एक छोटी सेना भेजना चाहते हैं। उसी सन्दर्भ में मैं यहाँ आया हूँ।"

"क्या महाराज आम्भीक से मिलोगे?"

"हाँ! उनके नाम महाराज पुरु का पत्र भी लाया हूँ। आर्यान जानेवाली सेना को पथ देने का ही प्रश्न नहीं है; यदि कहीं गान्धार और केकय में सहयोग हो पाता! चाणक्य!"

"हाँ!"

"क्या किसी तरह गान्धार का नेतृत्व तुम्हारे हाथों में नहीं आ सकता?"

"नहीं, अनन्त! मैं तो आरम्भ से ही निष्क्रिय हूँ। फिर भी पता नहीं क्यों, महाराज आम्भीक मुझसे प्रसन्न नहीं हैं।"

"क्यों?"

"विभिन्न गणों और राज्यों के युवक यहाँ गुरुकुल में रहते हैं। यह उन्हें प्रिय नहीं है। फिर मैं तो राजनीति और शस्त्र-विद्या पढ़ाता हूँ। पूरे राज्य में अनियंत्रित शस्त्र-व्यवसायी दल बिखरे हैं। सम्भवत: भागुरि मेरे विरुद्ध राजा के कान भरता है। इसमें सन्देह नहीं कि मुझ ही से उसे सबसे अधिक भय हो सकता है।"

"कुछ भी हो, तुम्हें कुछ करना होगा, चाणक्य! इस क्षेत्र की राजनीति को दिशा एक तुम्हीं दे सकते हो। पूरे वाहीक में बिखरे अगणित गणों और राज्यों के क्षुद्र, रूढ़ स्वार्थों को कौन नियंत्रित करेगा? तुम कर सकते हो, विष्णु! तुम किसी सत्ता से सम्बद्ध नहीं हो।"

"यही दैन्य भी तो है, मित्र! शक्ति पीछे न हो तो शिव से शिव विचार को भी कोई नहीं सुनता। चन्द्रगुप्त को केन्द्र बनाकर वैसी ही एक तुच्छ शक्ति निर्मित करने की योजना मैं बना रहा हूँ।"

"पुरु का महामात्य बनना स्वीकार करोगे?" अनन्त शर्मा ने अचानक प्रश्न किया। चाणक्य ने चौंककर एक दृष्टि मित्र पर डाली।

"तुममें और मुझमें कुछ अन्तर है क्या?"

"छोड़ो! अच्छा यह तो बताओ, अन्तर्मुख अध्यात्म पर आधारित जो नए धर्म पनप और फैल रहे हैं, उनके विषय में तुम्हारा क्या विश्लेषण है?"

"मैं समझता हूँ, अनन्त! हम राजनीतिज्ञों के लिए यह स्थिति विशेष रूप से अध्ययनीय एवं मननीय है, क्योंकि ये धर्म ही मानसिकता का निर्माण करते हैं। इन सभी धर्मों-मतों में दो तत्त्व मुझे समान प्रतीत होते हैं। ये सभी संसार को दुखमय, भयजनक, गर्हित मानते हुए सांसारिक-भौतिक समस्याओं को गौण और व्यर्थ घोषित करते हैं और उनकी ओर पीठ करके खड़े होते हैं। दूसरा यह कि इनकी दृष्टि सामूहिक हित से नहीं, केवल व्यक्ति-हित से ही प्रेरित है। इनके अनुसार मोक्ष, निर्वाण या कैवल्य व्यक्ति को ही मिल सकता है और उसके लिए उसे पलायन के चरम तक जाना ही होगा। तीसरी बात एक और भी है।"

अनन्त ने उत्सुक दृष्टि से देखा।

"ये मत अपने खोजे अन्तर्मुख तत्त्व से पूरे जीवन को बाँधने और आच्छादित करने का दुराग्रह करते हैं। वह तत्त्व या सिद्धान्त असत् नहीं होता, पर सर्वग्रासी भी कैसे हो सकता है? उसकी क्षमता और व्यापकता स्वभावत: सीमित ही हो सकती है। इस सहस्त्रकोण जीवन में अनन्त गाँठे हैं। ये मत उन सबको एक मंत्र से खोल डालने का दावा करते हैं। यह सरलीकरण घातक सिद्ध होगा। यह मनुष्य को नपुंसक,

पुरुषार्थहीन, स्वार्थी और कपटी बना देगा। सिद्धान्त की अल्पता एवं ससीमता की अनिवार्य अनुभूति आग्रही के भीतर कुंठाएँ ही तो पैदा करेगी। या तो ऐसा व्यक्ति दीन-दयनीय बन उठेगा या फिर अनुभूतिशून्य, निष्करुण। ऐसा असन्तुलित व्यक्ति, दूसरों को छोड़ो, अपने को भी क्या देगा? खोखला अहंकार ही वह दे सकता है, जिसमें से चाहे धन उपजे चाहे सत्ता, एक ही बात है।" चाणक्य ने स्पष्ट किया।

"तुम सिद्धान्तहीनता का प्रतिपादन तो नहीं कर रहे हो?"

"क्या तुम समझते हो, मैं आदिम हो उठा हूँ। संस्कृति के वस्त्रों को त्यागकर निर्ग्रन्थ बनने की मेरी कोई कामना नहीं है। मैंने मात्र यह कहा है, मित्र, कि कोई भी सिद्धान्त सर्वव्यापी और सर्वग्रासी नहीं हो सकता; ठीक वैसे ही जैसे मनुष्य नहीं हो सकता। ये दोनों ही जीवन की विशिष्ट परिस्थितियों एवं संयोगों की उपज होते हैं; विशिष्ट सीमित क्षमताएँ रखते हैं और विशिष्ट सीमित सन्दर्भ में ही नियोजित किए जा सकते हैं। मनुष्य की संस्कृति इसमें है कि वह समझे कि किसका, कहाँ, कितना सदुपयोग या दुरुपयोग है और किसके क्या परिणाम अवश्यम्भावी है। उदाहरण के लिए मैं अहिंसा को लेता हूँ।"

"जानते हो मैं जैन हूँ।" अनन्त हँसकर कह उठा।

"तभी तो। राक्षस भी जैन है। तब क्यों उसने शकटार को अंधकूप में डाला? पुरु के मुख्यामात्य के रूप में क्या तुम अपने अहिंसा धर्म का पालन यथावत् कर पाते हो? जिस उत्तरापथ साम्राज्य की कल्पना तुम कर रहे हो, क्या वह अहिंसा से सम्भव हो सकेगा? करोड़पति, अरबपति जैन श्रेष्ठि क्या अहिंसा से ही इतना धन कमा पाए हैं? आत्मनिष्ठ अहिंसा को क्या सामूहिक अथवा राष्ट्रीय हित के लिए की गई हिंसा से अधिक उत्तम तुम मान पाते हो? धर्म से अहिंसक जो व्यक्ति, अहंता के लिए दिन-रात अविचारपूर्ण रक्तहीन हिंसा करते हैं, उन्हें तुम क्या कहोगे? सार्वदेशिक, सार्वकालिक शाश्वतता तक खिंचा सिद्धान्त हास्यास्पद अर्थशून्यता से ही सुशोभित क्या नहीं हो जाता? जो सिद्धान्त पल-पल तोड़ा ही जाना है, उसकी उज्ज्वलता और उत्तीर्णता का क्या उपयोग? जीवन और जगत का ऐसा हठपूर्ण निषेध और अहंनिष्ठ सिद्धान्तवाद कभी हितकर नहीं हो सकता।" चाणक्य ने कहा।

"मुझे भी यही लगा है। यह अन्तर्मुख सूक्ष्म अध्यात्म स्थूल जगत के लिए नहीं है। यह व्यक्ति-काम्य, परोक्ष आत्मा के काम का हो सकता है, समाज के काम का नहीं हो सकता। सामाजिक या राष्ट्रीय नीति या नैतिकता को इस पर आधारित नहीं किया जा सकता। पूर्ण निर्ग्रन्थता तक व्यक्ति जाए तो जाए, समूह नहीं जाएगा। समूह या राष्ट्र की अपनी संहिता है और घोर अध्यात्मवादी को भी सामूहिक सन्दर्भ में उसी पर चलना होता है।" अनन्त ने विचार रखा।

"निश्चय ही। पर अध्यात्म लक्ष्य को अधिक उदार और व्यापक बनाने में सहायक तो हो ही सकता है। वह सूक्ष्म आत्मा बन सकता है। मानव-समाज में व्यक्ति

और समूह का द्वैत तो रहेगा ही। अध्यात्म अथवा व्यवहार की एक ही लाठी से इन दोनों को नहीं हाँका जा सकता। आत्मा और शरीर के द्वैत की तरह ये दोनों भी परस्पर पूरक बने रह सकते हैं। अद्वैत की हठता घातक विकृतियाँ ही पैदा करेगी।"

"मात्र अकेले व्यक्ति को यह अधिकार हो सकता है कि वह सन्तुलन तोड़कर किसी एक दिशा में अति तक बढ़ जाए। हाँ, अपनी अति को दूसरों पर, समाज पर आरोपित करने का उसे कोई अधिकार नहीं है।" अनन्त ने कहा, "चाणक्य!"

"हाँ।"

"मैं सोचता हूँ, तुम मगध क्यों नहीं घूम आते।"

"पहले मैं वाहीक के गणराज्यों का भ्रमण करना चाहूँगा। एक सुविधा मुझे है। लगभग सभी गणों से आए युवक मेरे शिष्य हैं। देखूँ, विचार के जोर से कितना मैं उन्हें पिघला पाता हूँ।"

"मित्र!"

"हाँ।"

"तुम पुरु की शक्ति का उपयोग क्यों नहीं करते?"

"मैं तुम्हारी बात समझ रहा हूँ, अनन्त! पर इस घड़ी मुझे पुरु की अपेक्षा है, पुरु को मेरी नहीं है। इस स्थिति को समझते हो न? चन्द्रगुप्त के सन्दर्भ में हम दोनों को ही एक-दूसरे की अनिवार्य आवश्यकता है और रहेगी।"

"सोच देखो। मगध की सीमा तक के विशाल पश्चिमोत्तर प्रदेश को एक करने का लक्ष्य एक महत् लक्ष्य है। पूरे आर्यावर्त का हित इसी में है। इसके लिए मैं हर त्याग करने के लिए उत्सुक हूँ। तुम्हें भी अपने अहं को बीच में नहीं आने देना चाहिए।" अनन्त ने कहा।

"प्रश्न अहं का नहीं, प्रवृत्ति का है। मैं स्वायत्त ही रह सकता हूँ। इससे क्या लाभ कि मेरी अध्यापकी भी बिखर जाए और मैं पुरु के यहाँ भी न रह सकूँ।"

"मैं तुम्हें जानता हूँ, विष्णु!" अनन्त हँसते हुए बोल उठा।

अनन्त कई दिन तक्षशिला में रहा। महाराज आम्भीक से कई बार वह मिला। सेना के लिए मार्ग मिलने में तो विशेष कठिनाई नहीं हुई, पर भावी सहयोग के प्रश्न पर कोई समझौता न हो सका। अनन्त लगभग रिक्त लौट गया।

दो-तीन दिन बाद चाणक्य को सूचना मिली कि तिष्य एक विशाल सार्थ का नेतृत्व करता हुआ तक्षशिला पहुँच गया है और अपनी हवेली में ठहरा है। संध्या समय तिष्य एक सुसज्जित रथ में बैठकर चाणक्य से मिलने आया। चाणक्य ने उसका हृदय से स्वागत किया।

"बहुत दिनों बाद तुमसे मिलकर मुझे बड़ा आनन्द मिल रहा है, वत्स!" उसने कहा।

"मैं आभारी हूँ, देव!" तिष्य बोला। "आर्य कन्दर्प कैसे हैं?"

"पितृपाद मुनि बन गए हैं।" उसने हँसते हुए बताया।

"इसके लिए उन्हें तुमने प्रेरित किया या राक्षस ने?"

"उनके अन्तरंग ने, आर्य!"

"कार्य तो ठीक चल रहा है न?"

"आपके अध्यापन-कार्य की क्या स्थिति है?"

"वह संकट में है, वत्स!"

"क्यों?"

"राज्य सहायता नहीं देता। युद्ध-विद्या के अध्यापन में व्यय बहुत आता है।"

"आप पूर्ण अहिंसक क्यों नहीं बन जाते?" तिष्य ने मुस्कराकर प्रस्ताव रखा।

"यदि तुम सहायता करो तो एक अहिंसक कार्य मैं करना चाहूँगा।"

"क्या?"

"सहयोग का वचन दो तो कहूँ।"

"धर्म-संकट में क्यों डालते हैं, आर्य!"

"रहने दो, वत्स!"

"नहीं। आप बताइए तो।"

"बात गम्भीर है, तिष्य! आश्वासन मिले बिना प्रकट नहीं की जा सकती।"

"मैं आश्वासन देता हूँ कि बात मुझसे बाहर नहीं जाएगी।"

"इसके लिए तो तुमसे किसी आश्वासन की अपेक्षा मुझे नहीं थी।"

"आपको विश्वास है कि मैं सहायक बन सकूँगा?" तिष्य ने पूछा।

"पूरा विश्वास है।"

"तब मैं वचन देता हूँ।"

"सुनो वत्स! मैं आर्य शकटार को बन्दीगृह से निकाल लाना चाहता हूँ।"

"यह राज-द्रोह तो नहीं होगा न?"

"मानव-द्रोह तो निश्चय ही नहीं होगा। अपने युग का सबसे बड़ा राजनीतिज्ञ और चिन्तक एवं मगध का भूतपूर्व महामात्य एक व्यक्ति की महत्त्वाकांक्षा के लिए अंधकूप में सड़कर प्राण दे दे, क्या यह उचित है? राक्षस की महत्त्वाकांक्षा पूरी हो चुकी है। वह महामात्य बन चुका है। हमारा उससे या सम्राट् से कोई विरोध नहीं है। शकटार का जीना या मरना अब राक्षस के लिए कोई अर्थ नहीं रखता। पर वह मेरे लिए रखता है। वे मेरे पिता के शिष्य हैं। तुम्हारे लिए भी रख सकता है। मैं चाहता हूँ कि वे अपने बृहद्हट्ट में रहकर शेष आयु चैन से पूरी करें।"

तिष्य के माथे पर चिन्ता की रेखाएँ उभर आईं। दो पल बाद उसने कहा, "आर्य शकटार मेरा क्या हित कर सकेंगे?"

"तुम क्या सोचते हो?"

"क्या वे बृहद्हट्ट के महाश्रेण्ठि से मेरी मित्रता करा सकेंगे? मैं तराई के मार्ग से चलनेवाले व्यापार में भाग लेना चाहता हूँ। महाश्रेष्ठि पिता से रुष्ट हो गए थे।"

"वे यह कर सकेंगे।"

"तब मैं इस कार्य के लिए प्रस्तुत हूँ। जहाँ तक मैं जानता हूँ, आर्य राक्षस अब शकटार के प्रति बहुत उत्सुक नहीं हैं। वे शायद उनके अस्तित्व को भूल जाना चाहते हैं।"

"यह तुम्हारी भूल है, तिष्य! राजनीतिज्ञ अपने प्रतिद्वंद्वी के प्रति उसकी मृत्यु के बाद भी अनुत्सुक नहीं होता। मेरा शिष्य तुम्हें मगध में मिलेगा। उसका संकेत होगा 'शेषसायी'। दूसरा संकेत होगा 'मोचन'। तुम उसे आवश्यक मार्गदर्शन एवं साधन मात्र प्रदान करोगे। शेष सब वह स्वयं कर लेगा। तुम कब तक वापस पहुँच रहे हो?"

"तीन मास तो लग जाएँगे।"

"ठीक है।"

"और सेवा बताएँ, आर्य!"

"यह बताओ, मेरी पाठशाला को क्या दे रहे हो?"

"जो आप कहें।"

"मुझे धन की आवश्यकता है।"

"कोई विशेष योजना है क्या?"

"कुछ भीतर घुमड़ रहा है, तिष्य! इसीलिए मैं शकटार को मुक्त कराना चाहता हूँ। जितना तुम दोगे उससे भी काम नहीं चलेगा।"

"आर्य चाणक्य! आपके प्रति मैं व्यापारी नहीं हूँ; न ही कभी रहूँगा। मैं यथासम्भव दूँगा।"

"कल्याण हो, वत्स!" चाणक्य ने हाथ उठाकर कहा।

छह मास बीतते कंकु, शकटार एवं उनके एकमात्र अवशिष्ट पुत्र को नन्द के अन्धकूप से निकालकर बृहद्हट्ट पहुँचाने में सफल हो गया।

अपमान, असम्भव संकल्प

दो वर्ष बाद।

चन्द्रगुप्त के पास अब एक सहस्र सैनिकों का ठोस दल था। तक्षशिला नगर से कुछ कोस दूर एक वन में वह अपने दल को प्रशिक्षण देता था। वहाँ क्रीड़ाएँ

एवं अभ्यास होते थे। कभी-कभी चाणक्य भी इस दल के करतब देखने के लिए वन में पहुँचता था। उस दिन भी चाणक्य वहीं था और चन्द्र एवं कंकु से बातें कर रहा था। प्रमुख जनपदों से आए वरिष्ठ शिष्य उसके उत्सुक श्रोता थे।

"तुम्हारे आरट्ट तो प्रशिक्षित योद्धा बने दीख पड़ते हैं, चन्द्र!" चाणक्य ने कहा।

"आपके ही निर्देशन का फल है, गुरुदेव!" चन्द्रगुप्त बोला।

"कहीं इनसे सौ गुना सैनिक तुम्हारे पास होते!" चाणक्य के मुँह से सहसा निकला और वह गम्भीर हो उठा। दूसरे ही पल मुस्कराकर बोला, "होंगे, वत्स! अवश्य होंगे। तुम एक विशाल वाहिनी के अधिपति होगे। पर इस समय तो जो है,उसी से सन्तोष करना होगा।"

चन्द्र और कंकु मौन रहे। वे समझ रहे थे कि गुरुदेव के मन में कोई विशेष बात है। उनका मुख अत्यन्त तनावपूर्ण था। चाणक्य ने एक दीर्घ नि:श्वास छोड़ी और सामने बैठे सभी छात्रों पर एक दृष्टि डाली।

"पुत्रो!" उन्होंने कहना शुरू किया, "आप सभी यवनान-सम्राट् अलक्षेंद्र की विजयों के विषय में सुन चुके हैं। आर्यान-सम्राट् पारस पराजित होकर मारे गए। उनकी राजधानी पशुपुरी को जलाकर राख कर डाला गया। इसके बाद कुभा की घाटी पर अधिकार करके अलक्षेंद्र वक्त्र की ओर मुड़ गया। वक्त्र के वर्तमान शासक, तक्षशिला-नरेश के सेनापति शशिगुप्त ने उसके सामने आत्मसमर्पण कर दिया और उसे आम्भीक की मित्रता का वचन दिया। इस प्रकार वक्त्र और सुग्ध का पूरा क्षेत्र यवन-सम्राट् के हाथ में चला गया। इस विजय के बाद अलक्षेंद्र वापस कुभा लौट गया। उसने अब अपनी सेना को दो भागों में विभाजित किया। एक भाग को स्वयं लेकर वह उत्तरी गणों—अश्मकों और अश्वकायनों की ओर बढ़ा और दूसरा भाग पूर्व की ओर आर्यावर्त के भीतर प्रवेश कर गया। इस समय एक ओर तो अलक्षेंद्र स्वयं अश्मकों की राजधानी कश्यपपुर को रौंदकर अब मशकावती को घेरे पड़ा है। दूसरी ओर उसकी सेना के दूसरे भाग ने हस्तिनायनों की पुष्कलावती का कंठावरोध कर रखा है। खेद और शोक की बात यह है कि अश्वकायनों और हस्तिनायनों, दोनों को अकेले ही लड़ना पड़ रहा है। अश्मकों की सहायता पड़ोसी नीसा और अश्वकायनों ने नहीं की। इनकी कोई नहीं कर रहा है। हस्तिनायनों के पक्ष में वरुण गण को पहुँचना चाहिए था। पर वे क्यों पहुँचें? तक्षशिला के सैनिक तो यवनों के साथ मिलकर अपने भाइयों के विरुद्ध लड़ ही रहे हैं। जिस पुरु ने अपनी सैनिक टुकड़ी दारस् की सहायता के लिए अर्बला तक भेजी, वह भी इन गणों की ओर से विमुख हुआ बैठा है। स्यात् सभी को अपनी-अपनी चिन्ता है। किन्तु यदि कहीं पुष्कलावती और मशकावती के मोर्चों पर ही संयुक्त भारतीय मोर्चा अलक्षेंद्र की सेनाओं को कुचल सकता? आम्भीक, अभिसार-नरेश और पुरु मिल सकते? अलग-अलग गण अपनी-अपनी सेनाओं को एक ध्वज के नीचे ला सकते?

"पुत्रो! मुझे स्पष्ट दीख रहा है कि अलक्षेंद्र सिन्धु-तट से ही वापस नहीं लौट जाएगा। वह वितस्ता, असिक्नी, इरावती को रौंदता हुआ विपाशा और शतद्रु तक जाएगा। हम इसी प्रकार अलग-अलग लड़ते-मिटते गए, तो सम्भवत: वह मगध तक पहुँचकर ही साँस लेगा।"

"यवन मगध सेना को पराजित नहीं कर पाएँगे।" चन्द्रगुप्त ने कहा।

"वाहीक को ही क्यों कर पाएँ? इसीलिए न कि मगध साम्राज्य है और वाहीक छोटे-छोटे गणों एवं राज्यों में बँटा, बिखरा है। समान भय और संकट के सामने भी हम एकत्र क्यों नहीं हो सकते? इसका कारण यह है कि हम सब एक-दूसरे से शत्रुता रखते हैं और चाहते हैं कि विदेशी आक्रमणकारी हमारे शत्रुओं को नष्ट कर जाएँ। आम्भीक ने अलक्षेंद्र से मित्रता की है, क्योंकि वह उसके द्वारा उत्तर के गणों की और पुरु की समाप्ति का आकांक्षी है। पुरु अश्वकायनों एवं हस्तिनायनों की सहायता नहीं कर रहा है, क्योंकि वह भी सभी गणों को भूमिसात् देखना चाहता है। पुत्रो! एक या दो मास के भीतर इस तक्षशिला में यवन ही यवन होंगे। अलक्षेंद्र और पुरु का युद्ध अनिवार्य है। ऐसे में हम क्या बस अपनी इस पाठशाला में बन्द बैठे रहें? जो भी क्षुद्र शक्ति या बुद्धि हमारे पास है, हमें उसका उपयोग देश के लिए करना ही होगा। गुरु के रूप में मेरा तुम सबको आदेश है कि तुम सब लोग अपने-अपने गणों, राज्यों को लौट जाओ और युद्ध की तैयारी करो। साथ ही, अपने-अपने गण-शासकों को प्रेरणा दो कि सम्भावित युद्ध में गण परस्पर मिलकर लड़ें। नीति की माँग यही है। यदि आसन्न वितस्ता-युद्ध में मद्र, कठ, ग्लुचुकायन और सौभूति गणों का सहयोग पुरु को मिल सका, तो अलक्षेंद्र को यहीं जल-समाधि लेनी पड़ेगी, इसमें मुझे रंच भी सन्देह नहीं है। क्यों कठ! तुम्हारी क्या सम्मति है?" चाणक्य ने एक शिष्य पर अपनी दृष्टि टिका दी।

"गुरुदेव! पर, क्या कठ उस पुरु की सहायता करेंगे, जिसने कुछ ही दिन पूर्व उनके विनाश का भरपूर प्रयास किया था?"

"इन्द्र! क्या तुम अपनी परिषद् के सम्मुख कुछ कहने का अवसर मुझे दिला सकोगे?"

"अवश्य, गुरुदेव!"

"सुबाहु! मद्र गण क्या करेगा?"

"आर्यवर! साम्राज्यकामी पुरु की सहायता वह नहीं करेगा।"

"शाकल में तुमसे भेंट करूँगा, मद्र!"

"मैं कृतार्थ हूँगा, गुरुदेव।"

"पुत्रो! तुममें से जो मेरे और चन्द्रगुप्त के साथ रहना चाहें, उनका स्वागत है। शेष प्रस्थान करें। उन्हें मेरा आशीर्वाद एवं शुभकामनाएँ! इन्द्र, सुबाहु, सौभूति, सिंहवर्मा और विजय तनिक ठहर जाएँ।"

इन पाँच को छोड़कर शेष सभी चले गए, तो चाणक्य ने कहना आरम्भ किया, "वत्स इन्द्र! कठ बुद्धिवादियों एवं विवेकी पुरुषों का गण है। अलक्षेंद्र को वितस्ता से आगे न बढ़ने देना समय की और संस्कृति की सबसे बड़ी अनिवार्यता है। पारस्परिक द्वेष, स्पर्धा अथवा महत्त्वाकांक्षा गौण हैं। कठ उत्तरी वाहीक का एक शक्तिशाली गण है। उसे अपने उत्तरदायित्व को सही ढंग से समझना चाहिए। कठों के निर्णय का मद्रों पर प्रभाव पड़ेगा और वितस्ता के उस पार शतद्रु तक का प्रदेश शत्रु के विरुद्ध उठ खड़ा होगा।"

"गुरुदेव!" इन्द्र ने कहा, "व्यक्तिगत रूप से मुझे आपकी बात सुग्राह्य है, पर प्रश्न गण-परिषद् का है।"

"सत्य है, वत्स! मैं तुमसे मिलूँगा। तुमसे भी सुबाहु! तुम दोनों जाओ।"

दोनों प्रणाम कर चले गए।

"सौभूति!"

"आज्ञा, गुरुदेव!"

"तुम्हारे गण का तो पुरु से वैमनस्य नहीं है न?" चाणक्य ने पूछा।

"नहीं, आर्य!"

"तुम्हारे विचार से सौभूति की क्या प्रतिक्रिया रहेगी?"

"सम्भवत: हम विलग नहीं रहेंगे, गुरुवर्य!"

"यदि तुम्हारा दल युद्ध में भाग ले तो क्या वह चन्द्रगुप्त के दल के साथ मिलकर लड़ सकेगा?"

"मैं इसका प्रयास कर सकता हूँ, आर्य!"

"मुझे प्रसन्नता होगी, वत्स! अच्छा बिदा।"

"प्रणाम, गुरुदेव!"

सौभूति चला गया तो चाणक्य ने मालव सिंहवर्मा और क्षुद्रक विजय को सम्बोधित किया, "मालव और क्षुद्रक अपेक्षाकृत सुरक्षित हैं। पर उनका भविष्य भी वितस्ता-युद्ध के परिणाम पर ही निर्भर करता है। तुमने क्या सोचा है, सिंह!"

"इस युद्ध को देखकर ही मैं वापस जाऊँगा। तब तक आप और मित्र चन्द्रगुप्त जो आज्ञा देंगे, वही मैं करूँगा।"

"मैं भी आर्य!" विजय ने कहा।

"आयुष्मान हो, वत्स!"

सूर्यास्त के बाद ही चन्द्र और कंकु को चाणक्य ने अपनी कुटी में बुला लिया।

"चन्द्र, अगले चार मास के भीतर कम-से-कम एक सहस्र सैनिकों के ऐसे ही ठोस दल का निर्माण मालव सिंहवर्मा के सहयोग से और हो जाना चाहिए। कंकु! तक्षशिला में आम्भीक के प्रति व्याप्त असन्तोष का लाभ हेमा की सहायता से लो।

किसी गान्धार के निरीक्षण में एक अच्छे दल का अतिरिक्त संयोजन किया जा सकता है। वितस्ता-युद्ध में चन्द्र तीन सहस्र के साथ भाग ले सके तो अर्थपूर्ण रहेगा।"

"इतने के लिए धन कहाँ से आएगा, तात?" चन्द्रगुप्त ने शंका की।

"आएगा, चन्द्र! गान्धार में भी देश-भक्तों की कमी तो नहीं है। तुम संगठन में लगो। युद्ध के नए समाचार मिले?" उन्होंने कंकु से पूछा।

"पुष्कलावती से आए लोगों का कहना है कि राजा अष्टक ने घोर युद्ध किया है। एक मास बीतने को आया है, अब उसका धैर्य चुक रहा है। इधर यवन और गान्धार सैनिक, सिंधु पर पुल बनाने में व्यस्त हैं। आज ही यह भी समाचार मिला है कि मशकावती की रानी कृपा लड़ते-लड़ते मारी गई है और दुर्ग का पतन हो गया है। यवनों ने पाँच हजार वाहीकी भृत सैनिकों को स्त्री-बच्चों समेत काट डाला है।"

"यवनों की राजनीति आतंक फैलाने में विश्वास रखती है। आतंक और क्रूरता उनके मूल मंत्र हैं। शशिगुप्त कहाँ है?"

"वह मशकावती में अलक्षेंद्र के साथ है।"

"इस देश का क्या होगा? चन्द्र! जानकार लोगों से मिलकर यवन रण-कौशल की अभिज्ञता प्राप्त करो।"

"मेरा पूरा ध्यान उधर है, आर्य! पर अब क्या योजना है?"

"योजना?" चाणक्य हँस पड़ा। "वत्स! मेरे-तुम्हारे हाथ में क्या है, जो योजना बनेगी। जिसके पास दंड नहीं, उसके विवेक को भी कौन आदर देता है। मेरी योजना इस प्रकार है। आम्भीक के विरुद्ध विद्रोह भड़काया जाए। गणों को एकत्र करने का प्रयास किया जाए। हर तरह पुरु की शक्ति को पुष्ट किया जाए। अलक्षेंद्र को पाठ पढ़ाने में वही समर्थ हो सकता है। कंकु!"

"जी।"

"गान्धार सेना में कितने नायक हो सकते हैं, जो पुरु का साथ दे सकें।"

"अधिक नहीं। पर सैनिकों में विद्रोह फैलाया जा सकता है।"

"मैं भागुरि, अनन्त शर्मा, पुरु, मद्रों, कठों एवं यौधेयों के गणपतियों से मिलने के लिए निकल रहा है। बृहद्हट्ट में शकटार से मिलता हुआ मैं शीघ्र ही लौटूँगा। तब तक अलक्षेंद्र की गतिविधि और स्पष्ट हो उठेगी। तुम दोनों जमकर कार्य करो। चन्द्र! तुम्हारा भविष्य तुम्हारी इस नन्ही-सी सेना के कार्य पर ही निर्भर करेगा। सबकुछ इस प्रकार चलना चाहिए कि आम्भीक के रोष के पात्र न बनो।"

"अलक्षेंद्र को तक्षशिला पहुँचने में दो मास तो लग ही जाएँगे। तब तक आप आ ही लेंगे?" कंकु ने पूछा।

"निश्चित। तुम दोनों को एक-दूसरे का पूरा ध्यान रखना चाहिए। मैं जानता हूँ मेरे प्रयास का विशेष फल नहीं निकलेगा। फिर भी, अनुभव तो बढ़ेगा। कुशलता

तो मिलेगी। यही तुम दोनों को भी सोचना चाहिए।" चाणक्य ने भागुरि से नहीं, आम्भीक से ही मिलने का निर्णय किया।

पारसीक मदिरा से आरक्त आम्भीक यवनी दासियों से सेवित एक आसन पर अधलेटा था। चाणक्य के कक्ष में प्रवेश करने पर भी वह यथावत् रहा। उसने दासियों को चले जाने का संकेत भी नहीं किया।

"ब्राह्मण! क्या धन माँगने आए हो? अध्यापन कैसा चल रहा है?"

"वह मैंने बन्द कर दिया है, राजन्! मैं धन के लिए नहीं आया हूँ।"

"तब?"

"एक ब्राह्मण अपने राजा से अधिकतम जो माँग सकता है, वही मैं माँगने आया हूँ! राजन्! आपको इस महान भारतीय संस्कृति का द्वारपाल बनने का सौभाग्य मिला है। यवन आक्रान्ता से इसे बचाइए। अलक्षेंद्र को सिन्धु पार न करने दीजिए।"

"क्या विशेष है उस भारतीय संस्कृति में, जिसकी रक्षा का आहवान तुमने किया है, ब्राह्मण? जो विजयी यवन ध्वज सहस्रों कोसों से अविच्छिन्न लहराता, बीसियों राज्यों और साम्राज्यों की नवनिर्मित समाधियों पर गर्व से फहराता चला आया है, विशेषता तो उसमें होनी चाहिए। अध्यापक! दो संस्कृतियों, दो जातियों के मिलन से तुम इतने त्रस्त क्यों हो? वह श्रेयस्कर ही होगा। यवनों से हम बहुत कुछ सीख सकते हैं।"

"राजन!..."

"ब्राह्मण! तुम्हारी यह संस्कृति, आर्य संस्कृति अनगिनत रक्तों और रंगों के निरन्तर मिश्रण से ही तो रचित है न? फिर यह मोह क्यों? कुछ दिन पूर्व तुम मुझे राजनीति की शिक्षा देने आए थे न? राजनीति पाठशालाओं में नहीं रहती। शीघ्र ही पुरु की वही दशा होगी जो अष्टक और उस गर्विता कृपा की हुई है। अलक्षेंद्र यहाँ बसने नहीं आया है। तक्षशिला पूरे पश्चिमी भारत की राजधानी बनेगी।"

"ऐसा नहीं होगा, आम्भीक! यह सब तुम नहीं, तुम्हारा कायर स्वार्थ बोल रहा है। तुम्हारी आत्मा, तुम्हारा विवेक मर चुका है। आक्रांता और आक्रांत के तथा दो समान मित्रों के बीच के आदान-प्रदान में अन्तर होता है। अलक्षेंद्र पुरु को पराजित नहीं कर पाएगा। जो तुम सोचते हो वह न नीति है, न राजनीति। राजन्! कूटनीति यह होगी कि तुम, पुरु और अभिसार-नरेश मिलकर, एक होकर अलक्षेंद्र की विजयवाहिनी को कुचल डालें और उस विश्वविजेता को कुभा के उस पार धकेल दें।"

आम्भीक बहुत जोर से खिलखिला पड़ा।

"अर्थात, पुरु की अधीनता स्वीकार कर लूँ? क्यों? ब्राह्मण! तुम गान्धार हो? जानते हो तुम्हारे इस देशद्रोह, राजद्रोह का दंड क्या होना चाहिए? तुम अवध्य हो। तुम्हारा वध मैं नहीं करूँगा। अभी, इसी क्षण तक्षशिला की सीमा से दूर हो जाओ।"

चाणक्य की आँखें क्रोध से लाल हो उठीं। "आम्भीक! तेरा दुष्ट सपना कभी पूरा नहीं होगा। स्मरण रखना, वितस्ता के तट पर अलक्षेंद्र को वह हार खानी होगी, जो उससे भूली नहीं जाएगी।"

यह आरम्भ चाणक्य को बहुत उत्साहवर्द्धक नहीं लगा। वह अभी तक क्रोध से काँप रहा था। दो आरट्टों के साथ वह घोड़े पर राजगिरि की दिशा में बढ़ चला। राजगिरि में अनन्त शर्मा ने उसका स्वागत किया। पर चाणक्य को लगा इस स्वागत में पहले जितनी उष्णता नहीं थी। चाणक्य ने पुरु से भेंट की प्रार्थना की। पुरु ने भरी राजसभा में आचार्य चाणक्य से भेंट की।

अनन्त ने चाणक्य का परिचय दिया और निवेदन किया कि महाराज पुरु और राजसभा तक्षशिला के आचार्य चाणक्य के विचार सुनें।

चाणक्य ने खड़े होकर कहना आरम्भ किया :

"राजाधिराज महाराज पुरु एवं सभ्य जन! आर्यावर्त पर आज फिर संकट आया है। तक्षशिला-नरेश आक्रान्ता यवनराज से मिल गया है और उसने आर्यावर्त का द्वार शत्रु के लिए उद्घाटित कर दिया है। ऐसे में पूरे वाहीक की आँखें महाराज पुरु पर लगी हैं, क्योंकि एक उन्हीं में अलक्षेंद्र का मान-मर्दन करने की क्षमता है। पर यवनराज का रणकौशल एवं उसकी तुरग-वाहिनी की विकट विद्युद्गति भी उपेक्षणीय नहीं हैं। उसकी संहार-रसिकता और आतंकप्रियता भी सर्वज्ञात है। मशकावती में उसने पाँच सहस्र वाहीकों को स्त्री-बच्चों समेत काट डाला है। ऐसी स्थिति में आवश्यक है कि भारतीय प्रतिरोध इतना अकाट्य, दुर्द्धर्ष एवं विपुल हो कि सम्राट् दारस् का प्रतिशोध वितस्ता-तट पर चुका लिया जाए। विश्वविजयी के सामने दो ही मार्ग रह जाएँ—पूर्ण विनाश अथवा पलायन। अन्य स्थितियों पर पृथक्-पृथक् दृष्टियों से विचार किया जा सकता है। पर आज की स्थिति पर सम्पूर्ण आर्यावर्त की सामष्टिक दृष्टि से ही विचार होना चाहिए। आज हमें व्यक्तिगत वैमनस्यों से संकुचित नहीं रहना चाहिए। अलक्षेंद्र का सामना करना केवल केकय का ही उत्तरदायित्व नहीं है। अभिसार, मद्र, कठ, यौधेय, ग्लुचुकायन, मालव, क्षुद्रक सभी को वितस्ता-तट पर एकत्र होकर इस समर-यज्ञ में आहुति देनी चाहिए। केकय को भी चाहिए कि इन सबको निर्द्वंद्व आमंत्रित करे। केकय को माँग करनी चाहिए कि कम-से-कम अभिसार राज्य, कठ एवं मद्र गणों की सेनाएँ पूरी तरह सन्नद्ध होकर रणभूमि में पहुँचें। मैं केकय के शौर्य को अपर्याप्त नहीं मान रहा हूँ, पर एक-एक एकादश होते हैं। गौरव एक एक रहने में नहीं, एकादश बनने में है। नीति और नियति दोनों की यही माँग है।"

चाणक्य अपने स्थान पर बैठ गया तो पुरु ने कहा, "आचार्यवर! आपके विचार स्वस्थ एवं आदर्श हैं, पर यथार्थ यह है कि मद्र या कठ, कोई भी रणभूमि

में नहीं पहुँचेगा। पश्चिमोत्तर के गणों का बलिदान हो चुका है। अभिसार ने निकट रहते हुए भी उनकी सहायता नहीं की। मैंने ही दारस् की पुकार पर सैनिक भेजे थे; अश्वकायनों की सहायता के लिए भी सिर्फ मैंने ही पाँच सहस्त्र सैनिक भेजे, जो सब कट गए। कोई भी अन्य के लिए अपनी सीमित शक्ति का क्षय क्यों कराए? फिर, दूसरे को विनष्ट होते देखने में भी तो एक तृप्ति मिलती है। आचार्य! मैं मद्र या कठ से कोई याचना नहीं करूँगा। वे आते हैं तो उनका स्वागत है।"

अनन्त ने कहा, "आचार्य स्वयं सैनिक संगठन में लगे हैं। इनके शिष्य चन्द्रगुप्त के नेतृत्व में एक दल रणभूमि में पहुँचेगा।'

सभासदों ने हर्षध्वनि की।

"महाराज!" चाणक्य ने फिर कहा, "मैं प्रयास में लगा हूँ कि अधिकाधिक सहयोग आपको मिले। यहाँ से मैं शाकल और साँगल जा रहा हूँ। मैं उनके सामने भी स्थिति को रखूँगा।"

सुनकर पुरु हठात् बोल उठा, "आचार्य, उनसे जो भी आप कहें, अपनी ओर से ही कहें। मुझे किसी की सहायता की अपेक्षा नहीं है।"

चाणक्य हतप्रभ हो उठा। पर वह मुस्करा दिया।

मद्रों के राजा और कठों के गणपति के उत्तरों में बस शब्दों का ही अन्तर था। पुरु पर आई इस चुनौती को लेकर दोनों ही प्रसन्न और उत्कंठित थे।

साँगल में शिष्य इन्द्र ने इस विफलता पर खेद प्रकट किया, "तात! मैं आपके और कठ जनपद के, दोनों के ही मतों से असहमत नहीं हो पाता हूँ।"

"इन्द्र!"

"तात!"

"तुम्हें कर्म की शिक्षा दी गई है। दो मतों, मार्गों की अलग, सही पहचान के लिए दोनों पक्षों को तोलना तुम्हें चाहिए। पर तोलते ही रहने से कर्म असम्भव बन जाएगा। एक को तत्काल चुन लेने का त्वरित विवेक भी तुममें होना चाहिए। इस क्षण, इस स्थिति में कौन-सा दृष्टिकोण व्यापक हित में है, यह निर्णय तो तुम्हें इसी क्षण लेना होगा न। संकुचित द्वेषों-विरोधों की अपनी तर्कसंगति होती है। पर इनसे अनायास ऊपर उठ सकने की सहजता भी तो हममें होनी आवश्यक है।"

"आर्य! मैं अपने कुछ मित्रों को लेकर आसन्न युद्ध में चन्द्रगुप्त का साथ दूँगा।"

"शुभ करोगे, वत्स! इससे तुम्हें यवन युद्ध-नीति को जानने का अवसर मिलेगा।"

चाणक्य ग्लुचुकायनों और यौधेयों से मिलता हुआ सीधे बृहद्हट्ट पहुँच गया।

एक विशाल हवेली के एक सुरक्षित कक्ष में शकटार उसे मिले। द्वार पर देखते ही शकटार उठकर आए और चाणक्य से लिपट गए।

"स्वागत है, बन्धु! बहुत-बहुत स्वागत है।"

"आप कैसे हैं?" चाणक्य ने पूछा।

"तुम्हारी ही कृपा से आज जीवित हूँ।" शकटार ने कहा।

"लज्जित न करें, आर्य!"

सेवकों ने तत्काल चाणक्य के हाथ-पैर धुलाए। वह स्वस्थ होकर एक गदीले आसन पर बैठा तो शकटार ने कहना शुरू किया—

"वत्स! तुमने मेरी और मेरे एकमात्र अवशिष्ट पुत्र की रक्षा की है। नन्द के उस अंधकूप में एक-एक कर अपने चार पुत्रों को मरते मैंने देखा। मेरी पत्नी यह सब नहीं सह सकी और वह भी मुझे छोड़ गई। यह अन्तिम पुत्र भी रोग-ग्रस्त था। मैं जीवन से निराश हो चुका था। कुछ-कुछ उन्मत्तता के चिह्न मुझमें प्रकट हो चले थे। बाल मेरे बढ़ और उलझ गए थे। शरीर अत्यन्त क्षीण-मलीन हो गया था। कपोलों की हड्डियाँ उभर आई थीं। त्वचा सूख-सिकुड़ गई थी। आँखों के गड्ढों में बस विह्वल पुतलियाँ चमकती थीं। तुम्हारे कंकु ने मुझे नया जीवन दिया है, चाणक्य! पता नहीं उसने कैसे पता लगा लिया कि गंगा-तट से एक पक्की गुफा उस गर्भ-गृह तक जाती है। जब एक रात गर्भ-गृह के एक कोने के पत्थरों पर चोट पड़ने लगी और धीमे-धीमे वे हिलने लगे तो मैं चौंका। मैं डरा भी और आशान्वित भी हुआ। मैंने दीपक की मन्द लौ को तेज कर दिया। सहसा दो बड़े चौकोर पत्थर निकलकर भीतर लुढ़क गए। एक पल में एक सिर भीतर झाँका। मैं लपककर पास पहुँचा। 'कौन हो तुम?' मेरे मुँह से निकला। चणक-चाणक्य।' उसने कहा। मेरे धुँधले मस्तिष्क में एक विद्युत-सी कौंधी। 'आइए, शीघ्रता कीजिए, मैं हर्ष से हडबड़ा उठा। मैंने पुत्र को जगाया और उसे इस संकीर्ण मार्ग से बाहर किया। फिर उन दोनों पत्थरों को मैंने कंकु को पकड़ाया और स्वयं भी गुफा में उतर पड़ा। कंकु के साथ वहाँ दो आदमी और थे। उन्होंने उन दोनों पत्थरों को वहीं लगाकर गुफा-मुख को कुशलता से बन्द कर दिया। दो सौ हाथ का मार्ग तय करके हम बाहर निकले। लगभग आठ वर्ष पश्चात् सहज, प्राकृतिक वायु मेरे वक्ष में पहुँची। मैंने गंगा के दर्शन किए। नाव तैयार थी। हम तत्काल चल पड़े।"

"सब शुभ हुआ, आर्य! आपका बच जाना एक बहुत बड़ी उपलब्धि है।" चाणक्य ने कहा।

"पर एक बात मेरी समझ में नहीं आई। मैं राक्षस से मात कैसे खा बैठा?" शकटार बोला।

"आर्य! नियति आँखें दे भी देती है, ले भी लेती है। अब व्यतीत को भूलिए। नए कर्तव्य का ध्यान कीजिए। मैं उसी के विषय में चर्चा के लिए आया हूँ।"

"पहले खा-पीकर विश्राम कर लो, चाणक्य! तब विस्तार से बातें करेंगे।"

तीसरे प्रहर चाणक्य बृहद्‌हट्ट देखने निकल गया। कितनी बड़ी मंडी थी यह! हर पण्यगृह में अथाह पण्य भरा पड़ा था। रथों और शकटों से हाट संकीर्ण थे। श्रेष्ठियों की विशाल अट्टालिकाएँ गगन को चूम रही थीं और उनमें कितनी चहल-पहल थी। तक्षशिला अथवा वाहीक और यहाँ के सांस्कृतिक वातावरण में स्पष्ट अन्तर दीख पड़ रहा था। वहाँ पणि का तत्त्व गौण है, यहाँ वही सर्वग्रासी है। वहाँ यज्ञ प्रधान है, यहाँ पूजा का महत्त्व है। स्थल-स्थल पर मन्दिर हैं, इष्ट देवता हैं। घूमने-फिरने में चाणक्य का मन विशेष नहीं लगा। वह शीघ्रातिशीघ्र तक्षशिला लौट जाने को व्यग्र था।

शीघ्र ही लौटकर वह शकटार के कक्ष में पहुँच गया। चाणक्य ने देखा, वे भस्मावृत अंगार-जैसे प्रतीत हो रहे थे। उनकी आँखों में गौरव, सन्ताप, प्रतिशोध और निराशा का एक अद्‌भुत मिश्रण दहक रहा था।

"बैठो चाणक्य! पश्चिमोत्तर प्रदेश की नई स्थिति का किंचित ज्ञान मुझे है। विस्तार से बताओ तो भूमिका बने।" उन्होंने कहा।

चाणक्य ने सब-कुछ स्पष्ट रूप में बताया। तब कहा, "पुरु के प्रतिरोध को अत्यन्त कंटीला बनाने के लिए और क्या किया जाए?"

"चाणक्य! महत्त्वाकांक्षा राजा का गुण है। पर वह पूरी न हो सके तो वही उसकी शत्रु बन जाती है। पुरु मद्र और कठ को खा न सका। तक्षशिला और अभिसार से शत्रुता मानकर भी वह संकुचित रहा। अब कौन उसकी सहायता को पहुँचे। अलक्षेंद्र से टकराकर वह नष्ट या नष्टप्राय हो, यही तो सब चाहते हैं। चाणक्य! तुम चन्द्रगुप्त के दल को बढ़ाओ। कम-से-कम सात-आठ सहस्र सैनिक उसके अधीन हो जाने चाहिए। तभी वह गणनीय बन सकता है।"

"मैं स्वयं चाहता हूँ, आर्य! पर प्रश्न धन का है।"

"उसकी चिन्ता न करो। धन तुम्हें यहाँ के श्रेष्ठि भी देंगे और तिष्य भी देगा। पश्चिमोत्तर प्रदेश यवनों के हाथों में न चला जाए, इसमें यहाँ के और मगध-वाहीक हर कहीं के पणि-जीवियों का स्वार्थ है। जब क्षत्रिय रक्त बहाएँगे तो क्या श्रेष्ठि पैसा भी नहीं देंगे?"

"यह विचार मेरे मस्तिष्क में नहीं आया था, आर्य!"

"मैं कल ही तुम्हें यहाँ के श्रेष्ठियों से मिलवाऊँगा। ये लोग हर स्थिति का पूरा पता रखते हैं। इन्हें बात समझाने में कठिनाई नहीं होगी। चाणक्य! हो सके तो तुम

पाटलिपुत्र भी हो आओ। यदि मगध के दस सहस्त्र अश्वारोही और सौ हाथी भी वितस्ता तक पहुँच सकें तो कहना ही क्या है।"

"आर्य! यह आयास व्यर्थ रहेगा।"

"नहीं। विफलता तो मिलेगी पर उसके साथ मागध-मन:स्थिति की नई झाँकी भी तुम्हें प्राप्त होगी। चाणक्य, कंकु से सब सुनने के बाद मैंने कई बार सोचा है। मौर्य चन्द्रगुप्त को तैयार करो। वह नन्द को हटाकर मगध की गद्दी पर बैठे। नन्द-जैसे अन्धे राजा को इतने बड़े साम्राज्य के शीर्ष पर होने का कोई नैतिक अधिकार नहीं है।"

"यह असम्भव महत्त्वाकांक्षा है, आर्य! हास्यास्पद सपना है।" चाणक्य के मुँह से निकला।

"कुछ असम्भव या हास्यास्पद नहीं होता। उस अन्धकूप में आठ वर्षों तक मैं निरन्तर यही सोचता रहा कि मैं कैसे छूटूँ और कैसे नन्द को काल के अंधकूप में धकेलूँ। पर छोड़ो। हाँ, मगध तुम हो आओ। तुम्हारी त्वरित यात्रा का प्रबन्ध मैं किए देता हूँ। अलक्षेंद्र अभी तो तक्षशिला भी नहीं पहुँचा। यदि पुरु से युद्ध की उसने ठानी भी तो कम-से-कम तीन मास उसे लग जाएँगे। तुम शीघ्रता करो तो एक मास में वापस तक्षशिला पहुँच सकते हो। चन्द्रगुप्त और कंकु अपना काम करते रहेंगे।" चाणक्य सोच में डूब गया।

"एक बात और। अपने मंत्रित्वकाल में गंगातट पर स्थित एक अत्यन्त गुप्त स्थान में बहुमूल्य हीरकों के रूप में एक कोष मैंने स्वयं गाड़ा था। यदि संयोगवश ही कोई उसे न पा गया होगा, तो उसे वहीं होना चाहिए। गर्भ-गृह से भागते समय तो सभी कुछ मुझे विस्मृत था। पर चाणक्य, यदि वह रत्न-मंजूषा तुम्हें मिल जाए, तो तुम दस सहस्त्र की सेना को दो-तीन वर्षों तक रख सकते हो। तब किसी श्रेष्ठि को फुसलाने की जरूरत तुम्हें नहीं पड़ेगी। साथ ही, राक्षस और नन्द से बात करना भी कम आवश्यक नहीं है।"

"आपके वहाँ से लुप्त होने की राक्षस पर क्या प्रतिक्रिया हुई होगी, क्या आपको ज्ञात है?"

शकटार हँस पड़े।

"रक्षकों ने दंड के भय से प्रसिद्ध कर दिया कि हम दोनों मर गए! दो भिखारियों की लाशें लाकर दिखा भी दीं और हम दोनों की अन्त्येष्टि कर दी गई।"

कुछ सोचकर चाणक्य बोल उठा, "मैं जाऊँगा, आर्य! आप मुझे समझा दीजिए और जाने का प्रबन्ध कर दीजिए। पर मुझे कुछ सन्देश चन्द्रगुप्त और कंकु को भेजने पड़ेंगे। एक विश्वस्त चर की अपेक्षा होगी जो सन्देश और कुछ धन तक्षशिला पहुँचा सके।"

"तुम सन्देश तैयार करो। धन चन्द्रगुप्त को तक्षशिला में ही दे दिया जाएगा।"

दो अश्वारोहियों के साथ चाणक्य बहुत तेजी से चला। दस दिन के भीतर वह पाटलिपुत्र पहुँच गया। दोनों रक्षकों को सराय में ठहराकर वह सीधा व्याड़ि के पास पहुँचा।

व्याड़ि पक गया था, पर उसका शरीर अब भी वज्र की तरह ठोस था। उसकी आँखें लाल थीं और उनसे दुर्द्धर्षता टपकी पड़ती थी। व्याड़ि ने लगभग दस वर्ष बाद चाणक्य को देखा था। देखते ही उसने प्रणाम किया और एक विह्वल भावावेश उसके भीतर उमड़ उठा।

"कैसे हो, व्याड़ि?"

"भगवन्! मैं दस जन्मों तक भी आपके ऋण से मुक्त नहीं हो सकूँगा। कंकु को क्या से क्या आपने बना दिया है और..."

चाणक्य ने होंठों पर उँगली रखकर उसे बरजा। व्याड़ि भी सहसा सँभल गया।

"तुमसे बहुत-सी बातें करनी हैं, व्याड़ि! आओ, कहीं चलें।" चाणक्य बोला।

व्याड़ि उसे लेकर अपने घर पहुँच गया। व्याड़ि की प्रौढ़ा पत्नी ने ब्राह्मण को श्रद्धापूर्वक नमन किया। उसने हाथ-पैर धुलाकर ताजे फल उसे अर्पित किए। तृप्त होकर चाणक्य ने एकान्त कक्ष में द्वार बन्द कराकर व्याड़ि को सम्बोधित किया :

"व्याड़ि! बात को गुप्त रख सकते हो?"

"अपने प्राणों के भीतर, स्वामी! वह हमारी प्रकृति में होता है।"

"मैं जानता हूँ। सुनो व्याड़ि! मैं चन्द्रगुप्त एवं कंकु के लिए एक छोटी-सी सेना का, कहना चाहिए सैन्य-दल का गठन कर रहा हूँ। एक विदेशी आक्रान्ता भारत के उत्तर-पश्चिमी हिस्से वाहीक पर चढ़ा आ रहा है। चन्द्रगुप्त और कंकु अपने इस सैन्य-दल से वाहीक के राजा पुरु की सहायता करेंगे। पर तुम जानते हो कि इस संयोजन के लिए धन चाहिए। मैं राजा तो हूँ नहीं। माँगने पर भी कितना कोई देगा। दे भी रहा है। एक कृपालु ने एक छोटा-मोटा कोष यहाँ पाटलिपुत्र में कहीं गाड़ा है। उसका पता लगाना है। वह मिल गया तो काम आएगा।"

"मुझे बताइए, कहाँ गड़ा है वह। उसे निकालकर लाना मेरा काम है।"

"गंगा के बहाव के साथ-साथ लगभग चार कोस तक जाने पर एक अत्यन्त प्राचीन खंडहर मिलता है। उसमें जो सीढ़ियाँ गर्भ-गृह की ओर उतरी हैं, उनमें ऊपर से पाँचवीं पौड़ी के नीचे एक चौकोर पत्थर गड़ा है। उसी के नीचे लोहे की एक सन्दूकची है जिसमें वह धन है।"

जैसे-जैसे चाणक्य कहता जा रहा था, व्याड़ि की आँखें फैलती जा रही थीं।

"पर, आर्य..."

"कहो, व्याड़ि!"

"वहाँ जो मंजूषा गड़ी है, वह मैंने ही गाड़ी थी। वह धन तो आर्य श्रेष्ठ शकटार का था। आपको उसका इतना सही ज्ञान किससे मिला?"

"आर्य शकटार से।"

"क्या?" व्याड़ि चौंक पड़ा।

"हाँ, व्याड़ि! तुम्हारे वह स्वामी जीवित हैं। पीछे जो कंकु आया था, उसका उद्देश्य आर्य शकटार को गर्भ-गृह से निकालकर बृहद्हट्ट पहुँचाना ही था। कंकु को आदेश था कि इस काम के बारे में तुम तक से कुछ न कहे। आर्य शकटार वहीं हैं और एक अवशिष्ट पुत्र के साथ स्वस्थ हैं।"

व्याड़ि की आँखों में आँसू छलछला आए। उसने हाथ बढ़ाकर चाणक्य के चरणों को छू लिया।

"तो तुम्हें इस मंजूषा के विषय में सबकुछ ज्ञात था?"

"हाँ, आर्य!"

"फिर तुमने उसे निकाल लाने का उपक्रम क्यों न किया?"

"किसलिए, किसके लिए यह पाप अर्जित करता, देव? स्वामी के धन पर हाथ क्यों डालता? अनेकों बातों की तरह इस जानकारी को भी मैंने अपने मन के अँधेरे कोने में गाड़ छोड़ा था।"

"तुम्हें धन्य है, व्याड़ि! तुम हो सच्चे परिव्राजक। तो कल तीसरे पहर वहाँ चलना होगा।"

"अभी क्यों न चलें। अभी संध्या दूर है।" उत्साहित व्याड़ि बोल उठा।

"अब तो मैं बहुत थक चुका हूँ। कल ही चलेंगे। प्रात: रुई की एक बंडी भरवा लेना मेरे नाप की। सर्दी तो अभी है न। वहाँ से प्राप्त रत्न उसमें भरकर पहन लूँगा। अब मैं मित्र रुचिशील के यहाँ जा रहा हूँ। वहीं ठहरूँगा। कल मैं घाट पर पहुँच जाऊँगा। वहीं से चलेंगे। शेष कल। बहुत सतर्कता की जरूरत है। राक्षस के चरों को सन्देह हुआ तो सब गुड़ गोबर हो जाएगा।"

चाणक्य उठकर चल दिया। एक बार मन में आया कि कहीं सब बताकर गलत तो नहीं हो गया। पर वह भीतर ही भीतर हँस पड़ा। देखें।

रुचि घर पर नहीं था। राज-कार्य से दूर गया था। शीघ्र लौटने की सम्भावना भी नहीं थी। श्यामला ने भावावेश के साथ चाणक्य का स्वागत किया।

"दस वर्ष बाद हमारी स्मृति आई?"

"क्या करूँ, भाभी! निकट होता तो अपूप खाने मैं हर मास चला आता।"

"बातें बहुत बनाते हो। विवाह किया या नहीं?"

"आपने कोई कन्या खोजी? दोष अपना, मत्थे मेरे। पर, छोड़ो भाभी, रुचि कैसा है?"

"कैसे हैं? बस मंत्री हैं, और कुछ नहीं हैं। यह अपराध आप से ही तो हुआ था।"

"मैं स्वीकार करता हूँ, भाभी! पर अध्यापकी से मंत्रित्व उत्तम नहीं है क्या?"

"अपनी स्वतंत्रता, मनुष्यता खोकर भी?"

"दोनों को बनाए रखना असाध्य होता है। भाभी!"

"हाँ"

"मैं यहाँ राक्षस और महाराज नन्द से मिलने आया हूँ।"

"क्यों?"

"यवनान-सम्राट् अलक्षेंद्र ने आर्यान को पादाक्रान्त करके आर्यावर्त पर आक्रमण कर दिया है। तक्षशिला-नरेश आम्भीक ने कायरतावश उसका स्वागत किया है। अब दोनों मिलकर पुरु पर आक्रमण के लिए सन्नद्ध हैं। मैं चाहता हूँ मागध सेना इस युद्ध में भाग ले और यवनों को सिन्धु के पार धकेल दिया जाए।"

"क्या महाराज पुरु ने आपको भेजा है?"

"मैं स्वयं नियुक्त हूँ।"

"यहाँ कौन आपकी सुनेगा?"

"कोई नहीं।"

"तब?"

"इस बहाने आपके दर्शन तो हुए।"

"आप बहुत चपल हैं।" श्यामला ने भावपूर्वक चाणक्य की ओर देखकर कहा।

"भाभी! चन्द्रगुप्त की माँ कैसी है?"

"आजकल तो काशी गई हैं।"

"मैं चन्द्रगुप्त को राजा बनाना चाहता हूँ। भाभी! इस पूरे आर्यावर्त पर यदि एक सम्राट् का शासन होता तो क्या अब तक भारतीय सेनाएँ यवनों को खदेड़ती हुई कुभा के पार तक न पहुँच गई होतीं।"

"सपना आकर्षक है।"

"आप भी इसे देखें।"

"उससे क्या होगा?"

"एक खेल खेलने की इच्छा होती है, भाभी!"

"यदि कभी, कहीं मेरी आवश्यकता पड़े तो मुझे पीछे नहीं पाएँगे आप।"

"मैं जानता हूँ।"

अगले दिन प्रात: चाणक्य राक्षस के निवास पर पहुँच गया। मिलने पर चाणक्य ने कहा, "मैंने दस वर्ष पूर्व ही आपको बधाई दी थी।"

"ब्राह्मण! आने का कारण कहो।"

"महामात्य! अपने निजी कार्य से मैं आपके पास नहीं आया हूँ। काम पूरे भारत का है—वाहीक का भी और मगध का भी।"

चाणक्य थोड़ा रुका। "कहो, ब्राह्मण! बात पूरी करो।"

"अलक्षेंद्र के दुर्द्धर्ष दुस्साहस और उसके आतंकवादी रण-कौशल की प्रतीति आपको हो चुकी होगी। उसके यमुना-तट तक आ धमकने की प्रतीक्षा करने के बदले मगध क्यों न वितस्ता पर ही उससे टक्कर ले?"

"पुरु और बीच के गणों की रक्षा के लिए वितस्ता तक जाने में मगध को क्या लाभ होगा?"

"कम हानि का लाभ।"

"कैसे?"

"यदि शतद्रु और आगे तक का प्रदेश लड़कर या बिना लड़े यवन-साम्राज्य का अंग बन गया तो मगध को मात्र अलक्षेंद्र की सेना से नहीं, एक साम्राज्य की सेना से टक्कर लेनी होगी। तब अधिक सेना कटेगी।"

"सेना कटने के लिए ही होती है।"

"जीत की सम्भावनाएँ भी सन्दिग्ध हो जाएँगी।"

"ब्राह्मण! तुम्हें शायद मगध की शक्ति का अनुमान नहीं है।"

"महामात्य! विजय केवल संख्या-बल से नहीं होती।"

"किन-किन बलों से होती है?"

"आप मेरे छात्र नहीं हैं।"

"अध्यापक! यह अनधिकृत आयास क्यों?"

"देश की कल्याण-कामना पर केवल राजपुरुषों का ही अधिकार नहीं है। महामात्य! मेरे मन में केवल यह है कि भारत के विशालतम साम्राज्य का सम्राट् केवल अपने ही राज्य की नहीं, पूरे भारत की रक्षा का दायित्व अपने ऊपर ले। आक्रामक को भारत की ड्योढ़ी में घुसने ही क्यों दिया जाए? संकुचित कूटनीति को बाद के लिए छोड़कर, इस समय मगध पूरे आर्यावर्त की दृष्टि से सोचे और इन्द्रप्रस्थ-स्थित अपनी सेनाओं को राजा पुरु की सहायता के लिए जाने की प्रेरणा दे।"

"चाणक्य! राजनीति में उदारता को कोई स्थान नहीं होता।"

"दूरदर्शी उदारता को होता है।"

"कैसे?"

"मागध सेना के वितस्ता जाने से पूरे वाहीक में मगध की प्रतिष्ठा बढ़ेगी। साम्राज्य के विस्तार के लिए उसे नैतिक आधार मिलेगा।"

राक्षस ने गहरी दृष्टि से चाणक्य की ओर देखा।

"ब्राह्मण! तुम पुरु के भविष्य के लिए इतने आतुर क्यों हो?"

"क्योंकि इस क्षण वह सबसे महत्त्वपूर्ण गोट है। उसके पिटते ही शत्रु मध्य देश तक घुस आएगा।"

"बीच में कठ और यौधेय जो हैं।"

"आना एक मास विलम्बित हो जाएगा।"

"चाणक्य!"

"महामात्य!"

"मैं आपके तर्क से सहमत हूँ, पर महाराज प्रस्तुत नहीं होंगे।"

"क्या इसे मगध के महामात्य का तर्क मानूँ?"

"भावी का तर्क ब्राह्मण! मुझे आतंकित न करो। यवन यमुना तक नहीं पहुँच पाएँगे।"

"क्यों?"

"उनमें शक्ति ही नहीं बचेगी।"

"महामात्य! मैं महाराज से मिलना चाहूँगा।"

"सहर्ष! कल प्रातः आप राजसभा में आइए।"

"धन्यवाद!"

"बन्धु अनन्त शर्मा का क्या हाल है?"

"वे आपके बहुत प्रशंसक हैं। अच्छा, विदा दें।"

"कल मुझे आपकी प्रतीक्षा रहेगी।"

"मैं महाराज के दर्शन अवश्य करूँगा।"

लौटते समय चाणक्य ने तय किया कि उन्हें अपनी सुरक्षा का विशेष उपाय करना होगा। थोड़ी ही देर में खंडहर पर जाना है और राक्षस की आँखें निश्चय ही उनका पीछा करेंगी।

रुचिशील के यहाँ लौटकर चाणक्य ने भोजन किया और श्यामला से कहकर तत्काल दो भूषाओं का प्रबन्ध कराया—एक आजीवक की और दूसरी जैन मुनि की। कुछ ही देर बाद वह आजीवक के वस्त्रों में रुचि के घर से निकला।

घाट पर व्याड़ि उपस्थित था। उसे संकेत से बुलाकर उन्होंने कहा, "तुम चलो। मैं पीछे-पीछे आता हूँ।"

खंडहर में पहुँचकर चाणक्य ने खुदाई कराई। रत्न-मंजूषा ज्यों की त्यों मिली। चाणक्य ने हाथ में लेकर देखे, हीरे संख्या में कम थे, पर वस्तुतः मूल्यवान थे। उसने उन्हें झोले में उलट लिया और मंजूषा को फेंक दिया। अब दोनों वापस लौट चले। नगर पहुँचकर व्याड़ि सीधा अपने घर चला गया। चाणक्य घाट पर बैठ गया। जब रात का दूसरा प्रहर शुरू हुआ तो वह उठकर रुचि के घर की ओर चल दिया।

प्रातः अपने स्वाभाविक वेश में वह राज-सभा के द्वार पर पहुँचा। द्वारपालों ने उसे भीतर जाने दिया। चाणक्य ने हाथ उठाकर महाराज की जय-कामना की।

“आओ, ब्राह्मण!”
“आयुष्मान् हों, सम्राट्!”
“आप प्राच्य तो नहीं हैं।” नन्द ने पूछा।
तभी राक्षस ने पास आकर राजा के कान में कुछ कहा।
“आप तक्षशिला के आचार्य चाणक्य हैं?”
“हाँ, राजन्!”
“हम आपकी क्या सेवा करें?”

“राजन्! यवन-सम्राट् अलक्षेंद्र आर्यान को पादाक्रान्त करके आर्यावर्त पर चढ़ आया है। तक्षशिला उसके चरणों में झुक गई है। पर वाहीक-नरेश पुरु ने उसके प्रतिरोध का निश्चय किया है, किन्तु पुरु की शक्ति अपर्याप्त है। मैं सम्राट् से प्रार्थना करने आया हूँ कि आक्रामक को वितस्ता पर ही रोक देने में वाहीक की सहायता करें। अपनी बलिष्ट भुजा से पुरु को सहारा दें, जिससे यवन-खड्ग आर्य ढाल से टकराकर खंड-खंड हो जाए।”

“आर्य चाणक्य! राजा पुरु हमसे प्रार्थना करेंगे तो हम उनकी सहायता अवश्य करेंगे।”

“सम्राट्। आक्रमण पूरे आर्यावर्त पर है। आपको किसी प्रार्थना की अपेक्षा नहीं होनी चाहिए।”

“आचार्य! मगध की सेना कई गणों एवं राज्यों में से होकर वितस्ता तक पहुँचेगी। ये गण और राज्य हमारे घुस आने के भिन्न अर्थ ले सकते हैं। फिर यदि स्वयं महाराज पुरु ने ही हमारी सहायता को स्थिति का दुर्लाभ लेना माना, तो?”

“ऐसा नहीं होगा, सम्राट्! पूर्वसूचना पर वे इसका स्वागत ही करेंगे। यह दायित्व मैं लेता हूँ। मैं सब व्यवस्था कर लूँगा।”

“आप क्या हैं? कोई भी राज्य आपकी क्यों मानेगा? फिर, हमारा निर्णय है ब्राह्मण कि हम यमुना पार के मामलों में हस्तक्षेप नहीं करेंगे।”

“सम्राट्! निर्णय स्थिति पर निर्भर किया करते हैं। तनिक स्थिति का विश्लेषण तो कीजिए। क्या आप चाहेंगे कि मगध साम्राज्य की सीमा एक दुर्द्धर्ष यवन-साम्राज्य से लग जाए?”

“यदि वाहीक के राज्य और गण इतने क्षीण-वीर्य हैं, तो उन्हें सहायता माँगने में क्या संकोच है?”

“वही, जो आपको बिन माँगे देने में है—अहं का संकोच। पश्चिम भारत विभक्त है। गणों एवं राज्यों में परस्पर फूट और वैमनस्य है। मुझे स्पष्ट दीख रहा है कि वे एक-एक कर अलग-अलग लड़ेंगे और नष्ट हो जाएँगे।”

“हो जाने दीजिए। उससे क्या अन्तर पड़ेगा?” नन्द ने हँसकर कहा, “भावुकता आपको शोभा नहीं देती।”

"यह भावुकता नहीं है, भय है—आर्य संस्कृति के, समाज के क्षत-विक्षत होने का भय। विदेशी आक्रांता द्वारा पादाक्रान्त होने और अपने ही महत्त्वाकांक्षी बन्धु द्वारा विजित होने में अन्तर है, सम्राट्! दूसरे सन्दर्भ में केवल दो सेनाएँ जीतती या हारती हैं, पर पहले में दो संस्कृतियाँ, दो समाज, दो चेतनाएँ जीतती या पद-दलित होती हैं। अपनी निजी महत्त्वाकांक्षा की दृष्टि से भी मगध को वितस्ता जाना चाहिए।"

"आचार्य! मंत्रि-परिषद् की सम्मति इसके विरुद्ध है।"

"पर, आर्य राक्षस मेरे विश्लेषण से सहमत थे।"

"व्यक्तिगत सहमति हो सकती है।" राक्षस ने तत्काल खड़े होकर कहा, "निर्णय साम्राज्य के हित की दृष्टि से लिया जाता है।"

"यह हित-दृष्टि संकुचित है, सम्राट्!" चाणक्य कुंठित होकर बोल उठा।

"कूटनीति सदा ही स्वार्थ में निहित नहीं रहती। अहंनिष्ठ तो उसे कभी नहीं होना चाहिए। मेरी प्रार्थना..."

"ब्राह्मण! मुझे शिक्षा नहीं चाहिए। यह गुरुकुल नहीं है। अब तुम जा सकते हो।" नन्द बिगड़ उठा।

"राजन्! आर्य राक्षस आपको सत्परामर्श नहीं दे रहे हैं।"

"धृष्ट ब्राह्मण! तुम आदर के योग्य नहीं हो।"

"आर्य शकटार होते तो मेरी बात को मूल्य देते।"

"दुर्विनीत! शकटार तुम्हें नरक में मिलेगा। वहीं जा। यहाँ से इसी क्षण निकल जा।"

चाणक्य की आँखों में अंगारे दहक उठे।

"अन्धे राजा! नरक ही तो तेरी नियति है।"

क्रोध से काँपता हुआ नन्द उठकर खड़ा हो गया। "प्रतिहार! इसे धक्के देकर बाहर निकाल दो।"

प्रतिहार कुछ सैनिकों के साथ पास आ गया।

"मूढ़मति नन्द!" चाणक्य ने हाथ उठाकर कहा, "तेरा विनाश निकट है। इन्हीं हाथों से तेरा अन्त होगा।"

"प्रतिहार! इसकी चोटी खींचते हुए इसे बाहर ले जाओ।"

सैनिकों ने चाणक्य को पकड़ लिया और प्रतिहार शिखा खींचने लगा।

"नीच, नन्द! यह शिखा-सर्पिणी अब तुझे निगलकर ही बँधेगी।"

चाणक्य को धकियाकर बाहर कर दिया गया। क्रोध से पागल होते हुए भी चाणक्य का विवेक स्थिर था। उसने तेजी से मुख्य प्राचीर को पार किया और झपटकर एक एकान्त कोने में पहुँच गया। फेंटे में बँधी दो पोटलियाँ उसने झटपट निकाली। दोनों में दो महीन चूर्ण बँधे थे। एक में से कुछ लेकर उसने बालों में मल लिया और दूसरे को चेहरे, गर्दन और हाथों-पैरों पर रगड़ लिया। रेशम की चादर और धोती

उतारकर झोले में रख ली और बंडी के ऊपर एक मैली सूती चादर ओढ़ ली और कौपीन पर उतना ही मैला कपड़ा कसकर बाँध लिया। देखते ही देखते चाणक्य के गहरे काले बाल हिम-जैसे श्वेत हो गए और पूरे शरीर का रंग तवे-जैसा काला पड़ गया। तभी चाणक्य ने देखा, पचास सैनिक द्वार से बाहर निकले और हर मार्ग पर दौड़ पड़े। दो-तीन उसके पास भी आए पर चेहरा देखते ही लौट गए। चाणक्य चुपचाप एक पतली गली में मुड़ गया।

अलक्षेंद्र से युद्ध

चाणक्य भागमभाग यात्रा करके कम-से-कम समय में राजगिरि पहुँच गया। पाटलिपुत्र में जो रूप-परिवर्तन उसे करना पड़ा था, वह अभी तक पूरी तरह मिटा नहीं था। उसका रंग इस समय साँवला था और बाल खिचड़ी। इसी स्थिति में वह सबसे पहले कंकु के राजगिरि स्थित चर से मिला। चर को आदेश दिया कि वह तक्षशिला और विशेषकर चन्द्रगुप्त एवं कंकु के विषय में सभी कुछ बताए, जिससे इस बीच घटी घटनाओं का पूरा ज्ञान उसे हो सके।

चर ने कहना आरम्भ किया—

"आचार्य! एक मास से यवन-समाट् अलक्षेंद्र तक्षशिला में है। यवन-सेना का अग्रिम अंग तो आपके प्रयाण के कुछ दिन बाद ही तक्षशिला पहुँच गया था। सेनाओं को पार उतारने के लिए उपसिन्धु स्थान पर नावों का विशाल पुल बनाया गया था। इस समय शशिगुप्त ही तक्षशिला का वास्तविक शासक है और वह अलक्षेंद्र के क्रीत दास के रूप में कार्य कर रहा है। तक्षशिला नगर में हर कहीं यवनों द्वारा नष्ट गणों से भागकर आए विपन्न शरणार्थी परिवार पड़े हैं। कंकु ने इन शरणार्थियों की दीन दशा को आधार बनाकर नगर एवं सेना में असन्तोष उत्पन्न करने का प्रयास किया था। महामंत्री भागुरि के गुप्तचरों ने सम्भवत: आपके आश्रम को ही असन्तोष का स्रोत घोषित किया। पन्द्रह दिन हुए, शशिगुप्त के आदेश पर सैनिकों ने आपके आश्रम को घेरकर उसे भूमिसात् कर डाला। भाग्य से चन्द्र और कंकु उस समय वन में थे। एक-दो आश्रमवासियों को त्रास देकर शशिगुप्त ने वन का पता ले लिया। पर इस बीच सूचनाएँ वन तक पहुँच चुकी थीं। घिर जाने से पहले ही चन्द्र और कंकु सब सैनिकों, अश्वों एवं शस्त्रास्त्रों को लेकर वहाँ से पलायन कर गए। वे तीव्र गति से वितस्ता-तट पर जा पहुँचे। कंकु ने तत्काल नदी पार करके केकय के अधिकारियों से भेंट की और अगले ही दिन नौकाओं का प्रबन्ध करके सबको इस पार ले आया गया। अधिकतम शस्त्रास्त्र एवं सामग्री भी सुरक्षित ले आई गई।"

"हूँ!" चाणक्य के मुँह से निकला, "यहाँ की क्या स्थिति है?"

"अलक्षेंद्र ने दूत के माध्यम से कहलाया है कि महाराजा पुरु उसकी अधीनता स्वीकार कर लें।"

"फिर?"

"महाराज ने अलक्षेंद्र को चेतावनी और चुनौती दे दी है। मार्ग में आपको हर जगह युद्ध की तैयारी के सक्रिय चिन्ह मिले होंगे। लगता है, जैसे पूरा राज्य सोते से जाग उठा है और आत्मदान के लिए विह्वल है। राज्य के कोने-कोने से, ग्राम-ग्राम से आकर युवक राजधानी में एकत्र हो रहे हैं। शस्त्रास्त्रों का निर्माण गति पर है। अश्वों एवं गजों को सजाया जा रहा है। सैनिक युद्धाभ्यास में लगे हैं। नायक एवं सेनापति व्यूह-निर्माण को लेकर चिन्तन-मनन में व्यस्त हैं। वितस्ता में नौकाएँ जमा की जा रही हैं। सम्राट् पुरु एवं अनन्त शर्मा एक ही भवन में रहकर तैयारी का संचालन कर रहे हैं। उत्साह की एक विद्युत नस-नस में दौड़ गई है।"

चाणक्य, चन्द्र और कंकु से मिलने के लिए आतुर हो उठा। पर पहले अनन्त शर्मा एवं पुरु से भेंट आवश्यक थी। पर, चर के माध्यम से कुछ धन और निर्देश उसने चन्द्रगुप्त के पास भिजवा दिए। तब उसने औषधि का पुन: प्रयोग करके अपने रूप का पुनरुद्धार किया। निपटकर और थोड़ा विश्राम करके वह राजभवन में पहुँचा। राजा पुरु ने तत्काल ही समय दिया। अनन्त शर्मा साथ ही था।

"राजन्! कल्याण हो। विजयलक्ष्मी आपके चरण चूमे।" चाणक्य ने हाथ उठाकर आशीर्वाद दिया।

"स्वागत, आचार्य!" पुरु ने कहा, "सुना है आप मगध तक घूम आए हैं।"

"हाँ, राजन! पर लौटना रिक्त हस्त ही पड़ा है। नन्द ने किसी प्रकार की सहायता देने से इंकार कर दिया है।"

"यद्यपि आप अपनी प्रेरणा से मगध गए थे, फिर भी मैं आपका आभारी हूँ, आचार्य! आपके दोनों शिष्य और उनका सैन्य-दल सुरक्षित है। केकय युद्ध के लिए प्रस्तुत है। अलक्षेंद्र तक्षशिला से चले तो हम भी अपनी सेनाओं को बढ़ाएँ।" पुरु ने कहा।

"अलक्षेंद्र के सामने वितस्ता को पार करने की समस्या होगी।"

"हमारे सामने प्रश्न यह है कि देखें वह नदी कहाँ से पार करता है। सुना है भारी मात्रा में पुल-निर्माण की सामग्री एकत्र की जा रही है।" अनन्त बोला।

"पड़ोसियों की प्रवृत्ति क्या है?" चाणक्य ने पूछा।

"पुरु अकेला है, आचार्य! मगध आप हो ही आए हैं। तक्षशिला शत्रु है ही। पश्चिम के गण कुचले ही जा चुके हैं। पूर्व के कठादि गण मेरी सहायता न करने के लिए कृतसंकल्प हैं। दक्षिण के कुछ गण-राज्यों ने मुट्ठी-भर सैनिक भेजे हैं या आपके तीन सहस्र सैनिक हैं। रहा अभिसार। उसके मन में रहस्य है।" पुरु ने कहा।

"महाराज! यदि आचार्य चाणक्य अभिसार हो आएँ तो?" अनन्त ने प्रस्ताव रखा।

"मैं प्रस्तुत हूँ, राजन्! अब तक मैं अपनी प्रेरणा से ही गया हूँ। आपका अधिकार लेकर जाने का फल भी देखूँ।"

"हो आइए, आचार्य! पर, आपका पक्ष क्या होगा?"

"सीधी बात है, राजन्! अलक्षेंद्र एवं आम्भीक की सम्मिलित सेनाएँ वितस्ता की ओर बढ़ेंगी। यदि अभिसार-नरेश अरक्षित तक्षशिला को घेर लें, तो यवनों के सम्बन्ध-सूत्र सहायता-केन्द्रों से कट जाएँगे। सीधे कुभा से तो अलक्षेंद्र को कुछ मिल पाने से रहा। तब निश्चय ही तक्षशिला की सेनाएँ नगर की रक्षा के लिए वापस दौड़ेंगी। क्षीण-शक्ति यवनों के लिए आप पर्याप्त होंगे।" चाणक्य ने बताया।

"पक्ष सुनिर्मित है, आचार्य! अभिसार-नरेश से कहिए कि यदि इस प्रकार मिलकर हम यवनों के निष्कासन में सफल रहे तो तक्षशिला राज्य उनका रहा। मंत्रिवर! आचार्य को अधिकार-पत्र दें एवं इनकी यात्रा का समुचित प्रबन्ध करें।" पुरु ने कहा।

"मैं अभिसार-नरेश से मिलकर ही अपने शिविर में जाऊँगा।"

"उत्तम रहेगा, आचार्य!"

"कल्याण हो, राजन!"

पुरु उठकर चला गया तो चाणक्य ने अनन्त से पूछा, "कितनी सेना जुटा पाए हो, अनन्त?"

"अभी स्थिति स्पष्ट नहीं है, मित्र!"

"कोई बात नहीं, बन्धु। पर एक बात ध्यान रखना। बल अश्वारोहियों पर रहे। यवनों की विजय के पीछे उनके विद्युद्गति अश्व ही रहे हैं।"

"महाराज की आस्था गज-सेना में अधिक है।" अनन्त ने उत्तर दिया।

"सोच देखो, बन्धु! मेरा मत है कि गजों पर पूरा ध्यान दिया जाए, पर अधिक निर्भर उन पर न किया जाए।" चाणक्य ने कहा।

"अब मूल उलटफेर का समय नहीं है। हाँ, क्यों न चन्द्रगुप्त की टुकड़ी केकय सेनापति के अधीन रहे।"

"यह नहीं होगा, अनन्त! चन्द्रगुप्त स्वतंत्र रहकर ही अधिक उपयोगी हो पाएगा। वह मेरे निर्देशन में लड़ेगा।"

"जैसी तुम्हारी इच्छा।" अनन्त ने उत्तर दिया।

राजमहल से निकलकर चाणक्य अतिथिशाला में आ गया। प्रात: ही उसे अभिसार जाना था।

चाणक्य विश्राम के लिए लेटा, पर थका होने पर भी नींद उसे नहीं आई। वह उठकर बैठ गया और चिन्ता में डूब गया। अलक्षेंद्र की सेनाएँ शीघ्र ही वितस्ता की ओर कूच करेंगी। अभिसार-नरेश पता नहीं पुरु की सहायता के लिए आता है या नहीं। यदि किसी भी तरह अलक्षेंद्र को वितस्ता पार करने से रोका जा सके! रोका

जा सकता है, पर स्यात् पुरु मेरी अधिक न सुने। अनन्त सुनने भी नहीं देगा। अभी ही वह मुझसे सूचनाएँ छुपा रहा था। अभिसार-नरेश तक्षशिला पर आक्रमण के लिए शायद ही तैयार हो। वह यह खतरा नहीं लेगा। कहीं उसमें और पुरु में सही सहयोग हो सकता तो अलक्षेंद्र को अच्छी तरह छकाया जा सकता था। पर वह नहीं होगा। एक सामष्टिक दूरदृष्टि का पुरु में पूर्ण अभाव है। तभी नन्द द्वारा अपमान की बात चाणक्य को ध्यान हो आई। उसके शरीर में जैसे सैकड़ों बिच्छुओं ने एक साथ काट खाया हो। वह उठकर बैठ गया। प्रतिज्ञा तो कर बैठा। कहीं मैं चन्द्रगुप्त को तक्षशिला का ही राजा बना पाता। कूटनीति को कोई तो धरती चाहिए ही। चन्द्र द्वारा निर्मित क्षुद्र आरम्भ से देखो क्या कुछ हो पाता है। यह अलक्षेंद्र बहुत ही बुरे समय पर आया। ऐसा न हो कि चन्द्र के ये थोड़े-से सैनिक यवन-लहरों में बह ही जाएँ। इसीलिए तो अधिक सतर्कता अनिवार्य है। मैं एक बार अलक्षेंद्र से मिलना चाहता हूँ। पर इस क्षण तो असम्भव है। अभिसार से लौटकर पुनर्विचार करना होगा। नए सिरे से योजना बनानी पड़ेगी।

इसी उलटफेर में नींद आ गई। जब आँखें खुलीं तब ब्राह्म-मुहूर्त सामने था। अभिसार-नरेश की छावनी एक सुन्दर हरियाली घाटी में एक नदी के तट पर पड़ी थी। चाणक्य ने उनके तम्बू में उनसे भेंट की।

"आओ, आचार्य!" नरेश ने कहा।

"राजन, महाराज पुरु से अधिकार लेकर, पर अपनी निजी प्रेरणा से मैं आपके समक्ष एक प्रस्ताव रखने आया हूँ।"

"मैं उत्सुक हूँ, आचार्य!"

"राजन्! अलक्षेंद्र एवं पुरु की सेनाएँ वितस्ता के दोनों तटों पर समानान्तर बढ़ेंगी। उपयुक्त स्थल पर वे रुकेंगी। तब अलक्षेंद्र नदी पार करने की योजना में व्यस्त होगा। ठीक तभी आप तक्षशिला की ओर बढ़ें और उस पर अधिकार कर लें। आम्भीक की पूरी और यवनों की आंशिक सेना तब तक्षशिला की ओर लौटे। तभी केकय की सेना नदी पार करके अलक्षेंद्र पर टूट पड़े और उसकी शक्ति को कुचल डाले।"

नरेश के माथे पर गम्भीर चिन्तन के बल पड़ उठे।

"आचार्य!" उन्होंने अपनी प्रतिक्रिया व्यक्त करनी शुरू की, "तल पर आपका सुझाव बहुत उत्तम प्रतीत होता है। पर आपने कुछ प्रश्नों पर ध्यान नहीं दिया है।"

"किन पर, महाराज!"

"पहला यह कि यदि अलक्षेंद्र अपनी पूरी सेना के साथ पहले तक्षशिला की ओर लौट पड़ा और पुरु भी चुपचाप अपनी राजधानी में आ बैठा, तब क्या होगा?"

"महाराज पुरु और आप मिलकर परस्पर आश्वस्त हो सकते हैं।" चाणक्य ने कहा।

"उसका कोई मूल्य नहीं, आचार्य! मान लीजिए मैंने आम्भीक की सेना को नष्ट कर भी डाला। उधर, पुरु और अलक्षेंद्र के बीच युद्ध के स्थान पर सन्धि हो गई, वितस्ता को यवन और केकय-साम्राज्य की सीमा मान लिया गया, तब अभिसार का क्या भविष्य होगा? आचार्य, सामाज्य की लिप्सा मुझमें नहीं है, पर अभिसार की रक्षा मैं हर मूल्य पर करूँगा।"

"राजन्! आपका तर्क युक्तिसंगत है, पर वह सामष्टिक दृष्टि का सूचक नहीं है। उससे इतना ही पता लगता है कि परस्पर का अविश्वास अत्यन्त गहन है। पर महाराज महदुद्देश्य के लिए किसी को तो जुआ खेलना ही होगा।"

"आचार्य! महत्त्वाकांक्षी अलक्षेंद्र की नृशंस दुर्द्धर्षता का नंगा नाच मैंने देखा है। पुरु की अविश्वसनीय प्रकृति और उसकी साम्राज्य-लिप्सा से भी मैं अपरिचित नहीं हूँ। यदि केकय-नरेश में उदारता एवं सद्विवेक होता तो अभिसार, केकय एवं कठादि की सम्मिलित सेनाएँ सिन्धु के पार कुभा तक बढ़कर अलक्षेंद्र की प्रगति को वहीं अवरुद्ध कर देती। मैं मानता हूँ, पुरु अत्यन्त वीर एवं साहसी है, पर क्या यही होना पर्याप्त है?"

चाणक्य को अभिसार-नरेश की बातों में यथार्थ दीखा। फिर भी उन्होंने कहा, "महाराज! मेरे शिष्य चन्द्रगुप्त ने तीन सहस्र की सुगठित, सुप्रशिक्षित अश्वारोही सेना निर्मित की है। वह पाँच सहस्र तक बढ़ सकती है। यदि आप मेरे प्रस्ताव को स्वीकार करें तो यह सेना आपकी सहयोगिनी बनेगी। मैं किसी भी तरह यवनों को निकाल बाहर करने के पक्ष में हूँ। आपसी झगड़े हम बाद में निपटा लेंगे।"

"यवन यहाँ की वर्तमान कूटनीति में एक मुहरा बन चुके हैं, इस तथ्य से मुँह नहीं मोड़ा जा सकता। मेरी सेना का एक भाग पुरु की ओर से लड़ेगा। मैं अलक्षेंद्र का साथ कदापि नहीं दूँगा। पर साहसिकता अभिसार के बूते की बात नहीं है।"

"राजन्! मैं तक्षशिला में जन्मा वहाँ का निवासी हूँ। मैं वहाँ के जनमत से भली प्रकार परिचित हूँ। तक्षशिला की सेना का बड़ा भाग आपसे मिल जाएगा। मैं और चन्द्रगुप्त उसे नेतृत्व देंगे।" चाणक्य ने कहा।

"क्षमा करें, विप्रवर! सपनों में उड़ने की आयु मेरी नहीं है। जनमत सैन्यबल के माध्यम से ही प्रभावी हो पाता है। सैनिक विजय ही सबसे दूरगामी महत्त्व की विजय होती है।"

चाणक्य लौट लिया।

अनन्त और पुरु को सब-कुछ बताकर वह अपने शिविर की ओर चल पड़ा। शिविर में उसकी आतुरता से प्रतीक्षा की जा रही थी। व्यवस्था सब बहुत बढ़िया थी, पर एक निश्चिन्तता नहीं थी। चाणक्य के पहुँचते ही चन्द्र और कंकु के सिर पर से जैसे

एक भारी बोझ उतर गया। वे दोनों चाणक्य की लम्बी यात्रा का विस्तृत विवरण सुनने को बहुत व्यग्र थे। जिस दिन चाणक्य पहुँचा, उसी रात को चन्द्र, कंकु, मालव सिंह और क्षुद्रक विजय उसे घेरकर बैठे। चाणक्य ने सब-कुछ बताया और कहा—

"हर गण, हर राज्य एक क्षुद्र मानसिक अवरोध से पीड़ित है। जब प्रत्येक के अपने-अपने तर्कों को सुनते हैं तो वे अत्यन्त संगत और ठोस प्रतीत होते हैं। पर जब बृहत्तर परिप्रेक्ष्य में रखकर उन्हें परखते हैं, तो वे ही तर्क एकदम खोखले और हास्यास्पद लग उठते हैं। उन पर खीज होने लगती है। नन्द और अभिसार-नरेश की बातें अभी तक मेरे कानों में गूँज रही हैं। समान शत्रु के हाथों पड़ोसी को नष्ट होते देखने की कैसी वीभत्स उत्सुकता प्रत्येक में है, इतनी कि अपनी सुरक्षा का भी ध्यान किसी को नहीं है। पूरे देश को ध्यान में रखकर सोचने का तो प्रश्न ही नहीं उठता। ऐसे में आवश्यक है कि हम क्षण-क्षण अपने कर्तव्य पर विचार और पुनर्विचार करते रहें। हर पल पूर्ण सतर्क रहें और अपने कानों को और अपने मस्तिष्क को खुला रखें। अच्छा, पुत्रो! अब विश्राम करो।"

शिष्यों के जाने पर चाणक्य सोचने लगा, वह नन्द के विनाश का प्रण कर आया है। क्या इन थोड़े-से सैनिकों को लेकर इतने बड़े साम्राज्य को चुनौती दी जा सकती है? नन्द के हाथों अपने अपमान का ध्यान आते ही उसके चेहरे पर तनाव हो आया और वह भीतर से कठिन हो उठा। उसकी मुट्ठियाँ बँध गईं। उसने खुली शिखा को हाथ में लेकर अपनी प्रतिज्ञा को मन-ही-मन दुहराया। पर उसे अपने पर हँसी भी आई। कहाँ वह और कहाँ नन्द साम्राज्य!

प्रात: नित्य कर्म से निपटते ही चाणक्य ने चन्द्र और कंकु को अपने पास बुला लिया। नन्द के द्वारा अपने अपमान के बारे में चाणक्य ने रात कुछ नहीं बताया था। सिंह और विजय के सन्मुख कुछ भी कहना उसने उचित नहीं समझा था। पर अब उसने एक-एक विवरण दिया। चाणक्य ने अपनी खुली चोटी शिष्यों को दिखाई और कहा—

"पुत्रो! यह मेरी शिखा अब तभी बँधेगी जब नन्द का चिह्न तक इस धरती से मिट चुकेगा। यह मात्र बल से नहीं होगा। यह युक्ति से होगा। तुम दोनों को अब हर क्षण इस बड़े सन्दर्भ को अपने ध्यान में रखना है। कंकु!"

"आज्ञा, गुरुदेव!"

"तुम्हारी गूढ़-व्यवस्था की क्या स्थिति है?"

"वह ठीक है, आर्य!"

"उस पर अब सबसे अधिक जोर रहेगा। उसको अत्यन्त कुशल और सक्रिय बनाना होगा। तक्षशिला में हेमा सक्रिय है?"

"हाँ, आर्य! यदि आर्या हेमा हमें शशिगुप्त और भागुरि के छापे के विषय में पहले ही सूचना न दे देतीं, तो वहाँ से बच भागना बहुत कठिन क्या, असम्भव हो जाता।"

"ठीक! आम्भीक की सेना में और हो सके तो अलक्षेंद्र की सेना में हमारे गुप्तचर रहने चाहिए।"

"गुरुदेव! हेमा ने शशिगुप्त से फिर मित्रता कर ली है। हो सकता है, इस युद्ध में वह शशि के साथ ही रहे। कुछ भी हो, उसके चर तो रहेंगे ही और हमें सब पता चलता रहेगा।"

"कंकु!"

"आर्य!"

"अनन्त पर कड़ी दृष्टि रखनी होगी।"

"मैं समझ गया, गुरुदेव!"

"चन्द्र!"

"गुरुदेव!"

"अश्वों की कमी नहीं रहनी चाहिए। तुम्हारे आरट्ट पूर्ण प्रशिक्षित हैं न?"

"एकदम, आर्य!"

"कंकु! इन आरट्टों में तुम्हारे चर निरन्तर सक्रिय रहते हैं न?"

"हाँ, आर्य!"

"मैं मानता हूँ ये सब भरोसे के हैं, पर फिर भी ये वृत्ति के लिए यहाँ हैं, किसी लक्ष्य के लिए नहीं।"

"मैं समझता हूँ, गुरुदेव!" चन्द्र ने कहा।

सिन्धु को उपसिन्धु नामक स्थान पर पार करके वास्तविक भारत की धरती पर पैर रखे अलक्षेंद्र को लगभग तीन मास बीत चुके थे। वह अब और प्रतीक्षा नहीं कर सकता था। उसकी सभी तैयारियाँ पूरी हो चुकी थीं। अपने एक सेनापति फिलिप्स को उसने तक्षशिला तक के प्रदेश का भार सौंपा और आम्भीक और शशिगुप्त को साथ लेकर वितस्ता के पश्चिमी तट पर आ पहुँचा। यहाँ से वह तट के साथ-साथ दक्षिण की ओर चला। पुरु की सेनाएँ भी इस पार उसके समानान्तर बढ़ीं। कुछ कोस चलकर सिकन्दर एक ऐसे स्थान पर रुक गया, जहाँ वितस्ता में कुछ चट्टानी द्वीप थे। उसने वहीं डेरा डाल दिया। पुरु भी उसके समक्ष पूर्वी तट पर डट गया।

दोनों पक्ष एक-दूसरे की हलचलों पर कड़ी दृष्टि रखने लगे। दोनों ने ही प्रयत्न किए कि वितस्ता की धारा में स्थित द्वीपों पर अधिकार कर लिया जाए। इस प्रयास में दोनों पक्षों के सैनिकों के बीच रह-रहकर मुठभेड़ें होने लगीं। क्रमशः इन मुठभेड़ों ने दो-दो योद्धाओं के बीच मल्ल युद्धों का रूप ले लिया। द्वंद्व होता और दोनों ओर के सैंकड़ों लोग तमाशा देखते। इन युद्धों में कभी यवन मरते तो कभी भारतीय। पर धीमे-धीमे यवनों का पलड़ा भारी पड़ता गया। सिमेकस और निकेनोर नामक दो

यवन पुरु के योद्धाओं के लिए आतंक बन उठे। उन्होंने एक-एक कर कितने ही भारतीयों को मार डाला। यह देखकर पुरु के सेनापति ने चन्द्रगुप्त के पास सन्देश भिजवाया कि वह भी मल्ल युद्ध के लिए अपने योद्धा भेजे। यह आह्वान लेकर चन्द्र, कंकु, सिंह और विजय आदेश के लिए चाणक्य के पास पहुँचे।

"तुम लोगों का क्या कहना है?" चाणक्य ने प्रश्न किया।

"हमें इन युद्धों में अवश्य भाग लेना चाहिए।" चन्द्र ने सबसे पहले कहा। "और मैं जाने के लिए तैयार हूँ।"

चाणक्य ने उसकी ओर मुस्कराकर देखा।

"मैं भी प्रस्तुत हूँ, आर्य!" सिंह बोला, "हमारे आरट्टों में अनेक योद्धा इसके लिए उत्सुक मिलेंगे।"

"तुम्हारा क्या कहना है, कंकु!" चाणक्य ने पूछा।

"जो आरट्ट प्रस्तुत हों, उन्हें भेज दिया जाए।" कंकु ने विचार रखा।

"क्यों, विजय?" चाणक्य ने दृष्टि उसकी ओर फेरी।

"मैं बन्धु कंकु से सहमत हूँ, गुरुदेव!"

"पुत्रो!" चाणक्य ने चारों को सम्बोधित किया—"तुम सब योद्धा हो, नट या साहसिक नहीं। परिस्थिति सामने हो तो यमराज से भी दो-दो हाथ तुम्हें करने होंगे, पर शत्रु के छल से छले जाने को मैं तैयार नहीं हूँ। हमें निष्क्रिय बनाने के लिए ही यवनराज यह प्रपंच रच रहा है। अलक्षेंद्र स्वयं द्वंद्व के लिए आए तो चन्द्रगुप्त या किसी को भी भेजने को मैं हर क्षण प्रस्तुत हूँ। पर उससे कम के लिए नहीं, आम्भीक के लिए भी नहीं। जाओ, पुत्रो! अपने कार्य में जुटो। यह किंचित शक्ति सद्व्यय के लिए सुरक्षित रहनी चाहिए। हर चुनौती स्वीकार नहीं की जाती।"

"तो पुरु के सेनापति को क्या उत्तर भेजा जाए?" चन्द्र ने पूछा।

"किसी उत्तर की आवश्यकता नहीं है।" चाणक्य ने आदेश दिया।

पुरु के सामने चिन्ता यह थी कि अलक्षेंद्र कब और किस स्थल पर वितस्ता को पार करता है। वह प्रतिदिन अनन्त एवं प्रमुख सेनापतियों के साथ इसी बात पर विचार-विमर्श करता था। उस रात उसने मंत्रणा के लिए चाणक्य एवं चन्द्रगुप्त को भी निमंत्रित किया। अभिसार से लौटने के बाद यह पहला अवसर था कि चाणक्य को स्मरण किया गया था।

"सेनापति! यवन-सेनाओं की गतिविधि के विषय में आपका चिन्तन क्या है?" पुरु ने अपने सेनापति से पूछा।

"महाराज! यवन-सेनाएँ विश्राम की मन:स्थिति में प्रतीत होती हैं। हमारे चरों का कहना है कि सैनिक हर समय सुरा पीते और गाते-बजाते दीख पड़ते हैं। सम्भवत:, वे हमें विश्वास दिलाना चाहते हैं कि उन्हें आक्रमण करने की शीघ्रता नहीं है,

जिससे हम भी शिथिल हो रहें और तब वे द्वीपों के सहारे अचानक नदी पार कर लें।" सेनापति ने कहा।

"आचार्य! आपकी क्या सम्मति है?" पुरु ने चाणक्य को सम्बोधित किया।

चाणक्य ने कहना आरम्भ किया, "महाराज पुरु! मैं समझता हूँ, अलक्षेंद्र विश्राम के लिए यहाँ नहीं पड़ा है। उसके पास इतना समय भी नहीं है कि वह महीनों वितस्ता पार करने की प्रतीक्षा करता रहे। ऐसा वह नहीं करेगा। लगभग एक माह हो चुका है। आक्रमण शीघ्र ही होगा। तब दो प्रश्न उत्पन्न होते हैं। क्या समक्ष स्थल पर बिना पुल की सहायता के द्वीपों के सहारे नदी पार करना सम्भव है? दूसरा यह कि यहाँ से दस, बीस, तीस कोस के भीतर कौन-सा स्थल ऐसा है, जहाँ त्वरित सेतु बनाया जा सकता है? तीसरा प्रश्न सम्बद्ध प्रश्न है—क्या आपके चर और सैनिक इतने लम्बे तट पर दृष्टि रख रहे हैं?"

चाणक्य ने रुककर देखा। उसकी बात मनोयोग से सुनी जा रही थी।

"राजन्!" उसने आगे कहना आरम्भ किया, "इस द्वीप-चिह्नित स्थल पर इक्के-दुक्के सैनिक तैरकर पार आ-जा सकते हैं, सेना नहीं आ सकती। ये द्वंद्व युद्ध आपको भ्रमित करने के लिए ही लड़े जा रहे हैं। नदी कहीं और से ही पार की जाएगी।"

"कहाँ से?" अनन्त ने पूछा।

"यही तो रहस्य है। पर मेरी समझ में दक्षिण से नहीं, उत्तर से ही ऐसा होगा। राजन्! सब-कुछ आपकी गुप्तचर व्यवस्था पर निर्भर करता है।"

"क्यों, मंत्रिवर?" पुरु ने अनन्त की ओर देखा।

"हमारे अनेकों चर दूर-दूर तक तट का ध्यान रखे हुए हैं।'

"पर उन्हें इस तट का ही नहीं, शत्रु-तट का भी ध्यान रखना चाहिए। स्वयं यवन-सेना में आपके चर होने आवश्यक हैं। मैं जानता हूँ, वह प्रबन्ध आपके पास नहीं है। तब यही उचित है कि सेना के एक समर्थ अंग को इतना सचल रखा जाए कि बीस कोस के भीतर कहीं से भी पार करती यवन-सेना को तट पर उतरते-उतरते ही नष्ट किया जा सके। इसके लिए चरों का अत्यन्त तत्पर एवं चपल रहना अनिवार्य है।"

"आपका परामर्श मूल्यवान् है, आचार्य! युद्ध-नीति के विषय में आपका क्या कथन है?"

चाणक्य ने एक बार गहन दृष्टि पुरु और अनन्त पर डाली। तब कहना आरम्भ किया—

"राजन्! मेरे विचार में रथों पर निर्भर आपको नहीं करना चाहिए। हो सके तो आधे रथों के अश्वों को अश्वारोहियों को सौंप दें। यवन-अश्वारोही प्रचंड गति से दुर्द्धर्ष, आकस्मिक आक्रमण करने में अत्यन्त कुशल हैं। ऐसे में रथ आत्मघाती सिद्ध होंगे। हस्ति-सेना सहायक रहेगी। पर, मैंने सुना है यवन-पदातिकों को लम्बे बाँसों पर लगे भालों एवं हँसियों से सज्जित किया गया है, जिससे वे महावतों को

खींचकर मार सकें और हाथियों को दूर से ही छेद सकें। आप इन यवन-पदातिकों के सामने अपने पदातिक धनुर्धारियों को एवं गजारूढ़ धनुर्धरों तथा भल्ल-प्रक्षेपकों को रखिए, जो अपनी वाण-वर्षा से उनके भालों को निष्क्रिय कर सकें तथा हाथियों एवं महावतों की रक्षा कर सकें। इन पदातिकों को निष्क्रिय करके गजों को आगे ठेल दिया जाए, जिससे ये शत्रु-पक्ष में कुहराम मचा सकें। अश्वारोहियों को अश्वारोहियों से भिड़ने दीजिए। रथों को पीछे रखिए। आपके पास अश्वारोहियों एवं पदातिकों का एक पर्याप्त संरक्षित दल रहना चाहिए, जिसे यथास्थिति झोंका जा सके। राजन्! यह भी ध्यान में रखना होगा कि यदि अलक्षेंद्र ने कहीं उत्तर से नदी पार की तो आप अपनी राजधानी से कट जाएँगे, पर अलक्षेंद्र को पुल के द्वारा कुमुक निरन्तर मिलती रहेगी।"

"सेनापति!" पुरु ने कहा।

"महाराज!"

"आपने आचार्य के मत को ध्यानपूर्वक सुना।"

"सुना, महाराज! यद्यपि मैं रथों को उतना व्यर्थ नहीं समझता। पर आचार्य के परामर्श में गहरा सार है।"

"सेनापति!" चाणक्य ने किंचित उत्तेजित होकर कहा, "यवन हमारे धर्म-युद्ध की मर्यादा से बँधे नहीं हैं। अलक्षेंद्र से आर्य व्यूह-परम्परा एवं समर-नीति के बल पर लड़ा और जीता नहीं जा सकता। आकस्मिकता और आतंक उनकी युद्ध-नीति के मूल मंत्र हैं। मेरा अधिक कहना इस समय शायद अतिकथन ही होगा।"

"ऐसी बात नहीं है, बन्धुवर!" अनन्त शर्मा ने फौरन कहा।

"आचार्य!" महाराज पुरु बोल उठे।

"राजन्!"

"इस पल व्यवस्था में विशेष परिवर्तन करना शायद कठिन होगा। मैंने सुना है आपके पास अपने गुप्तचर हैं।"

"हैं, राजन्! पर कितने? मेरे पास इतने साधन कहाँ हैं? फिर भी यदि कोई भी काम की सूचना मुझे मिली तो तत्क्षण आपको प्राप्त होगी।"

"आभारी हूँ, आचार्य! युद्ध में आपके दल की नीति क्या रहेगी?"

"हम तमाशा देखने नहीं आए हैं, राजन्! जो भी कोना सबसे अधिक दुर्बल होगा, चन्द्रगुप्त वहीं आपको दृष्टि पड़ेगा।"

"क्या आप एक हाथी पर मेरे पार्श्व में रहना चाहेंगे?"

"राजन्! मैं आपके निकट रहूँगा। मेरा परामर्श आपको हर क्षण मिलता रहेगा।"

"अब आप विश्राम करें, आचार्य!"

चाणक्य और चन्द्रगुप्त उठकर बाहर निकल आए।

"चन्द्र! ये तो बादल घिर आए हैं। अश्व कहाँ हैं?"

"इधर हैं, आर्य!"

"तुम क्या सोचते हो?"

"पुरु ने हमारे विचार ले लिए हैं, पर आपको व्यूह-मंत्रणा में सम्मिलित नहीं किया है।"

"उसकी तुम्हें आशा भी नहीं करनी चाहिए, वत्स! हमारे लिए भी यही उत्तम है कि हम प्रस्तुत परिस्थिति में गहरे न उतरें।"

अपने शिविर में पहुँचकर चाणक्य ने कंकु को बुला भेजा। वह आया।

"कंकु!"

"गुरुदेव!"

"कोई संकेत मिला?"

"अभी कुछ नहीं, आर्य!"

"इस ओर के चर क्या कहते हैं?"

"बीस कोस तक का निरीक्षण वे कर आए हैं। उस पार कहीं भी कोई हलचल दीख नहीं पड़ी।"

"यह नहीं हो सकता, कंकु! कोई छलजाल कहीं न कहीं फैल अवश्य रहा है। हेमा क्यों कुछ भी मालूम नहीं कर सकी है? तुम्हारे दो चर आम्भीक की सेना में हैं। वे क्या कर रहे हैं?"

"मैं लज्जित हूँ, गुरुदेव!"

"नहीं, तुम्हारे लिए उसका कोई कारण नहीं, वत्स! किसी भी विफलता पर आत्मग्लानि से ग्रस्त कभी न होना। फिर मैं तो केवल परिस्थिति की उलझन और अलक्षेंद्र की चतुराई को नाप रहा था।"

"गुरुदेव! क्या मैं उस पार हो आऊँ?"

"तुम्हें चले जाना चाहिए था, पुत्र!"

"क्षमाप्रार्थी हूँ, आर्य! मैं अभी निकल जाता हूँ।"

"सफल बनो, वत्स! अपने चरों से मिलकर उन्हें आदेश दो। हो सके तो आर्या हेमा से भी मिलो। कल इसी समय तक तुम्हें यहाँ होना चाहिए। बाहर वर्षा आरम्भ हो गई है। नदी पार करने के लिए यह सबसे सुरक्षित समय है।"

कंकु चला गया।

"चन्द्र!"

"आज्ञा, गुरुदेव!"

"अगले दो, तीन, चार दिनों में युद्ध होनेवाला है। सिंह के साथ बैठकर अपनी नीति तय कर लो। तुम्हें पुरु के व्यूह में सम्मिलित होना है या अलग रहकर प्रतीक्षा

करनी है। यवन किस स्थल से पार करेंगे, यह पता चल जाता तो पुरु वहीं उन पर आकस्मिक आक्रमण करता और उन्हें तट पर उतरने से रोकता। हो सकता है, अब भी यह अवसर उसके हाथ लग जाए। अलक्षेंद्र अपनी अश्व-सेना पर निर्भर करेगा। पुरु की अश्व-शक्ति हीन है। तुम पुरु के घुड़सवारों की ठीक क्षण पर सहायता करना। उधर, पार्श्व में जो टीला है, चाहो तो उसके पीछे तुम अपने घुड़सवारों को जमा सकते हो। जब अलक्षेंद्र के घुड़सवार पुरु के अश्वारोहियों पर छाते दीखें, तब अचानक निकलकर यवनों पर टूट पड़ा जाए। घिरे मित्र की सहायता करोगे तो तुम्हारी अल्प सहायता का भी मूल्य होगा। प्रस्तुत परिस्थिति में इतना ही पर्याप्त है। पहले ही नंगे हो गए, तो कोई भी नहीं पूछेगा। तुम्हें विश्वास है न कि तुम्हारे ये आरट्ट अनुशासित, समर्पित रह सकेंगे?"

"पूरा विश्वास है, गुरुदेव!"

"यही तुम्हारी परीक्षा है, चन्द्र!"

अगले दिन प्रातः से ही बादल छाए हुए थे और हलकी-हलकी वर्षा होने लगी थी। दोपहर के समय तो अच्छी बौछार पड़ने लगी। पुरु के शिविर में सैनिक गाने एवं आनन्द मनाने में व्यस्त थे। तीसरे पहर वर्षा रुक गई पर बादल ज्यों के त्यों अँटे रहे। चाणक्य के शिविर में कंकु की प्रतीक्षा आतुरता से की जा रही थी। पर कंकु दिन छिपने से पहले नहीं लौट पाया।

उसने बताया, "आर्य! देवि हेमा की सूचना है कि यहाँ से पन्द्रह कोस उत्तर में एक स्थान पर नावों का पुल अब तक बनकर तैयार हो गया होगा। सम्भवतः, इसी रात यवन नदी पार करेंगे।"

"साधु, कंकु, साधु! चन्द्र, पुरु से तत्काल मिलना होगा। सिंह! इसी क्षण अपने सैनिकों को दो-दो चार-चार करके टीले की ओर भेजना आरम्भ कर दो। यह कार्य तुम्हें ही सम्पन्न करना है। वर्षा की चिन्ता न करना। सब अपने साथ दो दिन की सूखी रसद ले जाएँ। शिविरों को ज्यों का त्यों रहने दिया जाए। तुम मेरे साथ आओ, कंकु!"

चाणक्य घोड़े पर चढ़े, तब वर्षा तेज हो गई थी। आने की सूचना मिलते ही पुरु ने उसे भीतर बुला लिया। अनन्त और सेनापति वहीं उपस्थित थे।

"क्या समाचार है, आचार्य! इस आँधी-पानी में कैसे?" पुरु ने चौंककर पूछा।

"राजन्! मुझे विश्वस्त सूचना मिली है कि यहाँ से पन्द्रह कोस उत्तर में जहाँ नदी के दोनों तटों पर घना वन है, वहीं सेतु का निर्माण हो चुका है।"

"कल तक तो वहाँ कुछ नहीं था।" अनन्त ने कहा।

"कल और आज में बड़ा अन्तर होता है, मित्र! सम्भवतः, सेतु-निर्माण आज प्रातः ही आरम्भ हुआ और संध्या तक समाप्त हो गया। राजन्! मैं चेतावनी देने

आया हूँ कि यदि तत्काल युद्ध के लिए प्रस्तुत न हुआ गया तो शत्रु सोते में आ दबोचेगा।" चाणक्य ने थोड़ा खीजकर कहा।

"पर" सेनापति ने कुछ कहना चाहा।

पुरु ने उसे बीच में ही टोका, "सेनापति! आचार्य की सूचना को आभार-सहित ग्रहण करो। सौ रथों और चार सहस्त्र अश्वों के एक दल को राजकुमार अजीत के नेतृत्व में अभी भेजो। यदि शत्रु नदी पार कर रहा है तो ये उसे रोकें और तत्क्षण हमें पूरी सूचना दें। अमात्यवर! आप तत्काल सैनिकों में रसद और शस्त्रास्त्र बँटवाइए। सेनापति, नायकों को सचेत करिए कि वे अपने-अपने दलों को सन्नद्ध रखें। दोनों जाइए।"

"जो आज्ञा, महाराज!"

अनन्त और सेनापति के जाते ही पुरु ने चाणक्य को सम्बोधित किया, "आचार्य! मैं कृतज्ञ हूँ। अब यह बताइए कि आपके सामरिक सहयोग का स्वरूप क्या होगा?"

"राजन्! मेरे थोड़े-से अश्वारोही यवन-अश्वारोहियों पर घातक चोट करेंगे, पर कब और कहाँ, यह निर्णय आप हमीं पर छोड़ दीजिए!"

"ठीक है।" पुरु बोला।

"क्या और कोई परामर्श आप देना चाहेंगे?"

"राजन्! आप स्वयं वीर और कुशल हैं। इस युद्ध में गज ही आपको विजय दिलाएँगे। आप उनका निरीक्षण अभी स्वयं कर लीजिए। उन्हें पर्याप्त मात्रा में शहद और मद्य दे दिया जाना चाहिए। उनके मस्तकों पर तवे बँधवा दीजिए। हर गज पर धनुर्धर रहने चाहिए, जो दूर से ही पदातिकों पर चोट कर सकें। साँकल चला सकनेवाले गजों को आगे रखिए।"

"धन्यवाद, आचार्य!"

"विजयश्री आपका वरण करे। राजन्! सब शुभ हो।" चाणक्य ने आशीर्वाद दिया।

वे तम्बू से निकलकर घोड़े की ओर लपके। कंकु वहीं था।

दोनों चले तो चाणक्य ने कहा, "कल के युद्ध के बारे में क्या सोचते हो?"

"वह बड़ा ही भयंकर होगा, गुरुदेव!" कंकु ने उत्तर दिया।

"क्या इस मूसलाधार में भी यवनों ने नदी पार की होगी?"

"निश्चय ही, गुरुदेव!"

प्रभात हो चुका था। सलेटी रंग के जलद-खंड धुँधले आकाश में तैर रहे थे। जगह-जगह जल-भरी हरियाली धरती दमक रही थी। करई के विशाल मैदान में भारी हलचल थी। हाथी चिंघाड़ रहे थे, घोड़े हिनहिनाकर पैर पटक रहे थे और सैनिकों की चीख-पुकार से वातावरण भरा हुआ था। वर्षा के बाद की धूप अत्यन्त तीखी थी।

कर्रई के इस मैदान के दाहिने पार्श्व में चार-पाँच टीले एक पंक्ति में स्थित थे। ये सम्भवत: किसी प्राचीन बस्ती के अवशेष थे। इन ऊँचे टीलों के बीच सँकरी घाटियाँ-सी थीं, जिनमें काफी सैनिक इस प्रकार खड़े हो सकते थे कि दूर से अनायास न दीख सकें। चाणक्य और चन्द्रगुप्त ने अपने तीन सहस्र अश्वारोहियों को इन्हीं घाटियों में खड़ा किया था। सिंह और विजय इनका नेतृत्व कर रहे थे।

गत संध्या से ही चाणक्य के भीतर हलचल थी। पहला अवसर था, जब वह युद्ध में, इतने बड़े और भीषण युद्ध में हिस्सा ले रहा था। वैसे वह स्थिर और सन्तुलित था। शास्त्र में पढ़े हुए नियम-सिद्धान्त नहीं, बल्कि अवसर की स्थितियाँ-परिस्थितियाँ विद्युद्गति से उसके अन्त:पट पर उभर रही थीं और गम्भीर चिन्तन का विषय बन रही थीं। फिर भी एक आशंका, एक भय बाण के फलक की तरह भीतर गड़ा हुआ था। क्या होगा? कहीं ऐसा न हो कि अत्यन्त आयास से एकत्र किए गए ये सैनिक इस युद्ध की बाढ़ में बह ही जाएँ और वह तट पर खड़ा निरुपाय देखता रह जाए। देखें, चन्द्रगुप्त इस युद्ध में कैसा कौशल दिखाता है। किसी तरह पुरु जीत जाए और अलक्षेंद्र को वितस्ता के पार फेंका जा सके। तब पुरु को लेकर मगध से टक्कर ली जा सकती है। पर पुरु ने इस युद्ध की योजना में बुद्धि का परिचय नहीं दिया है। उसके पास गूढ़ पुरुष लगभग हैं ही नहीं। उसकी अश्व-सेना संख्या में कम और दुर्बल है। यवनों के प्रहार को वह सह पाएगी या नहीं? हाथियों पर ही निर्भर करना पड़ेगा। पर यवन-कौशल के सामने हाथियों का आचरण कैसा रहेगा, यह अनिश्चित है। अपनी गर्दन अनिश्चय के हाथ में छोड़ देना कुशलता नहीं है। वस्तुत:, पुरु ने यवन युद्ध-नीति का समुचित अध्ययन नहीं किया है। देखें, अब क्या होता है। चन्द्र को पुरु के अश्वारोहियों को ही बल देना होगा। जैसे ही उन पर दबाव पड़े, चन्द्र इन टीलों से निकलकर यवनों पर टूट पड़े।

चाणक्य, चन्द्र और कंकु को लेकर सबसे ऊँचे टीले की चोटी पर जा खड़ा हुआ। यहाँ से नदी-तट से थोड़ा हटकर फैली सेनाएँ साफ दीख पड़ रही थीं। तीनों उनके व्यूह का अध्ययन करने लगे।

"चन्द्र! पुरु के व्यूह को देखो।" चाणक्य ने कहा। "सबसे आगे हाथियों की पंक्तियाँ हैं। हाथियों के दोनों पार्श्वों पर आगे पदाति और पीछे रथ हैं। हाथियों के पृष्ठ में फिर पदाति दल हैं और इन दलों के दोनों पार्श्व अश्वारोही पंक्तियों से संरक्षित हैं। इस व्यूह के विषय में तुम क्या कहते हो?"

"गुरुदेव! मुझे लगता है इस व्यूह के पार्श्व बहुत दुर्बल हैं। आगे के पैदल और रथ यवन-अश्वारोहियों के सम्भावित झंझावाती हमले को झेल नहीं पाएँगे। देखिए, आर्य! यवन-सेनाएँ उत्तर की ओर से बढ़ती आती साफ दीख रही हैं। सामने पैदल हैं और दोनों पार्श्वों में अश्वारोही। पर अश्वारोहियों का जमाव नदी वाले पार्श्व पर ही अधिक है।"

"इसी से प्रकट है कि यवन पुरु के पार्श्वों को पहले कुचल देना चाहते हैं। पर, कंकु!"

"आर्य!"

"अजीत की टुकड़ी का क्या हुआ? उसने क्या किया?"

"गुरुदेव! आम्भीक की सेना में मिला हमारा चर आता ही होगा। उसे यही आदेश है। अजीत के साथ गए चर को भी आ जाना चाहिए था।"

"अजीत अलक्षेंद्र को रोक नहीं पाया।" चाणक्य के मुँह से निकला।

"वह रोक भी नहीं सकता था, गुरुदेव! उसके पास बल कम था और यवन-सेना के इस पार उतर चुकने के बाद ही वह वहाँ पहुँचा होगा।" चन्द्रगुप्त ने विचार रखा।

"चन्द्र ठीक कहता है, आर्य! लीजिए, एक चर आ गया।" कंकु ने सामने देखते हुए कहा।

चाणक्य और चन्द्रगुप्त दोनों ने देखा कि एक घुड़सवार घोड़ा दबाता हुआ इधर ही आ रहा था।

"अजीत के मोर्चे का पूरा विवरण अब मिल जाएगा।" चाणक्य बोल उठा।

तीनों साँस रोके उस घुड़सवार के निकट आने की प्रतीक्षा करने लगे। कुछ ही देर में वह आ पहुँचा। उसने बताना शुरू किया—

"आर्य! रात वहाँ मूसलाधार वर्षा हो रही थी। लगता था, जैसे आकाश ही फट पड़ेगा। बार-बार बिजली कड़क-कड़क जाती थी और हर कड़क वर्षा को और प्रखर कर जाती थी। ठीक ऐसे में, रात्रि का दूसरा प्रहर बीतते ही सबसे पहले अलक्षेंद्र के घोड़े ने पुल पर अपनी टापें रखीं। उसके पीछे पर्डिकस और कोयनस थे और उनके पीछे आम्भीक और शशिगुप्त। उनके पीछे अश्वारोहियों की पंक्ति आरम्भ हो गई थी, जो कई घंटों तक अविच्छिन्न चलती थी। मैं पंक्ति में सबसे अगले सैनिकों में था। पुल के समाप्त होने पर अलक्षेंद्र ने इस पार पुरु की धरती पर पैर रखा। अलक्षेंद्र, आम्भीक और शशिगुप्त एक ओर खड़े होकर सेना का उतरना देखने लगे। मैं पास सटकर खड़ा हो गया।

" 'आज पुरु का गर्व चूर्ण होगा।' आम्भीक के मुँह से निकला।

" 'कोयनस! इन्हें पंक्तिबद्ध खड़े करो, ऐसे कि ये आकस्मिक आक्रमण का जवाब दे सकें।' अलक्षेंद्र ने आदेश दिया।

" 'जो आज्ञा, सम्राट्!'

" 'सिसिकोटस!'

" 'सम्राट्!'

" 'क्या पाँच सहस्र अश्वारोही लेकर सोते हुए पुरु पर आक्रमण किया जाए?'

" 'हमें यह निश्चित पता तो हो कि पुरु अंधकार में है।' शशिगुप्त ने कहा।

" 'पुरु यह सोच भी नहीं सकता कि अलक्षेंद्र इस प्रलय में नदी पार करेगा। पर्डिकस!'

" 'सम्राट्!'

" 'कुछ अश्वारोहियों को अलग-अलग दिशाओं में दो-दो कोस भीतर भेजो। देखो, क्या शत्रु-सैनिक कहीं पास हैं? कोयनस! तट पर भीड़ मत होने दो। गुल्मों को दूर-दूर खड़े करो।'

" 'जो आज्ञा, सम्राट्!'

" 'महाराज आम्भीक!'

" 'हाँ, सम्राट्!'

" 'भारतीय हाथियों से भिड़ना जानते हैं। तक्षशिला के कुछ कुशल अश्वारोहियों एवं पदातिकों को हमारे सैनिकों में मिलाकर व्यूहबद्ध करो। हम इन भयानक दुर्द्धर्ष पशुओं को व्यर्थ कर सके, तभी हम विजयी हो सकेंगे।'

" 'हाथी को चारों ओर से तीक्ष्ण शूलों से बींधा जाना चाहिए। वह अपना सन्तुलन खो बैठे तो वह अपनी ही सेना को कुचल डालता है। मैंने बाँसों में फलक लगवाकर लम्बे भाले अपने सैनिकों को दे रखे हैं।' आम्भीक ने बताया।

" 'हाथियों को आप ही सँभालेंगे।' अलक्षेंद्र बोला, 'कोयनस! तुम्हारे धनुर्धर अश्वारोहियो की परीक्षा आज होगी। समझ रखो कि टक्कर के शत्रु से सामना आज ही हुआ है।'

'आप निश्चिंत रहें, सम्राट्। संध्या तक पुरु आपके चरणों में होगा।'

" 'सिल्यूकस कहाँ है?'

" 'वे अन्तिम अश्वारोहियों के साथ हैं।'

" 'सिसिकोट्टस! पुरु की राजधानी से उसके सम्पर्क को कैसे काटा जा सकता है?'

" 'वह सम्भव नहीं है, सम्राट्! उसकी आवश्यकता भी नहीं है। आपको युद्ध लम्बा नहीं खींचना है।'

" 'राजधानी में उसने कितनी सेना छोड़ी है?'

" 'दस सहस्र से अधिक नहीं। इनमें अश्वारोही दो सहस्र ही होंगे। वह भी इसलिए क्योंकि अभिसार-नरेश सिर पर बैठा है। अभिसार-नरेश तटस्थ रहेगा, सम्राट्!'

" 'इसके लिए मैं आभारी हूँ।'

" 'धन्यवाद, सम्राट्!'

" 'सिल्यूकस, इधर।'

" 'सम्राट्!'

" 'सब प्रबन्ध ठीक है?'

“ ‘उत्तम, सम्राट्!’

“ ‘क्रेटरस को समझा दिया है न कि संकेत होते ही दो सहस्त्र अश्वारोहियों सहित पुल पार कर ले।’

“ ‘जी।’

“ ‘अब अश्वारोहियों को आगे बढ़ाओ। यहाँ जमने के लिए हम नहीं आए हैं। आओ, सिसिकोट्टस!’

“ ‘आपको एकदम आगे नहीं रहना चाहिए।’ शशिगुप्त ने कहा।

“ ‘घिरकर चलना हमें पसन्द नहीं है। वह खतरनाक भी होता है। साहस को और नेतृत्व को क्षीण करता है। अपनों को दुरभिसन्धि की प्रेरणा देता है।’

“अलक्षेंद्र, सिल्यूकस, आम्भीक और शशिगुप्त आगे-आगे चले। उनके पीछे गुल्म पर गुल्म।

“तट के साथ-साथ उगे वृक्षों के पार एक खुला मैदान था, जिसमें झाड़-झंखाड़ अधिक थे, पेड़ कम। पर्डिकस द्वारा भेजे अश्वारोही वहीं वापस लौटते मिले।

“ ‘एक सैन्य-दल इधर ही आ रहा है।’ उनमें से एक ने बताया।

“ ‘सिल्यूकस! सबको यहीं रोको और फैला दो। शीघ्र। पुरु को पता लग गया। कैसे? सिसिकोट्टस!’

“ ‘सम्राट्!’

“ ‘यह तुम्हारी प्रेयसी उस हेमा ने किया है। समझे।’

“शशिगुप्त सिर से पैर तक काँप उठा।

“ ‘मैं लज्जित हूँ, सम्राट्!’ उसके मुँह से निकला।

“ ‘सिल्यूकस, शीघ्रता करो। वे आ पहुँचे हैं।’

“तभी झाड़ियों के पीछे से उभरते अश्वारोही दीख पड़े।

“वर्षा धीमी पड़ गई थी और पूर्व में कालिमा तड़क उठी थी। बादलों का जमाव भी बिखरने लगा था। कहीं-कहीं एक आध तारा भी झलक जाता था।

“अजीत के अश्वारोही-दल ने एकत्र होकर कुछ क्षण सामने खड़े यवनों को देखा। तब वह सम्मिलित हुंकार के साथ आगे झपटा और पल-भर में ही दोनों पक्ष भीषण मारकाट में उलझ गए। आम्भीक और शशिगुप्त ने पहली बार अलक्षेंद्र को लड़ते हुए देखा।

“भारतीय सैनिकों का पहला स्वाद यवनों को पर्याप्त तीखा प्रतीत हुआ। कुछ ही देर में उस मैदान की गीली मिट्टी यवन-रक्त से रंग गई और चारों ओर शव बिखर उठे। तभी अचानक अजीत अलक्षेंद्र के सामने आ पड़ा। पलभर में उसका भरपूर वार अलक्षेंद्र पर पड़ा, जो कवच को फोड़कर उसके बाएँ कन्धे में घुस गया। यवन-सम्राट् का सन्तुलन बिगड़ गया। वह सिर के बल धरती पर जा गिरा। अजीत का दूसरा वार भू-लुंठित अलक्षेंद्र पर पड़ने ही वाला था कि सिल्यूकस सहित कई

यवनों के शस्त्र एक साथ उसके शरीर में घुस गए और वह निर्जीव होकर घोड़े पर लटक गया। घोड़ा उसे लेकर पीछे की ओर भाग निकला।

"अजीत के मरने पर भी युद्ध बराबर चलता रहा, पर क्रमश: पासा पलट गया और यवनों का दबाव बढ़ गया। रथ उस कीचड़-पानी में और उन झाड़-झंखाड़ों में विवश हो उठे और प्रखर यवन-अश्वारोहियों ने उन्हें बात की बात में नष्ट कर डाला। भारतीय घुड़सवारों ने डटकर मुकाबला किया, पर वे घिरते चले गए। अन्त में नायकों ने तय किया कि पीछे हटकर निकल जाना ही श्रेयस्कर है।

"अलक्षेंद्र का उपचार तत्क्षण किया गया। घाव बहुत गहरा नहीं था। कुछ ही देर में वह पुन: अपने घोड़े पर था। उसने देखा कि भारतीय सेना मैदान छोड़ चुकी थी। उसने आदेश दिया कि पीछा न किया जाए।

" 'सिल्यूकस! हमारे कितने सैनिक मरे होंगे?'

" 'कम-से-कम पाँच सौ।'

" 'और उनके?'

" 'एक सहस्र से कम नहीं।'

" 'वह युवक शूरवीर था।'

" 'वह पुरु का बेटा था, सम्राट्!' शशिगुप्त ने बताया।

" 'मारा गया। सिल्यूकस! सेना को आगे बढ़ाओ। दिन निकलने ही वाला है।'

"अलक्षेंद्र चिन्ता में डूब गया। उसे शायद लगा कि यह नया दिन पर्याप्त कटु और कठोर सिद्ध होगा।

"यहीं मैं चुपके से सरककर झाड़ियों में लुप्त हो गया।"

"सुन्दर!" चाणक्य ने कहा, "देवि हेमा का विचार क्या है?"

"वे आज रात में नदी पार करेंगी। वे अब वहाँ सुरक्षित नहीं हैं।" चर ने बताया।

"चन्द्र! देखो अलक्षेंद्र की सेनाएँ व्यूह-बद्ध हो चुकी हैं। अश्वारोहियों के पीछे पदाति हैं। तुम इससे क्या समझते हो?"

"वही गुरुदेव! महाराज पुरु सोचते हैं कि पहली भिड़त हाथियों से होगी, पर यवन-अश्वारोही निश्चय ही पहले पुरु के वामस्थ पैदलों, रथों और अश्वारोहियों से टकराएँगे।"

"एकदम सत्य है। वे पुरु के पृष्ठ में जाकर पदाति-दलों को त्रस्त एवं अस्त-व्यस्त करने का प्रयास भी कर सकते हैं। चन्द्र! तुम्हें पुरु के अश्वारोहियों की पूरी सहायता करनी है। और पदातिकों को बिखरने नहीं देना है। पर तत्काल एक सहस्र से अधिक को युद्ध में मत झोंकना, वह भी तब जब पुरु के अश्वारोही संत्रस्त हो उठें और पृष्ठ के पदातिकों पर दबाव पड़ने लगे। या जैसा तुम तीनों अवसरानुकूल तय करो।"

"जो आज्ञा, गुरुदेव!"

"कंकु! मैं पुरु के आसपास ही रहना चाहता हूँ। तुम्हें मुझसे और चन्द्र से, दोनों से ही सम्पर्क बनाए रखना होगा। युद्ध-क्षेत्र में निर्विघ्न घूम सकनेवाले चर तुम्हारे पास हैं न?"

"हैं, आर्य!"

"अच्छा तो सेनापति चन्द्र! अब तुम जानो। आज तुम्हारी असली परीक्षा है, शौर्य की भी और नेतृत्व की भी। है न?"

"गुरुदेव! मुझे आपके आशीर्वाद का भरोसा है।" चन्द्र ने चाणक्य के चरण-स्पर्श किए।

"आयुष्मान् हो, वत्स! तुम अभी यहीं टिको। तुम्हारे इस चर को मैं साथ ले जा रहा हूँ।"

"ठीक है, आर्य!"

चाणक्य टीले से उतरा और अश्वारूढ़ होकर युद्ध भूमि की ओर बढ़ा।

युद्धभूमि में पुरु अपने विशाल गज पर बैठा आमने-सामने डटी अपनी और अलक्षेंद्र की व्यूह-बद्ध सेनाओं को देख रहा था। यवन-अश्वारोहियों के शीर्ष पर स्थित अलक्षेंद्र उसे साफ दीख पड़ रहा था। उसके पार्श्व में उसका सेनापति सिल्यूकस था, जो सम्राट् के आदेशों को अन्य समुचित नायकों तक पहुँचाने के लिए निर्देश दे रहा था। पुरु अपने पुत्र अजीत की मृत्यु और पहली टक्कर के परिणामों के विषय में सुन चुका था। इन्हें उसने कोई विशेष महत्त्व नहीं दिया था। वह बस यवनों की ओर से युद्ध आरम्भ किए जाने के संकेत की प्रतीक्षा में था और उसका मन इन विशाल गजों की तरह ही भिड़ जाने के लिए व्याकुल था। तभी उसने देखा लगभग एक सहस्र यवन-अश्वारोही सहसा आगे बढ़े और उसके वाम पार्श्व में स्थित पदातिकों पर छाते हुए रथों पर टूट पड़े। पुरु ने देखा, यवन-अश्वारोही धनुर्धरों के समक्ष उसके पैदल धड़ाधड़ गिर रहे हैं और वे अपने धनुषों का प्रयोग नहीं के बराबर कर पा रहे हैं। रथ हलचल में आए, पर उनके पहिए कोमल, गीली धरती में धँस-धँस जाने लगे और विवश होकर नष्ट होने लगे।

इसके तत्काल बाद ही पुरु ने पृष्ठ की ओर गड़बड़ देखी। उसने देखा कि यवन-अश्वारोहियों का एक दल दाहिनी ओर स्थित टीलों के पीछे से होकर वाम-पृष्ठ में स्थित उसके घुड़सवारों पर टूट पड़ा है। ठीक तभी स्वयं अलक्षेंद्र अपने निजी अश्वारोहियों को लेकर पूरे वाम-पार्श्व में हो रहे घमासान में शामिल हो गया। अब तक रथ लगभग बेकार हो चुके थे। घुड़सवारों पर दबाव अधिक पड़ते देख पुरु ने आदेश दिया कि दक्षिण पार्श्व के घुड़सवार वाम की सहायता के लिए पहुँचें। युद्ध इस तरह आरम्भ होगा, इसकी आशंका पुरु को नहीं थी। तभी अचानक उसे दीख

पड़ा कि टीलों की ओर से ही लगभग एक सहस्त्र का एक और अश्वारोही दल छूटा और वह पृष्ठ को पार करता हुआ अलक्षेंद्र के दल से जा टकराया। यह चन्द्र था। यह देखकर पुरु आश्वस्त हुआ कि उसका अश्वारोही पक्ष अब यवनों के इन चार सहस्त्र घुड़सवारों को सँभाल लेगा।

अब पुरु ने अपने हाथियों को पूरे वेग से आगे बढ़ाया और वे चिंघाड़ते हुए सामने पंक्तिबद्ध और नदी की ओर जमी घुड़सवार पंक्तियों पर टूट पड़े। हाथियों ने घुड़सवारों को सूँड़ों में थामकर ऊपर उछाल डाला और घोड़ों को पैरों के नीचे कुचल दिया। हाथियों पर बैठे योद्धा भी बाणों एवं भालों से संहार में जुट गए। कुछ हाथी वाम पार्श्व की ओर मोड़ दिए गए। हाथियों के पीछे-पीछे पैदल थे, जो तीरों से शत्रु को बींध रहे थे। यवन-घुड़सवार हाथियों के इस आक्रमण से घबड़ा उठे। उनकी आतंकप्रद चिंघाड़ से उनके घोड़े बिदकने लगे और त्रस्त होकर इधर-उधर भागने लगे। दोपहर तक यवन-अश्वारोहियों का जमाव अस्त-व्यस्त हो उठा। पर पुरु के पदाति अभी अक्षुण्ण थे। अलक्षेंद्र अभी तक वाम पार्श्व में लड़ रहा था। यह स्थिति देखकर उसने यहाँ का युद्ध सिल्यूकस को सौंपा और वापस लौटा। उसके अधिकतर अश्वारोही, पदातिक पंक्तियों के पीछे जाकर खड़े हो गए थे। उसने उन्हें सांत्वना दी और ललकारा। उसने नायकों को आदेश दिया कि सबको एकत्र करके उन्हें वे तत्काल पंक्तिबद्ध करें।

चन्द्रगुप्त के लिए यह पहला युद्ध था। वह पूरे उत्साह से लड़ रहा था और पूरी कुशलता से अपने दल का नेतृत्व कर रहा था। उसके आरट्टों ने यवन-घुड़सवारों के बीच एक आतंक फैला दिया था। चन्द्रगुप्त के आने के कुछ ही देर बाद सिंह दूसरे एक सहस्त्र को लेकर चन्द्र की सहायता के लिए पहुँच गया। अब यवनों पर दबाव पड़ा और वे धीमे-धीमे पीछे की ओर सरकने लगे। यहीं, इसी समय चन्द्रगुप्त और सिल्यूकस की पहली भेंट सहसा ही हुई। सिल्यूकस ने चन्द्रगुप्त को लड़ते हुए देखा और वह अत्यन्त प्रभावित हुआ। चन्द्रगुप्त के युद्ध-कौशल में उसने यूनानी विधा का मिश्रण पाया। वह चमत्कृत हुआ। पास आकर उसने पूछा—

"युवक, तुम्हारा नाम?"

"क्यों? आर्य चाणक्य का शिष्य चन्द्रगुप्त!"

"आर्य चाणक्य का नाम मैंने सिसिकोट्टस से सुना है। तुम तक्षशिला के हो?"

"नहीं, मगध के।"

"जब सम्राट् मगध पर आक्रमण करेंगे, तब तुम काम आ सकते हो।"

"यवन! मगध का सपना बहुत दूर है। पहले पुरु से तो निपट लो।" चन्द्र ने उत्तर दिया।

सिल्यूकस ने चन्द्रगुप्त के तमतमाते चेहरे को देखा।

"युद्ध के बाद मिलोगे?"

"आर्यों को कहीं भी मिलने में संकोच नहीं होता।"

"मैं तुम्हारे गुरु चाणक्य से दो बातें करना चाहता हूँ।"

"अवश्य!"

"मैं सिल्यूकस हूँ। यवन-सेनापति।" कहकर सिल्यूकस एक ओर निकल गया।

वाम पक्ष का यह युद्ध क्षीण पड़ रहा था। भारतीय अश्वारोही यवन-घुड़सवारों को खदेड़ रहे थे। यवनों का उद्देश्य विशेष सफल नहीं हो पाया था। पार्श्वस्थ रथों और पैदलों को तो वे नष्ट और अस्त-व्यस्त कर पाए थे, पर पृष्ठ के पदातिक जमाव को कोई भी हानि पहुँचाने में वे विफल रहे थे। इसका श्रेय चन्द्र और सिंह को था। भारतीय अश्वारोहियों ने यवनों का डटकर प्रतिरोध किया था और उधर हाथियों ने नदी-तट के उनके जमाव को छिन्न-भिन्न कर डाला था। उन्होंने यवन-घुड़सवारों को बड़ी संख्या में नष्ट कर दिया था। यवन-अश्वारोही वाम पार्श्व से हटे तो भारतीयों ने उनका पीछा नहीं किया। वे सँभलकर एकत्र होने लगे। चन्द्रगुप्त ने अपने आरट्टों को आदेश दिया कि वे पैदलों के पृष्ठ में पहुँचकर संगठित हों।

अब अलक्षेंद्र ने आम्भीक के पैदलों को आगे बढ़ाया। लम्बे-लम्बे भाले लिए गान्धारी पदातिकों ने हाथियों को घेरना शुरू कर दिया। इन भालों के हँसिए जैसे फलों से वे महावतों को खींचकर धरती पर गिरा देते या वहीं उनका सिर उतार लेते। जब एक हाथी के शरीर में एक से अधिक ऐसे भाले एक साथ घुस जाते तो वह पीड़ा से पागल हो उठता और अन्धाधुन्ध भाग लेता। कुछ ही देर में कितने ही हाथी घातक रूप से घायल होकर गिर पड़े या युद्ध-क्षेत्र से भाग लिए। अनेक महावत मारे गए। हाथियों का आक्रमण कुंठित हो उठा। इस बीच अलक्षेंद्र ने अश्वारोहियों को पुनर्गठित कर लिया। उसने उन्हें पुरु के दोनों पक्षों पर भरपूर आक्रमण करने के लिए भेजा। साथ ही शिविर को संकेत भिजवाया कि क्रेटरस के अश्वारोही आकर युद्ध में सम्मिलित हो जाएँ।

पुरु ने यह सब देखा तो वह व्याकुल हो उठा। तभी एक तीर सन्नाता हुआ आकर उसके दाएँ कन्धे में गड़ गया। उसने बाएँ हाथ से तीर खींचकर एक ओर फेंक दिया। वैद्यराज साथ ही दूसरे हाथी पर थे। उन्होंने आकर तात्कालिक उपचार किया।

तभी घोड़े पर सवार चाणक्य ने उसका ध्यान आकर्षित किया।

"ऊपर आइए, आचार्य!"

ऊपर पहुँचकर चाणक्य ने कहा, "महाराज! हाथियों को पीछे हटाकर पैदलों को पैदलों से भिड़ने दीजिए।"

"मैं भी यही सोच रहा था।"

पुरु ने तत्काल नायकों को आवश्यक आदेश दिए।

"दूसरी बात यह महाराज कि शिविर में रुक रहे अश्वारोहियों को तत्क्षण बुलवा लीजिए।"

"क्यों?"

"यवन-अश्वारोहियों के लिए उनकी आवश्यकता है। मैंने भी अपने सभी घुड़सवारों को युद्ध में कूद पड़ने के आदेश दे दिए हैं।"

"आचार्य! आपके शिष्य चन्द्रगुप्त की तलवार मैंने देखी है।" पुरु ने कहा।

"प्रशंसा का समय नहीं है, महाराज! मेरी तीसरी बात सुनिए। वितस्ता का सेतु तत्काल टूटना चाहिए।"

"पर, कैसे?"

"राजधानी को आदेश भिजवाइए कि संध्या होते ही कम-से-कम पाँच सहस्त्र का दल सेतु स्थल को घेर ले। मेरा शिष्य कंकु उसका नेतृत्व करेगा और शेष कार्य कर लेगा।"

"मैं समझ गया, आचार्य! यह वस्तुत: अत्यन्त आवश्यक है। मैं अनन्त को भेजता हूँ। आप कंकु को साथ भेजें।"

"ठीक है, महाराज!"

"धन्यवाद, आचार्य!"

नीचे आकर चाणक्य ने चर को भेजकर कंकु को बुलवाया। आने पर कहा—

"देखो कंकु! आज रात तक एक आवश्यक कार्य सम्पन्न होना है।"

"कहिए, आर्य!"

"यवनों द्वारा निर्मित पुल का विध्वंस।"

"यह तो तत्काल होना चाहिए, गुरुदेव!"

"तो करो। देखो तुम अनन्त के साथ राजधानी चले जाओ। वहाँ से पाँच सहस्त्र सैनिक लेकर सेतुस्थल पर आ जाओ और यह काम कर डालो।"

"वहाँ जाने की आवश्यकता नहीं है, आर्य! अमात्य अनन्त को वहाँ भेज दीजिए। वे सैनिक ले आएँगे। यहाँ युद्ध में काम आएँगे। सेतुस्थल सुरक्षित नहीं है। मैं सोचता हूँ कुछ दूर धारा में जाकर नावों में आग लगा दी जाए, ऐसी आग जो पानी से भी न बुझे।"

"यही उत्तम रहेगा। जितने चाहो सैनिक लेकर तुम जाओ। अनन्त को अलग जाने दो। कंकु! यदि सेतुस्थल अरक्षित छोड़ दिया गया है तो इसका अर्थ यह है कि अलक्षेंद्र पुरु को एकदम मूर्ख समझता है।"

कंकु हँस दिया।

"चन्द्र से कहो कि उसने और सिंह ने बहुत सुन्दर युद्ध लड़ा है। उसका फल मिला है। पर, अलक्षेंद्र नदी की ओर के पार्श्व पर बार-बार आक्रमण करेगा। अब नदी पार से सहायता आएगी। चन्द्रगुप्त को पुरु के अश्वारोहियों के साथ मिलकर पृष्ठ और पार्श्वों की रक्षा करनी है।"

"जो आज्ञा, गुरुदेव!"

"अनन्त से कहो कि पाँच सहस्र सैनिकों में से ही कुछ को वह सेतुस्थल पर छोड़ दे और शेष को यहाँ भेज दे।"

"जो आज्ञा, आर्य!"

पुरु ने अब हाथियों को पीछे हटाया और उनका पुनर्गठन किया। नए महावतों और सैनिकों से उन्हें सज्जित करके उसने उन्हें कुछ ही देर में सन्नद्ध कर लिया। इस बीच दोनों पक्षों के घुड़सवारों और पैदलों के बीच घमासान मचता रहा। अब सौ हाथियों को लेकर पुरु शत्रु-पक्ष पर टूट पड़ा। हौदों में बैठे उसके चुने हुए धनुर्धरों ने पैदलों के लम्बे भालों को इस बार हाथियों तक पहुँचने ही नहीं दिया। हाथियों ने फिर पैदलों और घुड़सवारों को घुमा-घुमाकर फेंकना और पैरों के नीचे रौंदना शुरू कर दिया। क्रोधोन्मत्त पुरु ने तो कमाल ही कर दिखाया। दाहिने हाथ के घायल होते हुए भी उसने यंत्र की-सी गति से भाले फेंके और ऐसे अचूक कि एक भी व्यर्थ नहीं गया। उसका भाला घोड़े को लग जाता तो वह वहीं का वहीं बैठ जाता। आदमी तो जीवित बचता ही नहीं था। हाथियों के इस ठोस प्रत्याक्रमण से यवन कुछ ही देर में फिर तिलमिला उठे। चाणक्य के तीन सहस्र अश्वारोहियों से पुष्ट पुरु के घुड़सवार जमकर लड़ ही रहे थे। यवनों को जो कुमुक मिली थी, उससे विशेष अन्तर नहीं पड़ा था। संध्या होने को आई थी, और दिन झुक चला था, पर अलक्षेंद्र अपनी उत्तम अश्वारोही सेना के रहते भी पुरु पर हावी नहीं हो पा रहा था। इस समय तो उसके सैनिकों का निर्मम संहार हो रहा था। आज पहली बार अलक्षेंद्र अपने को विवश अनुभव कर रहा था। उसने सिल्यूकस, आम्भीक और शशिगुप्त को परामर्श के लिए पास बुलाया।

"इस समय तो आप सेना को वापस खींच लीजिए।" शशिगुप्त ने कहा।

"यही ठीक लगता है।" सिल्यूकस बोला।

"आम्भीक! मुझे घुड़सवार चाहिए।"

"वे मिलेंगे, सम्राट्!"

"सिल्यूकस! सैनिकों को पीछे हटने का आदेश दो।"

"जो आज्ञा, सम्राट्!"

"सिसिकोट्टस! कल भी ऐसा ही रहा तो?"

"क्यों रहेगा सम्राट्!"

"पुल की रक्षा का क्या प्रबन्ध किया जाए?"

"उसकी आवश्यकता नहीं है, सम्राट्! पुल की बात पुरु के मस्तिष्क में नहीं आएगी। वह घायल है और बहुत थक चुका है। अब आप कल के व्यूह के विषय में सोचिए। कल दोपहर तक पाँच सहस्र भारतीय घुड़सवार आपको मिल जाएँगे। मैं अभी सन्देश भेज रहा हूँ।"

पुरु ने यवनों को पीछे हटते देखा तो हाथ रोककर देखता रह गया। उनका पीछा करने का विचार उसके मन में आया, पर उसने वैसा न करने का ही निश्चय किया। सेना को समेटकर पीछे लौटने का आदेश उसने भी दे डाला।

शिविर में पहुँचकर पुरु ने विश्राम नहीं किया। सेनापति और अन्य नायकों को लेकर वह सेना की सँभाल और कल के युद्ध के लिए व्यवस्था करने में जुट गया। स्वस्थ पैदलों एवं घुड़सवारों को अलग कर लिया गया। कम घायलों को अलग करके उनका संरक्षित दल बना दिया गया। अचूक धनुर्धारियों को चुनकर उन्हें हाथियों के लिए नियत कर दिया गया। अलक्षेंद्र की ओर से किसी सम्भावित आक्रमण के लिए भी पुरु ने कुछ टुकड़ियाँ नियुक्त कर दीं। घोड़ों और हाथियों की सेवा में अश्व-पालक और महावत जुट गए। यह सब व्यवस्था करके पुरु अपने शिविर में पहुँचा। भोजन करके वह लेटा पर सो नहीं सका। उसने चाणक्य को बुलवा भेजा।

आने पर उसने पूछा, "आचार्य! क्या कंकु से कोई समाचार मिला है?"

"महाराज! वह अपना काम करके ही लौटेगा। सूचना लाने के लिए चर मैंने भेज दिए हैं।"

"कल के विषय में आपका क्या परामर्श है?" पुरु ने पूछा।

"राजन्! आक्रामक युद्ध लड़ेंगे तो विजय निश्चित आपकी होगी। प्रात: तक आपके पास कुमुक पहुँच जाएगी। उनके घुड़सवारों के सामने अपने हाथियों को रखिए और अपने अश्वारोहियों को उनके पदातिकों पर टूट पड़ने को प्रेरित कीजिए। हाथियों को घायल होने से बचाइए। आप एक बार यवन-सेना में आतंक पैदा कर सके तो विजय सुनिश्चित है।"

"ऐसा ही होगा, आचार्य!"

चाणक्य वापस शिविर में आकर चन्द्र, सिंह और विजय से बातें करने लगा।

"सब देख-भाल लिया है, चन्द्र?"

"हाँ, गुरुदेव!"

"हमने कितने सैनिक खोए?"

"लगभग दो सौ मरे और तीन सौ घायल हो गए।" सिंह ने उत्तर दिया।

"कल का युद्ध निर्णायक होना चाहिए।"

"हाँ, आर्य! यदि कंकु सेतु को नष्ट कर सका तो युद्ध निश्चय ही निर्णायक होगा।" चन्द्र ने कहा।

"क्रेटरस के अश्वारोही कैसा लड़े?"

"गुरुदेव! वे आकस्मिक आँधी की तरह आए।" विजय ने बताया।

"पर हम उन्हें झेल गए! हमारे अधिक सैनिक उसी लपेट में मारे गए। दाएँ पार्श्व पर घमासान युद्ध हुआ। पर क्रेटरस पैदलों की पंक्तियों में घुस नहीं पाया। तब उसके सैनिक पृष्ठ से होते हुए नदी की ओर सरकने लगे।

"यवन बिखर गए और हमने उनका अच्छा संहार किया।" सिंह बोल उठा।

तभी अचानक तम्बू के बाहर कुछ शोर मचा। तीनों ने निकलकर देखा, कुछ सैनिक एक स्त्री को हाथों पर उठाए ला रहे थे।

"कौन है यह?" चन्द्र ने पूछा।

"नदी-पार से एक स्त्री लाई गई है। यवनों ने इसे तीरों से घायल कर दिया है।" किसी ने बताया।

तब तक वह स्त्री सामने थी।

"कौन? देवि हेमा?" चाणक्य के मुँह से सहसा निकला।

"हाँ, आचार्य, मैं! शशिगुप्त के सैनिकों ने मुझे घायल कर दिया। पर मेरे साथी किसी प्रकार मुझे निकाल लाए हैं। उन्हें मुझ पर सन्देह हो गया था।"

"अब आप सुरक्षित हैं, देवि! भगवद् कृपा से आपका जीवन बच गया। सैनिको, इन्हें लिटाओ। विजय! तुम वैद्य को बुलाओ।"

सैनिक हेमा को ले गए। "तुम लोग विश्राम ले लो, चन्द्र!" चाणक्य ने कहा।

"जो आज्ञा, गुरुदेव!"

चाणक्य कुछ देर वहीं खुले में खड़ा रह गया। शिविर धीमे-धीमे स्तब्धता में डूबा जा रहा था। इस समय खुले आकाश में तारे छिटके हुए थे। मीठी ठंडी हवा चल रही थी, पर उसमें घायलों की कराह घुली थी। चाणक्य के भीतर अनेकों विचार घुमड़ रहे थे। आज का युद्ध पर्याप्त सफल रहा। घायल होने पर भी पुरु ने अप्रतिम वीरता प्रदर्शित की। हाथियों ने अच्छा काम किया, पर हाथियों को पैदलों से अधिक अश्वारोहियों का ठोस सहयोग चाहिए। यदि हम कोयनस और क्रेटरस के अश्वारोहियों को स्तम्भित न कर पाते तो सेना का धड़ पैदल भाग बुरी तरह ध्वस्त हो रहता और भगदड़ मच जाती। यवनों के मुख्य प्रहार को हाथियों और घोड़ों ने झेल लिया। अब कल हम आक्रामक युद्ध लड़ सकते हैं। जरा देखूँ, हेमा कैसी है? हमारी आज की आंशिक सफलता में हेमा का पर्याप्त योग है। हेमा सचमुच स्वर्ण निकली।

चाणक्य हेमा के तम्बू की ओर बढ़ गया। वैद्य उसकी पट्टी कर रहे थे।

"कैसी हो, हेमा?"

हेमा मुस्करा दी।

"घाव बहुत गहरे नहीं हैं।" वैद्य ने बताया।

"चिन्ता न करें, आर्य!"

"तुम्हें अभी बहुत काम करना है, हेमा!"

हेमा के मुख पर एक दीप्ति तैर गई।

चाणक्य अपने कक्ष में आ गया, पर नींद उसे नहीं आई। वह लगातार कंकु के विषय में सोच रहा था। कल का बहुत-कुछ कंकु की सफलता पर ही निर्भर करता है।

दिन निकलने से पहले ही चाणक्य को सूचना मिल गई कि पुल लपटों को समर्पित हो चुका है। उसकी अनेक जलती नावें धारा के साथ बह गई हैं। अब पुल पुन: निर्मित नहीं किया जा सकता।

जब सूर्य की पहली किरणें रणभूमि पर पड़ीं उस समय पुरु की सेना ब्यूहबद्ध हो चुकी थी। आज रथों का पता नहीं था। हाथियों के पीछे पैदल थे और पार्श्व घुड़सवारों से निर्मित थे। चन्द्रगुप्त अपने दल के साथ दाएँ पार्श्व पर तैनात था।

अलक्षेंद्र ने अपने अधिकतम घुड़सवार नदी की ओर ही रखे थे। उसकी योजना नदी की ओर से बढ़कर वाम और दक्षिण पृष्ठ के पदातिकों पर घातक आक्रमण करने की थी। जैसे ही यवन अश्वारोहियों के दल पुरु के वाम की ओर झपटे लगभग चालीस हाथी उनके मार्ग में आ अड़े। भारतीय अश्वारोही तेजी से पीछे हटकर पृष्ठ में आ गए और उनका स्थान पदातिकों ने ले लिया। पुरु के दक्षिण पार्श्वस्थ अश्वारोही विद्युद्गति से आगे बढ़े और यवन-पदातिकों पर टूट पड़े। इसके साथ ही पुरु के नेतृत्व में शेष गज-दल आगे बढ़ा और उसने यवनों का अन्धाधुन्ध संहार आरम्भ कर दिया।

एक घड़ी के युद्ध में ही यवन-सेना त्राहि-त्राहि कर उठी। अलक्षेंद्र की आँखों के आगे तारे घूमने लगे। उसकी दृष्टि के सामने उसके दुर्द्धर्ष अश्वारोहियों को हाथी हवा में उछाल रहे थे और पदातिक भालों और तलवारों से उन्हें मोक्ष दिला रहे थे। हाथी जिस घोड़े पर पैर रख देते थे वह मछली की तरह तलफलाकर वहीं ठंडा हो जाता था। उसने सिल्यूकस को बुलवाया।

"अब?" उसने प्रश्न किया।

"सम्राट्! समझौते की पेशकश की जानी चाहिए। नहीं तो संध्या तक स्थिति बड़ी ही विकट बन सकती है।"

"तुम कायर हो, सिल्यूकस!"

"सम्राट्! पुल टूट चुका है। हमें उधर से सहायता नहीं मिल सकती। अभिसार-नरेश अलग ही रहेगा।"

अलक्षेंद्र चौंककर रह गया।

"सिल्यूकस! आम्भीक को बुलाओ।"

आम्भीक आया।

"सम्राट्!"

"राजा! आपकी शत्रुता के लिए मैं अपनी पूरी सेना का विनाश नहीं करा सकता। सन्धि की बात चलाइए।"

"शशिगुप्त को भेजता हूँ।"

"नहीं। आप स्वयं जाइए। अभी।"

कुछ ही देर बाद पुरु ने देखा कि एक अश्वारोही दूर से उसे सम्बोधित कर रहा है।

"यह कौन है?" पुरु ने महावत से पूछा। "महाराज! ये तो राजा आम्भीक हैं। आपसे बात करना चाहते हैं।"

"आम्भीक! हूँ!" पुरु के मुँह से निकला। उसने भाला उठाया और पूरे जोर से फेंका।

आम्भीक ने देखा और वह एक पल में धरती पर कूद पड़ा। भाला घोड़े की पीठ पर पड़ा और पूरा धँसकर पेट तक निकल गया। घोड़ा वहीं ढेर हो गया। आम्भीक सिर पर पैर रखकर भागा।

चाणक्य को पता चला तो पुरु के पास आकर उसने कहा, "राजन्! शत्रु को पूरी तरह नष्ट कर डालना ही क्षण की माँग है। आप सन्धि की याचना स्वीकार न करें।"

"मैं समझता हूँ, आचार्य!"

पुरु का प्रत्याक्रमण बहुत सफल सिद्ध हो रहा था। नदी-तट के साथ जमी यवन-अश्वारोही सेना में ऐसा हाहाकार मचा कि वे व्यूह तोड़कर इधर-उधर बिखर उठे। हाथियों और भारतीय घुड़सवारों ने यवन-पैदलों में भी वैसी ही त्राहि-त्राहि मचा दी। चन्द्रगुप्त और उसके दल को वीरता दिखाने का पूरा अवसर मिला! अलक्षेंद्र और उसके नायक बार-बार अपने दलों को संगठित करते, पर बेकार। वे मोर्चे पर अधिक देर टिक ही न पाते। इसी प्रकार दोपहर आ गई। यवन-अश्वारोही और पैदल बड़ी संख्या में मारे गए। यह भीषण हानि और अपने सैनिकों की साहसहीनता देखकर अलक्षेंद्र घबरा उठा। उसने अब शशिगुप्त को बुलवाया।

"सिसिकोट्टस! यह युद्ध नहीं रुका तो मेरे पास आधे भी सैनिक नहीं बचेंगे। पुरु को कैसे मनाया जाए?"

“मैं जाकर पुरु से मिलता हूँ। उससे मित्रता हो गई तो आप आगे बढ़ेंगे या वापस लौटेंगे?”

“क्या मतलब? वापस क्यों लौटूँगा, आगे बढ़ूँगा।” अलक्षेंद्र ने उत्तर दिया।

“तब मित्रता हो सकती है।” शशि ने कहा। “मैं बात करता हूँ।”

शशिगुप्त ने अपने एक विश्वस्त अनुचर को पुरु के पास भेजा और मिलने की अनुमति चाही। पुरु ने अनुमति दे दी। रणभूमि में ही शशिगुप्त पुरु से मिला।

“तुम्हारे स्वामी के क्या हाल हैं, शशि!”

“इस समय तो मैं भूतपूर्व स्वामी के हाल पूछने आया हूँ।” शशि ने उत्तर दिया।

“मेरे? मैं जीत रहा हूँ।”

“आप हार रहे हैं।”

“कैसे?”

“हाथ में आया अवसर खो देना हार जाने से कम नहीं होता।”

“बात स्पष्ट कहो, शशि! यह स्थल पहेलियाँ बुझाने का नहीं है।”

“महाराज! विजयाकांक्षी अलक्षेंद्र का उपयोग आप पूर्वी गणों के दमन के लिए कर सकते हैं। युद्ध रोककर यवन-सेना को विनाश से बचाइए। नहीं तो तक्षशिला एवं अभिसार की सेनाएँ कल तक आपकी राजधानी में होंगी। कहीं उन्हें भी आप झेल गए तो गणों का सामना करने की सामर्थ्य आपमें नहीं बचेगी।”

“हूँ।” पुरु चिन्तन की मुद्रा में आ गया।

“आप सोच लीजिए, महाराज पुरु! मैं नीचे हूँ।” कहकर शशिगुप्त हौदे से उत्तर गया।

पुरु सोचने लगा। उसने अनन्त और सेनापति को बुलवाया। शशिगुप्त का प्रस्ताव दोनों के सामने रखा।

“मैं स्वयं यही सोच रहा था, राजन! अलक्षेंद्र की सहायता से कठादि को नष्ट करके यमुना तक के प्रदेश पर पूर्ण आधिपत्य स्थापित किया जा सकता है।” अनन्त ने कहा।

“क्यों, सेनापति?”

“महाराज, बात जँचती है।”

“तो ठीक है।” पुरु ने कहा, “अनन्त! तुम शशि से और सिल्यूकस से बात करके सूचित करो। पहले यवन पीछे हटेंगे। तब हम प्रहार रोकेंगे। अलक्षेंद्र वितस्ता पार करके उस पार नहीं जा पाएगा। आम्भीक अपने राज्य को लौट जाएगा। आज संध्या समय ही हम अलक्षेंद्र से मिलेंगे। यदि उन्हें ये बातें स्वीकार हों तो शशि मुझसे मिले और यवन पीछे हट जाएँ।”

अनन्त चला गया। शशि ने पुरु की शर्तों को अलक्षेंद्र के सामने रखा। वह मान गया। शशि पुरु से मिल लिया। यवन-सेना पीछे हटने लगी। पुरु की सेना को युद्ध रोकने के आदेश दे दिए गए।

युद्ध रोकने का आदेश प्रचारित हुआ तो चन्द्रगुप्त और चाणक्य चौंककर रह गए। चाणक्य ने आदेश दिया कि आरट्टों को फौरन शिविर में ले जाया जाए। उन्होंने कंकु से कहा कि वह वास्तविकता का पता लगाए। स्वयं वे पुरु की ओर चले। मार्ग में ही अनन्त मिल गया।

"यह क्या अनन्त! युद्ध क्यों बन्द कर दिया?"

"महाराज ने सन्धि कर ली है।"

"कब?"

"अभी।"

"मुझसे परामर्श तक न किया।"

"आवश्यकता नहीं समझी।"

"यह तो विश्वासघात है।"

"मैं तो ऐसा नहीं समझता।"

"क्यों?"

"आपसे महाराज पुरु ने कोई सन्धि तो की नहीं थी।"

"एक नैतिक सन्धि तो थी।"

अनन्त हँस पड़ा। "बन्धु! तुमसे तो इतनी निरर्थक बात की आशा नहीं थी।"

"समझा! महाराज कहाँ हैं?"

"आओ, चलें।"

पुरु ने चाणक्य को देखा तो स्वागत के स्वर में बोला, "आचार्य! हमने अलक्षेंद्र से सन्धि कर ली है। संध्या समय हम यवन-सम्राट् से मिल रहे हैं।"

"यह आपने ठीक नहीं किया, राजन्!"

"क्यों?"

"किसी ने आपको अनैतिक परामर्श दिया है। यह अवसर था कि हम यवनों को सिन्धु के पार धकेल देते। इस युद्ध में मैं आपका एकमात्र सहयोगी था। मुझसे आपको बात तो कर लेनी चाहिए थी।"

"हम आपके अत्यन्त आभारी हैं। इससे अधिक की आशा आपने की थी तो अनुचित की थी।" पुरु ने कहा।

"आप सच कह रहे हैं, राजन्! मैंने भूल की जो सोचा कि महाराज पुरु उत्तराखंड

के अविच्छिन्न सम्राट् बनने की अर्हता रखते हैं। मैंने नहीं समझा कि आम्भीक में और उनमें अधिक अन्तर नहीं है।"

"ब्राह्मण! कूटनीति में भावुकता को कोई स्थान नहीं है।"

"भाव को है। राजन! यवनों से मित्रता किसलिए? किस लक्ष्य के लिए? हमारी घरेलू राजनीति में यवन-हस्तक्षेप क्यों?अच्छा, महाराज, विदा! कल्याण हो।"

चाणक्य चला आया। पुरु सोचता रह गया।

पुरु की दुर्नीति

वितस्ता के तट पर एक वन में एक शिविर स्थित था, जिसमें चन्द्रगुप्त और चाणक्य अपने आरट्टों के साथ पड़े थे। कर्रई के मैदान से दक्षिण की ओर चलकर चाणक्य ने यहाँ डेरा डाला था, जिससे धैर्य से सोच-विचारकर आगे का कार्यक्रम निश्चित किया जा सके। यहीं एक तम्बू में घास-फूस के बिस्तर पर एक स्त्री लेटी थी, जो सम्भवत: रुग्ण थी।

प्रात: ही चाणक्य ने इस तम्बू में प्रवेश किया। सीधी लेटी उस स्त्री ने उन्हें देखते ही उठने का प्रयास किया, पर चाणक्य ने उसे संकेत से बरज दिया।

"अब घाव कैसा है?"

"इस नई औषधि ने तो चमत्कार ही कर दिखाया है। मैं अब लगभग ठीक हूँ।"

"तुम भाग्य से ही बच गई, हेमा!"

"सचमुच! यदि मेरे साथियों ने मुझे पूरी त्वरा से नाव की तली में न धकेल दिया होता और कुशलतापूर्वक नाव न खे लाए होते तो मैं जीवित न बचती। फिर भी शशिगुप्त के सैनिकों का एक तीर मेरे पार्श्व में घुस ही गया।"

"मैं तुम्हारे भविष्य के विषय में चिन्तित हूँ, हेमा! तक्षशिला अब तुम नहीं लौट सकोगी। वहाँ की तुम्हारी सारी सम्पत्ति अब गई। मैं इस पूरे सैनिक आडम्बर के बारे में सोच रहा हूँ। तुम कुछ बताओ तो तुम्हारे बारे में वैसा ही स्थिर करूँ।"

"मैं क्या बताऊँ? सोचती हूँ किसी सुरक्षित नगर में, यहीं केकय में ही बस जाऊँ। यह गुप्तचरी का चस्का भी पूरा करती रहूँगी और सम्भवत: तुम्हारे काम भी आती रहूँगी।"

"तुम राजगिरि में ही बसो।"

"तम्हारा लक्ष्य क्या है, विष्णु! क्या चित्र तुम्हारे मन में है?"

"मैं साम्राज्य-सृजन करूँगा, हेमा! कुभा से लेकर ब्रह्मपुत्र तक पूरे उत्तरापथ में एक एकच्छत्र साम्राज्य का सृजन, जिससे किसी भी विदेशी के पैर भारत में प्रवेश न कर सकें। अभी तुम हँसोगी, हेमा! इस वन में सिर छुपाए पड़ा भूमिहीन

यह ब्राह्मण स्वप्न देख रहा है साम्राज्य-निर्माण के, पर मैं वैसा करके रहूँगा। एक दिन तुम देखोगी।"

"आचार्य! पुरु ने तुम्हें धोखा दिया है।"

"वह महदुद्देश्य से शून्य है। नहीं तो गणों को वशीभूत और परास्त करने के लिए अलक्षेंद्र की आवश्यकता उसे नहीं थी। उसके और भी उपाय हो सकते थे।"

"मैं यह कूटनीति नहीं समझती, विष्णु! सत्य-असत्य का विवेक भी मुझमें नहीं है। मैं तो जो तुम कहोगे, करती चलूँगी।"

"मैं आश्वस्त हुआ, हेमा! धन्यवाद! मैं सम्भवत: शीघ्र ही जाऊँगा। कंकु ही सब करेगा।"

"कंकु बहुत अच्छा लड़का है।"

चाणक्य हँस दिया।

उसी दिन चाणक्य ने चन्द्रगुप्त और कक से मंत्रणा की।

"इतने अधिक सैनिकों को रखकर क्या करेंगे, चन्द्र? व्यय कहाँ से आएगा? तुम कुल लगभग एक सहस्त्र को रोककर शेष को विदा कर दो। रिक्त अश्वों एवं शस्त्रों को बेचकर कुछ धन निवृत्त सैनिकों में बाँट दो और शेष बचा लो। क्यों?"

"क्या गणों की सहायता का उपक्रम हमें नहीं करना चाहिए?" चन्द्र ने पूछा।

"नहीं वत्स! उसकी सामर्थ्य हममें कहाँ है? उसके लिए राज्य और प्रजा की अपेक्षा होती है। पूर्ण समर्पित सैनिकों को, उन्हें, जो आज्ञा पर हर कार्य करने को प्रस्तुत मिलें, रोक लो। पुरु ने सही मार्ग मुझे सुझा दिया है। अब केवल कूट-पथ का ही अवलम्बन लेना पड़ेगा। कंकु!"

"गुरुदेव!"

"जिन सैनिकों को चन्द्र रोके तुम उनमें से अपने अर्थ के जन छाँट लो। कुटिल चर्या के अतिरिक्त प्रहार, उत्पीड़न, संहार आदि सभी चर्चाओं में कुशल व्यक्तियों का एक ठोस दल उनमें से तुम्हें तत्काल प्रस्तुत करना होगा। आज से चन्द्र तुम्हारे निर्देश में कार्य करेगा। हमारे इस कूटयुद्ध के सेनापति तुम होगे। हेमा शीघ्र ही राजगिरि में अपना घर बनाएगी। वही तुम्हारा केन्द्र बनेगा।"

"मैं सन्नद्ध हूँ, गुरुदेव!"

"क्या हम कठों आदि को नष्ट होते हुए देखेंगे?" चन्द्रगुप्त ने फिर शंका की।

"भावुक न बनो, वत्स! जो गण परस्पर मिलकर संगठित न हो सके, जो समय की पुकार को सुनकर, शत्रु होते हुए भी पुरु की सहायता के लिए एकत्र न हो सके, जिनका अस्तित्व अहंकार पर टिका है, नष्ट हो जाना ही उनकी नियति है। अलग रहकर उन्होंने अलक्षेंद्र की ही सहायता की न? अब पुरु का प्रहार उन्हें झेलना ही होगा। अलक्षेंद्र तो शिखंडी बना है। यथार्थ युद्ध तो पुरु और गणों के बीच है।

इसमें हमारी भूमिका क्या होगी, यह हमें निश्चित करना है। तुम चाहो तो इस बीच पाटलिपुत्र घूम आ सकते हो। क्यों कंकु!"

"हाँ, मित्र! माताजी के दर्शन कर आओ।"

"नहीं, आर्य! उसकी अभी आवश्यकता नहीं है। मुझे यवन-सेनापति सिल्यूकस का निमंत्रण मिला है। आप कहें तो मैं कुछ दिन उसके पास रह आऊँ?"

"उससे परिचय कहाँ हुआ?"

"युद्ध-भूमि में।"

"उससे मिलो, चन्द्र! यवन-योजना की थाह लो। यवन अधिक देर नहीं टिक पाएँगे। फिर भी यह परिचय लाभप्रद रहेगा। हाँ, गणों के विरुद्ध अभियान में कोई सहयोग तुम उन्हें नहीं दोगे।"

"मेरा लक्ष्य उनकी चिन्तन-धारा का अध्ययन मात्र है।"

"चन्द्र! यवन-संरक्षण में आम्भीक प्रसन्न है। शशिगुप्त मशकावती में क्षत्रप बना दिया गया है। अभिसार-नरेश ने अपनी सीमा से लगे अलक्षेंद्र द्वारा विजित उरशा जनपद को अपने राज्य में मिला लिया है और अपनी कूटनीति की इस सफलता से वह गद्गद है। पुरु उत्साह में है क्योंकि यवनों की सहायता से दुर्दमनीय पूर्वी गणों के विनाश का और फलत: साम्राज्य-निर्माण का मार्ग उसे प्रशस्त दीख पड़ रहा है। पर अलक्षेंद्र वस्तुत: फँस गया है। उसकी विजयाकांक्षा शीघ्र ही उसे पिंजरा बनी दीख पड़ेगी। ऐसे में हम यही कर सकते हैं कि पूरे वाहीक की जनता को यवनों के मित्र बने इन कायर भारतीय राजाओं के विरुद्ध भड़काएँ। गणों की व्यर्थता को लोक-मानस शीघ्र ही परख लेगा। पर इसका लाभ यवन-क्षत्रपों या पुरु को नहीं मिलना चाहिए। अलक्षेंद्र के चले जाते ही इस पूरे उत्तराखंड की राजनीति एक नया रूप ग्रहण करेगी। उसमें तुम्हारा स्थान निश्चित करना होगा। चन्द्र! तुम्हें एक लोकप्रिय नेता के रूप में उभरना होगा। इसलिए पुरु और यवन मिलकर जो कर रहे हैं, उन्हें करने दो। हमें अपने ढंग से सक्रिय रहकर प्रतीक्षा ही करनी उचित है। कंकु!"

"गुरुदेव!"

"कठ इन्द्र को सूचना भेजो कि चन्द्र आसन्न आक्रमण के समय उसके पार्श्व में रहकर लड़ेगा। सिंह और विजय चले गए हैं, पर उन्हें भी सन्देशा भेजो। वे भी चन्द्रगुप्त के साथ जाएँ। पुरु को जता देना आवश्यक है कि हम उसकी इस अनैतिक नीति के विरोधी हैं। मैं शीघ्र ही आर्य शकटार से मिलने बृहद्हट्ट जाऊँगा। मगध-सम्बन्धी कार्यक्रम उन्हीं के निरीक्षण में बनाना होगा। तुम्हारा कार्यक्षेत्र बहुत व्यापक बनेगा। कंकु! शीघ्रगामी धावकों एवं अश्वों को भी तुम्हें प्रस्तुत रखना होगा। काम दुष्कर है। सँभाल सकोगे न?"

"क्यों नहीं, गुरुदेव! आपका आशीर्वाद चाहिए।"

"चन्द्र! सिल्यूकस से मिलकर शीघ्र लौटो। तुम्हें कठ-युद्ध में भाग लेना है। या कठ-युद्ध के बाद ही तुम सिल्यूकस से मिलना!"

"जैसा आप कहें।"

"हाँ, यही उचित रहेगा। यहाँ का काम करके कुछ सैनिक लो और साँगल पहुँच जाओ।"

"जो आज्ञा, गुरुदेव!"

आर्य शकटार अब वह नहीं थे जो वे पाटलिपुत्र से लौटे थे। उस विक्षिप्तप्राय नर कंकाल के स्थान पर अब भरे बदन, चिक्कण आननवाला एक वृद्ध था, जो तन्द्रिल आत्मतृप्ति से ऊँघता-सा दीख पड़ता था, जो स्यात् अपने अतीत को भुला देने को उत्सुक था। यह सब देखकर चाणक्य को चिन्ता हुई।

"आर्य!" चाणक्य ने कहा, "पूरे उत्तराखंड में आग-सी लगी है। कुछ राज्य अलक्षेंद्र की और उसके सहयोगियों की लपेट में आ चुके हैं और कुछ अपनी नियति की प्रतीक्षा में हैं। विवशता यह है कि सभी क्षुद्र सीमा में बन्द हैं। पूरे आर्यावर्त की दृष्टि से सोचने की शक्ति जैसे लुप्त हो गई है। आज सांस्कृतिक नहीं राजनीतिक दृष्टि की अपेक्षा है, जो कहीं दीख नहीं पड़ती। कैसी करुण स्थिति है, आर्य! कि प्राचीन आर्य गण रक्त की बाढ़ में डूबे जा रहे हैं।"

"विष्णुगुप्त! विषाद को स्थान नहीं है। इन गणों के समाप्त हुए बिना एक संगठित साम्राज्य का मार्ग प्रशस्त कैसे होगा? प्राच्य देश में तो यह लम्बी अवधि से चल रहा है। तभी तो मगध साम्राज्य का अस्तित्व सम्भव हो सका है। तुम्हारे वाहीक प्रदेश को इस उत्क्रान्ति की बहुत समय से आवश्यकता थी।"

"इसमें हमारी भूमिका क्या हो सकती है?" चाणक्य ने प्रश्न किया।

"यथाशक्ति यत्न करो कि अलक्षेंद्र यह देश या फिर यह संसार ही छोड़ जाए। उसके बाद यवन-प्रभाव को मिटा डालने का संगठित प्रयास करना होगा। अलक्षेंद्र से मित्रता करके पुरु ने ठीक नहीं किया है। तुमने क्या सोचा है?"

"मुझे तो इस समय दो ही रास्ते सूझते हैं—अलक्षेंद्र की सेना में घबराहट फैलाना और पुरु एवं आम्भीक की सेनाओं एवं प्रजाओं में अपने राजाओं के विरुद्ध विद्रोह भड़काना। मेरे मत में गणों को यथासम्भव प्रेरित और उत्साहित ही किया जाना चाहिए।"

"मैं तुमसे सहमत हूँ।"

"अलक्षेंद्र इस समय स्यात कठों की ओर बढ़ रहा है। मद्रराज अपना राज्य छोड़कर भाग गया है और राजधानी शाकल पुरु के अधिकार में चली गई है। ग्लुचुकायनों ने युद्ध किया, पर परास्त हो गए और उन्हें भी केकय-राज की अधीनता

स्वीकार करनी पड़ी। अब अलक्षेंद्र एवं पुरु की विशाल सम्मिलित सेना कठों को निगलने के लिए बढ़ रही है।"

"कठ तो दुर्द्धर्ष योद्धा हैं। यह युद्ध भयानक होगा।"

"हाँ, आर्य! चन्द्रगुप्त भी इस युद्ध में भाग ले रहा है। यहाँ यवनों को लोहे के चने चबाने पड़ेंगे। रक्त की नदियाँ बह जाएँगी। नचिकेता का गण मृत्यु का वरण करेगा। पर अलक्षेंद्र को वह खड्ग यहाँ झेलनी पड़ेगी, जिसे वह मृत्यु के बाद भी भूल नहीं पाएगा।"

"जो होना होगा हो जाएगा, चाणक्य। पर भारत का भविष्य वाहीक के हाथ में नहीं, मगध की आँखों में है।" शकटार ने गहरा सोचते हुए कहा।

"पर, आर्य! आप तो जैसे रुचि ही खो बैठे हैं, भीतर से थक गए हैं। नन्द को हटाए बिना भारत-साम्राज्य का स्वप्न पूरा नहीं हो सकता।" चाणक्य ने प्रतीक्षित चोट की।

"नहीं, वत्स! न मैं भूला हूँ, न थका हूँ। इस विश्राम की सुस्ती को मैं अब जर्जर शरीर की तरह त्यागे देता हूँ। नन्द की जगह किसको बैठाओगे?"

"जिसे आप कहेंगे। यह निर्णय तो होता रहेगा। मैं जानता हूँ वाहीक की इस उत्क्रान्ति का मगध के अजदहे पर कोई प्रभाव पड़नेवाला नहीं है।"

"सुनो चाणक्य! मगध साम्राज्य को बाँधनेवाला अर्थ बहुत समय पहले नष्ट हो चुका है। इस भवन की नींव खोखली पड़ी है। ऐसे में सीधे गर्भ पर चोट करना सार्थक रहता है।"

"इस चोट की योजना आपको ही बनानी पड़ेगी। मैं बस उसे क्रियान्वित करूँगा। नन्द का विनाश मेरा लक्ष्य है। नन्द विलास में और उसके मंत्री वणिक-कार्य में लिप्त हैं। इस स्थिति का लाभ उठाकर पाटलिपुत्र की जनता में असन्तोष पैदा किया जा सकता है। मगध की सेना से कहा जा सकता है कि अलक्षेंद्र के समक्ष निष्क्रिय रहकर नन्द ने एक स्वर्णावसर खो दिया है। इस प्रकार उसने आर्य संस्कृति के विरुद्ध विद्रोह किया है।"

"तुम्हारा विचार उत्तम है, चाणक्य! इसके लिए मैं अपने सम्पर्क-सूत्रों का उपयोग करूँगा! पर मुझे चर चाहिए, कुशल चर।"

"वे मैं आपको दूँगा, जितने आप कहें।"

"हाँ। इस बीच मैंने कुछ नहीं किया। तुम मुझे चर दो, चाणक्य! तुम ठीक कहते हो। नन्द को अब हटना ही होगा। पूरे भरत खंड के कल्याण के लिए इस अनिष्ट वंश को बलिवेदी पर चढ़ना ही होगा। अपने व्यक्तिगत आक्रोश को महदुद्देश्य से जोड़ लेना ही कल्याणकर होता है।"

"मैं कृतार्थ हुआ, आर्य! वहाँ का काम देखकर शीघ्र ही कंकु विश्वस्त चरों के साथ आपकी सेवा में प्रस्तुत होगा। आप यहाँ भी चर तैयार कीजिए।"

"मैं करूँगा, पर अपने उस रक्षक से मिलना चाहूँगा। विष्णु! वह एक प्रिय साहसी युवक है।"

"वह अत्यन्त निपुण अभिकर्ता भी है।"

"मैं अब जुटूँगा, चाणक्य! मैं अब समय नष्ट नहीं करूँगा। तुम काम करो। धन की चिन्ता तुम मत करना।"

"कृतार्थ हूँ, आर्य!"

सांगल से कुछ कोस हटकर एक घने वन में कुछ सैनिक पड़ाव डाले पड़े थे। सबने पेड़ों के नीचे ही आश्रय लिया था। वहाँ केवल एक झोंपड़ी थी, जिसमें उनका नेता इन्द्र घायल अवस्था में पड़ा था। फूँस के बिस्तर पर वह लेटा था और पास ही चन्द्र भूमि पर बैठा था। एक सैनिक परिचर्या में लीन था। पीड़ा और विषाद से इन्द्र का सुन्दर मुख काला पड़ गया था।

"तुमने मुझे क्यों बचा लिया, चन्द्र?"

"मैं तुम्हें कैसे न बचाता, इन्द्र! नहीं तो मुझे भी मरना पड़ता और गुरुदेव का आदेश था कि मुझे मरना नहीं है।"

"सबकुछ नष्ट हो गया। मेरी माँ, बहनें और मेरी नव परिणीता सहस्रों अन्य स्त्रियों के साथ चितारोहण कर गई। यवनों ने सांगल के एक-एक घर को मिट्टी में मिला दिया। बूढ़ों और बच्चों तक को नहीं छोड़ा। एक-एक को तलवार के घाट उतार दिया। कठों का वैभव-सम्पन्न नगर एक महाश्मशान में परिवर्तित हो गया। यवनों और कैकेयों की उस प्रलय झंझा में सहस्रों युवक वीरगति पा गए और सहस्रों बन्दी बना लिए गए। चन्द्र! इन घावों से अधिक पीड़ा इस हृदय में हो रही है। जीवित रहने का मुझे कोई अधिकार नहीं है।"

"मित्र! क्या अधिकार होने से ही कोई जीता है और अधिकार न रहने से फौरन मर जाता है? ईश्वर ने ही सब विध्वंस किया है और उसी ने तुम्हें बचाया भी है।"

"कठों ने गुरुदेव का परामर्श नहीं माना। आज बार-बार यह बात मुझे चुभ रही है"

"पुरु ने ही उनकी बात कहाँ मानी। मानी होती तो अलक्षेंद्र कभी का नरकगामी हो गया होता। कठ और पुरु मिल सकते थे, इन्द्र! पर दोनों ने ही नीति से काम नहीं लिया। क्षण को नहीं पहचाना। कठ भुगत चुके हैं, पुरु को भुगतना होगा।" चन्द्र ने थोड़ा गम्भीर स्वर में कहा।

"चन्द्र! मैं पुरु से बदला लूँगा।"

"सुनो, मित्र!"

"कहो!"

"तुम स्वस्थ होते ही वितस्ता-तट पर गुरुदेव से मिलो। आगे की योजना वहीं बनेगी।"

"मद्रों, ग्लुचुकायनों, कठों और भगलों का विशाल प्रदेश पुरु के अधिकार में जा चुका है। अब यौधेयों की बारी है। पर, चन्द्र! कठों ने भी यवनों को ऐसा पाठ पढ़ाया है कि उनकी आत्मा तक सिहर उठी है।"

"तभी तो उन्होंने ध्वंस-लीला मचाई। और यौधेय भी कम दुर्द्धर्ष नहीं हैं। हो सकता है इस युद्ध में यवनों की रीढ़ कड़क जाए। कुछ भी हो इन्द्र, अब एक बड़ी सेना संगठित करनी ही होगी। उसके लिए साधन जुटाने ही होंगे। अलक्षेंद्र यमुना पार करके नन्द-वाहिनी के समुद्र में डूब जाए या यहीं से मुड़कर वापस लौट जाए, हमें तो कुभा से यमुना तक के विशाल उत्तराखंड को एक सूत्र में पिरोना ही होगा। तक्षशिला और राजगिरि से यवन-प्रभाव को नष्ट करना ही होगा।"

"मैं तुम्हारे साथ हूँ, चन्द्र! गुरुदेव की आज्ञा का अनुसरण ही अब इस शेष जीवन का साध्य होगा।" इन्द्र ने कहा।

"साधु, मित्र! साधु! विनय!"

इन्द्र के परिचारक, अब तक मूक श्रोता बने विनय ने सहसा चौंककर चन्द्र की ओर देखा।

"आर्य!"

"यह स्थान सुरक्षित है न?"

"एकदम, आर्य!"

"वैसे अब यवन और कैकेय पीछा नहीं करेंगे। उनका उद्देश्य पूरा हो चुका है। फिर भी सतर्क रहना ही होगा।"

"हम सतर्क हैं, आर्य!"

"ठीक है! तो इन्द्र। मैं अब चलूँगा।"

"जल्दी क्या है?"

"मुझे यवन सेनापति सिल्यूकस से मिलने के बाद तत्काल गुरुदेव और कंकु के पास पहुँचना है। कंकु अकेला है। कार्य बहुत है। तुम शीघ्र पहुँचो।"

"मुझे विलम्ब नहीं होगा। और देखो, धन की चिन्ता न करना। सांगल में धन बहुत है।" इन्द्र ने कहा।

यवनों की विशाल छावनी में पहुँचकर चन्द्र ठिठका। चारों ओर दूर-दूर तक तम्बू ही तम्बू दीख पड़ते थे। एक नगर-सा बस गया था। वहाँ केवल यवन नहीं थे, पारसीक और गान्धार और आरट्ट भी बड़ी संख्या में थे।

चन्द्र ने एक नायक से सिल्यूकस के विषय में पूछा। उसने तत्काल एक सैनिक को चन्द्रगुप्त के साथ भेज दिया।

सिल्यूकस के तम्बू के सामने पहुँचकर चन्द्र ने सूचना भीतर भिजवाई। सुनते ही सिल्यूकस स्वयं निकलकर आया। उसने पूरी आत्मीयता से चन्द्र का स्वागत किया।

"स्वागत है, मागध चन्द्र! आओ।"

दोनों भीतर आकर बैठ गए तो सेवकों ने पेय लाकर सामने रखा।

"चन्द्र! तुमसे मिलकर मुझे बहुत प्रसन्नता हुई है।"

"मुझे भी।" चन्द्र ने कहा।

"तुम्हारे गुरुदेव कैसे हैं?"

"ठीक हैं।"

"मैंने उनका काफी नाम सुना है। पुरु उन्हीं के परामर्श से लड़ा था।"

"पर सन्धि उसने गुरुदेव के परामर्श से नहीं की।"

"मैं जानता हूँ। चन्द्र!"

"हाँ, सेनापति!"

"क्या यौधेयों के साथ युद्ध में तुम मेरे साथ रह सकोगे?"

"नहीं, सिल्यूकस! मुझे तत्काल जाना है।"

"क्या योजनाएँ हैं तुम्हारी?"

"मैं नहीं जानता। मुझे तो गुरुदेव के पास पहुँचना है।"

"चन्द्र! युद्ध-भूमि में तुम्हारी वीरता और तुम्हारे नेतृत्व से मैं अत्यन्त प्रभावित हुआ हूँ। मैंने सम्राट् से तुम्हारा जिक्र किया था। तुम यदि यौधेयों के विरुद्ध हमारा साथ दो, तो सम्राट् इस पूरे प्रदेश का क्षत्रप तुम्हें बना देंगे।"

"सेनापति! क्या पुरु यवनों का साथ नहीं दे रहा है?"

"पुरु कठ-युद्ध में चुक गया लगता है। वह आगे बढ़ने को उत्सुक नहीं है।"

"यमुना तक फैल जाने का लोभ भी क्या उसे प्रेरित नहीं करता?"

"स्यात् नहीं।"

"सम्राट् अलक्षेंद्र ने ये कैसे मित्र बनाए हैं, जो अन्त तक जाने को तैयार नहीं हैं।"

"मगध-अभियान में तुम्हारे और आचार्य चाणक्य के सहयोग का सम्राट् और भी स्वागत करेंगे।" सिल्यूकस बोला।

"एक बात कहूँ, सेनापति!"

"हाँ-हाँ!"

"यौधेय दुर्द्धर्ष वीर हैं। उनसे टकराना सम्राट् को काफी महँगा पड़ेगा। कठ-युद्ध में मैं था। मैंने देखा है, वहाँ यवन कैसे हॉफ उठे थे। यदि पुरु अपनी पूरी शक्ति न झोंक देता तो स्थिति आपके लिए विकट हो सकती थी।"

"आरट्टों की एक सेना हमने खड़ी की है। तुम उसे नेतृत्व दे सकते हो।"

"दूसरे, सेनापति! मगध की यमुना-स्थित सेना का अनुमान भी आपको नहीं है। वहाँ कुछ सहस्र से नहीं, लक्षाधिक से आपका सामना होगा। मगध की गज-सेना पुरु की गजवाहिनी से कम-से-कम बीस गुनी बड़ी है। आपके यवन, मागध, कैकेय और आरट्ट उस समुद्र में डूब जाएँगे। आपके हित में यही होगा कि मगध से टक्कर न लें।"

"पर सम्राट् का संकल्प दृढ़ है।"

"तब मुझे शशिगुप्त समझने की भूल आप न करें। नन्द भी दारस् नहीं है।"

"चन्द्र! क्या तुम सम्राट् से मिलना पसन्द करोगे?" सिल्यूकस ने पूछा।

"उससे क्या लाभ होगा? मैं सम्राट् के किसी काम नहीं आ सकता। मैं तो आपके निमंत्रण का उत्तर देने आया था।"

"मैं कृतार्थ हुआ, युवक! मैं तुम्हारे चरित्र से प्रभावित हूँ।"

"सेनापति, धन्यवाद!"

"तुम्हारा भविष्य अत्यन्त उज्ज्वल है, चन्द्र!"

"आभारी हूँ, सेनापति!"

चन्द्र भागमभाग वितस्ता-तट पर पहुँच गया। चाणक्य चार दिन पहले ही बृहद्हट्ट से लौटा था और चन्द्रगुप्त की प्रतीक्षा में था। उस समय कंकु भी पड़ाव पर नहीं था। दोनों के आ चुकने पर चाणक्य ने दोनों से विचार-विमर्श किया।

"तुमने इस बीच क्या किया, कंकु?"

"आर्य! प्रमुखत: तो मैं संगठन-कार्य में ही लगा रहा। देवि हेमा राजगिरि में स्थिर हो गई हैं। पुरु के सामंतों ने उनके यहाँ आना-जाना आरम्भ कर दिया है। वितस्ता-तट पर अलक्षेंद्र का स्कन्धावार एक नगर में रूपान्तरित हो गया है। क्रेटरस उसका प्रबन्धक है। वह दूर-दूर से नौका-निर्माण में कुशल कारीगरों को बुलाकर बड़ी संख्या में नौकाएँ बनवा रहा है। शशिगुप्त आम्भीक से टूट गया है और दोनों ही यवनों के अधीन क्षत्रप बन गए हैं। शशि मशकावती में नियुक्त किया गया है। यवन निकेनोर पुष्कलावती में है और अलक्षेंद्र का आर्यानी ससुर अक्षियर्त कुभा की घाटी में। अलक्षेंद्र ने पुरु को कठ-प्रदेश तक का शासक मान लिया है।"

"तुम्हारी सूचना का यह अर्थ, कंकु, कि अलक्षेंद्र वापसी की तैयारी में है और वह जल-मार्ग से लौटेगा।"

"पर सिल्यूकस कहता है कि अलक्षेंद्र मगध पर आक्रमण के लिए कृतसंकल्प है।" चन्द्र ने बताया।

"कठ-युद्ध में यवनों को कितनी हानि उठानी पड़ी होगी?" चाणक्य ने चन्द्र से पूछा।

"भारी हानि, गुरुदेव! यवन सहस्रों की संख्या में मारे गए हैं! पुरु को भी नाकों

चने चबाने पड़े। कठों के विनाश का भारी मूल्य दोनों को चुकाना पड़ा है।" चन्द्र ने बताया।

"पर, बन्धु, एक बात तुमने देखी होगी। अलक्षेंद्र की सेना में मूल यवन अधिक नहीं हैं। आर्यान एवं भारत में पहले से बसे यवन, आर्यानी एवं गांधार-आरट्ट ही अधिक हैं।" कंकु बोला।

"तुम ठीक कहते हो, कंकु! यवनों ने आरट्टों की एक पृथक् सेना संगठित एवं प्रशिक्षित की है। सिल्यूकस मुझे उसका नायक बनाना चाहता था।"

"यह बहुत महत्त्व की सूचना है, पुत्रो!" चाणक्य बोल उठा। "अलक्षेंद्र की महत्त्वाकांक्षा पाटलिपुत्र तक जाने की है, पर वह लौटने को भी उत्सुक है। कंकु! इससे पहले कि यवन यौधेयों को आक्रान्त करें, उनकी सेना में विद्रोह कराया जाना अत्यन्त आवश्यक है। क्यों, चन्द्र! कठ-युद्ध का पुरु की मानसिकता पर क्या प्रभाव पड़ा होगा?"

"गुरुदेव! सिल्यूकस के अनुसार पुरु और आगे बढ़ने को प्रस्तुत नहीं है। वह संकुचित हो उठा है।"

"उसे आत्मग्लानि होनी चाहिए। कंकु! तुम तत्काल पचास चुने हुए चर लेकर जाओ और अलक्षेंद्र की भारतीय टुकड़ियों में फैल जाओ। उन्हें लज्जित करो कि वे यवनों के वृत्तिभोगी बनकर अपने ही देशवासियों की हत्या का जघन्य पाप कर रहे हैं। दूसरे, उन्हें विशाल नन्द-वाहिनी के हाथों पूर्ण विनाश का भय भी दिलाओ। बात यवनों के बीच तत्काल फैल जाएगी और वे आतंकित हो उठेंगे।"

"जो आज्ञा, गुरुदेव!"

"यह कार्य सम्पन्न करके तुम सीधे बृहद्हट्ट चले जाओ। आर्य शकटार जितने कहें उतने चर उन्हें दो और उनके लिए गुप्तचर व्यवस्था का संगठन करो। यहाँ का काम मैं देखूँगा। अलक्षेंद्र के प्रशिक्षित आरट्ट सीधे हमें मिल सकें तो! चन्द्र यहाँ सेना-संयोजन करेगा। तुम नन्द के सीमावर्ती नायकों को उसके विरुद्ध उत्तेजित करने की प्रक्रिया का आरम्भ कर आओ।"

"इन्द्र अवशिष्ट कठों के साथ आ रहा है। उसने धन लाने का भी वचन दिया है।"

"अलक्षेंद्र के वापस लौटते ही यवनों एवं यवन-समर्थकों पर आक्रमण आरम्भ करने होंगे। तब तक तुम लौट आओगे, कंकु! क्यों?"

"निश्चय ही गुरुदेव!"

कठ इन्द्र अपने पाँच सौ साथियों के साथ चाणक्य के शिविर में आ पहुँचा। गुरुदेव के सामने पड़ते ही वह फूट-फूटकर रो उठा। उसके रुँधे गले से प्रणाम न निकल सका। उसने बस झुककर चरण-रज ली और चाणक्य ने उसे उठाकर गले से लगा लिया। चन्द्रगुप्त की भी आँखें भर आईं।

"पुत्र!" चाणक्य ने सान्त्वना दी, "नियति इसी का तो नाम है। व्यक्तियों की तरह ही जातियों, धर्मों, मतों, विचारों की भी अपनी-अपनी नियति होती है। शोक को त्यागो और भविष्य की सोचो।"

"क्या सोचूँ, आर्य! मेरी तो सोचने की शक्ति ही लुप्त हो चुकी है।" इन्द्र ने कहा।

"ऐसा नहीं कहते, वत्स! तुम्हें सांगल को फिर से बसाना है। यवनों ने जिन कठों को बन्दी बना लिया है, उन्हें छुड़ाना है तुम्हें। सन्नद्ध होकर कर्म में लगो। नियति विनाश कर सकती है, पर सृजन को स्तम्भित वह नहीं कर सकती।"

"गुरुदेव!..."

"चन्द्र! इन्द्र और इसके साथियों के विश्राम का प्रबन्ध करो। जाओ, इन्द्र! अब कल प्रात:विस्तार से बातें करेंगे।"

"जो आज्ञा, गुरुदेव!" इन्द्र ने कहा और चन्द्र के साथ चला गया। अगले दिन प्रात: चाणक्य ने इन्द्र को बुलाया। उस समय चन्द्र वहाँ नहीं था।

"इन्द्र!" चाणक्य ने कहा।

"आज्ञा, गुरुदेव!"

"मैं सब-कुछ सुनना चाहता हूँ।"

"सुनाने को क्या शेष है, आर्य!"

"विषाद न करो, वत्स! घटित आगे के लिए हमारा मार्गदर्शन करता है।"

"गुरुदेव! युद्ध के लिए कठ प्रस्तुत थे। आप जानते हैं साँगल का दुर्ग वाहीक में सबसे दुर्जेय था। युद्ध के प्रस्तुत होते ही व्यापारी, शिल्पकार तथा अन्य वर्ग दुर्ग को खाली कर चले गए। केवल योद्धा और उनके परिवार ही रह गए। हमारी सूचना यही रही कि पुरु साथ नहीं है। यवनों से युद्ध के लिए हमने पच्चीस सहस्र पैदल एवं अश्वारोही मैदान में उतारे। दोपहर तक भीषण घमासान हुआ। यवनों को भारी क्षति उठानी पड़ी। कठों में उत्साह की लहर दौड़ गई। तभी लगभग दस सहन कैकेय अश्वारोही पृष्ठ से आकर हम पर टूट पड़े। हम चारों ओर से घिर गए। अब जो मारकाट मची,उसमें कठों का निर्मम संहार हुआ। संध्या तक सब समाप्त हो गया। सर्वनाश का समाचार सुनकर स्त्रियों एवं बच्चों ने अग्नि-प्रवेश कर आत्मदाह कर लिया। मैं बुरी तरह घायल हो गया था। बन्धु चन्द्रगुप्त बड़े ही उपाय और यत्न से मुझ अर्द्ध-चेत को बचा ले गए। ये मेरे साथी भी किसी तरह निकल आए और हमने वन में आश्रय लिया। अगले दिन कैकेयों एवं यवनों ने पूरे दुर्ग को लूट लिया और जलाकर राख कर डाला। कठों के करुण अन्त की यही कहानी है।"

चाणक्य ने दीर्घ नि:श्वास छोड़ी।

"पुत्र! अशोच्य का शोक मत करो। बन्धु-बान्धवों के अन्त को भुलाया नहीं जा सकता। तुम उससे शिक्षा और प्रेरणा लो। इन्द्र!"

"गुरुदेव!"

"तुम और चन्द्र मिलकर सेना का संगठन करो। पूरे उत्तराखंड को एक सूत्र में पिरोने के पवित्र संकल्प को हृदय में लेकर जुट पड़ो। प्रतिशोध के उद्वेग से अन्तर दूषित होता है। पुरु को उसकी नीचता का फल मिलेगा। मातृभूमि को आक्रामकों से मुक्त करना होगा। अपने सन्ताप और शोक को एक महत् लक्ष्य से जोड़ लो।"

"मैं यही करूँगा, गुरुदेव!"

"आयुष्मान् हो। इन्द्र!"

"आर्य!"

"अलक्षेंद्र अब कुछ ही दिन का अतिथि है। वह स्यात् नदी-मार्ग से दक्षिण की ओर कूच करेगा। सौभूति, शिवि, मालव, क्षुद्रक, आग्रेय आदि गणों को सावधान करना होगा। यह काम तुम करोगे। तुम्हारे कठों को चन्द्र प्रशिक्षण देगा। एक मास के भीतर तुम्हें वापस आ जाना होगा। तब वास्तविक कार्य आरम्भ करेंगे।"

"मैं समझ गया, गुरुदेव!"

"चन्द्र कह रहा था, धन की व्यवस्था तुम्हारे पास है।"

"हे आर्य! कुछ मैं लाया भी हूँ। पिता ने एक कोष कहीं गाड़ा था। वह और मैं ला सकता हूँ।"

"ठीक है। पर पहले तुम दक्षिण घूम आओ। तुम्हारा मन बहलेगा और स्फूर्ति तुम्हें मिलेगी।"

"जो आज्ञा, गुरुदेव!"

"चन्द्र से मिलकर सोच लो कि युद्ध की स्थिति में गणों की, विशेषकर सौभूति, मालव एवं क्षुद्रक गणों की क्या सहायता हम कर सकते हैं।"

"मेरे कठ तो जा ही सकते हैं।"

"अब वे तुम्हारे कठ नहीं हैं, वत्स! वे अब हम सबके हैं, वे एक लक्ष्य के हैं। निर्णय भावावेश में नहीं, सोच-समझकर ही लिया जाएगा।"

"पर हम इन गणों को नष्ट होने नहीं दे सकते।"

"तब तुम उनसे कहो कि वे एकत्र होकर एक सेनापति के अधीन लड़ें और अलक्षेंद्र और उसके यवनों को नष्ट करके सिन्धु में डुबा दें। पर ऐसा वे नहीं करेंगे। इन्द्र! घटित से वे कुछ भी नहीं सीखेंगे। अलग-अलग रहकर आत्महत्या ही उन्हें प्रिय होगी।"

"मैं समझ गया, आर्य! मैं तत्काल ही कूच करूँगा।"

अनन्त चाणक्य से मिलने आया।

"स्वागत, बन्धु!"

"धन्यवाद, बन्धु!"

"आज मेरी स्मृति कैसे आई?"

"तुमने विवश किया है, चाणक्य!"

"मैंने?" चाणक्य ने आश्चर्य प्रदर्शित किया। "मुझमें वह शक्ति कहाँ है, मित्र?"

"चाणक्य! मैं तुम्हें समझाने और चेतावनी देने आया हूँ।"

"आतंकित होने की क्षमता भी मुझमें नहीं है, अनन्त! तुम अपनी बात कहो।"

"चाणक्य! तुम्हारे चरों ने पुरु की सेना में विप्लव पैदा कर दिया है। नायक और सैनिक विद्रोही बनते जा रहे हैं।"

"क्यों?"

"तुम नहीं जानते?"

"मेरी सूचना असत्य हो सकती है, पर तुम्हारी नहीं।"

"चाणक्य! कठ-युद्ध में उनकी जो भूमिका रही, उससे वे अनुतप्त हैं और सम्राट् पुरु से क्रुद्ध हैं।"

चाणक्य हँस पड़ा।

"मित्र! अपनी निजी महत्त्वाकांक्षा के लिए लोकमत की उपेक्षा करके जो भी तुम करोगे उसकी अरुचिकर प्रतिक्रिया तो होगी ही।"

"क्या पूरे वाहीक को एक करने की आकांक्षा निजी महत्त्वाकांक्षा है?"

"नहीं, पर उसके लिए आक्रान्ता यवन से सन्धि क्यों की गई? अलक्षेंद्र त्राहि-त्राहि कर उठा था। हम उसे वितस्ता के पार धकेल सकते थे। उससे सन्धि करके उसे आगे बढ़ने देना, उसे विजय का गौरव देना उसकी अधीनता स्वीकार ही करना हो गया। इस प्रकार पुरु ने स्वयं को सबकी आँखों में गिरा लिया है। इसके उत्तरदायी तुम हो, अनन्त!"

"हमारी गणना ठीक रही है, चाणक्य! अलक्षेंद्र यहाँ नहीं रहेगा। गण नष्ट हो चुके हैं। यौधेय किनारे पर खड़े हैं। अलक्षेंद्र के जाने के बाद आम्भीक और अभिसार-नरेश को वश में करना कठिन नहीं होगा और पुरु कुभा से यमुना तक के प्रदेश का एकछत्र सम्राट् होगा।"

चाणक्य खिलखिलाकर हँस पड़ा। अनन्त ने घूरकर उसकी ओर देखा।

"ऐसा नहीं होगा, मित्र!"

"क्यों?"

"पुरु उसकी अर्हता खो चुका है।"

"चाणक्य!"

अनन्त की आँखों में एक चनक कौंध गई।

"कहो, मित्र।"

"तुम अपना हाथ खींच लो।"

"मेरा हाथ उतना लम्बा नहीं है, बन्धु!"

"विष्णु! पुरु बहुत रुष्ट है। मैं टक्कर की स्थिति आने देना नहीं चाहता। तुम्हारे ये मुट्ठी-भर आरट्ट पल-भर में नष्ट हो सकते हैं। साम्राज्य-निर्माण के महत् कार्य में तुम पुरु की सहायता करो।"

"अनन्त! विदेशी आततायी से गलबाही करके अपने ही बन्धुओं के गलों पर छुरी फेरनेवाले से मैं कोई समझौता नहीं कर सकता।"

"परिस्थिति की यही माँग थी, चाणक्य!"

"परिस्थिति की माँग की दुहाई कायर और स्वार्थी दिया करते हैं। सत्य-असत्य, उचित-अनुचित भी कुछ होता है, अनन्त! एक बात पर हमें अड़ना पड़ता है, प्राण देने पड़ते हैं। परिस्थिति पैदा होने पर सती वेश्या नहीं बन जाती, वह मर जाती है। तुम्हारे पुरु से कठ लाख गुना श्रेष्ठ हैं।"

"तब तुम मेरी बात नहीं मानोगे?"

"तुमने भी कहाँ मानी थी मेरी बात। वैसे, उपाय मैं तुम्हें बता सकता हूँ।"

"क्या?"

"बन्दी बनाए गए कठों को मुक्त करा दो।"

"यह सम्भव नहीं है।"

"वे तो मुक्त होंगे, अनन्त! पुरु भलाई ले ले तो भला ही है।"

"चाणक्य!"

"मैं परिणाम भुगतने के लिए तैयार हूँ। पर तुम्हारी स्थिति संकट में है अनन्त! तुम्हें सोच-समझकर कार्य करना चाहिए।"

अनन्त के शरीर में आक्रोश और भय की एक सूक्ष्म लहर दौड़ गई।

"मैं चलता हूँ, मित्र!"

"अभी से?"

"हाँ।"

अनन्त चला गया।

कंकु का मुख्य सहयोगी कुशल अलक्षेंद्र के स्कन्धावार से वापस आया था। वह चाणक्य से मिला।

"कहो, कुशल! कंकु कहाँ है?"

"आर्य! वे बृहद्हट्ट गए हैं। यवनों के शिविर में अपना काम हम कर चुके हैं।"

"मुझे सब बताओ, कुशल!"

"आर्य! हम लगभग पचास चर यवन-सेना में फैल गए। मगध की विशाल वाहिनी और नन्द के अजेय बल का रोमांचक चित्र हमने खींचा। आरट्टों को लज्जित किया

कि वे आक्रामकों का साथ दे रहे हैं। आरट्टों तथा अन्य भारतीय सैनिकों ने एक दिन अचानक अलक्षेंद्र का शिविर छोड़ जाने का निर्णय सिल्यूकस को सुना दिया। जैसे ही भारतीयों का निर्णय यवन-सैनिकों ने सुना, वे बिखर उठे। उन्होंने आगे बढ़ने से स्पष्ट मना कर दिया। उन्होंने वापस घर जाने की हठ की। अलक्षेंद्र को यह सब पता चला तो उसने अपने सेनापतियों से बात की। सेनापतियों ने भी चुप रहकर सैनिकों की ही बात का समर्थन किया। अब अलक्षेंद्र ने सभी यवन-सैनिकों को एकत्र किया। एक ऊँचे स्थल पर खड़े होकर उसने सबका निरीक्षण किया। सभी थके-हारे दृष्टि पड़ रहे थे। सबके सिर झुके थे और जिस नेता ने सहस्रों कोसों के बीच बीसियों भीषण युद्धों में उनका सफल नेतृत्व किया था, उसी से आँखें मिलाने की उनमें सामर्थ्य नहीं थी। यवन-सम्राट् ने बड़ा ही उत्साहप्रद, उत्प्रेरक भाषण दिया। उसने कहा कि दारस् की टक्कर के भारतीय सम्राट् नन्द को पराजित करने का गौरव उन्हें अवश्य प्राप्त करना चाहिए। उसने वचन दिया कि नन्द को हराकर हम वापस लौट चलेंगे। जब अलक्षेंद्र ने पूछा—'तो ठीक है न' तो भीड़ में से एक साथ यह स्वर उठा—' हम आगे नहीं बढ़ेंगे। उस समय अलक्षेंद्र का चेहरा देखने योग्य था। क्रोध और निराशा से वह लाल हो उठा। उसने चारों ओर देखा, पर निस्तब्धता ने ही उसका स्वागत किया। तब वह अचानक मुड़ा और पैर पटकता हुआ अपने तम्बू की ओर लपक चला। अपने जीवन में पहली बार उसने भयानक पराजय का अनुभव किया। तीन दिन तक वह बाहर नहीं निकला। सिल्यूकस, कोयनस आदि सेनापतियों ने सैनिकों को भी समझाया और सम्राट् को भी। यवन-सैनिक नहीं माने। तब कोयनस ने अलक्षेंद्र से कहा—'सम्राट्! इन सैनिकों ने कभी आपकी बात नहीं टाली। इन्होंने यहाँ तक सहस्रों योजन की कठिन यात्रा की है और आपके लिए देश पर देश जीते हैं। युद्धों में सहस्रों ने अपने प्राणों की आहुति दी है। जो सैनिक आप लेकर चले थे, उनमें सहस्रों मारे जा चुके हैं और सहस्रों क्षत-विक्षत होकर युद्ध के अयोग्य बन चुके हैं। कितने ही रोगों की भेंट हो गए हैं। जो बचे हैं उनमें पहले जैसा उत्साह और साहस नहीं बचा है। थकान और विषाद से वे हतचेत हैं। अब इन बचे-खुचे सैनिकों की बात आप मान लीजिए और घर लौट चलिए। ये लोग सचमुच ही विवश हो चुके हैं। अब तक हर कहीं यवन-निवासी मिलते रहे, जिनमें से नए सैनिक हमें निरन्तर प्राप्त होते रहे। पूर्व में यह सुविधा नहीं मिलेगी और भारतीय साहसिकों के बल पर नन्द से टक्कर लेना बुद्धिमत्ता नहीं होगी। पुरु अब आपका साथ नहीं देगा।

"चौथे दिन अलक्षेंद्र ने फिर सब सैनिकों को एकत्र किया और उन्हें वापस चलने का अपना निर्णय सुनाया। सैनिकों के बीच खुशी की लहर दौड़ गई। अपनी खुशी में वे अपने सम्राट् की उपस्थिति तक को भूल गए और उछल-उछलकर नाच उठे। अलक्षेंद्र ने विपाशा के तट पर दस वेदियाँ बनाए जाने का आदेश दिया, जिससे कूच से पहले वह यवन-देवताओं को बलि अर्पित कर सके।"

"हूँ" चाणक्य ने कहा, "अलक्षेंद्र ने उचित ही निर्णय लिया। उसके सामने और कोई मार्ग नहीं था।"

"आर्य ठीक कहते हैं। कुछ नायक षड्यंत्र कर रहे थे कि अलक्षेंद्र को मारकर उसकी महत्त्वाकांक्षा, युद्धाकांक्षा का भी अन्त कर दें।"

"बढ़िया! अलक्षेंद्र कब तक यहाँ वितस्ता पहुँचेगा?"

"सम्भवत: दो मास के भीतर।"

"कुशल!"

"आर्य!"

"तुम विश्राम कर लो। फिर तुम्हें अत्यन्त महत्त्वपूर्ण एक कार्य के लिए नियुक्त करना है।"

"आज्ञा करें, आर्य!"

"कल प्रात: मुझसे मिलो।"

कुशल गया नहीं था कि एक चर ने प्रवेश किया। अनुमति पाकर उसने बताया, "आर्य! सूचना मिली है कि मशकावती के अश्वकायनों ने यवनों के विरुद्ध विद्रोह कर दिया था। शासक शशिगुप्त जब उसे दबा नहीं सका तो पुष्कलावती से क्षत्रप निकेनोर सेना लेकर पहुँचा और अश्वकायनों के हाथों मारा गया।"

"शशिगुप्त बच गया?"

"हाँ, आर्य! बाद में वह स्थिति को वश में करने में सफल हो सका।"

"और कुछ?"

"यह भी समाचार है कि कुभा की घाटी में भी विद्रोह हुआ है। इसका नेता एक आर्य सामन्त समक्ष बना।"

"ठीक है। जाओ।" चर चला गया।

"आर्य! वितस्ता के पूर्व में भी हर कहीं क्षोभ और रोष है। लोग यवनों के सहयोगियों से क्रुद्ध हैं।"

"विद्रोह हर कहीं होंगे, कुशल! तुम कल प्रात: पहुँचो।"

"जो आज्ञा, आर्य!"

कठों की मुक्ति

केकय की राजधानी राजगिरि के मुख्य पथ पर एक तिमंजिली हवेली के सामने दो साधु आकर रुके। एक प्रौढ़ दीख पड़ रहा था और दूसरा युवक। प्रौढ़ ने द्वारपाल को सम्बोधित किया—

"भद्र! देवि कंचनलता से कहो, दो साधु उनके दर्शन करना चाहते हैं।"

द्वारपाल हँस पड़ा।

"आपको क्या प्रयोजन है देवि से?"

"देवि उदार हैं और दान में उनकी बड़ी आस्था है।"

"पर इस समय..."

"तुम केवल देवि को सूचना दो।"

प्रौढ़ के प्रखर स्वर से द्वारपाल सहम उठा। उसने तत्काल एक सेवक को भीतर भेजा और कुछ ही देर बाद दोनों साधु आदरपूर्वक भीतर ले जाए जा रहे थे।

एक अन्तरंग कक्ष में पहुँचकर प्रौढ़ साधु एक चौकी पर बैठ गया। दूसरे ने भूमि पर ही आसन जमाया। कुछ ही पल बीते होंगे कि गृहस्वामिनी देवि कंचनलता ने प्रवेश किया और प्रौढ़ के चरणों में विनत प्रणाम किया।

"बैठो, हेमा!"

हेमा सामने की चौकी पर बैठ गई।

"आर्य! आप स्वयं?"

"हाँ, हेमा!"

"आदेश, आर्य?"

"बन्दी कठों का क्या समाचार है, देवि?"

"कुछ यहाँ राजगिरि में हैं और शेष यवन-शिविर में।"

"मुझे उन्हें स्वतंत्र कराना है, हेमा! किसी भी मूल्य पर।"

"तो आज्ञा करें, आर्य!"

"तुम्हें ज्ञान है, कठों को कहाँ रखा गया है?"

"पहले उन्हें यहीं नगर में लाया गया था। पर जब प्रजा की और सैनिकों की दृष्टि अनुकूल न दीखी तो उन्हें यहाँ से दस कोस दूर एक गढ़ी में बन्द कर दिया गया।"

"दो विश्वस्त चर दो, हेमा! उनके साथ कुशल को वहाँ भेजना होगा। वह गढ़ी के भीतर का और बाहर के अरण्य का पूरा निरीक्षण कर ले तभी आगे की योजना बन सकेगी।"

"मैं प्रबन्ध करती हूँ।"

"एक चर को तीव्रतम गति से बृहद्हट्ट भेजना होगा। कंकु वहाँ है। उसे तत्काल वापस लाना है। फिर, चन्द्र से भी दैनिक सम्पर्क रखना पड़ेगा।"

"हो जाएगा, आर्य!"

"मैं सोचता हूँ, कुशल को आज ही उस ओर जाने दिया जाए।"

"संध्या तक वह जा सकेगा।"

"ठीक है। कुशल यहीं रहेगा। मैं आजीवकों के मठ में टिकूँगा। कुशल! तुम कब तक लौट सकोगे?"

"परसों प्रात: या अधिक से अधिक सायं तक।"

"परसों मुझसे मठ में ही मिलो।"

"जो आज्ञा, गुरुदेव!"

"कुछ फल आदि नहीं लेंगे?" हेमा ने अनुनयपूर्वक कहा।

"ले आओ, हेमा!"

थोड़ा-सा खाकर चाणक्य चुपके से बाहर निकल आया। किसी ने उसके आने-जाने को गिनती में नहीं लिया।

चाणक्य अब सोचने लगा कि वह क्या करे। कल तक वह एकदम खाली था। उसकी इच्छा हुई कि वह अनन्त और पुरु से मिल ले। पर अनन्त से जो बातें हो गईं, उन्हें देखते हुए मिलने में भय था। क्या अनन्त उसे हानि पहुँचाने का दुस्साहस करेगा? क्यों नहीं करेगा? उसे करना चाहिए। पुरु तो कर ही सकता है। चाणक्य उसकी आँखों में खटकना ही चाहिए।

पर, मिल ही क्यों न लिया जाए? यहाँ जो खिचड़ी पक रही है उसका कुछ तो पता चले। अनन्त को छोड़ पुरु से ही मिलना उचित रहेगा।

मठ जाकर चाणक्य ने थोड़ा विश्राम लिया। फिर वेश परिवर्तित कर अपना मूल रूप ग्रहण किया और राजमहल जा पहुँचा। सूचना पाते ही पुरु ने बुलवा लिया।

"कल्याण हो, राजन्!" चाणक्य ने कहा।

"स्वागत, आचार्य! कहिए क्या गतिविधि है?"

"गतिविधियाँ स्तब्ध हैं, राजन्!"

"मैंने तो इसके विपरीत सुना है।"

"सुने पर विश्वास शुभ नहीं होता, महाराज!"

"विश्वास तो शुभ होता है, आचार्य! अध-विश्वास नहीं होता।"

"विश्वास भी शुभ तब होता है, राजन्! जब वह अविश्वास के काँटे पर सधा हो।"

"मेरा विरोध करके आप ठीक नहीं कर रहे हैं, आचार्य!"

"विरोध की सामर्थ्य मुझमें कहाँ है।"

"होती तो?"

"तब विरोध अवश्य करता। पूर्वी गणों के विरुद्ध यवनों का सहयोग लेकर आपने अनिष्ट किया है, महाराज!"

"राजनीति में कुछ अनिष्ट नहीं होता।"

"होता है, राजन्! आप अपने हृदय से पूछ देखिए। क्या कठों का क्रूर विनाश आपकी आत्मा में कचोट पैदा नहीं करता?"

"अनन्त ने मुझे बताया, आपने कठों को छुड़ाने का संकल्प किया है।"

"उसी की पूर्ति के लिए मैं आपकी सेवा में उपस्थित हुआ हूँ। आप अपने यहाँ बन्दी कठों को छोड़ दीजिए और अलक्षेंद्र से भी कहिए कि वह उन्हें मुक्त कर दें।"

"आचार्य चाणक्य! अपनी अवध्यता का दुरुपयोग करने का अधिकार आपको नहीं है। आपने अपने गुप्तचरों के द्वारा मेरी सेना में और जनता में विद्रोह फैलाया है।"

"आप यह क्यों नहीं सोचते, महाराज! कि अलक्षेंद्र से आपकी सन्धि आपकी ही जनता को रुचिकर नहीं लगी है। आप यवनों को वितस्ता के पार धकेल देते तो आपकी प्रतिष्ठा चाँदनी की तरह पूरे उत्तराखंड में फैल जाती और दुर्द्धर्ष गण बिना युद्ध के ही आपका लोहा मान जाते। पर जिन्होंने आपको यह सन्धि की कूटनीति सुझाई, उन्होंने आपकी प्रत्यक्ष विजय का, पर वास्तविक पराजय का ही आह्वान किया। अब आपके सामने एक ही उपाय है।"

"क्या?" पुरु ने प्रश्न किया।

"कठों को मुक्त कीजिए और यवनों के विरुद्ध पूरे वाहीक में व्याप्त आक्रोश को नेतृत्व दीजिए।"

"उसकी आवश्यकता नहीं है। अलक्षेंद्र वापस लौट रहा है। पूरा वाहीक अब एक ध्वज के नीचे होगा। ब्राह्मण!"

"कहिए, महाराज!"

"आप नए साम्राज्य के महामंत्री बनिए।"

"आभारी हूँ, राजन्! पर मैं मित्र अनन्त का अधिकार कैसे छीन सकता हूँ। मैंने चाहा था कि आप वाहीक के ही नहीं, पूरे भारत के सम्राट् बनें। पर आपने मेरा सपना तोड़ दिया।"

"मैंने सुना है नन्द ने आपको अपमानपूर्वक निष्कासित किया था।" पुरु ने अचानक कहा।

"मैं आपका संकेत समझ रहा हूँ, महाराज! पर वह अपमान मैंने आपके लिए, अलक्षेन्द से देश की रक्षा के लिए ही सहा था। चाहें तो नन्द की तरह आप भी वैसा ही कर सकते हैं।"

"मैं केवल यह चाहता हूँ कि आप सहयोगी बनें।"

"मैं सहयोग के लिए ही आया हूँ। पर हमारे सहयोग की प्रकृति और परिभाषा अलग हैं। अच्छा, महाराज! कल्याण हो।"

"ब्राह्मण! कठों के लिए इतना चिन्तित होने का लाभ? वे शीघ्र ही केकय-सेना का अंग होंगे। पर मैं अनन्त के स्थान पर आपको चाहता हूँ।"

"राजन! चाणक्य राजाओं का महामंत्री नहीं, उनका नियामक बनने के लिए पैदा हुआ है।"

"ओह..." पुरु मुस्करा दिया। "अच्छा, आचार्य!"

"धन्यवाद, महाराज पुरु!" चाणक्य ने हाथ उठाकर आशीर्वाद दिया और चला आया।

अनन्त से मिलने की बात चाणक्य के भीतर उठी अवश्य, पर उसका मन एक वितृष्णा से भर उठा। पुरु ने कैसा उसे हीन और तुच्छ माना। पुरु उसे गिनती में लेता तो स्यात् वह आज बचकर न आ पाता। उसकी यह अन्तिम मुस्कान चाणक्य के हृदय में गुभकर रह गई थी। चाणक्य ने तत्काल रूप-परिवर्तन की आवश्यकता महसूस की। वह तेजी से मठ में आया और सबकी आँखें बचाकर अपने कक्ष में घुसकर पूर्ववत् आजीवक साधु बन गया। तब वह बाहर आकर अन्य साधुओं के बीच जा बैठा।

संध्या तक चाणक्य को सूचना मिल गई कि कुशल चला गया है और एक चर बृहद्हट्ट भेजा जा चुका है।

कुशल तीसरे दिन लौटा। उसने बताया—

"आर्य! दुर्ग बहुत प्राचीन है और उसे ठीक करके दृढ़ बनाया गया है। चारों ओर बीहड़ वन हैं। एकदम निकट पहुँचने पर ही पता लगता है कि यहाँ कोई दुर्ग है। पुरु ने इसे अत्यन्त सुरक्षित माना है। इसीलिए पाँच सौ से अधिक सैनिकों की आवश्यकता वहाँ नहीं समझी गई है। लगभग चार सहस्त्र कठों को बड़े-बड़े अहातों में बन्द करके रखा गया है। पुरु के सैनिक वहाँ पर्याप्त निश्चिन्त हैं और वे कल्पना भी नहीं कर सकते कि कोई कठों को छुड़ाने का प्रयत्न कर सकता है।"

"कुशल! हमारे शिविर से इस दुर्ग तक की दूरी कितनी होगी?"

"पचास कोस से अधिक नहीं।"

"वहाँ तक पहुँचने के विषय में क्या सोचा है? क्या बस्तियों को बचाकर वनों के रास्ते जाना सम्भव हो सकेगा?"

"क्यों नहीं, आर्य! देवि हेमा के दोनों चर वन-मार्गों से अच्छी तरह परिचित हैं। मैंने टटोलकर देख लिया है। वे उनका नेतृत्व कर सकते हैं।"

"दुर्ग-द्वार खुलवाने का क्या होगा?"

"वह कठिन नहीं होगा।"

"पर, मैं नहीं चाहता कि तनिक भी मारकाट हो।"

"नहीं होगी, आर्य! पर, चार सहस्त्र कठों को केकय के पार ले जाना वास्तव में समस्या होगी।"

"अश्व हमारे पास नहीं हैं। कुछ भी हो, काम तो करना ही होगा। उन्हें बन्दियों के रूप में ही ले जाया जाए। पूरी दूरी एक दिन में ही तय की जाए।"

"या वे वन में छुपे रहें और धीरे-धीरे निकलें।"

"नहीं। कुशल! तुम अपने साथी चरों के साथ अभी शिविर चले जाओ। चन्द्र और इन्द्र से कहो कि चुने हुए पाँच सौ अश्वारोहियों को लेकर तुम्हारे साथ उस

दुर्ग के समीप पहुँचें। उन्हें वहाँ पहुँचाकर तुम तत्काल मुझसे मिलो। इसमें कितना समय लगेगा?"

"तीन दिन।"

"क्यों? आज रात तुम पहुँचोगे। कल तुम लोग चल सकते हो। परसों तुम हेमा के यहाँ मुझसे मिलो।"

"जो आज्ञा, आर्य!"

कुशल चला गया।

चाणक्य ने सोचा, पुरु की गुप्तचर-व्यवस्था नितान्त व्यर्थ है। नहीं तो क्या वह अभी तक राजगिरि में स्वतंत्र घूम सकता था। लगता है पुरु नशे में चूर है, तो अनन्त निराश और निष्क्रिय है। कुछ भी हो, ये कुछ दिन हेमा के यहाँ बिताने का उसने निश्चय किया। मठ में संकट हो सकता था। संध्या के झुटपुटे में वह हेमा की हवेली में जा पहुँचा।

हेमा ने एक सुसज्जित और सुरक्षित एकान्त कक्ष में चाणक्य को ठहरा दिया। भोजन आदि के बाद वह लेटा तो एक हलकी-सी सिहरन उसके पूरे शरीर में दौड़ गई। चाणक्य इस सिहरन को अच्छी तरह पहचानता था। यह ठीक वही थी जो किशोरी हेमा की प्रतीक्षा में या उसे सामने पाकर उसके तन में लहरा करती थी। चाणक्य चौंककर रह गया। उसने पाया कि हेमा की कामना आज भी उसके भीतर उतनी ही प्रखर है। उसके हृदय में वही हुड़क और आँखों में वही ललक है। इतने वर्षों का व्यवधान उसमें कोई अन्तर नहीं डाल पाया है। चाणक्य को लगा कि हेमा सुनहरे बालोंवाली अरुणमुखी वही किशोरी है, जो कुएँ की जगत पर या यहाँ-वहाँ उसके पास आकर बैठा करती थी। उसके हृदय में तीखी एक हूक उठी और उसे अपने पर क्रोध भी आया। पर हेमा को उसी क्षण देखने की लालसा अचानक उग्र हो उठी। उसने अपने को सँभाला और ध्यानस्थ होकर बैठ गया।

चाणक्य बहुत देर वैसे ही बैठा रहा। तब सहसा किंकिणियों की मधुर ध्वनि उसके कानों को रस-प्लावित कर गई। उसने आँखें खोलकर देखा। हेमा कक्ष के कपाट बन्द कर रही थी।

"हेमा!"

"हाँ, विष्णु!"

हेमा घूमती हुई झमक उठी। उसकी शृंगारित छवि ने चाणक्य की आँखों को चौंधिया दिया। वह जैसे सोते से जाग उठा। उस किशोरी हेमा और इस अप्सरा में बहुत लम्बी दूरी थी।

"ऐसे क्यों आई हो?"

"स्त्री ऐसे क्यों आती है, विष्णु?"

"हेमा, बैठो।"

चाणक्य ने हेमा के स्तनों तक उधड़े, तने उदर को देखा। उठते-गिरते पयोधरों पर उसकी दृष्टि पड़ी और काम के रंग में रँगे मुख पर वह ठहर गई। एक विचित्र आकुलता से वह अस्थिर हो उठा।

"विष्णु!" हेमा के मुँह से निकला।

"कहो, हेमा!"

"मैं प्रायश्चित्त करने आई हूँ।"

"वह तो तुम कर रही हो, देवि!"

"तुमसे एक हुए बिना मेरा प्रायश्चित्त पूरा नहीं होगा।"

"हेमा!"

"हाँ!"

"किशोर वय की चंचलता पर अनुताप क्यों?"

"अनुताप चंचलता पर नहीं, अन्याय पर है। विष्णु! मैंने तुम्हारे साथ ही नहीं, अपने साथ भी अन्याय ही किया। तुम्हारे दिव्य वैभव को ठुकराकर उस सामन्त की चमक-दमक को मैंने ग्रहण किया। पर उससे क्या पाया मैंने? अन्त में यह नगरवधूत्व ही न? क्या यही मेरा प्राप्य था?"

"नहीं।"

"निश्चय ही नहीं, विष्णु! पर तुमने भी तो मुझे इसी के योग्य समझा।"

"मैं क्षमाप्रार्थी हूँ, हेमा! मुझमें प्रतिशोध पैदा हो उठा था।"

"विष्णु! मैं तुमसे एक पुत्र की आकांक्षी हूँ।"

"पुत्र..." चाणक्य का मुँह खुला का खुला रह गया।

"चौंको मत। मैं उसके अयोग्य हो सकती हूँ। पर यह कामना मेरी है। चाहो तो तुम इसे अमान्य कर सकते हो।"

"हेमा, अयोग्य तुम नहीं हो। जिस पथ पर तुम चल आई हो, उससे तुम अयोग्य नहीं बन जाती।..."

"तब?"

"हेमा! कितना मैंने तुम्हें प्यार किया; कैसे एक सपना बनकर तुम मेरे अन्तराल में समा गईं, यदि यह तुम जान पातीं।"

"क्या किसी भी स्त्री से यह बात छुप सकी है?"

"तब क्यों यह शृंगारित अनुरंजित रूप लेकर तुम मेरे सामने आई हो?"

"ओह!" हेमा के मुँह से निकला।

"अभ्यासवश विष्णु! अभ्यासवश!"

"अभ्यास की इन रेखाओं को अपनी चेतना से तुम्हें मिटाना होगा। जिस पुत्र की कामना लेकर तुम आई हो, उसी के लिए तुम्हें अपने को बदलना होगा।"

हेमा के मुख पर उल्लास चमक उठा। उसने उठकर चाणक्य के चरणों पर अपना सिर रख दिया।

"मैं आभारी हूँ, आर्य!"

"पुरु और अनन्त की दृष्टि से बचने के लिए तुम्हारे इस घर में आश्रय लेने की आवश्यकता मुझे नहीं थी। किस अन्त:प्रेरणा ने मुझे यहाँ भेजा, मैं अब समझ पा रहा हूँ। पर उसका यह अवसर नहीं है। तुम्हारे सपने का स्थान एक बहुत बड़े सपने ने ले लिया है। मुझे पूरे भारत को एक करके एक विशाल साम्राज्य की स्थापना करनी है। अलक्षेंद्र का साम्राज्य तो रेत की भित्ति की तरह है। पर हमारा आर्य साम्राज्य एक दुर्ग की तरह होगा। मेरे इस व्रत की पूर्ति के बाद ही मैं तुमसे बात करूँगा।"

"मैं प्रतीक्षा करूँगी, विष्णु! जीवन भर करूँगी। मैं अपने अतीत को अपने अन्तर पर से खुरचकर फेंक दूँगी।"

"तुम इस राजगिरि से अब चली जाओ, हेमा!"

"कहाँ?"

"कहीं भी। अभिसार चली जाओ या बृहद्हट्ट। वहाँ एक साधारण स्त्री की तरह रहो। अपने इस संघर्ष में तुम्हारा उपयोग मैं अब नहीं करूँगा।"

"जो आज्ञा, विष्णु।"

"उठो, हेमा। यह श्रृंगार उतारकर और यह अनुरंजन धोकर अभी आओ। मैं तुम्हें सहज रूप में देखना चाहता हूँ। मैं देखना चाहता हूँ, उस किशोरी के कितना निकट तुम पहुँच सकती हो।"

हेमा खिल पड़ी। वह एक बालिका की तरह उछलकर उठी और कपाट खोलकर बाहर भाग गई।

चाणक्य ने एक गहरी नि:श्वास छोड़ी। यह क्या कर बैठा वह? पर भीतर से उठकर तृप्ति की एक मुसकान उसके होंठों पर फैल गई। वह फिर अपने ध्यान में डूब गया।

कुछ ही देर बाद एक सादी पीली धोती में हेमा ने प्रवेश किया। उसके लम्बे सुनहरे केश कमर पर खुले थे। उसके भीतर का सारा सौमनस्य उसके चेहरे पर आ संचित हुआ था। वह घुटनों के बल चाणक्य के ठीक सामने भूमि पर बैठ गई। उसने उसके चरणों पर अपना माथा रख दिया।

"चाणक्य ने आँखें खोलीं। हेमा को देखा। दोनों हाथ बढ़ाकर उसे कंधों से थामा। उसे ऊपर उठाया। उसे अपनी आँखों के सामने स्थिर किया। हेमा की पलकें मुँद उठीं। चाणक्य उस चेहरे को देखता गया, देखता गया।

"तुम वही हो, ठीक वही।"

हेमा के होंठ सिहर उठे।

"उठो, हेमा!"

हेमा उठकर खड़ी हो गई।

"मेरे मन की गाँठ सुलझ गई है, हेमा! मैंने अनुचित स्त्री से अनुराग नहीं किया था। पर तुम्हें परीक्षा देनी होगी। कठों के मुक्त होते ही तुम बृहद्‌हट्ट चली जाओ। मैं अब चलूँगा।"

हेमा चौंक पड़ी।

"क्यों?"

"अब मैं यहाँ रुक नहीं पाऊँगा।"

"पर रात का दूसरा पहर है यह।"

"कुछ भी हो! अच्छा, हेमा! विदा!"

"जो आज्ञा।"

चाणक्य उठा। हेमा ने चरण-स्पर्श किया। वह आगे-आगे चली और चाणक्य को बाहर तक छोड़ आई।

दुर्ग से लगभग एक कोस दूर वन में चन्द्र, इन्द्र, चाणक्य और कुशल संध्या समय एकत्र हुए।

"अब?" चाणक्य ने प्रश्न किया।

"कुशल! द्वार के विषय में तुमने क्या सोचा है?" चन्द्र ने प्रश्न किया।

"मुझे भीतर जाना होगा। प्रति दिन तीसरे पहर के लगभग खाद्य सामग्री के शकट दुर्ग पहुँचते हैं। उन्हीं में से किसी में छुपकर मैं भीतर पहुँच जाऊँगा।" कुशल ने कहा।

"सब-कुछ बहुत गति से होना चाहिए। यहाँ अधिक ठहरने में संकट तो है ही, योजना भी विफल हो सकती है।"

"कल रात कार्य सम्पन्न हो जाएगा, आर्य! इन्द्र!" चन्द्र बोला।

"हाँ, बन्धु!"

"मैं पुरु के सैनिकों को सँभालूँगा। तुम कुशल के साथ बढ़कर कठों को बन्धन-मुक्त करोगे।"

"ठीक है।"

"कुशल! मध्य रात्रि का समय उपयुक्त रहेगा।"

"हाँ आर्य! मैं सोचता हूँ एक कठ सैनिक को साथ क्यों न ले जाऊँ। वह बन्दियों में मिलकर उन्हें रात के लिए तैयार कर दे।" कुशल ने कहा।

"विचार ठीक है, चन्द्र! इन्द्र!" चाणक्य ने कहा।

"हाँ, गुरुदेव!"

"एक ऐसा तत्पर कठ कुशल के साथ कर दो जो अधिकतम बन्दियों से परिचित हो।"

"जो आज्ञा, आर्य!" इन्द्र ने कहा।

"अच्छा, कुशल! तुम जाओ। कल ठीक अर्द्ध रात्रि को द्वार पर थपकी पड़ेगी।" चन्द्र बोला।

"द्वार आपको खुला मिलेगा। दुर्ग के सैनिक अधिक सतर्क नहीं हैं। काम में कठिनाई नहीं होगी। बस, कल दिन में आपको छुपा रहना पड़ेगा।"

"वह हो जाएगा।" चाणक्य बोला, "चन्द्र!"

"गुरुदेव!"

"जहाँ तक हो सके कम-से-कम रक्त बहना चाहिए।"

"यह क्षण पर निर्भर करता है। समस्या वापसी की होगी, गुरुदेव!"

"हमें तीव्र गति से जाना होगा, वत्स! और बस्तियों से बचना होगा। कोई पूछे ही तो कहना होगा कि बन्दी कठों को वितस्ता-तट पर बसाए जा रहे अलक्षेंद्रपुर में भेजा जा रहा है। स्वयं को पुरु की सेना के सैनिक बताना होगा।"

"आर्य! इस सब पर पुरु की प्रतिक्रिया क्या होगी?"

"देखो, चन्द्र! सतर्क तो रहना ही होगा। हमें सम्भवत: शिविर को वहाँ से हटाना पड़ेगा।"

अगले दिन चन्द्र और इन्द्र ने घोड़ों को वहीं छोड़ा और सभी साथियों को लेकर रात के पहले पहर में दुर्ग के पास जा पहुँचे। ठीक अर्द्ध रात्रि के समय आगे बढ़कर चन्द्र ने अपनी तलवार की मूठ से द्वार पर ठक्-ठक् की। कुशल ने द्वार खोल दिया। चन्द्र ने देखा, प्रहरी अचेत लुढ़के पड़े थे। चन्द्र और इन्द्र के पीछे-पीछे पाँच सौ से अधिक सैनिक पलक झपकते दुर्ग में प्रवेश कर गए। सौ सैनिक द्वार पर खड़े कर दिए गए। इन्द्र और कुशल सौ सैनिकों को लेकर बन्दियों के बाड़ों की ओर बढ़े। और चन्द्र ने शेष तीन सौ के साथ पुरु के सैनिकों को घेरना शुरू कर दिया। रव सुनकर दूर-दूर नियुक्त प्रहरी पास आ गए और कक्षों में सोए पड़े प्रहरी निकल आए। पर परिस्थिति देखकर वे भौचक्के रह गए। कुछ ने झपटकर आक्रमण भी किया, पर वे पल-भर में काट डाले गए। चन्द्र ने एक ऊँचे स्थल पर चढ़कर उन्हें संबोधित किया, "सैनिको! हम कठों को ले जाने आए हैं। जो भी बाधा डालेगा वह मारा जाएगा। शस्त्र फेंककर हमारे सैनिकों के सामने समर्पण कर दो।" चन्द्र के सैनिकों ने एकत्र प्रहरियों को चारों ओर से घेर लिया। स्वयं को विवश पाकर प्रहरियों ने शस्त्र फेंक दिए। चन्द्र ने आदेश दिया कि एक-एक को चुनकर एक रिक्त बाड़े में बन्द कर दिया जाए और इनके शस्त्रों को मुक्त कठों में बाँट दिया जाए।

कुछ ही देर में मुक्त हो-होकर कठ भीड़ के भीड़ आकर द्वार के सामने एकत्र होने लगे। प्रहरियों को ऐसे कोने में बन्द किया गया कि वे सरलता से निकल न सकें। जब सब बन्दी एकत्र हो गए तो चन्द्र ने सबको निश्शब्द रहने का आदेश दिया। उसने सबको पंक्तिबद्ध कराया। सबसे आगे सौ सैनिक, फिर सौ कठ, फिर कुछ सैनिक, फिर कठ...अन्त में भी अपने सौ सैनिक रखे जिससे कि बन्दियों के ले जाए जाने का भ्रम हो। वह स्वयं सबसे आगे रहा और इन्द्र सबसे पीछे। इस प्रकार रात्रि के तीसरे पहर में ही यह पंक्तिबद्ध समूह दुर्ग से बाहर निकला। दुर्ग में वर्तमान सब घोड़े और एक-एक शस्त्र साथ ले लिया गया। एक ही घड़ी में यह काफिला वहाँ पहुँच गया जहाँ वे अपने घोड़े छोड़ गए थे और चाणक्य कुछ सैनिकों के साथ प्रतीक्षा में था। सैनिकों ने अपने-अपने अश्व सँभाले। दुर्ग से आए लगभग सौ अश्वों पर रोगी और क्षीणकाय कठ बिठा दिए गए। इन्द्र चाणक्य के चरणों से चिपट गया।

"उठो, पुत्र। शीघ्रता करो। एक-एक पल मूल्यवान् है।" चाणक्य ने कहा।

इन्द्र अश्रुस्नात मुख लिए उठा और उसने चन्द्र और कुशल का आलिंगन किया।

पंक्ति तीव्र गति से बढ़ चली। कुछ ही देर में उस स्थल पर केवल चाणक्य और कुशल खड़े रह गए। तत्काल ही उन दोनों ने भी अपने-अपने घोड़े सँभाले और नगर की ओर चल दिए। दुर्ग के सामने से गुजरे तो उसके कपाट बन्द थे और वह जटिल मुनि की तरह स्थिर और शान्त खड़ा था, जैसे कुछ हुआ ही न हो।

कठों के निकल जाने की सूचना अगले दिन संध्या तक ही पुरु तक पहुँच सकी। सुनकर वह आपे से बाहर हो उठा और उसने अनन्त को बुला भेजा।

"कुछ सुना आपने?"

"सुना, महाराज!"

"क्या करते हैं आप? कुछ पता रहता है आपको?"

अनन्त निरुत्तर हो रहा।

"आप तत्काल मेरे राज्य से चले जाइए।" पुरु ने आदेश सुनाया और भीतर चला गया।

पुरु का एक विशेष दूत आकर चाणक्य से मिला। उसने प्रार्थना की कि महाराज पुरु आपसे मिलना चाहते हैं। चाणक्य का उत्तर था—

"महाराज से कहना, दूत! चाणक्य अवसरवाद से समझौता नहीं करता। आततायी यवन से सन्धि करके पुरु ने आर्य सम्राट् बनने की अर्हता नष्ट कर डाली है और गणों के विरुद्ध यवन-अभियान का अंग बनकर महाराज ने अपनी क्षुद्रता ही प्रदर्शित की है। कहना, चाणक्य का सपना कुछ और है और पुरु की उसमें कोई भूमिका अब नहीं है।"

चाणक्य का सन्देश सुनकर पुरु बहुत जोर से खिलखिलाकर हँस पड़ा। वह स्यात् सपने की बात पर हँसा था। बात हास्यास्पद थी भी। पुरु की दृष्टि में तो चाणक्य अनन्त के स्थान पर उसका मंत्री बनने से अधिक मूल्य नहीं रखता था। कठों की मुक्ति से तिलमिलाकर भी चाणक्य और चन्द्रगुप्त को दंड देने का विचार जो उसने नहीं किया, उससे भी चाणक्य के मन में खीज ही पैदा हुई।

कंकु आ गया तो चारों ने बैठकर कठों को छुड़ाने के लिए यवनों पर छापे मारने की योजना बनाई।

"तुम पता लगाओ कंकु कि यवन कब कूच कर रहे हैं और यात्रा के बीच बन्दी कठ लम्बे सार्थ में किस स्थल पर रखे जाने हैं।"

"जो आज्ञा, गुरुदेव!"

"चन्द्र! कठों को मिलाकर अब लगभग पाँच सहस्र सैनिक तुम्हारे पास हैं। इनमें से ही एक सहस्र ऐसे छाँटो जो छापामार युद्ध के योग्य दीखें। तुम और इन्द्र इन्हें थोड़ा अभ्यास कराओ।"

"जो आज्ञा, आर्य!"

"इन्द्र! अपने पिता की छुपी निधि से जो राशि तुम ले आए हो, उससे बड़ी सुविधा हो गई है।"

"वह तो मेरा कर्तव्य था, गुरुदेव! धन और भी आ सकता है।" चाणक्य ने बाद में कंकु को अलग बुलाया। "बृहद्हट्ट के क्या समाचार हैं?"

"आर्य शकटार सक्रिय हैं। पचास चरों का एक दल संगठित कर लिया गया है। कुछ प्रमुख स्थल छाँटकर कुछ चरों की नियुक्ति भी कर दी गई है। अभी तो नन्द एवं राक्षस के विरुद्ध वातावरण बनाने का कार्य ही उनको सौंपा गया है। प्रमुख दुर्गपतियों में नन्द के शोषण के प्रति आक्रोश पैदा करने और उसे पुष्ट करने के लिए भी कुछ को लगाया गया है। सूचना के लिए तीव्र संचरण का प्रबन्ध श्रेष्ठियों के माध्यम से कर दिया गया है।"

"उत्तम। नन्द की प्रमुख सैनिक छावनियों में योग्य चरों का रहना आवश्यक है। पाटलिपुत्र पर सम्भावित अभियान के समय इन स्कन्धावारों से नन्द को सहायता न मिले, इसकी व्यवस्था करनी है। यहाँ का कार्य कुशल सँभाल लेगा। तुम अपना ध्यान नन्द पर जमाए रखो। तुम इन्द्रप्रस्थ को अपना केन्द्र बनाओ। वहाँ से हर ओर का सम्पर्क सरल रहेगा।"

"जो आज्ञा गुरुदेव!"

"अलक्षेंद्र के चले जाने के बाद मैं पाटलिपुत्र होकर आऊँगा। वहाँ तिष्य, श्यामला और व्याड़ि से मिलना आवश्यक है। पर तब तक कुछ काम हो जाना चाहिए।"

"हो जाएगा, आर्य!"

"कंकु!"

"गुरुदेव!"

"हेमा ने छुट्टी चाही थी। वह अब बृहद्हट्ट में रहेगी। अभी वह राजगिरि में ही है। तुम उससे मिल लो और उसकी सुविधा का पूरा प्रबन्ध कर दो।"

"जो आज्ञा, आर्य!"

चाणक्य के स्वर-कम्प ने कंकु में कुतूहल पैदा किया।

अलक्षेंद्र ने विपाशा के तट पर देव-पूजन किया और तत्काल बाद ही वितस्ता की ओर कूच कर दिया। एक लम्बा काफिला एक विशाल अजदहे की तरह धरती पर रेंगने लगा। अलक्षेंद्र ने बन्दियों को छोड़ा नहीं था, साथ ले लिया था। पूरे काफिले में उन्हें कई स्थलों पर रखा गया था, जिससे कहीं भी आवश्यकता पड़ने पर श्रम के काम के लिए वे प्रस्तुत मिलें। बन्दियों पर पहरे का कड़ा प्रबन्ध था। बन्दियों में सबसे बड़ी संख्या कठों की ही थी। भारत में आने के बाद वितस्ता के युद्ध से पहले तक जितने बन्दी बने थे, उन्हें वितस्ता-तट पर क्रेटरस के अधीन बसाई गई अलक्षेंद्रपुरी में रख छोड़ा गया था। अलक्षेंद्र यहाँ विपाशा के तट पर भी एक नगर बसाना चाहता था; पर उसके यूनानी सैनिकों में कोई यहाँ बसने के लिए तैयार नहीं हुआ। नहीं तो कुछ बन्दियों को यहाँ छोड़ा जा सकता था। अब सभी को ले जाना पड़ रहा था। कुछ को रखकर शेष को बेच देना होगा।

कंकु ने ठीक-ठीक पता लगा लिया कि कितने बन्दी कहाँ रखे गए हैं। कंकु, चन्द्र और इन्द्र ने मिलकर छापे की योजना बना ली। छापामार दल एक घने वन में छुपाकर रखा गया। जब काफिला झुटपुटे के समय उस वन से गुजर रहा था, तो कंकु के संकेत पर चन्द्र और इन्द्र अपने अश्वारोहियों के साथ निश्चित स्थल पर टूट पड़े। छापा इतना आकस्मिक था कि यवन भौचक रह गए। उनका घेरा टूट गया और वहाँ चल रहे लगभग दो सहस्र बन्दी वन में भाग लिए। चन्द्र और इन्द्र ने यवनों का मार्ग रोक लिया और वे बन्दियों का पीछा नहीं कर सके। जब बन्दी वन में दूर निकल गए तो चन्द्र, कंकु और इन्द्र ने अपने घोड़े मोड़ लिए और तेजी से वन में लुप्त हो गए। यवन-प्रहरी सेनापति सिल्यूकस को और सम्राट् अलक्षेंद्र को सूचित करें, तब तक बन्दी और छापामार दल पहुँच से बाहर थे। अलक्षेंद्र ने सुना तो बहुत बिगड़ा, पर पीछा करने की उसने मनाही कर दी। कुछ यवनों के मारे जाने के अतिरिक्त और कोई हानि नहीं हुई थी। बस, बन्दियों के प्रहरियों की संख्या बढ़ा दी गई।

कंकु के चर सार्थ से पूर्ववत् चिपके रहे। उन्होंने पूरी सूचना कंकु तक पहुँचा दी। पहले प्रयास से प्रोत्साहित होकर दूसरे छापे की योजना बनाई गई। फिर एक

वन चुना गया। वन पैदल बन्दियों को निकल भागने में सुविधा देता है। इस बार छापामार दल को अधिक सशक्त बनाया गया। चन्द्र के नेतृत्व में यह दल पहले की ही तरह निश्चित संकेत पर वन से निकलकर यवनों पर टूट पड़ा। इस बार यवन सतर्क थे और संख्या में अधिक थे। चन्द्र को कुछ पलों में ही काम कर डालना था। क्योंकि देर करने से दल चारों ओर से घिर सकता था। चन्द्र और इन्द्र ने सामने के यवनों पर घातक प्रहार किया और उनके घेरे को तोड़कर बन्दियों की रस्सियों को काट डाला। वे भागे। इन कुछ क्षणों में लगभग पचास यवन काट डाले गए। पर चन्द्र के भी दस-बारह सैनिक खेत रहे। अब भी लगभग पहले जितने ही बन्दियों को मुक्त करा लिया गया। इस बार अलक्षेंद्र सिल्यूकस पर बहुत बिगड़ा। इन दो छापों की चर्चा पूरे सार्थ में गर्म हो गई और चन्द्रगुप्त का नाम एक-एक व्यक्ति की जिह्वा पर आ गया। सिल्यूकस ने शेष बन्दियों की रक्षा का भार स्वयं अपने हाथों में लिया। बन्दियों को अधिक दृढ़ता से बाँध दिया गया। प्रहरियों की संख्या बहुत बढ़ा दी गई और एक अश्वारोही दल के साथ स्वयं सिल्यूकस आगे-आगे चला।

यह सब सूचना कंकु को मिली। उसने तीसरे छापे के लिए मना किया। चन्द्र ने कंकु के परामर्श को महत्त्व दिया। पर इन्द्र शेष कठों को भी छुड़ा लेने के लिए व्याकुल था। उसने कहा—यदि चन्द्र साथ नहीं देगा तो वह अकेला ही प्रयास करेगा। यह तो हो नहीं सकता था। तीनों ने अधिक सतर्कता से योजना बनाई। इस बार दो अलग दल संगठित किए गए। एक छापे के लिए और दूसरा पहले दल के घिर जाने पर उसे छुड़ाने के हेतु आकस्मिक आक्रमण के लिए। इस दूसरे दल का नेतृत्व कंकु को सौंपा गया।

निश्चित क्षण पर छापा मारा गया। यवन-प्रहरियों की तिहरी पंक्ति आक्रमणकारियों से गुत्थमगुत्था हो गई। और तभी स्वयं सिल्यूकस अपना दल लेकर टूट पड़ा। चाँदनी से नहाए उस अँधेरे में क्रूर मारकाट मच उठी। चन्द्र और इन्द्र ने स्थिति की गम्भीरता को समझा और उन्होंने यवनों को अन्धाधुन्ध काटना शुरू कर दिया। सिल्यूकस किसी भी मूल्य पर चन्द्रगुप्त को बन्दी बनाना चाहता था। दोनों ओर के सैनिक धड़ाधड़ गिरने लगे। तभी अचानक इन्द्र और सिल्यूकस आमने-सामने थे। दोनों ने एक-दूसरे पर घातक प्रहार किए। सिल्यूकस वार बचा गया पर यवन-खड्ग इन्द्र को बींध गई और वह घोड़े से नीचे गिर पड़ा। चन्द्र ने यह देखा और सिल्यूकस पर टूटा। उसकी तलवार का भरपूर वार यवन-सेनापति के कनटोप पर पड़ा। शिरस्त्राण को छेदकर तलवार की धार सिर की त्वचा को चूम गई। सिल्यूकस तिलमिला उठा। कनटोप उतरकर दूर जा पड़ा। चन्द्र दूसरा वार करने ही वाला था कि चन्द्र ने यवन को पहचान लिया।

"सिल्यूकस!" उसके मुँह से निकला।

भीषण आघात से बौखलाए सिल्यूकस की आँखें चन्द्र की आँखों से मिलीं।

"चन्द्र!"

"हाँ, मित्र! जाओ। निकल जाओ। तुम्हें विश्राम की आवश्यकता है।"

चन्द्र ने घोड़ा मोड़ा और उसी क्षण कंकु के दल ने हमला बोल दिया। यवनों का घेरा छूटा। बन्दियों के बन्धन कटे और वे वन की ओर भागे। कुछ ही देर में दोनों ओर की लाशों और हाँफते यवनों के सिवाय स्थल पर कोई नहीं था। इस इतने बड़े कांड को होने में जैसे पलक झपकने से अधिक समय नहीं लगा। जब तक काफिले के अन्य लोग इकट्ठे हुए, चन्द्रगुप्त का दल और बन्दी हाथ से निकल चुके थे।

यह तीसरा छापा चन्द्रगुप्त और चाणक्य को काफी महँगा पड़ा। उनके पचास से अधिक सैनिक स्वर्ग सिधार गए। सबसे अधिक यह कि इन्द्र-जैसा योद्धा और सेनापति मृत्यु की गोद में सो गया। पर इन तीन छापों की सूचना आग की तरह पूरे वाहीक में फैल गई। चन्द्रगुप्त अनायास ही एक वीर नायक बन उठा। चाणक्य एक साहसिक कूटनीतिज्ञ के रूप में प्रतिष्ठित हो गया। गुरु-शिष्य का नाम सब गौरव से लेने लगे। अलक्षेंद्र को यह चोट गहरी लगी। पर वह कर ही क्या सकता था। सिल्यूकस को उसने आड़े हाथों लिया। पर सिल्यूकस चन्द्रगुप्त की कृपा से ही बच गया था। वह यवन-सेनापति को न पहचानता या मित्रता को मान्यता न देता तो वह भी वहीं इन्द्र की बराबर में लोट गया होता। सिल्यूकस ने चन्द्रगुप्त का आभार ही माना। अलक्षेंद्र के मन में चन्द्रगुप्त की वीरता और चाणक्य की साहसिक बुद्धि के प्रति प्रशंसा का भाव जागा। इन दोनों से मिलने की इच्छा उसके मन में पैदा हुई। वह सोच उठा कि यदि चाणक्य की शक्ति बढ़ती है, तो उसके प्रयाण के बाद यवन-शक्ति का भविष्य अनिश्चित है। पर प्रयाण तो उसे करना ही था।

यवन सेना का काफिला आगे निर्विघ्न बढ़ता गया। चाणक्य का उद्देश्य केवल कठों को छुड़ाना था, व्यर्थ उलझकर अपनी सीमित शक्ति का क्षय उसे किसी दशा में अभिप्रेत नहीं था। पुरु ने यह सब सुना तो दाँत पीसकर रह गया। उसे लगा अलक्षेंद्र के जाने के बाद सबसे पहले चाणक्य से ही निपटना होगा। आम्भीक के कानों में भी चाणक्य और चन्द्रगुप्त के नाम पड़े। वह हँस दिया, क्योंकि उसे अपनी स्थिति दृढ़ और सुरक्षित लगी। ये दोनों सिर-दर्द बनेंगे तो पुरु के लिए और यह अच्छा ही है।

चाणक्य ने कंकु को अलक्षेंद्र के चले जाने तक रोक लिया। लगभग दस सहस्र कठों का बोझ वह नहीं उठा सकता था। कठ-प्रदेश यवनों से मुक्त हो चुका था। उसने कठों से कहा कि वे अपने देश लौटें। अधिकतर कठ स्वयं ही जाने के इच्छुक थे। उन्होंने चाणक्य और चन्द्र के प्रति आभार प्रकट किया। उन्होंने वचन दिया कि जब भी आवश्यकता पड़ेगी, वे आचार्य एवं उनके वीर शिष्य के लिए प्राणों पर खेल जाएँगे। लगभग पाँच सौ कठों को छोड़ शेष सब अपने देश चले गए।

अलक्षेंद्र ने वितस्ता-तट पर पहुँचकर, करई के उसी मैदान में जहाँ पुरु से उसका युद्ध हुआ था, अपना शिविर डाला और वहीं एक विशाल सभा करने का निश्चय किया। सभा की तैयारियाँ जोर-शोर से की जाने लगीं।

चन्द्रगुप्त ने कंकु के माध्यम से सिल्यूकस को अपने यहाँ निमंत्रित किया। सिल्यूकस ने स्वीकार किया। वह अलक्षेंद्र से अनुमति लेने गया तो उसने चाणक्य और चन्द्रगुप्त को भी सभा के लिए निमंत्रित करने का आदेश उसे दिया। सिल्यूकस अकेला चाणक्य के शिविर में जा पहुँचा। चन्द्रगुप्त ने उसका हार्दिक स्वागत किया। भोजन आदि के बाद चाणक्य, चन्द्रगुप्त, कंकु और सिल्यूकस बातचीत के लिए बैठे।

"आचार्य! आपके दर्शन करके मुझे बड़ा ही आनन्द मिला है।" सिल्यूकस ने कहा।

"मुझे भी, सेनापति!" चाणक्य बोला, "मैंने तुम्हारी बहुत प्रशंसा सुनी है।"

"आर्य, चाणक्य! सम्राट् अलक्षेंद्र ने आपको और बन्धु चन्द्रगुप्त को सभा में निमंत्रित किया है!"

"मैं आभारी हूँ, यवन! सभा में आने का अर्थ होगा यवन-आधिपत्य को मान्यता देना। वह हम नहीं करेंगे। आप ही मेरी ओर से सम्राट् को शुभकामनाएँ दीजिए।" चाणक्य ने कहा।

"आपसे बातें करके उन्हें विशेष प्रसन्नता होती।"

"उसके लिए सम्राट् यहाँ आग्रहपूर्वक सादर निमंत्रित हैं।"

"मै आपका सन्देश सम्राट् तक पहुँचा दूँगा।"

"अवश्य!"

"आचार्य!"

"कहो, सेनापति!"

"सम्राट् की इन अभूतपूर्व विजयों के विषय में आपका क्या कथ्य है?"

"सेनापति! विजय यवनों ने निस्सन्देह पाई है। पर इन विजयों का लक्ष्य क्या था? दारस् से तो प्रतिशोध लेना था, पर भारत से? आप निश्चित समझ लीजिए, यवन-साम्राज्य तो इस धरती पर टिक नहीं पाएगा। उसे टिकाना हो तो अलक्षेंद्र को यहीं बसना होगा। पर वह जा रहा है। यदि केवल सांस्कृतिक सम्बन्ध ही अभिप्रेत थे, तो उनके लिए इतने रक्तपात की कोई आवश्यकता नहीं थी। लोगों को पद-लुंठित, रक्त-क्लिन्न और नगरों को ध्वस्त देखने में, धरती के बृहद् विस्तार पर अपनी ध्वजा लहराने में मानवीय अहं को जो वीभत्स महत्ता मिलती है, उसी के लिए अलक्षेंद्र ने यह लम्बी विजय-यात्रा की। पर महत्ता सम्राट् को मिल चुकी है और झंझावात का वेग उतार पर है। अब? अब सिल्यूकस?"

"आचार्यवर! सम्राट् अलक्षेंद्र अभी इसी धरती पर हैं।"

"पर उन्हें अपने विशाल पश्चिमी साम्राज्य की चिन्ता अधिक है और उन्हें जाना पड़ रहा है।"

"हाँ, आचार्य! तक्षशिला और वाहीक उसी यवन-साम्राज्य के अंग बनकर रहनेवाले हैं।"

"क्या कहा जा सकता है, सेनापति! भारत की यह धरती बड़ी ही रहस्यमय है। यहाँ शशिगुप्त, आम्भीक और पुरु हैं तो कुछ लोग और भी हैं।"

"इन तीनों में हम तो भेद करते हैं, आचार्य!"

"मेरी दृष्टि में विशेष भेद नहीं है। कायर, महत्त्वाकांक्षी अवसरवाद की मात्रा का ही अन्तर है।"

सिल्यूकस हँस पड़ा।

"सेनापति! मैंने सुना है कि आपके साथ केवल सैनिक ही नहीं, विद्वान् भी आए हैं!" चाणक्य ने कहा।

"आचार्य! मेरे देशवासी प्रकृति से सत्यान्वेषी हैं। हमारे देश ने बड़े-बड़े वैज्ञानिकों, दार्शनिकों एवं शिल्पकारों को जन्म दिया है। सम्राट् अलक्षेंद्र विद्वानों एवं धार्मिक पुरुषों का भारी आदर करते हैं। तक्षशिला के ऋषि दांड्यायन के दर्शनों के लिए वे स्वयं गए थे। महात्मा सुकरात का नाम आपने सुना है, आचार्य?"

"हाँ, सिल्यूकस!"

"उन्हीं के प्रशिष्य अरस्तु सम्राट् के गुरु हैं और वे साथ आए हैं। अन्य कई विद्वान् और इतिहासकार भी साथ हैं। सम्राट् की गतिविधि के एक-एक विवरण का लेखा रखा गया है।"

"सेनापति! सम्राट् के गुरु क्यों सम्राट् को इस तथाकथित विजय-यात्रा से वर्जित न कर सके?"

"क्यों करते? इस साहसिक अभियान के लिए गुरुदेव ने ही सम्राट् को प्रेरित किया था। बताइए तो, आचार्य! वहीं अपनी मकदूनिया में पड़े हम क्या करते? हमने अनेकों युद्ध लड़े, अनेकों देश जीते, अनेक प्रदेशों और जातियों के सम्पर्क में हम आए। पूरे सभ्य संसार में एक आलोड़न हमने पैदा किया है। अपने इस अभियान से सम्राट् ने अपने देशवासियों के भीतर एक विद्युत भर दी है। रक्त तो आचार्य, बहने के लिए ही होता है और सैनिक मरने के लिए ही, पर इतिहास साहसिकता से ही बनता है।"

"सोचने का यह ढंग है, सेनापति! पर इस धरती का ढंग भिन्न ही रहा है। हम रक्तपात शौक के लिए, स्वाद के लिए नहीं, विवश होकर ही कर पाते हैं। इसीलिए आततायी के समक्ष हम सदा रक्षात्मक युद्ध लड़ते हैं। आक्रामक बिल्कुल न होने के कारण ही कायर उदारता हम पर हावी हो उठती है। उदार हम विदेशी आक्रामक के प्रति ही होते हैं, अपने देशवासियों के प्रति नहीं। अपने भाइयों का, अपना रक्त

बहाने में हमें संकोच नहीं होता। पुरु ने उदारता अलक्षेंद्र के प्रति दिखाई, कठों के प्रति नहीं। अहिंसा के दर्शन ने इस देश में ही जन्म लिया है।"

"सेनापति सिल्यूकस! एक बात पूछना चाहता हूँ।" कंकु अचानक बोल उठा।

"हाँ-हाँ!"

"आपने हमें कठों को छुड़ा ले जाने क्यों दिया?"

"आपने छुड़ाया उन्हें।"

"यवन चाहते तो उन्हें वापस ले जा सकते थे।" चन्द्र ने कहा।

"क्या करते ले जाकर? उन्हें अपने साथ बेबीलोन तो ले जाना नहीं था। दासों के रूप में बेचते ही तो उन्हें। उससे दुर्नाम ही मिलता, पर इससे एक हानि निश्चित हुई।"

"क्या?" कंकु ने पूछा।

"चन्द्रगुप्त को यश मिल गया।"

चाणक्य मुस्करा दिया।

"और पुरु की प्रतिष्ठा को ठेस पहुँची।" वह बोला।

"शायद!" सस्मित सिल्यूकस के मुँह से निकला।

चाणक्य कटकर रह गया।

पुरु और फिलिप्स का अन्त

सिल्यूकस की विदाई के बाद चाणक्य ने चन्द्र और कंकु से पूछा कि क्या वे अलक्षेंद्र की राजसभा देखने को उत्सुक हैं। उनका मन पाकर चाणक्य ने उन्हें छद्म वेश में जाने की अनुमति दे दी। दोनों प्रसन्न हो उठे।

एकान्त मिलते ही चाणक्य एक खिन्नता से भर उठा। अन्तर्मुख होकर उसने पाया कि भीतर से तिलमिलाहट की कसक लहरती आ रही है। सिल्यूकस का सस्मित 'शायद' मुस्कराते पुरु के उस 'ओह!' से कितना ध्वनि था। दोनों ने ही चाणक्य के संकल्प और कर्तृत्व की मजाक उड़ाई और इस प्रकार उसे हीन ठहराया। सच भी है लघुता-गुरुता की माप का दंड प्रकट साधन-सम्पन्नता है, गुह्य संकल्प अथवा अस्फुट क्षमता नहीं। अभी तक हर राजा और गणपति ने उसके परामर्श को ठुकराया है और उसकी सदिच्छा और कल्पना को पैरों-तले रौंदा है। आम्भीक ने उसे राज्य से निकाला और यवनों को गले लगाया। करई के रणक्षेत्र में उसे अपना एकमात्र मित्र मानते हुए भी और चन्द्रगुप्त की समर-सामर्थ्य का पूरा उपयोग करके भी पुरु ने उसके मना करते-करते भी अलक्षेंद्र से सन्धि कर ली और उसकी मित्रता और सद्कामना पर कालिख पोत दी। गणों ने भी चाणक्य की सलाह नहीं मानी और

नन्द ने तो उसका ऐसा
यह खुली शिखा प्रतिश
ठुकराए जाने पर भी उसव
उसका संकुचित अहं या स
मानी होती तो अलक्षेंद्र सिन्धु
के कारण ही पराजित और नष्पाएगा।
वेदना पैदा करता है। आम्भीक ग कि
पर उन्हें कौन समझाये कि उन्होंने नीचे
दाँव वे हार चुके हैं। आज इन दोनोंत
विदेशी आक्रामक के सामने घुटने टेक
नहीं जानते कि कूटनीति एक वेश्या है।
ही उसे खिला सकता है। और नन्द और रा
उन्होंने किसी नगण्य ब्राह्मण को धक्के देक
पता कि नन्द साम्राज्य की घड़ियाँ तेजी से घट
एक दिन के लिए विलाप करना होगा।

पर प्रश्न था—अब? अब क्या किया जाए?
क्षुद्र साधनहीन ब्राह्मण केवल महत्त्वाकांक्षा के बल
पर्वताकार मदमस्त ऐरावत का आखेट कर सकेगा? कुछ
न धन, न सेना, न राज्य। पाँच सौ आरट्ट और एक चन्द्रगुप्त,
पर नन्द की लाखों की सेना से भिड़ा जा सकेगा? चाणक्य को
आ गई। क्यों प्रण किया उसने? पर एक दृढ़ आक्रोश उसके भीतर से
उसका प्रण झूठा नहीं हो सकता, नहीं होगा। वह नन्द को समाप्त करके रह
एक विशाल साम्राज्य का निर्माण वह निश्चय ही करेगा। यह बिखरा हुआ भा
एक होगा और किसी आक्रमणकारी का साहस नहीं होगा कि वह कुभा को भी पार कर सके। पर कैसे? कैसे होगा यह? इस केकय और तक्षशिला को ही वश में करने की सामर्थ्य उसके पास नहीं है। अलक्षेंद्र के जाने के बाद पुरु निश्चय ही उसके पीछे पड़ेगा। वह उसे केकय की सीमा में नहीं रहने देगा। वह नहीं चाहेगा कि चाणक्य उसकी महत्त्वाकांक्षा के पौधे की छाया में बैठा उसी की जड़ कुतरता रहे। पर पुरु से संघर्ष में पड़ना कदापि उचित नहीं रहेगा। अब फिर तक्षशिला के आस-पास ही छुपना पड़ेगा। आम्भीक मित्रता के योग्य नहीं है। पर उससे कुछ साँठ-गाँठ तो करनी ही होगी। सबसे अधिक यह कि यवन शक्ति से टक्कर लेनी होगी और उन्हें क्षत-विक्षत कर डालना होगा। भारत छोड़ने से पहले अलक्षेंद्र को पता लग जाना चाहिए कि उसका साम्राज्य रेत के घरौंदे से अधिक कुछ नहीं था। इससे चन्द्र की प्रतिष्ठा में चार चाँद लगेंगे। तब पुरु से निपटना सरल हो जाएगा।

। पर पहले थोड़ा यहाँ खेल लेना पड़ेगा। पूर्वी केकय है। इससे सेना एकत्र करने में सहायता मिलेगी। कंकु गणों के पास भेजूँगा। इन्द्र पहले ही वहाँ हो आ चुका टे बिखेरने ही होंगे। मैंने चन्द्रगुप्त की माँ को वचन दिया ऊँगा। मैं उसे सम्राट् बनाऊँगा, मगध-साम्राज्य का सम्राट्। ? क्या होगा? वही होगा जो संकल्प किया है। मानव चाहे कता है, उसे बाँध सकता है।

क बृहद्हट्ट नहीं गई है। यहाँ से समेटने में शायद उसे देर लग हद्हट्ट उसे रुचिकर नहीं है। पर वह क्यों सोचता है हेमा के बारे क हूक बनकर उसके हृदय में मचलती रहती है? पिछले कुछ वर्षों असंयत रही है। कइयों से प्रेम किया होगा उसने और कितनों की ही वह बनी होगी। फिर क्यों उससे वितृष्णा नहीं हो पाती उसे? उसके पन्द्रह वर्ष पहलेवाला आकर्षण वह क्यों महसूस करता है? वह क्यों नहीं जाता? घोर मानसिक उलझन और व्यस्तता के बीच भी क्यों हेमा क एक कौंध की तरह अन्तर में चमक जाती है? उसकी सारी विद्वत्ता और ा जैसे एक हेमा के सामने परास्त हो उठी है, धरती पर लोट गई है। गहन ध्यान बीच भी बार-बार उसकी छवि मन की आँखों के सामने तैर गई है। 'हेमा' यह ाम अनन्त बार उसके अस्फुट होंठों से अनायास निकल गया है। स्यात् यह भीतर का ही खिंचाव था कि उस रात वह बरबस हेमा के घर पहुँच गया। निश्चय ही मन ही मन उसे आशा थी कि हेमा प्रणय-निवेदन करेगी। उसने किया। और उसने उसे अस्वीकार नहीं किया। केवल यह चाहा कि हेमा उसकी कल्पना के कुछ तो अनुरूप बने। उसका जो चित्र उसके मन में बसा हुआ है, वह लौटकर वैसी ही तो नहीं बन सकती। पर समय की धूल को कुछ तो झाड़ ही सकती है। वह तो हेमा से, व्यक्ति से प्रेम करता है; उसका अतीत, उसके स्खलन बीच में कहाँ आते हैं? पर नहीं, उसे इस पीड़ा को अन्तर के अँधेरे गह्वर में धकेल देना होगा। सामने विराट कर्तव्य पड़ा है; असम्भव कल्पना को साकार रूप उसे देना है और एक कठिन प्रण को पूरा करना है। कहने को बुद्धि दस रास्ते सुझा सकती है, पर सभी तो धुंध से अँटे पड़े हैं और दो कदम पार का भी दीख नहीं पड़ता। चन्द्र और कंकु चाणक्य को पता नहीं क्या समझते हैं, पर वह कितना निरीह है, यह वह ही जानता है। परिस्थितियों पर और भवितव्य पर और मानवीय प्रकृति पर सारथी कृष्ण जैसी पकड़ उसमें नहीं है। उसमें उत्तेजना है, व्यग्रता है; होंठों पर वैसी स्थिर मुस्कान नहीं है। उसके लिए तपस्या चाहिए और वह उसने नहीं की है। पर कृष्ण ने ही कौन-सी तपस्या की थी? अधूरापन शूल की तरह उसे छेदता है।

चन्द्र और कंकु अलक्षेंद्र की सभा को देख आए। वहाँ की शान-शौकत और विभुता का दोनों ने सम्मोहक गुण-गान किया। अलक्षेंद्र रत्नजटित स्वर्ण सिंहासन पर विराजमान था। पुरु, आम्भीक, अभिसार-नरेश, शशिगुप्त, सिल्यूकस-क्रेटरस-फिलिप्स आदि के साथ बैठे। अलक्षेंद्र ने पुरु को वितस्ता और विपाशा के बीच के प्रदेश का, आम्भीक को सिन्धु व वितस्ता के मध्यवर्ती गान्धार का और अभिसार-नरेश को काश्मीर का क्षत्रप नियुक्त किया और इन तीनों ने ये नियुक्तियाँ सगर्व ग्रहण की। पुष्कलावती में फिलिप्स को रखा गया, जिससे वह आम्भीक और पुरु पर दृष्टि रख सके। शशिगुप्त को अश्वकायनों की नगरी मशकावती सौंपी गई और वह फिलिप्स का प्रमुख सहायक बना। क्रेटरस ने इस बीच नौकाओं का एक विशाल बेड़ा तैयार करा रखा था। अगले कुछ ही दिनों में अलक्षेंद्र इसमें सवार होकर दक्षिण की ओर कूच कर जानेवाला है। चन्द्र और कंकु ने यह भी बताया कि आम्भीक पूरी तरह यवन साज-सज्जा में आया था और पुरु भी यह देखकर हँस पड़ा था। वे लगभग सभी से मिले पर कोई उन्हें पहचान नहीं पाया।

सब सुना लेने पर चन्द्र और कंकु का उत्साह चुक गया तो चाणक्य ने प्रश्न किया—

"अब?"

दोनों ने अचकचाकर अपने आचार्य की ओर देखा।

"अब क्या करना है?" चाणक्य ने प्रश्न दुहराया।

"जो आप आज्ञा दें।" दोनों बोल उठे।

"वह तो मैं दूँगा। पर तुम दोनों की बुद्धि क्या कहती है? बोलो।"

दोनों गम्भीर हो उठे।

"हाँ, चन्द्र!"

"हमें जैसे भी हो, यवन-प्रभाव को घातक चोट पहुँचानी होगी।"

"और उसके लिए क्या करना होगा?" चाणक्य कंकु की ओर उन्मुख हुआ।

"सबसे पहले यह शिविर वितस्ता के उस पार ले जाना होगा।"

"साधु, कंकु! साधु!"

"क्यों आर्य?" चन्द्र ने पूछा।

"मुझे पूरा सन्देह है, चन्द्र! कि पुरु हमें कुचलने का भरपूर उपक्रम तत्काल करनेवाला है। है न, कंकु!"

"आपका अनुमान यथार्थ है, आर्य! मेरी सूचना भी यही है। और परिस्थिति का तर्क भी यही कहता है।"

"चन्द्र! मैं नहीं चाहता कि हमारा एक भी सैनिक व्यर्थ के झमेले में प्राण गँवाए। वितस्ता के पार उसी वन में डेरा डालो जहाँ आरम्भ में रहे थे।"

"जो आज्ञा, गुरुदेव!"

"ठीक। अब बताओ चन्द्र! यवन-प्रभाव को घातक चोट देने के लिए क्या करना उचित है?"

"आर्य! क्या किसी तरह फिलिप्स का अन्त किया जा सकता है?" चन्द्र ने मस्तिष्क पर जोर डालकर कहा।

प्रसन्नता की एक मुस्कान चाणक्य के होंठों पर खेल गई।

"ऐसा कैसे सम्भव होगा, वत्स? ऐसा हो सके तो एक बहुत बड़ा काम न सिद्ध हो जाए। तुम्हारा नाम पूरे उत्तरापथ में लहर की तरह तैर जाए। पूरा वाहीक तुम्हारे चरणों में लोट जाएगा, चन्द्र, और आगे के काम के लिए सेना एकत्र करनी बहुत ही सरल हो। तब यवन-प्रभाव और पुरु की प्रतिष्ठा हिम-खंड की तरह गलकर बह जाएगी।"

"मैं फिलिप्स को मार डालूँगा, आर्य!"

"पर कैसे?"

"मैं उसे द्वंद्व के लिए ललकारूँगा। हमें तक्षशिला चलना होगा।"

आह्लादित कंकु ने चन्द्र को गले से लगा लिया।

"तुम ऐसा कर सकोगे, चन्द्र!"

"क्यों नहीं, गुरुदेव! बन्धु चन्द्र में उसकी पूरी सामर्थ्य है।" कंकु बोल उठा।

"शायद यही एक छोटा रास्ता है, वत्स! आघात शीघ्र ही होना चाहिए। हाँ, चन्द्र को दाँव पर लगाना पूरे भविष्य को दाँव पर लगाना है, कंकु, पर मुझे यह द्यूत खेलना ही होगा। कंकु!"

"गुरुदेव!"

"इस द्वंद्व की पूरी तैयारी तुम्हें करनी होगी। सिंह की माँद में जाकर उसे ललकारना सरल नहीं होता। चन्द्र की सुरक्षा की पूरी योजना बनानी होगी। यवन और भारतीय क्षत्रपों के विरुद्ध तुम तक्षशिला, पुष्कलावती और मशकावती के जन-जन को भड़काओ। यह काम जरा भी कठिन नहीं होगा। फिलिप्स की हलचलों पर दृष्टि रखो। जब भी फिलिप्स तक्षशिला में हो और यवन द्वंद्व आयोजित करें तभी चन्द्र उसे चुनौती दे। अपने आरट्टों को तुम्हें हर परिस्थिति के लिए प्रस्तुत रखना होगा। यहाँ से निपटकर ही बृहद्हट्ट चलेंगे। चन्द्र!"

"आर्य!"

"तुम आज से ही द्वंद्व-युद्ध का अभ्यास शुरू कर दो। कंकु स्थान-परिवर्तन का काम कर लेगा। मैं इसी सप्ताह तुम्हारे कौशल का निरीक्षण करूँगा। कंकु!"

"गुरुदेव।"

"हमें दो दिन के भीतर वितस्ता पार करनी है। चन्द्र आज ही पार जा सकता है।"

"आज्ञा का पालन होगा, आर्य!" कंकु ने कहा।

"एक बात और।"

"आर्य!"

"नहीं, तुम नहीं। मैं जरा सोचकर निश्चित कर लूँ। तुम दोनों काम में जुटो।"

चाणक्य और कंकु का अनुमान सचमुच ही सही निकला। पुरु ने वापस राजगिरि पहुँचते ही पाँच सहस्र अश्वारोहियों का एक दल चन्द्रगुप्त के शिविर को घेरने के लिए भेजा, पर उस स्थल पर कुछ न मिला। यह देखकर पुरु को भारी निराशा हुई। वह तिलमिलाकर रह गया।

तक्षशिला पहुँचकर चाणक्य ने आम्भीक से मिलने की योजना बनाई। दो वर्ष पहले एक दिन आम्भीक ने चाणक्य को अपने राज्य से निष्कासित किया था। पर इस बीच गान्धार-नरेश चाणक्य की क्षमता और कर्तृत्व को देख चुका था। और यह भी जान चुका था कि चाणक्य की पुरु से खटक गई है। उसे अपने पक्ष में करने के लिए वह स्वयं उत्सुक था। इसलिए जब चाणक्य ने भेंट के लिए प्रार्थना की तो आम्भीक ने तत्काल उसे बुला लिया।

तक्षशिला में व्याप्त यवन वातावरण से चाणक्य परिचित था। अब उसने देखा कि राजभवन के सैनिक और कर्मचारी सभी यवन वस्त्रों में थे। भवन का साज-सामान और सज्जा भी विदेशी थी। स्वयं आम्भीक उसे यवन वेश-भूषा में मिला। देखकर चाणक्य एक बार तो पहचान ही नहीं सका। उसे चकित पाकर आम्भीक ही बोला—

"ब्राह्मण! इस भूषा में मैं अधिक तत्पर और सबल क्या नहीं लग रहा हूँ?"

चाणक्य ने देखा, आम्भीक के वाक्य में आर्य एवं यवन प्रयोगों की खिचड़ी थी। उसे हँसी आ गई।

"निश्चय ही, राजन्! पर आपकी भाषा स्वच्छ यवन अभी नहीं बन पाई है।" उसने कहा।

"हाँ, आचार्य! वह अमिश्रित नहीं है। प्रयत्न तो कर रहा हूँ मैं। पर मैं चमत्कृत हूँ, ब्राह्मण! इस भाषा में कितना पुरुषत्व है। आज यह पूरे सभ्य संसार की भाषा है। मैंने तो आदेश दे दिया है कि गांधार का हर व्यक्ति यवन भाषा सीखे।"

"राजन्!" स्पष्ट प्रतिवाद को बचाते हुए चाणक्य ने कहा, "पुरुषत्व भाषा में नहीं, कंठ में हुआ करता है।"

"कहिए, आचार्य! कैसे कष्ट किया?" आम्भीक ने पूछा। वह शायद चाणक्य की चोट को समझा नहीं।

"राजन्! आपको एक सूचना देने आया हूँ।"

"क्या?"

"वितस्ता-युद्ध के बाद से पुरु स्त्रियों, विशेषकर यवन-सुन्दरियों के प्रति अत्यन्त लोलुप हो उठा है।"

"तब?"

"सोच लीजिए। क्या इस परिस्थिति का कोई उपयोग आप कर सकते हैं?"

"ब्राह्मण!..."

आम्भीक के मस्तिष्क ने तेजी से घूमना शुरू किया।

"सचमुच, आचार्य! सचमुच!" उसके मुँह से निकला।

"अनन्त शर्मा भी पुरु को छोड़ गया है।"

"उपयोग?...पर कैसे?"

"आप भागुरि से कहिए वह एक यवन-विषकन्या का प्रबन्ध करे।"

"धन्यवाद, आचार्य! धन्यवाद।"

"अब मत कहिएगा कि मैं देशद्रोही हूँ।"

"मैं अनुतप्त हूँ, ब्राह्मण!"

चाणक्य चला आया।

यवनों की छावनी में शरीरिक क्रीड़ाओं के आयोजन नियमित रूप से होते रहते थे। विशेष अवसरों पर द्वंद्व युद्ध भी आयोजित किए जाते थे। इनका सामान्य उद्‌देश्य मनोरंजन तो था ही, गर्भित उद्‌देश्य भारतीयों पर प्रभाव डालना भी था। वितस्ता युद्ध से पहले भी द्वंद्व के कौशल विशेष रूप से प्रशिक्षित यवनों ने दिखाए थे और द्वीप पर हुए द्वंद्वों में अनेक भारतीय मारे गए थे। यह लगभग सर्वमान्य हो चुका था कि यवन द्वंद्व-युद्ध में अपराजेय हैं। जब ऐसे युद्ध होते थे तो यवन और भारतीय बड़ी संख्या में एकत्र होते थे। ऐसे अवसरों पर यवन-सेनापति यदि तक्षशिला में होता तो अवश्य उपस्थित होता था। कभी-कभी आम्भीक भी सम्मानित अतिथि बनता था। चाणक्य और चन्द्रगुप्त इस प्रतीक्षा में थे कि कब क्षत्रप फिलिप्स की उपस्थिति में ऐसा कोई द्वंद्व हो। ऐसा अवसर कुछ ही दिन बाद आ गया।

फिलिप्स अलक्षेंद्र को काफी दूर आगे तक विदा करके सीधा पुष्कलावती गया था। वहाँ का उत्तरदायित्व यूडेमस को सौंपकर वह तक्षशिला आ गया था। उसने तय किया था कि अधिकतर समय गान्धार की राजधानी में ही बिताया जाए, जिससे आम्भीक और पुरु दोनों पर दृष्टि रखी जा सके। उसे सबसे अधिक आशंका इन्हीं दोनों से थी। फिलिप्स के तक्षशिला आने के कुछ ही दिन बाद सब प्रकार की क्रीड़ाओं का एक समारोह किया गया। चन्द्रगुप्त, चाणक्य और कंकु ने उसमें भाग लिया।

जब एक-एक कर सभी खेल समाप्त हो गए तो द्वंद्व की बारी आई। जैसे ही यवनों का प्रसिद्ध मल्ल सिमेकस अखाड़े में आकर खड़ा हुआ और उसने गान्धारवासियं को ललकारा, चन्द्रगुप्त ने अपने स्थान से ही फिलिप्स को सम्बोधित किया।

"क्षत्रप फिलिप्स! मैं आपको द्वंद्व-युद्ध के लिए ललकारता हूँ।"

"कौन हो तुम?"

मैं चन्द्रगुप्त हूँ, आचार्य चाणक्य का शिष्य। सिमेकस बहुत अधिक द्वंद्व लड़ चुका है। आप एक प्रशिक्षित मल्ल को साधारण योद्धाओं से भिड़ाकर आज तक वाहवाही लूटते आए हैं। मैं और आप दोनों ही मल्ल नहीं, केवल शस्त्र-व्यवसायी हैं। शक्ति-परीक्षा के लिए मैं आपका आह्वान करता हूँ।"

"युवक! तुम किसी भी अन्य यवन को चुन सकते हो।" फिलिप्स ने कहा।

"मैं केवल आपको चुनता हूँ। आपमें साहस न हो तो इंकार कर दें।" चन्द्रगुप्त ने ऊँचे स्वर में कहा।

उपस्थित सहस्रों लोग स्तब्ध होकर यह बातचीत सुन रहे थे। चन्द्रगुप्त की चुनौतो पर सभी भारतीयों ने हर्षध्वनि की और तालियाँ पीटीं। यवन स्तम्भित थे। उन्हें आशा नहीं थी कि कोई भारतीय सीधे क्षत्रय फिलिप्स को ही चुनौती देगा।

"मुझे स्वीकार है, चन्द्रगुप्त!"

"तो अखाड़े में उतरिए, क्षत्रप!"

"आज नहीं, युवक! परसों इसी स्थल पर केवल मेरा और तुम्हारा द्वंद्व होगा।" फिलिप्स ने घोषणा की।

"धन्यवाद, क्षत्रप फिलिप्स!"

आग की तरह यह समाचार पूरी तक्षशिला में फैल गया। बच्चे-बच्चे की जिह्वा पर चन्द्रगुप्त का ही नाम था। कौन है यह युवक? हर मस्तिष्क में यह प्रश्न गूँज। उठा। इस एक प्रश्न के अनेकों उत्तर जन-संकुल बाजारों में तैर गए। यह वही है जिसने यवनों पर आक्रमण करके कठों को छुड़ाया था। यह महात्मा चाणक्य का शिष्य है। महात्मा चाणक्य को तुमने देखा है क्या? इन गुरु-शिष्य ने गान्धार को यवनों के पंजों से मुक्त कराने का प्रण किया है। देखते-देखते चन्द्रगुप्त और चाणक्य सार्वजनिक आकांक्षा के मूर्त प्रतीक बन उठे। आम्भीक और यवनों के प्रति लोगों की घृणा तली से उठकर सतह पर आ गई। लोग चन्द्रगुप्त को देखने के लिए आतुर थे, पर वह और चाणक्य तो जैसे क्रीडांगन से ही कहीं लुप्त हो गए थे। लोग कहने लगे दोनों ही चमत्कारी हैं और परसों नियत क्षण पर ही प्रकट होंगे।

उधर कंकु द्वंद्व की तैयारी में जुट गया। सबसे बड़ा प्रश्न था यवन-आक्रोश के सामने चन्द्रगुप्त को जीवित निकाल ले जाने का। चाणक्य को पूरा विश्वास था कि चन्द्रगुप्त

फिलिप्स को मौत के घाट उतार देगा। उस स्थिति में यवनों का आपे से बाहर होना नितान्त स्वाभाविक था। ऐसे में चन्द्रगुप्त के प्राण संकट में आ सकते थे। चाणक्य ने कंकु को आदेश दिया कि वह अपने पाँच-सात सौ आरट्टों को परसों तक-चोरी-छुपे तक्षशिला में पहुँचा दे, जिससे द्वंद्व के समय वे सब क्रीडांगन में उपस्थित रहें और यदि यवन झगड़े पर उतारू हों तो उनका डटकर मुकाबला किया जा सके। वैसी स्थिति में गान्धार सैनिक एवं जन निश्चय ही यवनों के विरुद्ध उठ खड़े होंगे और यवनों को उनकी मूर्खता का अच्छा दंड मिल जाएगा। हड़बड़ी में कंकु और उसके सैनिक चन्द्रगुप्त को निकाल ले जाएँगे, ठीक आज की तरह उसकी सूरत बदलकर। यह सब योजना बनाकर चाणक्य नियत क्षण की प्रतीक्षा करने लगा।

एक दिन छोड़कर अगला दिन आया। प्रात: से ही लोग यवन-छावनी की ओर जाने के लिए कसमसाने लगे। द्वंद्व तीसरे पहर होना था। दोपहर बीतते ही हाट बन्द हो गए और लोग जुट्ट के जुट्ट द्वंद्व-स्थल की ओर चल दिए। नगर लगभग खाली हो गया।

एक बहुत विशाल वृत्ताकार अखाड़े के चतुर्दिक पूरी तक्षशिला आ उमड़ी थी। भारतीयों की संख्या के सामने यवन मुट्ठी-भर दृष्टि पड़ रहे थे। प्रबन्ध यवनों के हाथों में था और शस्त्रधारी यवन सैनिक हर ओर तैनात थे और लगभग सौ सैनिक अखाड़े को घेरे थे। कंकु ने हर यवन-सैनिक के साथ छद्मवेशी सशस्त्र एक-एक आरट्ट खड़ा कर दिया था। शेष आरट्ट एक जगह अखाड़े से सटकर गुल्म बनाकर खड़े हो गए थे, जिससे आवश्यकता पड़े तो अनायास अखाड़े में घुसकर चन्द्रगुप्त की रक्षा कर सकें।

एक ओर दो ऊँचे सिंहासन थे, जिनमें एक पर आम्भीक और दूसरे पर द्वंद्व के लिए प्रस्तुत फिलिप्स बैठा था। मनोरंजक बात यह थी कि आम्भीक आज पूरी तरह भारतीय वेश-भूषा में था। अपनी भावाविष्ट जनता के सामने यवन वस्त्रों में आने का साहस वह नहीं कर सका था। ठीक समय पर फिलिप्स सिंहासन से उतरकर अखाड़े में आ गया। उसके एक हाथ में लम्बी कटार और दूसरे में ढाल थी। अखाड़े के बीचोंबीच खड़े होकर उसने चन्द्रगुप्त को ललकारा, पर चन्द्रगुप्त कहीं दीख नहीं पड़ रहा था। तभी लबादा ओढ़े एक व्यक्ति पीछे से निकलकर सामने आ गया। उसने अपना लबादा उतार फेंका और द्वंद्व की वेश-भूषा में सज्जित सजीला युवक चन्द्रगुप्त सामने था। वह अखाड़े में उतर पड़ा। सहस्रों लोगों की दृष्टियाँ उस पर जम गईं। वह भी वैसी ही कटार और ढाल लिए था।

चन्द्रगुप्त और फिलिप्स आमने-सामने आए और दोनों ने एक-दूसरे की आँखों को पढ़ा। चन्द्रगुप्त ने फिलिप्स की आँखों में आक्रोश और आवेश पाया, जबकि फिलिप्स ने अपने प्रतिद्वंद्वी की आँखों में व्यंग और उल्लास छलकता देखा। फिलिप्स आयु में पैंतीस के लगभग था और आकार-प्रकार में अधिक वृहद् और भारी था।

वह शिरस्त्राण और कवच पहने था। चन्द्रगुप्त भी इन दोनों से सज्जित था पर इनसे उसकी स्फूर्ति और त्वरा प्रभावित नहीं थी। एक पल बाद ही दोनों घूम-घूमकर घात लगाने लगे और द्वंद्व आरम्भ हो गया। यवन और भारतीय सभी ने अपनी साँसें खींच लीं और प्राणों को आँखों में भरकर देखने लगे। दोनों के लिए ही यह द्वंद्व जातीय-राष्ट्रीय गौरव का प्रश्न था।

धीरे-धीरे युद्ध ने गर्मी पकड़ी। दोनों एक-दूसरे पर बिजली की गति से आघात पर आघात करने लगे। धूप में चमचमाती तलवारें ढालों पर और कवचों पर बजने लगीं। दोनों ही इस ताक में थे कि अपने खड्ग की बारीक नोक को प्रतिद्वंद्वी के शरीर के खुले भाग में घोंप पाएँ। चन्द्रगुप्त चाहता था कि फिलिप्स हाँफ उठे। इसलिए वह पूरे अखाड़े के चक्कर लगाकर उसे घुमा रहा था।

फिलिप्स के वारों को बचाने में उसकी चपलता दर्शकों के मुँह से बार-बार वाहवाही आकर्षित कर रही थी। उनका यह भ्रम टूट रहा था कि यवन ही बढिया योद्धा होते हैं। प्रदर्शन द्वारा प्रतिद्वंद्वी को आतंकित करके बाजी मार ले जाना घटिया बात है। पर जब प्रतिद्वंद्वी आतंकित होने से इंकार कर दे तब?

सहसा चन्द्रगुप्त की दृष्टि छद्मवेशी चाणक्य की दृष्टि से जा टकराई। चाणक्य ने कुछ संकेत किया जिसे चन्द्रगुप्त ने समझा। वह सँभलकर और जम कर खड़ा हो गया। फिलिप्स के वार बचाते जाने के स्थान पर उसने आक्रामक रुख अपनाया और प्रतिद्वंद्वी को रक्षात्मक स्थिति में डाल दिया। अब फिलिप्स की पूरी कुशलता स्वयं को बचाने में व्यय होने लगी। कुछ क्षणों तक यह आयास चला और तब अचानक फिलिप्स के एक वार को चन्द्रगुप्त ने अपनी ढाल पर कुछ ऐसे कोण से लिया कि उसकी तलवार झनझनाकर दो टुकड़े हो गई। फिलिप्स अचकचाकर सन्न रह गया और एक पल में ही चन्द्रगुप्त की कटार की नोक उसकी छाती पर थी। कटार छाती के उसके कवच को तो छेद नहीं पाई पर उससे इतने जोर का धक्का चन्द्र ने उसे दिया कि फिलिप्स चारों खाने चित जा गिरा। टूटी कटार उसके हाथ से एक ओर छिटक गई। अस्त-व्यस्त फिलिप्स उठा, उससे पहले ही चन्द्र उसकी छाती पर था। फिलिप्स की आँखों में भय तैर गया। पर चन्द्र दो पग पीछे हट आया। उसने यवन को उठने का संकेत किया। यूडेमस के संकेत पर अखाड़े के बाहर से एक भाला फिलिप्स की ओर उछाल दिया गया। उसने उसे ऐसे थामा जैसे नया जीवन ही उसे मिल गया हो। उसी पल एक भाला चन्द्रगुप्त के पास भी आकर पड़ा और पलक झपकते ही उसने कटार फेंककर भाला उठा लिया। अब दोनों नई मुठभेड़ के लिए फिर आमने-सामने थे।

फिलिप्स का भाला अधिक लम्बा था और उसका फलक आगे से एक लम्बी सुई की तरह तेज और धारदार था। चन्द्रगुप्त का भाला उतना लम्बा नहीं था। उसका फल एक बड़े दुधारे चाकू की तरह था, सुई की तरह नहीं। हथियार हाथ में आते

ही फिलिप्स घायल बाघ की तरह चन्द्रगुप्त पर झपट पड़ा। उसकी आँखों में खून उतर आया था और पहले ही वार में भाला चन्द्रगुप्त के शरीर के पार कर देने के लिए वह विह्वल था। उसकी पहली झोंक को चन्द्र ने ढाल पर से फिसलकर आगे निकल जाने दिया और दाएँ हाथ के भाले को निकट खिंच आए शत्रु पर भरपूर जोर से चलाया। कवच के दाएँ कन्धे पर के जोड़ में भाला एक चौथाई धँस गया। अनायास ही फिलिप्स की चीख निकल गई। चन्द्रगुप्त ने अपना भाला फौरन वापस खींचा और वह पीछे हट आया। भाले का फलक लाल हो उठा था। घायल फिलिप्स एक पल में सँभला। अपने हाथ से छूटते भाले को उसने कसकर थामा और टोह लेने लगा। पर चन्द्र ने उसे अवसर ही नहीं दिया और भाला हूल दिया। फिलिप्स ने वार को ढाल पर रोकना चाहा पर पूरे वेग से आता भाला उस पर से फिसलकर उसके गले के पार हो गया। फिलिप्स लड़खड़ाकर भूमि पर गिर पड़ा। चन्द्र ने अपना भाला खींच लिया। खून का फव्वारा फिलिप्स के गले से छूट पड़ा। चन्द्र ने भाला फेंक दिया। दोनों हाथ उठाकर उसने अपनी विजय की घोषणा की और जिस स्थल पर कंकु और उसके आरट्ट खड़े थे उस ओर लपका। उसके सैनिकों ने अखाड़े के बीच घुसकर उसे अपने में समेट लिया। सन्न यवन जब तक सँभलें, चन्द्र उनकी आँखों से ओझल हो चुका था। यवनों ने भीतर आकर फिलिप्स के शव को घेर लिया।

तक्षशिलावासियों की स्तम्भित भीड़ ने सहसा पाया कि एक भारतीय ने विश्व-विजेता अलक्षेंद्र के सेनापति फिलिप्स को मार डाला है, तो बूढ़े, युवक, बच्चे सभी उछल-उछलकर चीत्कार करने लगे। यवनों ने इस जनोल्लास के सामने चुप रहना ही उचित समझा। यूडेमस ने नेतृत्व अपने हाथ में लिया और अपने क्रुद्ध साथियों को बरजकर शान्त किया। कोलाहल करती भीड़ धीमे-धीमे सड़कों पर उतर गई। आम्भीक भी अपने अनुचरों के साथ चल दिया। यूडेमस से मिलकर शोक प्रकट करने की आवश्यकता उसने नहीं समझी। क्रीड़ा-क्षेत्र में केवल सन्तप्त, बौखलाए यवन रह गए। चमत्कारी वीर चन्द्रगुप्त सहसा ही तक्षशिला के घर-घर में प्रतिष्ठित हो उठा और तक्षशिला के घरों में न समाकर क्रमशः पूरे उत्तर भारत में प्रसरित होने लगा।

वन के अपने शिविर में पहुँचकर चाणक्य ने चन्द्रगुप्त को छाती से लगा लिया। कंकु गद्गद देखता रहा। आरट्टों ने शस्त्रों को हवा में उछाल-उछालकर नाचना शुरू कर दिया। चाणक्य की आँखों से आनन्दाश्रु बहने लगे।

चन्द्रगुप्त ने अपना कवच उतारा और दो आरट्ट उसके शरीर की मलाई करने के लिए उसे दूसरे तम्बू में ले गए।

चाणक्य और कंकु ने एक-दूसरे की ओर देखा और तभी एक सैनिक ने आकर सूचित किया कि अमात्य भागुरि आए हैं।

चाणक्य तत्काल स्वस्थ और गम्भीर हो उठा।

"भेजो।" उसने आदेश दिया।

"मैं चलूँ, आर्य?" कंकु ने पूछा।

"नहीं, तुम यहीं रहोगे।"

तभी भागुरि ने प्रवेश किया।

"स्वागत, आर्य भागुरि! कैसे कष्ट किया?" चाणक्य ने कहा।

"तुम्हें बधाई देने आया हूँ, विष्णुगुप्त!" वह बोला।

"रहम दोनों कभी मित्र तो नहीं रहे, आर्य भागुरि?"

"तात्पर्य?"

"सीधा है। आपको अनौपचारिक नहीं होना चाहिए। धृष्टता क्षमा करेंगे आप।"

"आचार्य!" भागुरि के मुँह से निकला।

"प्रयोजन कहिए, अमात्य!"

"नृपति आपका अभिनन्दन करते हैं।"

"हाँ, पर आपको तो यवन-बोली में बोलना चाहिए था। राजा आम्भीक यवन-संस्कृति के बड़े प्रशंसक हैं।"

भागुरि ने अपनी जीभ काट ली।

"आर्य चाणक्य! आपने एक सुझाव महाराज को दिया था।"

"मुझे विस्मृत हो गया है, अमात्य! क्या सुझाव था भला?"

भागुरि ने त्रस्त भाव से कंकु की ओर देखा।

"इस युवक को..."

"यह कंकु है, अमात्य! मेरा शिष्य; मेरे रहस्यों का कोषाध्यक्ष।"

"ओह!" भागुरि का मन हुआ कि वह तत्काल वहाँ से भाग ले। "आपने पुरु..."

"महाराज पुरु!"

"महाराज पुरु के पास विषकन्या भेजने की बात कही थी।"

"मैं क्यों भेजूँगा विषकन्या किसी के पास?"

"नहीं, नहीं आप नहीं..."

"तब?"

"हम प्रबन्ध नहीं कर पा रहे हैं, उसका।"

"तो क्या विषकन्या जुटाना मेरा धन्धा है? देखिए अमात्य, तक्षशिला और केकय की पारस्परिक राजनीति में मुझे परोक्ष भी कोई रुचि नहीं है। अयोग्य राजाओं और अमात्यों की गुत्थियाँ सुलझाने की वृत्ति भी मैंने नहीं अपनाई है। पण्य के लिए

आप वणिक के पास जाइए। और आप भली प्रकार जान लीजिए, मैं ब्राह्मण हूँ, वणिक नहीं।"

आहत-अपमानित भागुरि बुरी तरह खीज उठा।

"अच्छा आर्य!"

"अच्छा, अमात्यवर!"

भागुरि चला गया।

"कंकु! चौंको मत।" चाणक्य ने कहा, "पुरु को अब मंच से हट ही जाना चाहिए। तुम दास-वणिक चपणक से तत्काल मिलो और कहो कि वह आम्भीक से तुरन्त मिल ले।"

"जो आज्ञा, गुरुदेव!"

"वत्स! बृहद्हट्ट पहुँचने में मुझे विलम्ब हो रहा है। इस अन्तिम कार्य के बाद हमारा कार्यक्षेत्र मगध साम्राज्य ही बनना है और केन्द्र होगा, बृहद्हट्ट।"

"मैं समझ गया, आर्य!"

"तो जाओ, वत्स! चाहो तो छद्मवेश में उस मूर्ख आम्भीक से भी मिल सकते हो। उससे कहना कि वह विषकन्या चपणक से खरीद ले और फिर उसे चपणक के ही माध्यम से पुरु तक भेजे जिससे वणिक को दुगुने दाम मिल सकें।

"अच्छी तरह समझ गया, गुरुदेव!"

"ठीक है, अब जाओ।"

कंकु चला गया तो चाणक्य अपनी कुटिया में टहलने लगा। उसके मस्तिष्क में उत्तेजना थी, क्योंकि ऐसे हिंसात्मक उपक्रम का उसका पहला ही अवसर था।

एक सप्ताह बाद ही एक प्रात: राजगिरि में समाचार फैल गया कि महाराज पुरु की मृत्यु हो गई। अचानक उन्हें काल ज्वर हुआ और सर्वोत्तम उपचार किए जाने पर भी वे जीवित न रह सके। जानकार लोगों के बीच एक फुसफुसाहट भी अन्तर्धारा की तरह लहर गई, पर वह फुसफुसाहट ही रही, स्थूल समाचार नहीं बन पाई। सारा राज्य शोक में डूब गया।

चाणक्य को कंकु ने सब बताया। उस समय चन्द्रगुप्त भी वहीं था। वह चौंक पड़ा।

"क्या?"

"अफवाह है कि पुरु पर विषकन्या का प्रयोग किया गया है।"

"कुछ भी हुआ हो।" चाणक्य ने कहा, "संकुचित राजनीति और देशद्रोह का दंड पुरु को नियति ने ही दे दिया है। कंकु!"

"गुरुदेव!"

"बृहद्हट्ट चलने की तैयारी करो। सोचो, चन्द्र को यहाँ छोड़ना है या साथ ले चलना है। इसके यहाँ रहने की स्थिति में क्या कुशल सुरक्षा का दायित्व निभा सकेगा?"

"क्या मैं स्वयं अपनी रक्षा नहीं कर सकता?" चन्द्र बोल उठा।

"वत्स! पुरु तक अपनी रक्षा नहीं कर सका। सुरक्षा के लिए पुष्ट गूढ़-चर्या अनिवार्य है।"

तभी एक सैनिक ने आकर सूचित किया, आर्य अनन्त आए हैं।

"अनन्त?..." चाणक्य के मुँह से अनायास निकला और एक मुस्कान उसके होंठों पर दौड़ गई। वह तत्काल अपने आसन से उठ खड़ा हुआ। "हमें मित्र का यथोचित सत्कार करना चाहिए।"

कंकु और चन्द्र भी उठे और तीनों कुटी से निकलकर बाहर आ गए।

चाणक्य ने आगे बढ़कर अनन्त को अपनी बाँहों में भर लिया।

"आओ, मित्र!"

अनन्त भी इस अप्रत्याशित स्वागत के लिए प्रस्तुत नहीं था। दोनों भीतर आकर बैठ गए।

"यह मैं क्या सुन रहा हूँ, विष्णु! मैं तक्षशिला में ही था। सुना तो हक्का-बक्का रह गया। तत्क्षण तुमसे मिलने के लिए चल दिया।"

"मैंने भी अभी सुना है, अनन्त! कंकु अभी यह अनिष्ट समाचार लाया है। हम इसी बारे में बात कर रहे थे। क्या यह सच हो सकता है, मित्र! कि पुरु की मृत्यु विषकन्या से हुई है?"

"सुना तो मैंने भी है। पर विष्णु! कौन हो सकता है? किसने किया होगा यह?"

"तुम्हारा मन, तुम्हारी बुद्धि क्या कहती है?"

"अभिसार ने ऐसा नहीं किया। मैं उस राज्य का मंत्री हूँ।"

"पर, क्या हर मंत्री या राजा अपने राजा या मंत्री से कहकर ही हर कदम उठाता है?"

"नहीं, विष्णु! अभिसार-नरेश की यह शैली नहीं है।"

"तब?"

"क्या आम्भीक है? या यह कठों की करतूत है? या...।"

"या?"

"या तुम..." विष्णु, तुम इसके पीछे हो?"

"अनन्त! एक सामान्य जन की तरह उत्तेजित होना तुम्हें शोभा नहीं देता। तुम राजगिरि जाने की तो नहीं सोच रहे हो न?"

"यहाँ से मैं सीधा वहीं जाऊँगा।"

"मत जाओ, मित्र!"

"क्यों?" अनन्त ने चौंककर पूछा।

"वहाँ यह चर्चा है कि यह तुमने ही अपने अपमान का बदला लिया है।" अनन्त की आँखें फटी की फटी रह गईं।

"तुम यह..."

"मैं ठीक कह रहा हूँ अनन्त! मन को स्थिर करो। यह सोचो कि इस नई परिस्थिति का यहाँ की राजनीति पर क्या प्रभाव पड़नेवाला है?"

"यह तुमने उचित नहीं किया है, विष्णु!"

चाणक्य एक कसैली हँसी हँसा। "मित्र! जाल में फँसे विदेशी आक्रामक को कुचल डालने के बदले उससे स्वार्थ-प्रेरित सन्धि करना और शत्रु की सेनाओं के द्वारा अपने ही देशवासियों का सर्वनाश कराना क्या उचित था, संगत राजनीतिक कर्म था?"

"गणों को झुकाना अनिवार्य था।"

"तो अपनी शक्ति से, अपनी कूटनीति से झुकाते। तुम एक पुरु के लिए विह्वल हो, क्या तुम्हें अनुमान है, कितने कठ इस युद्ध में खेत रहे थे? पूरा जनपद मिट्टी में मिला दिया गया। स्त्रियों-बच्चों तक को नहीं छोड़ा गया। पुरु की खड्ग ने यवन-नृशंसता में योग दिया। नहीं अनन्त, पुरु को क्षमा नहीं किया जा सकता था।"

"और मुझे?"

"इससे पहले भी अलक्षेंद्र सिन्धु और वंक्षु के बीच कम रक्तपात तो नहीं कर चुका था। आम्भीक को तुम कायर कह सकते हो, पर पुरु को क्या कहा जाए? पर छोड़ो, अनन्त! पुरु का अन्त शोचनीय नहीं है। हाँ, मैं तुम्हें इतना बता दूँ, विषकन्या आम्भीक ने भेजी थी। मेरा दोष इतना ही है कि मैं जानकर भी चुप रहा।"

"तुम जाने कैसे?"

"क्यों, आँख और कान हैं मेरे।"

"मुँह भी तो है। है न?"

अनन्त हँस दिया।

चाणक्य खिलखिला पड़ा।

"अनन्त!"

"हाँ।"

"अभिसार केकय पर आक्रमण क्यों न करें?"

"अभिसार-नरेश महत्त्वाकांक्षी नहीं हैं।"

"तब तो करने को कुछ भी नहीं बचा है। वाहीक को उसकी नियति पर छोड़ देना होगा।"

"अब तुम्हारी योजना क्या है?"

"योजना? क्या हो सकती है?"

"चन्द्रगुप्त अब क्या करेगा?"

"नन्द पर चढ़ाई करेगा।"

"परिहास मत करो, विष्णु!"

"चलो, परिहास ही सही।"

"ठीक बताओ।"

"तुम्हें विश्वास नहीं होगा; किसी को भी नहीं होगा। मेरी यह खुली शिखा देखते हो?"

"हाँ।"

"नन्द-वंश के लिए काल-सर्पिणी है यह। पुरु के लिए, यवनों को देश से निकाल बाहर करने के लिए सहायता माँगने मैं नन्द के पास गया था। पर उसने मेरा अपमान किया, मुझे धक्के देकर सभा से निकलवा दिया। मैंने उसके सर्वनाश की शपथ ली है। दूसरी शपथ यह ली है, अनन्त, कि मैं पूरे भारत को एक करूँगा। कुभा से ब्रह्मपुत्र तक और वंक्षु से तमिल तक का पूरा आर्यावर्त एक सम्राट् के अधीन होगा। तब किसी आक्रमणकारी को साहस नहीं होगा कि वह कुभा से इस पार अपना अभित्र चरण रख सके।"

"और वह सम्राट् कौन होगा, विष्णु?"

"मैंने तो चाहा था पुरु हो, पर वह दूसरा आम्भीक निकला।"

"अब?"

"वह सम्राट् होगा, मेरा शिष्य चन्द्रगुप्त।"

अनन्त अपने को रोक नहीं सका। वह खिलखिलाहट में फूट उठा।

"अनन्त!"

"हाँ।"

"खिलखिला लिए?"

"मित्र!..."

"तुम यह बताओ, तुम मेरे इस लक्ष्य के लिए क्या कर सकते हो?"

"विष्णु! कल्पनाएँ करने की आयु तुम्हारी नहीं है।"

"कल्पनाओं को यथार्थ, सत्य बनाने की आयु तो है।"

"तुम मुझसे क्या चाहते हो?"

"दुर्द्धर्ष सैनिकों का कितना बड़ा दल तुम एकत्र कर सकते हो?"

"अधिक से अधिक पाँच सहस्र।"

"तुम एकत्र करो; पर हाँ अपने दल का व्यय-भार तुम्हें ही उठाना होगा। तुम्हारा यह आयास मेरे लिए मूल्यवान् निधि बनेगा।"

"पर क्या इस प्रकार दल एकत्र करके तुम मगध का बाल भी बाँका कर सकोगे? कल की ही बात है अलक्षेंद्र को विपाशा तट से वापस लौट आना पड़ा था।"

"अनन्त, संशय से नहीं, विश्वास से ही सिद्धि मिलती है; अपने लक्ष्य में विश्वास, अपने में, अपने सहयोगियों में विश्वास।"

"पर, विष्णु! कोई तुलना तो हो। कहाँ मगध रूपी ऐरावत और कहाँ तुम, चींटी से अधिक नहीं।"

चाणक्य हँस दिया।

"ठीक कहा तुमने। मैं चींटी हूँ, पर लाल चींटी, जो हाथी को मार डालती है।"

पर अनन्त आश्वस्त न हो सका।

अनन्त के चले जाने के बाद चाणक्य को लगा कि अनन्त से जो-जो बातें की गईं वे नहीं की जानी चाहिए थीं। उस पर विश्वास नहीं किया जा सकता। उसमें उसके लक्ष्य की महत्ता को समझने की योग्यता नहीं है। उससे सैन्य-संग्रह का अनुरोध करना अनुचित हो गया। पता नहीं किस बहाव में बहकर वह उससे अपनी प्रतिष्ठा के विरुद्ध बात कह गया। इस स्खलन से यह तो निष्कर्ष निकलता ही है कि समस्या की विराटता और अपनी क्षुद्रता कितनी उसे मथ रही है। पर क्या वह सचमुच क्षुद्र है? नहीं, नहीं। वह क्षुद्र नहीं हो सकता। हाँ, उसके साधन अल्प हैं, अत्यल्प हैं। पर इसका यह अर्थ नहीं कि वह बड़ी कल्पनाएँ, बड़े संकल्प नहीं कर सकता। पर प्रश्न यह है कि अब उसे क्या करना है? कैसे आगे बढ़ना है? मगध के विशाल ऐरावत पर किस ओर से कैसा आघात किया जाए कि वह उसके लिए घातक सिद्ध हो? आघात अचूक होगा, अपराजेय; नहीं तो अपना अस्तित्व ही संकट में पड़ जाएगा। बृहद्हट्ट तत्काल जाना होगा, अभी।

तभी कंकु ने प्रवेश किया।

"क्या समाचार हैं, कंकु!"

"गुरुदेव! सौभूति और शिवि जनपदों ने अलक्षेंद्र के सामने घुटने टेक दिए हैं।"

"अलक्षेंद्र कहाँ तक पहुँच चुका है?"

"इस समय वह मालव-क्षुद्रकों के प्रदेश में है। इन दोनों गणों ने पारस्परिक मनोमालिन्य समाप्त कर दिया है और ये युद्ध के लिए कटिबद्ध हैं।"

"साधु, साधु वत्स! ये दोनों ही वीर हैं, दुर्द्धर्ष हैं। ये निश्चय ही भारतीय खड्ग का घातक स्वाद अलक्षेंद्र को चखा सकेंगे।"

"यह भी सुनने में आया है, गुरुदेव! कि अलक्षेंद्र के सैनिकों ने फिर विद्रोह कर दिया था। अलक्षेंद्र ने बड़ी कठिनाई से उन्हें मनाया है।"

"क्या तर्क दिया उसने?"

"उसने कहा, यदि घर जाना है और यहीं खप नहीं रहना है तो लड़ने के सिवाय कोई चारा नहीं है।"

"अलक्षेंद्र वास्तविक नेता है, कंकु! पर हमें दुख है कि हम मालवों की सहायता करने की स्थिति में नहीं हैं।"

"हैं, गुरुदेव!"

"नहीं, कंकु! मैं तुम दोनों को व्यर्थ संकट में नहीं डाल सकता।"

"व्यर्थ नहीं, सार्थक होगा, आर्य! क्या मालवों-क्षुद्रकों की सहानुभूति, उनका सौहार्द्र हमारे लिए मूल्यवान नहीं है? यदि हम न पहुँचे तो सिंह और विजय क्या कहेंगे। चन्द्र की भी यही इच्छा है।"

"यवनों का ज्वार भाटे पर है, कंकु! इसे उतर जाने देते।"

"तात! प्रश्न यवनों का नहीं, मालवों-क्षुद्रकों का है।"

"तब ठीक है, कंकु! तुम दोनों कुछ सैनिक लेकर चले जाओ। कुशल को यहाँ का सब सौंप दो। मैं इस बीच बृहद्‌हट्ट हो आता हूँ। कंकु!"

"आर्य!"

"यहाँ के यवन-शिविरों के क्या समाचार हैं? फिलिप्स की मृत्यु की प्रतिक्रिया का और अध्ययन किया तुमने?"

"हाँ, गुरुदेव! फिलिप्स की मृत्यु का समाचार सुनकर अलक्षेंद्र तिलमिला उठा, पर वह विवश है। अब वापस तो लौट नहीं सकता। उसने यूडेमस को फिलिप्स के स्थान पर नियुक्त किया है। यवन-शिविर में निराशा है। आम्भीक भी पहले जितना अनुकूल, अनुगत नहीं रहा है।"

"उसके परम शत्रु पुरु की मृत्यु ने भी उसे बल दिया होगा।"

"निश्चय ही, गुरुदेव! पर यवन-आतंक से मुक्त और निश्चिन्त वह अभी नहीं हो सकता। तक्षशिला और पुष्कलावती की यवन-छावनियाँ उसके लिए पर्याप्त से अधिक हैं।"

"एक यवन छावनी राजगिरि में भी तो है। कंकु! इन यवन-छावनियों पर छापे मारे जाने चाहिए।"

"विचार उत्तम है, आर्य! चन्द्र को द्वंद्व से जो लोकप्रियता मिली, उसे बहुगुणित किया ही जाना चाहिए।"

"तुम लोग मालव-प्रदेश से लौट आओ। तब इसकी योजना बनाएँगे।"

"आर्य! हम तीनों की अनुपस्थिति में भागुरि या अनन्त की ओर से तो कोई संकट अपने शिविर को नहीं होगा?"

"नहीं, वत्स! फिर भी सतर्क रहना ही होगा। कुशल से कहो वह यहाँ बचे सैनिकों को बिखरा दे और उसके चर तक्षशिला में रहकर भागुरि और यवनों की हलचलों पर कठोर दृष्टि रखें।"

"जो आज्ञा, आर्य!"

"यदि तुम लोगों को जाना है तो आज ही जाओ। युद्ध के बाद वहाँ पहुँचे तो लज्जा की बात होगी। चन्द्र कहाँ है?"

"वह तैयारी में लगा है।"

"उसे भेजो।"

"जो आज्ञा, गुरुदेव!"

मार्ग-निर्धारण

चाणक्य ने दो चर अपने साथ लिये और घोड़ों पर बृहद्हट्ट जा पहुँचा। शकटार मिला। औपचारिकताओं के बाद चाणक्य ने कहा, "आर्य! अलक्षेंद्र जा चुका है। यवन-शिविर के प्रमुख सेनापति फिलिप्स को चन्द्रगुप्त ने द्वंद्व में मार डाला है। अलक्षेंद्र द्वारा वितस्ता के इस पार के लिए नियुक्त क्षत्रप पुरु भी दिवंगत हो चुका है। आम्भीक निर्वीर्य और अवसरवादी है। उत्तर-पश्चिम में यवन-गुल्म बस सिर दबाए पड़े हैं। वाहीक में अब कुछ विशेष करने को शेष नहीं है। अब अपनी पूरी शक्ति अपने मुख्य लक्ष्य की ओर लगाने का समय आ गया है।"

"साधु, चाणक्य! इस स्थिति का आंशिक ज्ञान मुझे था। यह पुरु की मृत्यु किस प्रकार हुई?"

"सुना है, आम्भीक ने विषकन्या भेजी थी।" चाणक्य ने बताया। "उधर इस समय स्यात् मालवों-क्षुद्रकों का अलक्षेंद्र से युद्ध हो रहा होगा। चन्द्र और कंकु दोनों वहीं गए हैं।"

"इधर, वत्स! मेरे चर इन्द्रप्रस्थ, मथुरा, अहिच्छत्र, कौशाम्बी और काशी तक फैल गए हैं और नन्द के विरुद्ध असन्तोष फैलाने का कार्य कर रहे हैं। पर आवश्यकता यह है कि इस कार्य को संगठित और योजनाबद्ध ढंग से सम्पादित किया जाए। उसके लिए तुम्हें अब यहीं जमना होगा।"

"मैं इसी सोच-विचार के लिए आया हूँ, आर्य! मेरे मत से केवल असन्तोष फैलाना व्यर्थ होगा। मगध साम्राज्य और नन्द पर घातक चोट की स्पष्ट योजना के अभाव में फैलाए गए असन्तोष का लाभ कोई भी अन्य उठा ले जाएगा और हम देखते के देखते रह जाएँगे।"

"तुम बहुत ठीक कहते हो, चाणक्य! क्या योजना तुमने सोची है?"

"वही तो सोचनी है। इस स्थल तक पहुँचकर मुझे अचानक लग उठा है, जैसे मेरा पथ एक सपाट सीधे खड़े पर्वत की तली में अथवा अतल गह्वर के कगार पर पहुँचकर चुक गया है।"

"तो..."

"आर्य! जिस विराट मगध-वाहिनी से आतंकित होकर अलक्षेंद्र विपाशा से ही वापस लौट गया, उस लक्षाधिक सेना से टक्कर मैं किस शक्ति से ले सकूँगा? दस, पन्द्रह, बीस सहस्र अश्वारोहियों के बल पर क्या यमुना भी पार की जा सकेगी, पाटलिपुत्र पहुँचना तो बहुत दूर की बात है।"

"मैं समझ रहा हूँ, चाणक्य! पर तुम साम्राज्य के विषय में न सोचकर केवल पाटलिपुत्र और नन्द के ही बारे में क्यों नहीं सोचते।"

"पर...आर्य!"

"चाणक्य! क्या मगध के इतिहास की जानकारी तुम्हें है?"

"कुछ है। पर, आप अपनी बात कहिए।"

"ध्यान से सुनो, वत्स! कृष्ण के काल में जरासन्ध मगध का राजा था। सबसे पहले उसी ने मगध साम्राज्य का निर्माण किया था। जानते हो, जरासन्ध के बार्हद्रथ वंश का अन्त कैसे हुआ था?"

"कैसे?"

"इस वंश के अन्तिम राजा रिपुंजय को उसके मंत्री पुलिक ने मार डाला था और अपने पुत्र बालक को गद्दी पर बिठा दिया था। इस बालक को एक भट्टिय नामक पुरुष ने मौत के घाट उतारा और अपने पुत्र बिम्बिसार को राजा बना दिया। इस भट्टिय-वंश के अन्तिम शासक नागदासक को सिंहासन से च्युत करके उसका प्रधान अमात्य शिशुनाग स्वयं राजा बना। इस शिशुनाग के पुत्र महानन्दी की हत्या उसके एक कृपापात्र महापद्मनन्द ने की और वर्तमान नन्द-वंश की नींव डाली।"

"आप जो कहना चाहते हैं मैं समझ गया, आर्य! पर यह तो मात्र एक वंश-परिवर्तन-शृंखला है। क्या हमारा लक्ष्य बस नन्द-वंश का मूलोच्छेद ही है।"

"यह अनिवार्य माध्यम तो है। नन्द को हटाए बिना तुम कुछ भी तो नहीं कर सकते। चाणक्य! मगध सेना से टक्कर लेने जितनी सेना तुम कभी एकत्र नहीं कर पाओगे। इतने हाथी कहाँ से लाओगे? कोई राज्य तुम्हारे पास नहीं है, राजकोष नहीं है। तुम्हें तो कूटनीति और कूटयुद्ध का ही सहारा लेना होगा। इसीलिए कहता हूँ, सीधे पाटलिपुत्र में अपना जाल फैलाओ।"

"पर, आर्य! इन्द्रप्रस्थ, अहिच्छत्र, श्रावस्ती, कौशाम्बी, अयोध्या, वाराणसी के उपशासकों को कैसे रोका जाएगा?"

"तुम बताओ।"

"एक ही उपाय हो सकता है कि इन्हें इस समय शासक बनने का लोभ दिया जाए।"

"एकदम ठीक है, वत्स! पर इसके साथ ही एक काम और करना होगा।"

"क्या?"

"चन्द्रगुप्त का नाम अभी केकय तक ही फैला है। इसे पाटलिपुत्र तक फैलाना होगा।"

"इसका अर्थ यह कि अभी वाहीक में उसके लिए कर्तृत्व है।"

"निःसन्देह है। यवन गुल्मों के विरुद्ध विद्रोह का नेतृत्व उसे करना चाहिए। ध्वस्त, त्रस्त गणों के बीच उसे खड़ा होना चाहिए। और उसके हर कार्य की चर्चा सार्थवाहों में और पाटलिपुत्र के चौक-हाटों में की जानी चाहिए। चन्द्रगुप्त मगध का पुत्र है, इस तथ्य का विशेष प्रचार आवश्यक है।"

"सर्वथा उचित है, तात! इससे सैन्य-संग्रह में सहायता मिलेगी और सिंहासनारोहण के बाद अनिवार्य विरोध का शमन सरल हो जाएगा।"

"इसी आधार पर योजना निर्मित होनी चाहिए।"

"पथ सूझ गया है, आर्य! मैं कृतार्थ हूँ।"

"सफल मनोरथ हो, वत्स!"

चाणक्य का मन हलका हो गया। अनन्त से किए अनुरोध पर उसे हँसी आ गई।

संध्या समय चाणक्य हेमा के निवास की ओर चल पड़ा।

एक छोटे-से पक्के घर में एक स्थानीय दासी के साथ हेमा रह रही थी। घर में बहुत ही अल्प साज-सज्जा थी। कुछ पीतल-ताँबे के बर्तन, लकड़ी का एक तख्त, मोटे सूत के कुछ वस्त्र, काठ की कुछ मंचिकाएँ, मिट्टी के दो मटके, एक काष्ठ-पेटिका, बस यही उसका गृहस्थ था।

दासी ने भीतर जाकर सूचना दी कि एक ब्राह्मण बाहर खड़ा है। हेमा कुछ अन्न लेकर बाहर निकली तो चाणक्य को देखकर स्तम्भित रह गई। उसकी आँखें छलक आईं। गला भर आया और होंठ काँप उठे।

"हेमा! ठीक हो तुम?" चाणक्य ने कहा।

हाथ का अन्न दासी को थमाकर हेमा ने चाणक्य के चरणों का स्पर्श किया और उसके दोनों हाथ पकड़ उसे भीतर लिवा लाई। उसे मंचिका पर बिठाया और अपने हाथों से उसके पैर धोए और आँचल से पोंछ डाले। तब वह उसे भीतर लिवा ले गई और उच्चासन पर बिठा दिया। चाणक्य यह सब देखता मुस्कराता रहा।

हेमा सामने भूमि पर बैठ गई और बोली, "आर्य! आप स्वस्थ हैं?"

"हाँ, हेमा! पर तुमने यह क्या दशा बना ली है अपनी?"

"क्यों? पहले से अच्छी नहीं लगती मैं?"

"हेमा! यह संन्यास, यह सादगी, यह निर्धनता तुम्हें चुभती तो नहीं?"

"नहीं विष्णु! मेरे मन में आज अधिक हलकापन है, अधिक शान्ति है। उस दिन तुमने कहा था, 'अभ्यास की इन रेखाओं को अपनी चेतना से तुम्हें मिटाना होगा।' मैं उसी के प्रयास में लगी हूँ।"

“आज तुम एक नई हेमा हो, नई नारी। मैं यह देख रहा हूँ।”

“विष्णु! यहाँ एक बौद्ध भिक्षु का उपदेश मैंने कई बार सुना है। संसार की उनकी व्याख्या कितनी सच है? कितना दुखमय है यह संसार! यह परिग्रह कितना क्लेशदायक है।”

“हेमा! संसार केवल दुखमय नहीं है। सुख भी इसी संसार में है। हम इसी संसार में पैदा हुए हैं। फिर इसके दुख या सुख से पलायन हम कैसे कर सकते हैं। संसार, परिग्रह, शरीर, इनके ग्रहण में दुख और त्याग में सुख है, यह एक विकृत स्थापना है। सुख इनसे मुक्ति में नहीं, इनके उपयोग में, सदुपयोग में है, योग में है। क्या सदुपयोग है, क्या दुरुपयोग यह हम संसार में रहकर ही क्रमशः सीख सकते हैं, संसार से भागकर तो सीखने की सम्भावनाएँ ही समाप्त हो जाती हैं। इसलिए प्रिये! बुद्ध के निर्वाण को अपने मन में स्थान मत दो। जीवन के अँधेरे कँटीले गहन खड्डों और भित्ति-जैसी बर्फीली ऊँचाइयों, मानव-समाज में बहुलता से प्राप्त वृक-वृश्चिक-सर्पों और श्येनों-सिंहों के समक्ष दीन वृत्ति ने ही निर्वाणात्मक प्रतिक्रियाओं को जन्म दिया है। रोग, वृद्धावस्था और मृत्यु—इन तीनों से क्या स्वयं बुद्ध भी मुक्ति पा सके?...अरे, मैं भाषण देने तो यहाँ नहीं आया था।”

“विष्णु! तुमने मुझे ‘प्रिये’ कहा।” आत्मविभोर हेमा के मुँह से निकला।

“हाँ, प्रिये! यहाँ बृहद्हट्ट आने से पहले मैं एक किंकर्तव्यविमूढ़ व्यक्ति था। सामने उपस्थित दृश्य शत्रु अलक्षेंद्र जा चुका है, पर नन्द एक विशाल साम्राज्य के विराट् दुर्ग में सुरक्षित है और मैं समझ नहीं पा रहा था कि इस दुर्ग पर कहाँ कैसे चोट की जाए। आर्य शकटार से बातचीत के फलस्वरूप कुछ मार्ग सूझा है।”

“मैं इसमें किसी काम आ सकती हूँ?”

“तुम अब किसी काम नहीं आओगी। मैं भी पत्थर नहीं हूँ, हेमा! मेरे हृदय को भी एक आश्वासन, एक सान्त्वना, किंचित् रस की आवश्यकता है। उसके बिना क्या मैं वह कर सकूँगा जो करने के लिए मैं कृतसंकल्प हूँ? और मैं अपनी उस किशोरी हेमा के अतिरिक्त और किसी से याचना नहीं कर सकता।”

“पर, विष्णु! वह किशोरी हेमा अब कहाँ है? यह हेमा तो एक कुचली-रौंदी रोटी के समान है। इसकी चेतना घावों से और रुदन से भरी है।”

“पर इस हेमा का हृदय मेरे प्रति प्रेम से सराबोर और आँसुओं से भीगा तो है न? हेमा! मैं आज तुम पर कृपा करने नहीं, तुमसे कुछ माँगने आया हूँ।”

“आर्या! याचिका तो मैं हूँ।”

“नहीं, प्रिये! याचक बनने का अधिकार पुरुष का ही होना चाहिए। इसी से उसके अहं को सही सन्तुलन और तुष्टि मिलनी सम्भव है। तभी दोनों एक आसन पर, एक स्तर पर आ सकते हैं।”

"विष्णु!" हेमा उठी और दो पल सामने खड़ी होकर चाणक्य की गोदी में गिर पड़ी। वह हिचकियों में फूट उठी। चाणक्य केवल उसके सिर पर, कमर पर हाथ फेरता रहा।

"उठो, प्रिये!" चाणक्य ने कहा।

हेमा सीधी होकर बैठ गई। उसका चेहरा आँसुओं से स्नान करके अत्यन्त कमनीय बन उठा था। उषा-सा उसका गुलाबी मुख धुलकर चमकने लगा था।

चाणक्य ने उसके मुख को दोनों हथेलियों में थामकर अपने सामने साध लिया।

"हेमा! कहाँ है कोई कलुष तुम्हारे चेहरे पर? आयु की कुछ रेखाएँ-भर यहाँ हैं; शेष सब वही है।"

"स्वामी!" हेमा का गद्गद स्वर सुन पड़ा।

अचानक हेमा छूटकर सीधी खड़ी हो गई।

"अच्छा, पहले यह बताइए आप क्या खाएँगे?"

"जो भी तुम खिलाओगी?"

"नहीं, नहीं, बताइए?"

"तुम्हारी यह दासी पूए बना सकती है?"

"बहुत बढ़िया बनाती है।"

"तो वही।"

हेमा चली गई।

"तब तुमने क्या सोचा, चाणक्य?"

"आर्य! मैं इस समय तक्षशिला जा रहा हूँ। वहाँ चन्द्रगुप्त को सब समझाकर और कंकु को अपने साथ लेकर मैं पाटलिपुत्र जाऊँगा और कार्य संगठित करूँगा। कंकु वहीं रहेगा। आप प्रान्तों के उपशासकों को नन्द से काटने का प्रयास जारी रखें। मैं शीघ्र ही आपसे मिलूँगा।"

"ठीक है, वत्स!"

"आर्य! एक निवेदन और है।"

"कहो, चाणक्य!"

"आर्य! मेरी प्रेयसी हेमा यहीं बृहद्हट्ट में है। उसे अपना संरक्षण दीजिए।"

"देवि हेमा को कोई कष्ट नहीं होगा।"

"मैं अब विदा लेता हूँ, आर्य!"

"अच्छा, वत्स!"

जब चाणक्य वापस तक्षशिला पहुँचा तो कंकु और चन्द्रगुप्त लौट चुके थे। उन्होंने मालवों-क्षुद्रकों के यवनों से युद्ध का पूरा विवरण चाणक्य को दिया। चन्द्रगुप्त ने बताया—

"हम लोग युद्ध से पहले ही मालव पहुँच गए थे। सिंह हमें देखकर बहुत ही प्रसन्न हुआ। उसने हमारा हृदय से स्वागत किया। जब हम पहुँचे तब मालवों और क्षुद्रकों में सन्धि हो चुकी थी। दोनों ही युद्ध की तैयारी में लगे थे। दोनों ने इस मित्रता को प्रणय-सूत्र में भी बाँध लिया था। सहस्रों मालव-क्षुद्रक कुमार-कुमारियों ने परस्पर विवाह किए थे। अलक्षेंद्र अभी अपने नौका-समूह में ही था और अवसर की ताक में था। उसने क्षुद्रकों के पहुँचने से पहले ही मालवों के नगर-ग्रामों पर आक्रमण का निश्चय किया। एक प्रात: अचानक ही यवन अश्वारोही और पैदल खेतों और ग्रामों को रौंदते हुए राजधानी की ओर बढ़ने लगे। सैकड़ों नि:शस्त्र मालव खेतों और सड़कों-गलियों में मारे गए। अब मालवों ने प्रतिरोध आरम्भ किया। पहले ग्रामीणों ने शत्रु को रोका और साथ ही मालवों की संगठित सेना राजधानी से निकल पड़ी। हम दोनों इसी के साथ थे। अब घमासान युद्ध आरम्भ हुआ। एक साधारण मालव सैनिक की खड्ग ने संयोगवश अलक्षेंद्र को गम्भीर रूप से घायल कर दिया और वह बड़ी कठिनाई से बचाकर निकाला जा सका। अब तो क्रुद्ध यवनों ने विकराल रूप धारण कर लिया। ग्रामों में फैले यवनों ने स्त्रियों-बच्चों-वृद्धों तक को काट डाला। मालव इस भारी भीड़ को सँभाल नहीं पा रहे थे। ठीक तभी क्षुद्रक सेना आ पहुँची। क्षुद्रकों को देखते ही यवनों के छक्के छूट गए। कुछ देर के युद्ध के बाद ही यवनों की ओर से सन्धि की प्रार्थनाएँ आनी आरम्भ हो गईं। पर हम लोग शत्रु को खदेड़ते हुए नदी-तट तक ले गए। अन्त में यवनों का सन्धि-प्रस्ताव स्वीकार कर लिया गया। मेरी समझ में यह नहीं आया, गुरुदेव! कि यवन नदी-मार्ग से सीधे बढ़ते क्यों नहीं चले गए? वे मालवों से भिड़े क्यों?"

"अलक्षेंद्र आर्यान से ही वापस क्यों नहीं चला गया? वह भारत क्यों आया?" चाणक्य ने प्रतिप्रश्न किया। "वीर मालवों ने अपनी नौकाएँ भेजकर उसका मार्ग तो अवरुद्ध किया नहीं होगा।"

"बिल्कुल नहीं, आर्य!" कंकु बोला।

"इस युद्ध का एक अच्छा परिणाम यह निकला कि लम्बे समय से कलह-रत मालवों-क्षुद्रकों में मित्रता हो गई। चन्द्र! क्या अलक्षेंद्र सचमुच गम्भीर घाव खा बैठा है?"

"सुना ऐसा ही है, आर्य! वितस्ता-तट पर जो सन्धि-समारोह हुआ उसमें अलक्षेंद्र स्वयं उपस्थित नहीं हो सका था।" चन्द्र ने उत्तर दिया।

"अच्छा पुत्रो! अब तुम मेरी यात्रा की उपलब्धि सुनो। आर्य शकटार के साथ चर्चा करके मैंने आगे का कार्यक्रम निश्चित किया है।"

"क्या, गुरुदेव?"

"कंकु! मुझे और तुम्हें पाटलिपुत्र चलना है। मगध साम्राज्य की राजधानी ही अब हमारा कार्यक्षेत्र बनेगी। क्या कुशल यहाँ चन्द्रगुप्त की आवश्यकताओं को पूरा कर सकेगा? तुम्हारे पास इस समय कितने समर्थ चर हैं?"

"लगभग पचास आर्य! हम आरम्भ में बीस चर अपने साथ ले चलते हैं। कुशल यहाँ का कार्य सँभाल लेगा।"

"नहीं, कंकु! आधे ले चलो। ऐसे, जो मगध की जनता में खप सकें। उन्हें आवश्यक निर्देश देकर अलग-अलग रवाना कर दो। तुम्हारे पास धन की क्या स्थिति है?"

"धन अभी है, आर्य! पर धन का और प्रबन्ध तो करना ही होगा।"

"चन्द्र!"

"गुरुदेव!"

"कम से कम दो सहस्र का दल तत्काल संगठित करो। यवन-छावनियों पर छापे मारो। घोड़े, अन्न और शस्त्रास्त्र उनसे छीनो। इसके लिए तुम्हें पुष्कलावती तक जाना पड़ेगा। वितस्ता-तट पर बसे अलक्षेंद्र नगर को लूट लो। इसी प्रकार केकय में पड़ी यवन-टुकड़ी को भी विशृंखलित कर दो। मगध के एक दुस्साहसी वीर पुरुष के रूप में तुम्हारा नाम फैलना चाहिए। विभिन्न जातियों के आयुधजीदी और आरट्ट तुम्हारी ओर आकर्षित होंगे। पर चन्द्र! कोई अति साहसिक कार्य तुम्हें नहीं करना है। कुशल से पूरा परामर्श लेकर योजनापूर्वक ही तुम्हें चलना होगा। कंकु! कुशल को सब समझाकर उसे मेरे पास भेजो।"

"जो आज्ञा, आर्य!"

"चन्द्र! मैं लगभग दो मास बाद लौटूँगा और तब सैन्य-संकलन की स्थिति पर विचार करेंगे। तब मैं कुछ दिन यहाँ टिकूँगा।"

"ठीक है, गुरुदेव!"

"देखो, वत्स! पहली बार तुम्हें अकेला छोड़ रहा हूँ। तुम्हें बहुत सतर्क रहना होगा।"

"आप निश्चिन्त रहें, आर्य! मुझ पर विश्वास रखें।"

"कंकु, तुम और कुशल बैठकर यहाँ की हर सम्भावित समस्या-आशंका पर सूक्ष्म विचार कर लो। अब हमें बँटकर ही चलना होगा। तक्षशिला, बृहद्हट्ट और पाटलिपुत्र हमारे ये तीन केन्द्र होंगे और तीनों के बीच अविकल सम्पर्क निर्मित करना होगा। देखो, चन्द्र! थोड़ी यायावर वृत्ति तुम्हें अपनानी होगी, पर उसका नशा तुम पर चढ़ना नहीं चाहिए।"

"यही होगा, आर्य!"

बाद में कंकु के साथ कुशल आया तो चाणक्य ने कहा—

"कुशल! हमारे पीछे तुम चन्द्रगुप्त की सुरक्षा के लिए उत्तरदायी होगे। साथ ही तुम्हें चन्द्रगुप्त के नाम को वाहीक से मगध तक प्रसार देना होगा। हट्टों में और सार्थों में, धर्मस्थलों पर मागध चन्द्र के वीरतापूर्ण कार्यों की चर्चाएँ चलवाओ। और हाँ, अभिसार के अमात्य अनन्त के पास चर भेजकर पूछो कि उसने कितने सैनिकों का प्रबन्ध किया है। उसकी मनोवृत्ति का अध्ययन करो। चन्द्र के हर अभियान की पूरी योजना तुम्हें बनानी होगी और प्रत्याशित-अप्रत्याशित भयों के प्रति सतर्क रहना होगा।"

"जो आज्ञा, आर्य!"

"अच्छा जाओ, वत्स!"

कुशल के जाने पर चाणक्य ने कंकु से पूछा, "यहाँ के लिए अपना चर नियुक्त कर दिया है?"

"हाँ, गुरुदेव!"

"मगध के लिए गूढ़पुरुष चुन लिए हैं?"

"कल प्रात: आपके समक्ष प्रस्तुत करूँगा।"

"ध्यान रहे, कंकु! मगध में क्रान्ति का आयोजन करना है। तुम्हारे चरों को राक्षस के चरों का मुँह तोड़ना है। स्यात् कुछ हत्याएँ भी करनी पड़ें। परीक्षित दुर्द्धर्ष चरों को ही साथ लेना। इन्हें विभिन्न व्यवसायियों के रूप में मगध भेजो। तुम्हें भी वहाँ एक राजपुरुष बनकर कार्य करना होगा। मैं सीधा पाटलिपुत्र जाऊँगा। तुम बृहद्हट्ट होते हुए आओ। आर्य शकटार के कार्य का और उनके चरों का विस्तृत परिचय उनसे ले लो। हो सके तो तराई के मार्ग से पाटलिपुत्र आओ। बाद में सेनाएँ हमें इसी मार्ग से भेजनी होंगी।"

"जो आज्ञा, आर्य!"

चाणक्य एक आजीवक साधु के वेश में पाटलिपुत्र पहुँच गया। दो चर शिष्यों के रूप में उसके साथ थे। गंगा-घाट पर बने एक देवालय में वह टिक गया। एक दिन रुककर पहला काम जो उसने किया वह था रुचिशील के घर जाना। द्वार खटखटाने पर जिसने किवाड़ खोले वह थी, चन्द्रगुप्त की माँ, मुरा। चाणक्य देखते ही पहचान गया, यद्यपि उसके चेहरे पर अवस्था काफी झलक आई थी।

"मुरादेवी! आपने मुझे पहचाना?" चाणक्य ने पूछा।

नाम सुनते ही मुरा चौंकी और ध्यान से देखा। सहसा ही स्मृति कौंधी और उसके मुँह से निकला—

"आचार्य चाणक्य!"

"हाँ देवि! आपको लगभग पन्द्रह वर्ष बाद देखा है।"

"पधारें, आर्य!"

चाणक्य भीतर आ गया। मुरा ने उसे बिठाया। हाथ-पैर धुलाए। तब आँखों में आँसू भरकर पूछा—

"मेरा चन्द्र कैसा है?"

"तुम्हारा चन्द्र सूर्य बनने की ओर है। उसने यवन-सम्राट् अलक्षेंद्र के विरुद्ध युद्ध लड़े हैं। यवन-सेनापति फिलिप्स को द्वंद्व युद्ध में मार डाला है। पूरे वाहीक में उसका नाम गूँज रहा है। उसके पास अपनी एक सेना है।"

मुरा के आँसू कपोलों पर बहने लगे। उसका कंठ अवरुद्ध हो उठा। उसने बस अपने दोनों हाथ चाणक्य के चरणों की ओर बढ़ाए।

"नहीं, भद्रे! नहीं। आप स्वस्थ होइए। आपके पुत्र का भविष्य अत्यन्त उज्ज्वल है। एक दिन वह राजा बनेगा और आप राजमाता।"

"आचार्यवर!..."

"शान्त हो, आर्ये! बन्धु रुचिशील और श्यामला कहाँ हैं?"

"आते ही होंगे। दोनों किसी अमात्य के घर गए हैं। आप विश्राम कीजिए। मैं आपके भोजन का प्रबन्ध करती हूँ।"

मुरा उठकर चली गई।

चाणक्य सोचने लगा। इन दो स्त्रियों को विश्वास में लिया जाए या नहीं। रुचिशील को तो नहीं लिया जा सकता। श्यामला ठीक है, पर मुरा? श्यामला से पूछूँगा। रुचिशील से कंकु के लिए नौकरी की बात की जा सकती है।

तभी श्यामला ने कक्ष में प्रवेश किया।

"आप?"

चाणक्य ने चौंककर देखा और एक उल्लास उसके चेहरे पर खिल उठा।

"रुचिशील कहाँ रह गए?"

"कहीं चले गए हैं।"

"छोड़ गए?"

श्यामला हँस दी।

"कब आए?"

"अभी। भाभी!"

"हाँ।"

"आपके लावण्य में तनिक भी अन्तर नहीं आया है।"

"तुम्हारी दुष्टता में ही कहाँ आया है!"

"मुझे भूख लगी है, भाभी!"

"पहले बताओ, चन्द्र और कंकु कैसे हैं?"

"कंकु तो दो-चार दिन में ही यहाँ पहुँचनेवाला है। चन्द्र कुछ समय बाद आएगा।"

श्यामला ने एक अर्थपूर्ण दृष्टि चाणक्य पर डाली।

"बात क्या है?" उसने प्रश्न किया।

"कुछ नहीं, भाभी! घर आ रहे हैं अपने।" चाणक्य ने उत्तर दिया।

"ठीक बताइए, आर्य!"

"भाभी! एक दिन आपने एक बात कही थी..."

"क्या?"

"यदि कभी, कहीं मेरी आवश्यकता पड़े तो मुझे पीछे नहीं पाएँगे आप। क्यों स्मरण है न?"

"है। पर आपको भूख लगी है।" कहकर श्यामला बैठक से निकल गई। चाणक्य चुप अपने में डूब गया।

कुछ ही देर बाद श्यामला फल और दूध लेकर आ पहुँची, "लीजिए। पहले कुछ खा लीजिए।"

"क्या लाई हो? फल? क्यों, पूए नहीं बनाए?" श्यामला हँस दी।

"हाँ, क्या कह रहे थे आप?"

"भाभी! अब आपकी आवश्यकता आ पड़ी है। बताइए आप प्रस्तुत हैं?"

"क्या करना होगा, मुझे?"

"वह मैं बताता रहूँगा। हाँ, रुचिशील की क्या स्थिति है? मेरा मन्तव्य यह कि प्रशासन में कितना महत्त्व वे अर्जित कर सके हैं।"

"अब तो वे आर्य राक्षस के दाहिने हाथ हैं।"

"तब तो कंकु को ऊँचे पद पर लगा देना उनके लिए कठिन नहीं होगा।"

"इस सबसे इन पर तो कोई संकट नहीं आएगा?" श्यामला ने पूछा।

"भाभी! संकट तो आप पर भी आ सकता है। संकट से डरकर चुप तो बैठा नहीं जा सकता। प्रश्न यह है कि क्या आप लक्ष्य के प्रति आश्वस्त हैं? क्या आप अनुभव करती हैं कि पूरे भारत देश को एक सम्राट् के अधीन लाना अब अनिवार्य हो उठा है और वह सम्राट् नन्द नहीं हो सकता है?"

"नन्द तो निश्चय ही नहीं हो सकता। अनियंत्रित विलास और लालसाओं ने उसे खोखला बना दिया है, विशेषकर नैतिक दृष्टि से।"

"तब, भाभी! इस आर्यराष्ट्र के लिए हम थोड़ा संकट भी उठा नहीं सकते? यथार्थ तो यह है कि संकट कोई है ही नहीं। काम इस तरह किया जा सकता है कि नियत दिन तक राक्षस या नन्द को कानोंकान पता नहीं चलेगा। भाभी! आपसे इतनी बात मैंने बिना सोचे-समझे नहीं की है। मुझे आपमें गहरा विश्वास है। हमारी योजना में आपकी महत्त्वपूर्ण भूमिका हो सकती है। आप पूरी तरह प्रस्तुत हों तभी सहयोग दें।"

श्यामला कुछ देर सिर झुकाए चुप बैठी रही। तब बोली—

"आर्य! चन्द्रगुप्त और कंकु को क्या से क्या आपने बना दिया है। मैं आर्या मुरा से सब सुन चुकी हूँ। चन्द्र ने यवन फिलिप्स को मार डाला। यह समाचार पहले भी हमारे कानों में पड़ा था। मैंने यह भी सुना था कि उसने यवनों पर छापे मारकर कठों को छुड़ाया। मैं आश्वस्त हूँ कि मगध को और पूरे आर्य राष्ट्र को ऐसे ही दुर्द्धर्ष वीर की आवश्यकता है। मैं प्रस्तुत हूँ।"

"मैं कृतार्थ हुआ, भाभी! पर सबसे पहले कंकु को स्थिर करना होगा। आप कहिए, इसने गूढ़ चर्या में विशेष कुशलता प्राप्त की है। इसका नाम बदल दीजिए। मैं सोचता हूँ मैं रुचिशील से अभी नहीं मिलूँगा। मेरे प्रण का ज्ञान उसे होगा। ठीक है न?"

"जैसा आप उचित समझें।"

"काम धीमे और क्रमशः होना चाहिए। कंकु को मैं आपके पास भेज दूँगा। बस, भाभी! तृप्त हो गया हूँ। अब चलता हूँ। आर्या मुरा को समझा देना कि वे बस चुप रहें।'

"अच्छा, आर्य!" चाणक्य चला आया।

अगले दिन प्रातः ही वह अपने मूल वेश में तिष्य के निवास पर पहुँच गया। बहुत वर्ष पहले इसी स्थान पर उसने तिष्य के पिता कन्दर्प से भेंट की थी।

"श्रेष्ठिवर! कैसे हो?"

"ठीक हूँ, विप्रवर! आप कैसे हैं?"

"मैं भी ठीक ही हूँ।"

"आर्य! आपके शिष्यों की प्रचुर कीर्ति मैंने सुनी है।" तिष्य ने कहा।

"धन्यवाद, तिष्य! आपके वाणिज्य की क्या स्थिति है?"

"काम वाहीक में बहुत ढीला है। वहाँ बहुत असुरक्षा है। शस्त्रोपजीवी आरट्टों एवं विशृंखल गण-सैनिकों के कारण नाकों दम है। पण्य या धन भेजना या लाना असम्भव हो उठा है।"

"जब श्रेष्ठि अपने प्रचुर लाभ का अल्पतम अंश भी शुभ कार्यों में देना नहीं चाहते, तब तो यह होगा ही।"

"मैंने तो कभी मना नहीं किया, आर्य!" तिष्य ने कहा।

"पर, ऊँट के मुँह में जीरा डालने से तो काम नहीं चलता न।"

"आपका प्रस्ताव क्या है?"

"सैन्य-संगठन में चन्द्रगुप्त की सहायता कीजिए। आप जानते हैं, चन्द्रगुप्त इस समय वाहीक में एक शक्ति है। यवन उसके नाम से काँपते हैं। पुरु मर चुका है। उसका पुत्र एक दुर्बल राजा है। गण अस्तव्यस्त हैं। ऐसे में चन्द्र वहाँ एक साम्राज्य

स्थापित करने में समर्थ है। आप सहयोग देंगे तो वाणिज्य के विशेष अधिकार आपको मिल सकते हैं।"

"कितना देना होगा?"

"आरम्भ में एक लक्ष स्वर्ण-मुद्राएँ।"

"एक लक्ष...?"

"सोच देखिए। यह तो विनिमय है, श्रेष्ठिवर! आपको रुचे तो दीजिए।"

"इतना तो कठिन होगा। पर मैं सोचूँगा, आर्य!"

"सोच लीजिए। हाँ, आपका अगला सार्थ वाहीक कब जा रहा है?"

"क्यों?"

"मुझे वापस जाना है। इन्द्रप्रस्थ तक जाऊँगा। वहाँ से बृहद्हट्ट जाने का संकल्प है।"

"क्या धन-संग्रह के लिए ही?"

"हाँ।"

"मैं कह नहीं सकता, आर्य! पर अभी तो आप हैं? महामात्य से नहीं मिलेंगे?"

"क्या करूँगा, तिष्य! तुम्हारे पास ही आया था।"

"धन्यवाद, विप्रवर!"

"धन्यवाद, तिष्य!"

चाणक्य को लगा कि तिष्य रूखा रहा और कुछ उसके भीतर था, जिसे वह प्रयासपूर्वक छुपा रहा था। शायद सार्थ शीघ्र ही जानेवाला हो। पर इसमें छुपाने की क्या बात है? चाणक्य ने अपने साथ आए दो चरों में से एक को तिष्य पर नियुक्त कर दिया। सार्थ के विषय में जानकारी के साथ-साथ उसे यह भी खोज निकालना था कि तिष्य के राक्षस से सम्बन्ध कैसे हैं। यदि तिष्य ने राक्षस से कुछ बताया भी तो राक्षस यही तो समझेगा कि चाणक्य वाहीक में ही सक्रिय है। वाहीक को वश में करना भी सरल नहीं है। पाटलिपुत्र में उसकी गतिविधियों की तो राक्षस कल्पना भी नहीं कर पाएगा। यदि तिष्य सहयोग देता है तो कहना ही क्या है।

आजीवक के वेश में ही चाणक्य व्याड़ि से भी मिला। वह ठीक वैसा ही था, पर उसकी पत्नी वृद्धा दीखने लगी थी।

"कंकु कैसा है?" दोनों ने पूछा।

"बहुत ठीक है।"

पत्नी कुछ खाने-पीने का आयोजन करने चली गई तो चाणक्य ने बताया—

"व्याड़ि! कंकु शीघ्र ही आनेवाला है। वह भिन्न नाम से यहाँ रहेगा। अब यही नगर उसका कार्यक्षेत्र होगा। और हाँ, कुछ काम तुम्हें भी करना होगा।"

"मैं प्रस्तुत हूँ, आर्य!"

"तुम्हें कंकु और श्यामला से निरन्तर सम्पर्क रखना होगा। वे ही तुम्हारे योग्य काम तुम्हें बताएँगे।"

व्याड़ि के यहाँ कुछ देर ठहरकर चाणक्य ने विदा ली। अब उसने अपना रूप बदल लिया। पहले एक बार की तरह ही। बाल सफेद कर लिए और चेहरे का रंग काला। वह अपने शिष्य चर के साथ एक दूसरे धर्म स्थान पर चला गया और दोनों कंकु के पहुँचने की प्रतीक्षा करने लगे।

कंकु चार दिन बाद आया। इस बीच चाणक्य ने पाटलिपुत्र का जमकर भ्रमण किया। हर वर्ग के जनों से सम्पर्क स्थापित किया और पाया कि नन्द के भ्रष्ट और शोषक शासन को जैसे लोगों ने चिरन्तन मान लिया था। मूल्यहीनता ही मूल्य बन गई थी।

कंकु आया तो चाणक्य ने उसके दायित्व की व्याख्या की।

"वत्स! तुम्हारा काम बहुत सूक्ष्म और कठिन है। तुम्हें नन्द की प्रजा में निहित दमित असन्तोष को सतह पर लाना है। सैनिक, वणिक और श्रमिक-समाज के तीनों वर्गों में उग्र क्षोभ धीमे-धीमे जगाना है। छोटी-छोटी घटनाएँ हर समय घटती हैं। उन्हें हवा दो। साथ ही मागध चन्द्रगुप्त के नाम और उसके काम का प्रचार करो। तुम्हें राक्षस के गूढ़पुरुषों का पीछा करके उन्हें स्ववश करना, नहीं तो नष्ट करना होगा। उनके स्थान पर यथासम्भव अपने पुरुषों को स्थापित करना उचित रहेगा। इसके अतिरिक्त सेना भीतर लाने और राजभवन पर अधिकार करने की पूरी योजना भी क्रमश: निर्मित करनी होगी। सब-कुछ अत्यन्त धीमे और इतने गुप्त रूप से करना है कि कोई भी सूँघ तक न सके। श्यामला और मुरा स्त्रियों में कार्य करेंगी, पर तुम्हारे निर्देशन में। व्याड़ि का भी जब-तब उपयोग कर सकते हो। श्यामला से मिल लो। वह तुम्हारी नियुक्ति का प्रबन्ध करेगी। अपना नाम तुम्हें बदलना होगा। समझ गए?"

"हाँ, गुरुदेव!"

"आगे की सारी योजना तुम पर ही निर्भर करेगी और हाँ, तिष्य पर दृष्टि रखने के लिए मैंने एक चर को नियुक्त किया है। दो-चार दिन ठहरकर मैं तो चला जाऊँगा। देखो, रुचिशील और श्यामला किसी संकट में न पड़ें। राजपुरुष बनकर तुम्हें राक्षस का विश्वास अर्जित करना होगा।"

"जो आज्ञा, आर्य!"

"आर्य शकटार के गूढ़पुरुष क्या कर रहे हैं?"

"मैं पूरा विवरण ले आया हूँ। वे विभिन्न देशों में जाकर शासकों एवं उपशासकों को केन्द्र से स्वतंत्र होने की प्रेरणा दे रहे हैं।"

"मैं यहाँ राक्षस को इतना अवसर देना ही नहीं चाहता कि वह प्रान्तों से सेनाएँ मँगा सके।"

"उचित है, आर्य!"

"तुम्हारे सभी चर यहाँ पहुँच गए हैं?"

"हाँ, आर्य!"

"सोचकर उन्हें विभिन्न स्थलों पर नियुक्त कर दो और मुझे नियुक्तियों का पूरा विवरण दो। साथ ही यहाँ मागधों में से कुछ उपयुक्त जनों को गाँठो। अच्छा, अब तुम श्यामला से मिल आओ। तुम्हारी नियुक्ति में दो-तीन दिन लग सकते हैं। रुचिशील या राक्षस से मत कहना कि तुम मेरे शिष्य हो। मेरी कुछ बुराई तुम कर सकते हो।"

"मैं समझ गया, गुरुदेव! मैं चलता हूँ।"

अब चाणक्य के पास कुछ करने को न था। वह गंगा-तट की ओर निकल गया।

वह बार-बार सोचने लगा कि राक्षस से मिला जाए या नहीं। पर उसने न मिलने का ही निर्णय लिया। मिलता भी तो दोनों के बीच सिवाय चोंचें भिड़ने के बात हो ही क्या सकती थी। उलटे संकट भी आ सकता था। उसने मिलने की अपनी अनुचित उत्कंठा को दबाया।

रात के समय तिष्यवाले चर ने बताया कि पूरा सार्थ तो नहीं पर घोड़ों और ऊँटनियों का एक छोटा दल दो-चार दिन बाद जा रहा है। शायद ये लोग एक धन-राशि तक्षशिला ले जा रहे हैं या आगे कहीं से लेकर वहाँ पहुँचाएँगे। इसीलिए तिष्य ने इस बात को छुपा लिया था।

चाणक्य ने उसे आदेश दिया कि वह वहीं लगा रहे। और अधिक सूचना प्राप्त करे तथा हो सके तो इसी दल के साथ चले चलने की जोड़-तोड़ भिड़ाए।

श्यामला ने रुचिशील से कहकर कंकु को राजपद दिला दिया। पद देने से पहले राक्षस ने स्वयं कंकु से साक्षात् किया था। बातचीत से वह इतना सन्तुष्ट हुआ कि उसने उसे अपने गुप्तचर विभाग में अवर पद पर रख लिया। यह सब जानकर चाणक्य ने तृप्ति की साँस ली। इस बीच तिष्य के सार्थ के विषय में भी सही जानकारी प्राप्त हो गई। पता लगा कि तिष्य ने कई लाख स्वर्ण मुद्राएँ तक्षशिला पहुँचाने का दायित्व इस दल को सौंपा है। इतना धन बीच की कई मंडियों से एकत्र करना होगा। आर्यान के अपने व्यापार को पुनर्गठित करने की योजना का ही यह महत्त्वपूर्ण अंग है। तिष्य स्वयं इस दल के साथ जा रहा है। चाणक्य ने उस चर को आदेश दिया कि वह इस दल से चिपका रहे। और जब यह दल शाकल पहुँचे तो वह आगे बढ़कर मुझसे मिले। या अपना चर उसे वहाँ मिलेगा। दूसरे चर को साथ लेकर चाणक्य ने कूच की तैयारी की। कंकु को उसने अन्तिम निर्देश दिया।

"कंकु! अभी केवल स्थिति को समझना है और भूमिका बनानी है। धन-संग्रह और सेना-संग्रह का काम भी समय लेगा। मगध की गुप्तचर सेना में अपने कुछ

चरों को निविष्ट करो। राक्षस के विश्वस्त चरों को धीमे-धीमे उससे छिटका दो। मैं एक या अधिक से अधिक दो मास बाद यहाँ आऊँगा। तब फिर आगे की योजना निश्चित करेंगे। कंकु!"

"आर्य!"

"वह सरायवाली अभी मर तो नहीं गई होगी?"

"वह है, गुरुदेव! पाटलिपुत्र आते समय मैं सामने से निकला था। उससे बात की थी। वह वही है।"

"उसका उपयोग चाहो तो करो। उससे कुछ महत्त्वपूर्ण तथ्य तुम निकाल सकते हो।"

"देखूँगा, आर्य! जनता को नन्द एवं उसके मंत्रियों के विरुद्ध भड़काने में ऐसे तथ्य बहुत काम के सिद्ध होंगे।"

"अच्छा, कंकु! अब तुम जाओ। आँखें और कान खुले रखो, पर मुँह पर जैन मुनि-जैसी पट्टी बाँध लो।"

कंकु ने चरण-स्पर्श किए और चला गया।

एक बार श्यामला और व्याड़ि से मिलकर चाणक्य ने प्रस्थान किया। वह तेज चला क्योंकि वह शीघ्र से शीघ्र पहुँचना चाहता था। पर जब वह इन्द्रप्रस्थ के निकट पहुँचा तो उसका मन किया कि वह बृहद्हट्ट की ओर मुड़ ले। उसका मन हेमा और उसकी स्मृतियों से संकुल हो उठा। पर कई प्रश्नों ने सहसा जलचरों की तरह सिर उठाया। यह नहीं कि ये प्रश्न पहले नहीं उठे थे। पर इस बार जैसे ये स्पष्ट उत्तर माँग रहे थे। हेमा का भोग करने के लिए वह इतना आतुर क्यों हो उठा कि हेमा के पीछे-पीछे ही बृहद्हट्ट पहुँच गया? उसे आत्म-परिष्कार का अवसर ही उसने नहीं दिया। फिर क्या हेमा ही उसके लिए बची थी? वह भ्रष्ट और पतित प्रौढ़ा विधवा! क्यों उसने हेमा से शरीर-सम्बन्ध स्थापित किया? जो प्रेम मिट्टी के ऊँचे टीले के नीचे दबकर नष्टप्राय हो गया था, उसे खोदकर क्यों पुनर्जीवित किया उसने? यदि हेमा से पुत्र उसे प्राप्त हो ही गया तो उसका क्या भविष्य होगा? विवाह के अभाव में क्या वह मेरा पुत्र कहलाएगा?

पर चाणक्य को लगा जैसे इन प्रश्नों में कोई सार नहीं है। ये रुई के पुतलों की तरह थोथे हैं, फुसफुसे हैं। हेमा कभी मेरी चेतना से लुप्त नहीं हुई, वह कभी मेरे लिए मरी नहीं। उसका रूप सतत छाया रहा मेरे अन्तराल पर। उसकी प्यास से मैं निरन्तर दग्ध रहा। और क्या परिष्कार होता उसका? मेरे लिए अपने प्राणों को दाँव पर लगाकर क्या पर्याप्त आत्म-परिष्कार नहीं कर लिया उसने? मुझे हेमा से, उसके व्यक्ति से प्रेम रहा है, केवल उसके शरीर, उसके रूप से नहीं। कब, क्या

उसकी परिस्थिति ने उससे करा लिया, यह इतना महत्त्वपूर्ण नहीं है, जितना उसका अन्तरंग। और हेमा का हृदय एक अनुतापपूर्ण समर्पण से आपूर्ण है। हो सकता है, एक सुसंस्कृत आर्य नारी के-से संस्कार उसमें न हों, पर वह एक अनुभूतिशील स्त्री है और मेरे प्रति उसमें प्रेम भी है और श्रद्धा भी। मैंने कोई आतुरता नहीं दिखाई। पूरी तरह उसे जाँच-परखकर ही मैं उसकी ओर उन्मुख हुआ हूँ। फिर मुझे भी आवश्यकता थी एक स्त्री की, और वह हेमा के अतिरिक्त और कोई नहीं हो सकती थी। जो भी वह है, जैसी भी वह है, वही मेरी हो सकती थी। यह ठीक है कि मैंने उससे सार्वजनिक विवाह नहीं किया, पर गान्धर्व विवाह तो किया है। उसकी सन्तान मेरी सन्तान होगी। मैं उसका पालन करूँगा और यदि पुत्र होगा तो उसे उच्चतम शिक्षा दूँगा।

चाणक्य के मन में तरंग उठी कि वह हेमा से मिलकर ही आगे बढ़े। पर विवेक ने उसे वर्जित किया और उसने स्वयं को विवश पाया कि वह शीघ्र से शीघ्र चन्द्रगुप्त के पास पहुँचे। वह अटक गया तो सब चौपट हो जाएगा। चाणक्य ने यमुना पार की और इन्द्रप्रस्थ में प्रवेश किया।

चाणक्य कठ-प्रदेश में से गुजरा। उसने देखा कि वहाँ अब फिर हलचल थी। लोगों ने अपने घर-द्वार फिर से बसा लिए थे और हाट-बाजार लगने लगे थे। पर उनकी मानसिकता अभी तक हताश और क्षुब्ध थी। चाणक्य ने कुछ कठ-नेताओं से बात की। उन्होंने उसे आश्वासन दिया कि वे सैन्य-संग्रह में भरसक योगदान देंगे।

राजगिरि पहुँचकर चाणक्य ने नगर-स्थित अपने चर से सम्पर्क किया। उससे पता लगा कि पुरु के पुत्र ने अनन्त को अभिसार से बुलाकर फिर महामंत्री बना लिया है। राज्य चल रहा है पर जो उत्साह और दुर्द्धर्षता पुरु में थी वह नए राजा में नहीं है। राज्य की सेना भी दुर्बल हो उठी है। उसमें पहले की-सी संघटना और गति नहीं रही है। चन्द्रगुप्त ने इस बीच यवन-शिविरों पर कई छापे मारे हैं। प्रचुर शस्त्रास्त्र और अश्व उसे वहाँ से मिले हैं। यवन क्रुद्ध हो उठे हैं, पर अधिक कुछ करने में असमर्थ हैं। तक्षशिला की जनता पर उनका आतंक समाप्तप्राय है। आम्भीक अब उन्हें घास नहीं डालता। आजकल चन्द्रगुप्त अलक्षेंद्रनगर पर छापे की तैयारी में जुटा है।

राजगिरि से चाणक्य सीधा वितस्ता पार अपने शिविर में पहुँच गया। सबसे पहले उसने चन्द्रगुप्त और कुशल से बात की। सब विवरण देने के बाद चन्द्रगुप्त ने कहा—

"आर्य! यवनों को घातक चोट देने के लिए हमें अधिक सैनिकों एवं साधनों की आवश्यकता है। इन छोटे-मोटे छापों से प्रशंसा तो मिल सकती है, पर ठोस फल नहीं मिल सकता।"

"तुम ठीक कहते हो, चन्द्र! कुशल!"

"गुरुदेव!"

"मगध का नगरश्रेष्ठि तिष्य घोड़ों और ऊँटनियों के एक दल के साथ बीच-बीच में रुकता हुआ एक बहुत मोटी धनराशि लिये तक्षशिला आ रहा है। हमारा एक चर उसके साथ लगा है। तिष्य का दल अब तक इन्द्रप्रस्थ पहुँच चुका होगा। तुम स्वयं आगे बढ़कर इस दल से चिपके अपने चर से साँगल में सम्पर्क करो और दल पर छापे की योजना बनाओ। छापा राजगिरि और वितस्ता के बीच में पड़ना चाहिए। काम इस तरह हो कि जरा भी शोर न मचे और तुम लोगों का चिन्ह भी कहीं न छूटे। पर तिष्य को कोई हानि नहीं पहुँचनी चाहिए। चन्द्र! यह इतनी बड़ी धनराशि है कि तुम्हें सैन्य-संग्रह में कोई कठिनाई नहीं होगी।"

"पर आर्य! तिष्य किसी के आश्वासन पर ही इतना धन इस विक्षुब्ध क्षेत्र में ला रहा होगा।" कुशल ने कहा।

"निश्चय ही, कुशल! पर आश्वासक कौन हो सकते हैं?"

"मैं समझता हूँ आम्भीक और..."

"हाँ, बोलो।"

"शायद शशिगुप्त।"

"बिल्कुल ठीक है, कुशल! तिष्य ने निश्चय ही यवनों का सहयोग भी प्राप्त किया है। इसके बिना वह आर्यान में व्यापार नहीं कर सकता। यह छापा राजनीतिक दृष्टि से भी आवश्यक है। तिष्य के इस कार्य से यवनों को, विशेषकर शशिगुप्त को बल मिलेगा। हमें इस आरम्भ का ही अन्त कर देना होगा। चन्द्र!"

"गुरुदेव!"

"तुम अपने घुड़सवारों को तैयार रखो। घोड़ों और ऊँटनियों को उनसे छीन लाओ।"

"यह हो जाएगा, आर्य!"

चाणक्य ने कुशल को विदा किया और चन्द्र की ओर उन्मुख होकर प्रश्न किया।

"पाटलिपुत्र पर आक्रमण के लिए कम से कम पच्चीस-तीस सहस्त्र सैनिकों की आवश्यकता हमें होगी। पर तत्काल कितने सैनिक हमें पर्याप्त होंगे?"

"कम से कम पाँच सहस्त्र।"

"वत्स! सिंह, विजय, सौभूति आदि सहपाठियों को आज ही निमंत्रण भेजो। सिंह को संगठन का कार्य सौंपना होगा। यवनों, अर्द्धयवनों, कैकेयों एवं कठों के बीच अपने चर स्थापित करो। केवल यायावरों को एकत्र करना ठीक नहीं रहेगा। अलक्षेंद्र की सेना के, गणों के एवं राज्यों के आजकल निष्क्रिय घूमते सैनिकों, साहसिकों को लेना अधिक लाभप्रद सिद्ध होगा। तिष्य के इस छापे के बाद तुम पूरी तेजी से सैन्य-संग्रह के काम में जुटो। इसके बाद ही तक्षशिला की यवन-छावनी को नष्ट कर डालने की योजना कार्यान्वित करनी है और अलक्षेंद्रनगर को भी त्रस्त करना है। समय अधिक नहीं है, चन्द्र! काम बहुत गति से होना चाहिए।"

"जो आज्ञा, आर्य!"

तिष्य के दल में लगभग सौ घुड़सवार सैनिक थे। धन ऊँटनियों पर लदा था। तिष्य स्वयं घोड़े पर सवार था। कुशल चाणक्य के चर से साँगल में जा मिला। इतने दल-बल के साथ तिष्य राजगिरि पहुँचा। चन्द्रगुप्त और कुशल राजगिरि और वितस्ता के बीच स्थित एक घने वन में चार सौ सैनिकों के साथ जा जमे थे। जैसे ही तिष्य का दल उस वन में धँसा, चन्द्र ने उसे चारों ओर से घेर लिया। चन्द्र ने आदेश दिया कि सबके सब घोड़ों और ऊँटनियों से नीचे उतर आएँ और एक ओर खड़े हो जाएँ, नहीं तो एक-एक को काट दिया जाएगा। तिष्य ने प्रतिरोध की आज्ञा दी। कुछ पलों में ही तिष्य के एक-चौथाई सैनिक धरती को चूम रहे थे। अब मागध सैनिक अधिक दुस्साहस नहीं कर सके। सब घोड़े छोड़कर एक ओर खड़े हो गए। चन्द्र के पैदल सैनिक कूदकर खाली घोड़ों पर चढ़ गए। कुछ ने ऊँटनियों को सँभाल लिया। आधे सैनिकों को लेकर चन्द्र ऊँटनियों को हाँक ले चला और कुछ ही पलों में दृष्टि से ओझल हो गया। कुशल शेष सैनिकों की सहायता से तिष्य और उसके साथियों को घेरे खड़ा रहा। जब चन्द्र पर्याप्त दूर निकल गया तो कुशल ने तिष्य को सम्बोधित किया—

"श्रेष्ठिवर! अब आप जहाँ चाहें जा सकते हैं।"

"कौन हो तुम लोग?"

"तक्षशिला के श्रेष्ठियों के सैनिक।" कुशल ने कहा।

अब उसने अपने सैनिकों को संकेत दिया और सबने अपने घोड़ों को एड़ लगाई। कुछ ही क्षणों में तिष्य और उसके साथी घने वन के बीच भौचक खड़े थे।

ऊँटनियों पर लगभग तीन लाख स्वर्ण-मुद्राएँ लदी थीं। चाणक्य और चन्द्रगुप्त ने पहली बार इतनी बड़ी धन-राशि देखी। चाणक्य इस अप्रत्याशित उपलब्धि पर विभोर हो उठा। उसकी आँखों से अश्रुओं की धाराएँ बह निकलीं।

"चन्द्र!"

"गुरुदेव!"

"ईश्वर ने तुम्हारा मार्ग सहज कर दिया है। इस धन के एक-एक निष्क का सदुपयोग करो। इसमें से कुछ अपने वर्तमान सैनिकों में वितरित कर दो और शेष को सुरक्षित रखने का प्रबन्ध करो। अपने सैनिकों से कहो कि जो भी धन मिला है वह चाणक्य या चन्द्रगुप्त का नहीं, एक महान् लक्ष्य का है, पूरे आर्य राष्ट्र का है। कुशल!"

"आर्य!"

"तुम्हारे चर सैनिकों को आश्वस्त करें। और हाँ, हमें शीघ्र ही तक्षशिला के यवन-शिविर को धूल में मिला डालना होगा। आम्भीक इसमें निरपेक्ष रहेगा और इसके बाद अलक्षेंद्रनगर पर आक्रमण करना है। तुम दोनों इसकी तैयारी में प्राण-पण से लगो। यवनों को पुष्कलावती तक सीमित कर देना आवश्यक है। तुम्हारे पास इस समय कितने सैनिक हैं।"

"लगभग दो सहस्र!"

"चल सकेगा?"

"कुछ और तो बढ़ाने ही होंगे।"

"नहीं, चार-पाँच सहस्र तुम्हें चाहिए और इतने से भी क्या होगा। हमें प्रबन्ध तो पच्चीस-तीस का करना है।"

"जी हाँ।"

"ठीक है, तुम काम में लगो।"

चन्द्रगुप्त अपने काम में जुटा और चाणक्य चिन्तन में डूब गया। क्या अनन्त केकय की सेना का एक भाग मुझे देगा? पर क्यों देगा? वह मेरी योजना में आस्था नहीं रखता। फिर वह समझता है कि मैं ही पुरु की मृत्यु के लिए उत्तरदायी हूँ। यद्यपि इसके फलस्वरूप ही वह केकय वापस लौट सका है। वह कैसे चाह सकता है कि मैं शक्तिशाली बनूँ। इस बीच की मेरी सफलताओं ने और उसकी अक्षमताओं ने उसके हृदय में एक कटुता घोल दी है। नहीं, अनन्त से कोई भी बात असम्भव है। उसे अपने रास्ते चलने देना चाहिए। कठों पर भी निर्भर नहीं किया जा सकता। मालव सहस्र-दो सहस्र से अधिक सैनिक नहीं दे पाएँगे। प्रश्न यह है कि कोई किस सम्भावना पर सहायता करे? पाटलिपुत्र पर आक्रमण की बात प्रत्येक को प्रलाप ही लगेगी। फिर उसे हर किसी से खोला भी तो नहीं जा सकता। आरट्टों और निष्क्रिय सैनिकों में से भी अन्धाधुंध भर्ती नहीं की जानी चाहिए। मैं सोचता हूँ मुझे उत्तर-पश्चिमी गणों से आरम्भ करके यमुना तक का एक चक्कर लगा आना पड़ेगा। सैनिक हड़बंग नहीं, दुर्द्धर्ष, पर सौम्य होने चाहिए। सभी अपराधवृत्ति के और मात्र वृत्तिभोगी होंगे तो कैसे काम चलेगा भला। ऐसा भी तो हो सकता है कि आम्भीक और केकय की सेना में से कुछ को तोड़ने का प्रयत्न किया जाए। यह निश्चय ही अधिक उत्तम रहेगा। हमें साहसिक नहीं, साहसी सैनिक चाहिए।

चाणक्य ने कुशल को साथ लिया और तक्षशिला एवं उत्तर-पश्चिमी गणों की ओर निकल लिया। उसका और चन्द्रगुप्त का नाम अज्ञात नहीं था। तक्षशिला में उसने कुछ विश्वस्त नायकों से भेंट की। उसने उनके आत्म-सम्मान को ललकारा

और यवनों पर आक्रमण के लिए उनका आह्वान किया। यही उसने गणों में किया। दो-तीन भूतपूर्व शिष्यों के समक्ष उसने अपनी एक आर्य राष्ट्र की कल्पना भी रखी।

"आप तक्षशिला या केकय पर अधिकार करके पहले यहाँ साम्राज्य-निर्माण क्यों नहीं करते?" एक ने प्रश्न किया।

चाणक्य ने अनुभव किया कि प्रश्न बहुत ही ठोस है। मगध की ओर आगे बढ़ने से पहले वाहीक में एक आधार बना लेने की बात एक संगत तर्क है, जिसका विश्वसनीय उत्तर उसके पास नहीं है। जो उत्तर है, वह सामान्य बुद्धि को स्वीकार्य नहीं हो सकता। उसका तर्क है कि नगण्य रहते हुए ही नन्द साम्राज्य के मर्मस्थल पर घातक चोट सहसा ही क्यों न की जाए। पर इस तर्क को इनके गले कैसे उतारा जाए? फिर भी चाणक्य ने उस नायक को बिना अचकचाए उत्तर दिया।

"इस रास्ते देर लगेगी। हमें वर्षों वाहीक में ही अटके रहना पड़ेगा और इस बीच नन्द के पाटलिपुत्र की परिस्थितियाँ बदल सकती हैं। हमें केवल सैनिक चाहिए। शेष सब हो जाएगा।"

"कैसे हो जाएगा, आचार्य?"

"तुम देखते चलो, वत्स! पर पहले सेना तो जुटानी ही होगी।"

"समस्या, धन की भी तो है, आर्य!" दूसरे ने कहा।

"धन जुट गया है। उसकी कमी नहीं होगी। सैनिकों की हर आवश्यकता पूरी की जाएगी।" चाणक्य ने बताया।

चाणक्य में पूरी आस्था होते हुए भी उसके शिष्य मान नहीं पाए कि राज्यहीन चन्द्रगुप्त अपनी लघु वाहिनी के साथ चार सौ योजन दूर स्थित पाटलिपुत्र पहुँच भी सकता है। उसे जीत पाना तो असम्भव कल्पना ही उन्हें लगी। हाँ, यवनों पर आक्रमण के नाम पर सैनिक चाणक्य को मिले। पर इनमें से अधिकतर वाहीक को लाँघकर आगे बढ़ने को प्रस्तुत नहीं थे। कुछ भी हो, कुल मिलाकर लगभग चार सहस्र प्रशिक्षित सैनिक एकत्र करने में चाणक्य सफल हो सका, जिन्हें उसने कुशल के साथ चन्द्रगुप्त के पास भेज दिया।

कंकु का जाल

सिंह, विजय, सौभूति आदि आ पहुँचे। चन्द्रगुप्त ने सैनिकों के प्रशिक्षण और संगठन का भार सिंह पर छोड़ दिया और स्वयं तक्षशिला के यवन-शिविर पर आक्रमण की योजना बनाने में जुट गया। यवन-शिविर नगर-प्राचीर के भीतर था और आम्भीक क्या रुख ग्रहण करेगा, इस पर बहुत कुछ निर्भर करता था। यदि तक्षशिला की सेना का सहयोग मिल जाए तो यवनों को पूरी तरह उखाड़ फेंकना असम्भव क्या, कठिन

भी नहीं था। पर कुशल का विचार था कि आम्भीक यवन-शिविर का पूर्ण विनाश पसन्द नहीं करेगा। उसे यवनों के बल की अपेक्षा है। वह केवल यह चाहता है कि यवन उसके हाथ में शोभित शस्त्र बनकर रहें। समस्या नगर के भीतर से बाहर आने की थी। यदि तक्षशिला की सेना ने उन्हें घेर लेने की ठान ली तो? इस आशंका के निवारण के तीन उपाय सोचे गए। पहला था, तक्षशिला की सेना में यवन-विरोधी प्रचार। दूसरा यह कि नगर-द्वार पर प्रच्छन्न रूप में काफी सैनिक तैनात रहें, जो संकेत मिलते ही द्वार को अनवरुद्ध कर दें। तीसरा यह कि शिविर पर आक्रमण आकस्मिक हो और इसे अधिक देर तक न खींचा जाए।

चन्द्रगुप्त अपनी तैयारी में जुटा रहा, पर चाणक्य का मस्तिष्क सैन्य-संग्रह की समस्या में ही उलझा था। एक दिन उसने सिंह को विचार-विमर्श के लिए बुलाया। बात चाणक्य ने ही आरम्भ की—

"सिंह! अपने मुख्य लक्ष्य से तुम परिचित हो न?"

"हाँ, आर्य!"

"तुम्हारा क्या मत है?"

"गुरुदेव! लक्ष्य अत्यन्त दुर्गम है। क्रमश: न बढ़कर क्या हम आतुरता प्रदर्शित नहीं कर रहे हैं?"

"शायद, वत्स! पर तुम स्थिति को समझ लोगे, तब ऐसा नहीं कहोगे?"

"मेरा तात्पर्य था, आर्य! कि पहले यहाँ वाहीक में ही एक राज्य क्यों न बनाया जाए? बिना राज्य के सैन्य-संग्रह भी कठिन है और पाटलिपुत्र तक पहुँचना तो असम्भव है।"

"सिंह! यह तर्क अनेकों ने दिया है। पर तुम मेरी नीति को समझने का प्रयत्न करो। उसे आत्मगत किए बिना तुम अपेक्षित आयास नहीं कर सकोगे?"

"मैं उत्सुक हूँ, आर्य!"

"सिंह! मैंने प्रण किया है कि मैं एक एकच्छत्र आर्य साम्राज्य का गठन करूँगा। ऐसे किसी भी साम्राज्य का केन्द्र पाटलिपुत्र ही हो सकता है।"

"क्यों, आर्य! तक्षशिला या इन्द्रप्रस्थ, श्रावस्ती या अयोध्या या वाराणसी क्यों नहीं?"

"उत्तम जिज्ञासा की है तुमने, वत्स! कृष्ण के काल से ही राजगृह या पाटलिपुत्र साम्राज्यवाद का केन्द्र रहा है। इन्द्रप्रस्थ में और अन्य राजधानियों में अश्वमेध यज्ञ किए गए हैं पर अश्वमेध यज्ञ करना साम्राज्य-निर्माण नहीं है। मगध के शासकों ने नियमित रूप से वैसा किया है। उन्होंने राज्यों को जीतकर उन पर अपनी प्रभुसत्ता ही स्थापित नहीं की, बल्कि उन्हें अपने राज्य में अपनी शासन-व्यवस्था में मिलाया भी है। सारा भारत पाटलिपुत्र को साम्राज्य का प्रतीक मानता है। नगर की विशिष्ट कीर्ति का अपना मनोवैज्ञानिक, राजनीतिक महत्त्व होता है। इसलिए नए आर्य राष्ट्र की राजधानी के रूप में मैंने पाटलिपुत्र को ही चुना है।"

"पर, आर्य!..."

"सुनो वत्स! मगध साम्राज्य इस समय उस ढोल की तरह है जिसकी ध्वनि-प्रतिध्वनि तो कर्णभेदी है, पर जिसके भीतर पोल ही पोल है। इस साम्राज्य का सबसे दुर्बल, असुरक्षित स्थल पाटलिपुत्र ही है। तब क्यों न सीधे हृदय पर ही आघात किया जाए। क्रमश: बढ़ने का अर्थ पहले अगणित अवरोधों से जूझना होगा, जिसमें समय और शक्ति दोनों का ही अपव्यय होगा। हमारे पास दोनों ही अत्यन्त सीमित ही नहीं, अल्प भी हैं। फिर विजय का क्रम आरम्भ करने का अर्थ होगा, साम्राज्य की सुप्त शक्ति और चेतना को जगा देना, जिसका मुकाबला हम कभी नहीं कर पाएँगे। क्यों?"

"आप सत्य कहते हैं, आर्य! पर बिना ध्यान आकर्षित किए हम इतना लम्बा मार्ग कैसे तय कर पाएँगे?"

"यही सब तो सोचना है, सिंह! इतना ही नहीं, उससे पहले तो सैन्य-संग्रह की समस्या है। इस समय हमारे पास पाँच-छ: सहस्र से अधिक सैनिक नहीं हैं। पर हमें पच्चीस-तीस सहस्र तो चाहिए।"

"क्या इतने बड़े वाहीक से इतने भी सैनिक हम एकत्र नहीं कर सकेंगे?"

"कर सकेंगे। पर उनमें अधिकतर किस प्रकृति के होंगे? अपराधजीवी आरट्ट ही न। कुछ खाली घूमते सैनिकों को मैं बटोर लाया हूँ। इनमें से भी कितने पाटलिपुत्र तक जाने को प्रस्तुत होंगे? मैं चाहता था, सिंह! कि यायावर नहीं, नियमित सेनाओं के सैनिक हमें मिलें। पर अभिसार, तक्षशिला, केकय कहीं से भी हमें सहायता नहीं मिल सकती। न ही उनसे बात की जा सकती है। थोड़ी-बहुत सहायता गणों से मिल सकती है, वह भी व्यक्तिगत सम्बन्धों के आधार पर। कठ, मालव और क्षुद्रक ही कुछ सैनिक हमें दे सकते हैं। क्यों सिंह! ये सैनिक कितने होने सम्भव हैं?"

"तीनों से तीन-चार सहन तो प्राप्त किए ही जा सकते हैं। इस प्रकार कुल दस सहस्र तो हम एकत्र कर सकेंगे।"

"पर दस सहस्र ऐसे होने चाहिए, जिन्हें कहीं भी ले जाया जा सके।"

"यह आप मुझ पर छोड़िए।" सिंह ने कहा।

"तुम्हें यह दायित्व सौंपता हूँ, सिंह! कि दस सहस्र दुर्द्धर्षतम सैनिक तैयार कर लो। गणों को चर भेजो। कठों से मैं स्वयं मिलूँगा।"

"जो आज्ञा, गुरुदेव!"

चाणक्य ने सिंह के काम का भी निरीक्षण किया और आवश्यक निर्देश दिये। तब उसने चन्द्रगुप्त और कुशल को बुलाया—

"क्यों, चन्द्र! छापे की तैयारी हो गई?"

"हाँ, आर्य!"

"कब जा रहे हो?"

"आज से चौथे दिन।"

"इसका परिणाम देखकर ही मैं बृहद्हट्ट के लिए कूच करूँगा। वहाँ से मुझे पाटलिपुत्र जाना है।"

"एक समस्या है, आर्य!" कुशल बोला।

"क्या?"

"अपने पास सैनिकों की संख्या बढ़ती ही जाती है। वन में यहाँ इतने सारे लोगों का एक साथ पड़ाव क्या सुरक्षित होगा? आम्भीक और केकय-नरेश को पता सब है। यदि आकस्मिक आक्रमण हो तो?"

"यह आशंका तो रहेगी, कुशल! हमें उसके लिए प्रस्तुत रहना होगा। अधिक से अधिक तुम क्या करोगे?"

"सैनिकों को अलग-अलग वनों में बिखरा दें?"

"नहीं, कुशल! मैं बिखरा देने के पक्ष में नहीं हूँ। तुम यह कर सकते हो कि शिविर को कहीं और ले चलो। किसी मित्र गण के प्रदेश में।"

"कहाँ, आर्य!"

"दो ही स्थान हो सकते हैं। मालव गण में या कठ गण में।"

"कठ गण ही उचित रहेगा।"

"पर उसकी आवश्यकता नहीं है, कुशल! क्यों चन्द्र!"

"आप कहना चाहते हैं, गुरुदेव! कि आम्भीक या केकय-नरेश से हमें कोई आशंका नहीं है?"

"हाँ, पुत्र! मुझे लगता है, वे वैसा कुछ नहीं करेंगे। जब तक हम उनके लिए संकट न बनें।"

"आर्य! हम तक्षशिला में घुसकर यवनों पर छापा मारनेवाले हैं।"

"यह तो तुम आम्भीक का ही मनचाहा करोगे।" चाणक्य ने कहा, "फिर भी, पुत्रो! अपने इन दोनों अभियानों के बाद तुम अपना शिविर कठ प्रदेश में ले जाओ। हमें पूर्व की ओर सरकना तो होगा ही। मैं कठों से बात कर लूँगा।"

आम्भीक ने इस रूप में अप्रार्थित सहयोग ही दिया कि वह आँखें मूँदे बैठा रहा। उसने चन्द्रगुप्त की गति को रोकने का कोई उपक्रम नहीं किया। छापा अत्यन्त सफल रहा। चन्द्रगुप्त ने लगभग एक सहस्र अश्व, भारी मात्रा में शस्त्रास्त्र आदि छीने और शिविर का खजाना भी लूट लिया। उसने सैकड़ों यवनों को मौत के घाट उतार दिया। यवन हक्के-बक्के रह गए। वे अपनी रक्षा न कर सके। यही नहीं, चन्द्रगुप्त अनेकों यवनों को बन्दी भी बना ले गया। यूडेमस तिलमिलाकर रह गया। उसे आम्भीक पर भारी क्रोध आया। उसका मन किया कि वह इसी क्षण इस विश्वासघाती राजा की हत्या कर दे। पर उसने अपने को थाम लिया, क्योंकि वैसा करने का अर्थ होता

एक-एक यवन को कटवा देना। वह खून का घूँट पीकर रह गया। मजेदार बात यह कि जब आम्भीक को पता चला तो उसने स्वयं जाकर यूडेमस से दुख प्रकट किया और यवनों की सहायता के लिए राजकोष खोल दिया।

इस छापे का समाचार आग की तरह पूरे वाहीक में फैल गया। लोगों के मनों में चन्द्रगुप्त और चाणक्य का नाम बस गया। अब यवन आतंक के विषय नहीं, दया के पात्र बन बैठे। शशिगुप्त का हृदय भी काँप गया। उसने यूडेमस के साथ परामर्श किया। यही निश्चित रहा कि तक्षशिला के यवन-शिविर को भंग न किया जाए। आम्भीक के प्रति विनम्र बनकर वहाँ जमे रहने में ही उन्होंने हित देखा।

चाणक्य को पूरा विवरण मिला तो उसका मन एक तुष्टि से भर उठा। उसने तत्काल ही बृहद्हट्ट के लिए कूच करने का निश्चय किया। दो चरों को साथ लेकर वह चल दिया। साँगल में कठों से मिलकर उसने शिविर के स्थानान्तरण का प्रबन्ध किया और उनसे सैन्य-संग्रह के विषय में भी बात की। एक चर के माध्यम से सूचना चन्द्र के पास भिजवाकर वह आगे बढ़ लिया।

बृहद्हट्ट में शकटार से चर्चा चली।

"आर्य! पर्याप्त सैनिकों का संग्रह नहीं हो पा रहा है।"

"मैंने तो सुना है आजकल पूरे वाहीक में सहस्रों शस्त्रजीवी इधर से उधर घूमते हैं। क्या इन्हें भर्ती नहीं किया जा सकता?"

"उसमें कठिनाइयाँ हैं, आर्य!"

"क्या?"

"इन यायावर शस्त्रजीवियों को एक सीमित संख्या में ही लिया जाना उचित होगा। इन पर पूरी तरह निर्भर नहीं किया जा सकता। फिर ऐसे सैनिक तीस सहस्र इकट्ठे करना वैसे भी सम्भव नहीं है। हमारे पास उपयुक्त आकर्षण कहाँ है। न तो हमारे पास राज्य हैं, न हम अपने वास्तविक लक्ष्य का प्रचार कर सकते हैं। करें भी तो हमारा लक्ष्य सामान्य जन में एक तुरत आस्था पैदा नहीं करता।"

"फिर तुम क्या सोचते हो?"

"मैं सोचता था किन्हीं दो-तीन छोटे राजाओं का सहयोग हमें मिल पाता। बड़े राजा तो साथ क्यों देंगे? यदि कोई दे भी तो उसकी कीमत हम चुका नहीं पाएँगे।"

"तुम्हारे अपने पास कितने सैनिक हैं?"

"लगभग दस सहस्र। कम से कम पच्चीस और चाहिए।"

"चाणक्य! मैं समझता हूँ, एक बात हो सकती है।"

"क्या, आर्य?"

"पर उसके लिए धन की अपेक्षा होगी।"

"वह तो हर चीज के लिए ही होगी। आप बात तो बताइए।"

"उत्तर के कई पहाड़ी राजा धन लेकर अपनी सेना का एक भाग उधार दे देते हैं। वस्तुत: पहाड़ों में व्यवसायों की कमी है। इधर की सेनाओं में अनगिनत पहाड़ी सैनिक मिलेंगे।"

"तो उनसे बात चलाइए, आर्य! आपको आशा है कि इनसे हमारी कमी पूरी हो सकेगी?"

"निश्चय ही। पर धन?"

"कुछ का प्रबन्ध मैंने किया है।" चाणक्य ने बताया, "हमें अनुमानत: कितना देना होगा?"

"यह तो बात करने पर निर्भर करता है। फिर सैनिकों को बहुत दूर मगध जाना होगा। कम से कम एक लक्ष स्वर्ण-मुद्राओं का त्याग तो करना ही पड़ेगा।" शकटार बोला।

"उतना मेरे पास है, आर्य! आप बात चलाइए।"

"तब मैं उत्तर की ओर जाने की योजना बनाता हूँ।"

"आर्य! पाटलिपुत्र से लौटते हुए मैं आपसे मिलूँगा। इन सैनिकों को प्रशिक्षण भी देना होगा। वह इन्हीं राज्यों में क्यों न दिया जाए। सैनिकों को यहीं से तराई मार्ग से मगध की ओर भेज दिया जाए।"

"ठीक कहते हो, वत्स! क्यों न तुम भी इस बार इसी मार्ग से पाटलिपुत्र जाओ।"

"मैंने भी यही सोचा है। पर एक विषय पर पुनर्विचार कर लेना होगा, आर्य!"

"बोलो।"

"हम सीधे पाटलिपुत्र ही पहुँचें या राज्यों को जीतते हुए आगे बढ़ें? कहीं सीधे पहुँचकर हम घिर तो नहीं जाएँगे?'

सुनकर शकटार गम्भीर हो उठा।

"चाणक्य! राजनीति एक द्यूत है और द्यूत प्रत्यक्ष स्थितियों और तर्कों से परे होता है। फिर, यहाँ तो हमारे पक्ष में कुछ भी नहीं है। न राज्य है, न सेना है, न धन है। हमारी पूँजी है, उद्देश्य के प्रति समर्पण और बुद्धि। तुम्हारी सफलता आकस्मिकता के तत्त्व पर ही निर्भर करती है। दूसरे इस बात पर कि कंकु पाटलिपुत्र में कितना-कुछ कर पाता है। अपने भीतर की तुला पर अच्छी तरह तोल लो। ठीक निर्णय वहीं से मिलेगा। कृष्ण की तरह आश्वस्त बनो, तभी कुछ कर पाओगे।"

"कृतार्थ हूँ, आर्य! धन्यवाद।"

यहाँ से निपटकर चाणक्य हेमा के घर की ओर चल दिया।

प्रेमी चाणक्य को ड्योढ़ी पर देखकर हेमा के मुख पर स्वाभाविक अरुणिमा तैर गई, पर चाणक्य ने क्लान्ति का एक पीलापन उसमें घुला देखा। एक क्षण में ही वह सब समझ गया। एक सरस मुस्कान उसके होंठों को खिला गई। गद्गद

कृतार्थता से हेमा ने अपनी सम्भ्रमित ग्रीवा रंच झुका दी। चाणक्य उसे कन्धों से थामकर भीतर ले चला।

राक्षस अपने प्रमुख निजी गूढ़पुरुष शर्वरक की आकस्मिक मृत्यु से बहुत ही चिन्तित और दुखी था। उसकी मृत्यु भी रहस्यमय परिस्थितियों में हुई थी। लगता है उसे विष दिया गया था, पर विष का कोई चिह्न उसके शरीर पर नहीं था। त्वचा पर नीलापन नहीं था, मुँह में झाग नहीं थे, चेहरे पर तनिक भी विकृति नहीं थी। बस, हृदय-गति रुक गई थी और उसके अनेकानेक रहस्यों को अपने भीतर छुपाए उसका अन्तरंगतम मित्र सदा के लिए सो गया था। उसके तो जैसे हाथ ही कट गए थे। पर, शर्वरक को कुछ तो दिया गया है। किसी ने तो दिया है। किसने दिया है? यह पता लगना ही चाहिए। कौन यह पता लगाए? किसे सौंपा जाए यह काम? राक्षस ने रुचिशील से परामर्श किया।

"पहले यह सोचिए, आर्य! क्यों की गई होगी उसकी हत्या?" रुचिशील ने कहा।

"क्यों? बताइए।"

"गूढ़पुरुष शत्रुताएँ तो निर्मित करते ही हैं।"

"यह तो स्वाभाविक है। इस सन्दर्भ में किन शत्रुताओं पर आपकी दृष्टि है?"

"आर्य! नगर के श्रेष्ठियों की, विशेषकर तिष्य की। महाराज नन्द के कोष के लिए श्रेष्ठियों से निरन्तर धन लिया जाता रहा है। तिष्य को आपने नगर-श्रेष्ठि नहीं रहने दिया। शर्वरक इस सबमें प्रमुख शस्त्र रहा है।"

"और?" कुंचित भौंहों के नीचे से राक्षस बोला।

"हो सकता है कोई महत्त्वाकांक्षी गूढ़पुरुष ही इसमें साधन बना हो।"

"हूँ। और?"

"कोई नगण्य नागरिक भी संयोगवश उसकी मृत्यु का प्रेरक हो सकता है।"

"रुचिशील!"

"आर्य!"

"इस रहस्य के उद्घाटन के लिए किसे नियुक्त किया जाए?"

"आर्य! यहाँ के वातावरण से अछूता कोई व्यक्ति ही ठीक रहेगा।"

"कौन?"

"तक्षशिला से आए उस नए चर को ले लीजिए।"

"रुचिशील! मैं सोचता हूँ शर्वरक मर गया, सो गया और उसके साथ अच्छा ही हुआ, बहुत-कुछ समाप्त हो गया। खोज-बीन की बात अब छोड़ी जाए।"

"यह भी ठीक है, आर्य!"

रुचिशील के जाने पर राक्षस की चिन्ता गहरी हो उठी। राक्षस को बार-बार लग रहा था, शर्वरक की मृत्यु किसी षड्यंत्र का परिणाम है। उस षड्यंत्र की प्रकृति क्या है? उसकी जड़ में मृतक की व्यक्तिगत शत्रुता है या पद की महत्त्वाकांक्षा या मुझे हटाने की गहरी योजना? कौन हटाना चाहेगा मुझे? रुचिशील मूर्ख है। सेनापति भद्रशाल से मेरे प्रिय सम्बन्ध हैं। हम दोनों एक-दूसरे के पूरक हैं। राजा नन्द को तो ऐसे काम की अपेक्षा है नहीं। वह चाहेगा तो सीधा मुझे ही स्वर्ग भेजेगा। फिर इस समय वह मेरी मुट्ठी में है। तब? क्या तिष्य है? नहीं।

वह तो आजकल त्रस्त है। कुछ भी हो, इस हत्या के उद्देश्य का पता लगना ही चाहिए। उस नए चर बिम्ब को ही नियुक्त करता हूँ। वह युवक प्रखर लगता है। उसमें गहरी सम्भावनाएँ हैं। वह निष्पक्ष और निर्द्वंद्व होकर मामले की खोज कर सकेगा। रुचिशील ने ठीक कहा है।

राक्षस ने कंकु को बुलाया।

"युवक! क्या तुम्हें महत्त्वपूर्ण काम सौंपा जा सकता है?"

"यह निर्णय तो आर्य के ही अधिकार में है।" कंकु ने कहा।

राक्षस सन्तुष्ट दीखा।

"देखो, बिम्ब!"

"आर्य!"

"कार्य अत्यन्त गोपनीय है।"

"आप निश्चिन्त रहें, आर्य!"

"तुम जानते हो शर्वरक की हत्या कर दी गई है?"

"मैंने सुना है, आर्य! उनसे एक बार मैं भी मिला था।"

"तुम क्या कहते हो, यह दुर्घटना थी या षड्यंत्र?"

"षड्यंत्र, आर्य! वह विशेष प्रकार का विष अचानक उन्होंने नहीं ले लिया।"

"तुम ठीक कहते हो, बिम्ब! पर किसने दिया उसे विष? और क्यों?"

"यह तो पता लगाना होगा, स्वामी!"

"यही तुम्हें पता लगाना है। और ऐसे कि किसी को कानों-कान भनक न पड़े।"

"जो आज्ञा, देव!"

कंकु आ गया। वह क्या मालूम करे? सब-कुछ तो उसे मालूम है। उसी ने शर्वरक को विष दिलाया है और वही खोजबीन के लिए नियुक्त है। वह ऐसी स्थिति पैदा करने को उत्सुक था, जिससे राक्षस बौखला उठे और उसके मन में शंकाएँ जन्म ले लें। वह निश्चिन्त न रहे। तब उससे सरलता से गलतियाँ कराई जा सकेंगी, जिनका लाभ असन्तोष फैलाने में किया जा सकेगा। कंकु प्रसन्न था कि पत्ता गलत नहीं पड़ा है।

वह तीन दिन लुप्त रहा। चौथे दिन उसने राक्षस से भेंट की।

"आर्य! पता लगा है कि गणिका मल्लिका के यहाँ उस रात आर्य शर्वरक गए थे।"

"आमोद के लिए?"

"नहीं, आर्य! कार्य से। उन्होंने बहुत देर आर्या मल्लिका से बातें की, अलग कक्ष में। तब बाहर आकर कुछ देर बैठे। चलते समय उन्हें ताम्बूल दिया गया। घर पहुँचने तक वे जीवित थे, पर लड़खड़ा रहे थे। घर के लोगों ने समझा, सुरा पीकर आए हैं। दासों ने उन्हें लिटा दिया। प्रात: वे मृत पाए गए।"

"गणिका से उन्होंने क्या बातें कीं?"

"यह तो आर्या मल्लिका ही बता सकती हैं। आपकी आज्ञा के बिना मैं उनसे प्रश्न नहीं कर सकता था।"

"हूँ। उस समय वहाँ कौन-कौन थे?"

"कई सामन्त और श्रेष्ठि-पुत्र थे। आर्य भद्रशाल का पुत्र सुन्द और आर्य के पुत्र निकष भी वहाँ थे।"

"बिम्ब! तुम मल्लिका से मिलो। उससे बात निकालने का यत्न करो। ध्यान रखना, वह पाटलिपुत्र की सबसे लोकप्रिय गणिका है और महाराज की मुँहलगी है।"

"आप चिन्ता न करें, स्वामी! मुझ पर भरोसा रखें।"

"ठहरो, बिम्ब! तुम बस मल्लिका को यहाँ आने के लिए कहो। मैं स्वयं उससे बातें करूँगा।"

"जो आज्ञा, आर्य!"

"बिम्ब!"

"आर्य!"

"मैं स्वयं गणिका के यहाँ जाऊँगा और तुम मेरे साथ रहोगे। तृतीय प्रहर का समय ठीक रहेगा।"

"मैं प्रस्तुत हूँ, आर्य!"

राक्षस की अस्त-व्यस्तता देखकर कंकु को शर्वरक के मूल्य का अनुमान हुआ। सम्भवत: राक्षस की उन्नति में शर्वरक का भारी योगदान रहा है। वह राक्षस और मल्लिका के बीच होनेवाली बातचीत के लिए उत्सुक हो उठा।

मल्लिका को जब महामात्य के आने की सूचना दी गई, वह सम्भ्रमित हो उठी। उन्हें अतिथि-कक्ष में बैठाने का आदेश दासी को उसने दिया और स्वयं शीघ्रता से प्रस्तुत होने के निमित्त दर्पण के सम्मुख जा बैठी।

राक्षस को अधिक प्रतीक्षा नहीं करनी पड़ी। जगमग मल्लिका ने प्रवेश किया।

"महामात्य को प्रणाम!" उसने अभिवादन किया। "मुझे क्यों न बुलवा लिया आपने?"

"कोई कारण रहा होगा, भद्रे!"

"मैं समझती हूँ, महामात्य! कोई गम्भीर कारण।"

"तुम प्रसन्न तो हो, मल्लिके!"

"मुझ पर आर्य की कृपा आरम्भ से ही बनी रही है।" मल्लिका ने सरस स्वर में कहा।

कंकु सुनकर चौंका। उसे गणिका की उक्ति में व्यंग की हलकी ध्वनि सुनाई पड़ी।

"धन्यवाद, रूपे! तुम्हारा व्यवसाय कैसा चल रहा है?"

"आपका संरक्षण मुझे सहज प्राप्त है।"

"मल्लिके!"

"अमात्यवर!"

"क्या तुम्हें ज्ञात है कि शर्वरक की हत्या कर दी गई है?"

"मैंने सुना है, आर्य! पर उसकी हत्या तो बहुत पहले कर दी जानी चाहिए थी।"

कंकु ने बुरी तरह चौंककर मल्लिका की ओर देखा। अरुणिम कमल की तरह खिले स्निग्ध सस्मित मुख पर दमित आक्रोश की सूक्ष्मतम रेखा वहाँ स्पष्ट थी।

"यह क्रूरता है, देवि! यह तुम्हें शोभा नहीं देती।"

मल्लिका हँस दी।

"मल्लिके! मृत्यु की रात्रि वह यहाँ आया था?"

"यहाँ अनेक लोग आते हैं, महामात्य!"

"क्या शर्वरक ने तुमसे अकेले में कुछ बात की थी?"

"की होगी।"

"क्या बात की थी?"

"गणिका के पास क्या बात करने आते हैं लोग?"

"देवि!"

"आर्य!"

"तुम मगध साम्राज्य के महामात्य से बात कर रही हो।"

"नहीं। मैं आर्य राक्षस से बात कर रही हूँ। मेरे यहाँ सिर्फ पुरुष आता है।"

क्रोध से काँपता राक्षस उठकर खड़ा हो गया।

"मल्लिके! अपने घर को षड्यंत्रों और हत्याओं का अड्डा मत बनने दो। इसी में तुम्हारा कल्याण है।"

"आर्य! शान्त हों। मैं आपको विश्वास दिलाती हूँ कि शर्वरक की मृत्यु या हत्या का कोई दायित्व मुझ पर नहीं है या ज्ञान मुझे नहीं है। मेरा घर षड्यंत्रों का अड्डा न कभी बना है, न कभी बनेगा। महामात्य बैठें।"

राक्षस बैठ गया।

"तुम्हारे और शर्वरक के बीच क्या बात हुई थी, यह जानना मेरे लिए आवश्यक है।"

"वह मेरी एक दासी पर आसक्त था। उसे क्रय करना चाहता था।"

"उसे ताम्बूल किसने दिया था?"

"यह मैं स्मरण नहीं रख सकती।"

तभी एक दासी ने पेय लिए प्रवेश किया। राक्षस के सामने मंचिका पर रखकर वह चली गई।

"आर्य, ग्रहण करें।" मल्लिका ने कहा।

"इसकी आवश्यकता नहीं है।"

"यह तो आपको लेना ही होगा। तुम भी लो, युवक!" मल्लिका ने कंकु को पहली बार सम्बोधित किया।

दोनों ने पात्र उठा लिए।

"आर्य!" मल्लिका ने कहना आरम्भ किया।

राक्षस ने उसकी ओर देखा।

"शर्वरक का अन्त कैसे हुआ, किसने किया, मैं नहीं जानती। जानने की अपेक्षा भी मुझे नहीं है। पर मैं मगध साम्राज्य के महामात्य को इतना उद्विग्न देखकर सचमुच चकित हूँ। किशोरियों-युवतियों के अपहरण, क्रय-विक्रय जैसे घोर कार्यों में ही जिसकी आयु बीती हो, उसकी मृत्यु से इतना विचलित होना आपको शोभा नहीं देता।"

"मैं विचलित नहीं हूँ, मल्लिके! बात की तह में जाना मेरे लिए अनिवार्य है। मेरी चेतावनी को तुम ध्यान में रखना। चलो, बिम्ब!"

दोनों उठ लिए। "एक प्रार्थना है, आर्य!"

"कहो।"

"एक गणिका का मंगल क्या, अमंगल क्या? उसके कल्याण की चिन्ता से व्यग्र आप न हों।"

"आभारी हूँ, रूपे!"

राक्षस ने कहा और कंकु के साथ बाहर आ गया।

विचारों में खोया राक्षस रथ में बैठ गया। कंकु को साथ आने के लिए उसने नहीं कहा। रथ चल दिया। कंकु वहीं द्वार पर खड़ा रह गया।

कंकु विचारों में नहीं, स्मृतियों में डूब उठा। एक धुँधला चेहरा बार-बार आकर उसकी चेतना पर टक्-टक् कर रहा था, पर वह स्पष्ट नहीं हो रहा था। कुछ देर वहीं खड़े रहकर कंकु मुड़ा और फिर द्वार में घुस गया। दासी के पूछने पर उसने कहा—

"आर्य राक्षस का एक सन्देश केवल देवि को देना है।"

कंकु को उसी कक्ष में बुला लिया गया।

"कहो, युवक!"

"क्षमा करें, देवि! आर्य राक्षस का कोई सन्देश या अपना कोई स्वार्थ लेकर मैंने आपको कष्ट नहीं दिया है। लगभग पन्द्रह वर्ष पहले की एक स्मृति, एक किशोरी की स्मृति मुझे यहाँ खींच लाई है। मैं उत्सुक हूँ कि कहीं वह किशोरी आप ही तो नहीं हैं?"

कंकु का एक-एक शब्द मल्लिका के अन्तरंग में उतरता चला गया।

"बैठो, युवक!"

"देवि! इस पाटलिपुत्र के बाहर मुख्य मार्ग पर एक सराय है, जिसकी मालकिन लड़कियों के क्रय-विक्रय का व्यवसाय करती थी और अब भी करती है। पन्द्रह वर्ष पहले एक किशोरी को उसने लाकर गर्भगृह में बन्द किया। उसका नौकर एक आठ-दस वर्ष का बालक उस किशोरी को भोजन देने पहुँचा तो वह रोते-रोते बेहाल थी। वह बालक प्रतिदिन ही नई-नई किशोरियों को वहाँ देखता था, पर उस किशोरी पर उसे दया आ गई। उसने उसे वचन दिया कि वह उसे बचाएगा। अगले दिन सरायवाली की अनुपस्थिति में अवसर देखकर वह उस किशोरी को लेकर द्वार की ओर भागा। पर द्वार के बाहर ही घेर लिया गया और आततायी बालक को घायल करके उस किशोरी को ले भागे।"

कंकु ने देखा, मल्लिका विह्वल थी और उसकी आँखें डबडबा आई थीं।

"तुम...तुम...?"

"मैं ही वह बालक हूँ।"

"और मैं ही वह किशोरी।" कहती मल्लिका ने दोनों हाथों से अपना मुँह ढँक लिया और सिसकियों में फूट पड़ी।

कंकु चुप देखता रहा।

कुछ सँभलकर मल्लिका ने कहना आरम्भ किया, "तुम्हारा नाम आज भी मुझे याद है। कंकु है न?"

"हाँ।"

"कंकु! मुझे नन्द के महल में ले आया गया था। अगले दिन किसी ब्राह्मण के कहने पर मुझे छोड़ दिया गया था। पर इस बीच मैं राक्षस की दृष्टि में उतर चुकी थी। उसने शर्वरक के द्वारा मेरी माँ को फुसलाकर, डराकर मुझे मँगवा लिया। कुछ दिन मेरा उपयोग करके मुझे इस व्यवसाय में डाल दिया। वह ब्राह्मण कौन था, कंकु?"

"वे थे आर्य, चाणक्य। उन दिनों तक्षशिला से यहाँ आए हुए थे।"

"पर तुम इस राक्षस के साथ कैसे?"

"यह रहस्य है, देवि! फिर किसी दिन।"

"आर्य कंकु! आपके उस उपकार को, उस साहस को मैं कभी नहीं भूल पाई। मेरा जीवन, मेरा सर्वस्व मेरे उस नन्हे रक्षक के काम आ सके तो मैं कृतार्थ हूँगी।"

"देवि! मैं कृतकृत्य हुआ। ठहरकर आऊँगा। तब विस्तार से बातें करूँगा।"

"मैं हर क्षण प्रतीक्षा में रहूँगी। तुम्हारे रहस्य के प्रति मैं उत्सुक हूँ। तुम्हारा रहस्य शिव ही हो सकता है। मुझमें विश्वास कर सको तो आना।"

"मैं शीघ्र आऊँगा, देवि!"

"कंकु! गणिका का कोई भाई नहीं होता। पर हृदय तो होता है। मेरा हृदय तुम्हें उसी रूप में मान बैठा है।"

"मैं धन्य हुआ। अच्छा, आर्ये!"

राक्षस इस निष्कर्ष पर पहुँचा कि उसे शर्वरक की हत्या को लेकर इतना अस्थिर नहीं होना चाहिए था, कम से कम दीखना नहीं चाहिए था। मल्लिका के यहाँ तो जाना चाहिए ही नहीं था। वह भी उस एकदम नए लड़के को लेकर। पर यह भावुकता क्यों उसमें जगी? उसके प्रति शर्वरक की सच्ची अनुरक्ति ही इसके मूल में हो सकती है। मल्लिका के प्रति उसके अन्तर में निहित राग, आक्रोश और अपराध-चेतना का मिश्रित भाव ही था, जो उसे खींचकर उसके घर ले गया। अच्छा है कि मैंने बिम्ब को साथ लिया, किसी पुराने चर को नहीं। बिम्ब नया है। उसे पैर जमाना है। उसे मेरी अपेक्षा है। पर शर्वरक को लेकर इतना आकुल होने की आवश्यकता क्या है? अचानक इतना भय क्यों, आशंका क्यों? यह इतनी दुर्बलता, अकस्मात्! राक्षस का मन हुआ कि वह खिलखिलाकर हँसे, अट्टहास करे। नहीं, इस नए बिम्ब को भी इतने विश्वास में लेना उचित नहीं होगा। पर यह व्यक्ति रुचिशील ने दिया है और रुचिशील की भक्ति पर संशय नहीं किया जा सकता। देखेंगे। यह भी कोई समस्या है भला। यह क्या हो गया है मुझे? वर्षों से कोई चुनौती सामने नहीं आई है। तभी स्यात् इस नगण्य घटना ने इतना बौखला दिया है। पर, अपने गुप्तचर विभाग का पुनर्गठन तो मुझे करना होगा। शर्वरक की हत्या और हत्यारे का न मिलना निहित पिघटन के प्रमाण हैं। मुझे पूर्ण रातर्क बनना होगा। नर्षों की निष्क्रियता से मेरे भीतर के यंत्र में जैसे जंग लग गया है। यह दीर्घसूत्रता पूरे शासन-तंत्र में ही जमकर बैठ गई है। नन्द की सेनाओं ने लम्बे समय से कोई युद्ध नहीं लड़ा है। सैनिक विश्राम और विलास की तन्द्रा में खोए हैं। प्रान्तों के शासकों को कब से टटोला नहीं गया है; उनके चिन्तन और मन्तव्य की थाह नहीं ली गई है। अलक्षेंद्र की चुनौती टल गई और मगध साम्राज्य फिर निश्चिन्तता की नींद सो गया। ऐसा लगता है जैसे शर्वरक की हत्या ने मुझे झंझोड़कर जगा दिया है। मल्लिका को मैंने व्यर्थ ही दोषी माना। हो सकता है कोई षड्यंत्र हो ही नहीं। वह स्वाभाविक मौत हो मरा हो। जो भी हो।

चाणक्य पाटलिपुत्र पहुँचा तो कंकु ने पूरे घटित का वर्णन उससे किया। चाणक्य के मुख पर आनन्द की रेखाएँ खेल गईं।

"ईश्वर अनुकूल है, वत्स! पर शर्वरक की मृत्यु षड्यंत्र से नहीं हुई, इसे राक्षस का अन्तर्मन स्वीकार नहीं कर सकेगा।"

"मैंने भी तो यही कहा है, आर्य! कि वह षड्यंत्र से हुई।"

"पर हत्यारे का पता तो तुम नहीं लगा सके।"

"मल्लिका और राक्षस के अतीत सम्बन्धों की पृष्ठभूमि न होती, तो सन्देह निश्चित था।"

"अब वह अधिक सचेत और सतर्क बनेगा, पर मल्लिका की उपलब्धि दिव्य देन है।"

"आर्य! राक्षस की दृष्टि में मेरा महत्त्व बढ़ा है। मल्लिका का पूरा उपयोग हो सके तो कार्य बहुत सरल बन जाए। बाद में मैं कई बार उससे मिला हूँ और मैंने उसकी थाह ली है। उस पर विश्वास किया जा सकता है। पर एक बार आप उससे मिल लें। उसके बाद ही अपने रहस्य का एक अंश उस पर खोला जाए।"

"कंकु!"

"गुरुदेव!"

"मल्लिका श्यामला से कहीं अधिक उपयोगी सिद्ध होगी। उसे तुम धुरी बना सकते हो। नगर में विद्रोह की एक घटना और उसका क्रूरता से दमन बहुत आवश्यक है। इन दोनों का संचालन मल्लिका के घर से ही हो सकता है। उसकी दृष्टि के सामने अभी अपना वास्तविक उद्देश्य न लाओ। केवल राक्षस को लाओ। राक्षस के प्रति उसकी वितृष्णा को हवा दो। राक्षस के विरुद्ध जो वह करेगी, वह वस्तुत: नन्द के विरुद्ध ही होगा। विद्रोह का दमन राक्षस नन्द के नाम से ही तो करेगा न। इस प्रक्रिया में नन्द एवं राक्षस के अनेक व्यक्तिगत शत्रु बन जाने चाहिए। ये दोनों काम अगले तीन-चार महीनों के बीच कर डालो। इसके ठीक बाद पाटलिपुत्र की घेराबन्दी करनी होगी।"

"मैं समझ गया, आर्य!"

"भद्रशाल और राक्षस के बीच वैमनस्य का बीज पड़ना अनिवार्य है, भले ही इसके लिए किसी की बलि देनी पड़े।"

"जो आज्ञा, आर्य!"

चाणक्य ने पहाड़ी राजाओं से सेनाएँ लेने के निष्कर्ष का विवरण भी कंकु को दिया। तिष्य के कोष के लूटे जाने की बात भी बताई।

"कंकु! तिष्य आजकल यहीं है न?"

"कुछ देर में आपको सूचित कर दूँगा।"

"मैं कल उससे मिलना चाहता हूँ।"

"आर्या श्यामला से नहीं मिलेंगे?"

"मैं इस बार राक्षस से भी मिल जाना चाहता है। कंकु!"

"गुरुदेव!"

"यह पता लगाओ कि सेनाएँ कहाँ सुरक्षित रूप से एकत्र हो सकती हैं। नदी पार करने के लिए नौकाओं के प्रबन्ध का प्रश्न भी रहेगा।"

"इन सभी समस्याओं का अध्ययन करके मैं आपको शीघ्र ही सूचित करूँगा। आर्य!"

"कहो, कंकु!"

"क्या राक्षस से आपका मिलना उचित रहेगा?"

"सोचूँगा, वत्स!"

चाणक्य मल्लिका से मिल लिया। उसे विश्वास हो गया कि वह काम आ सकेगी। उसके ये शब्द बहुत देर तक चाणक्य के कानों में गूँजते रहे—

"आर्य! अब तक मैंने विष ही विष तो पिया है। विषकन्या हूँ मैं। मेरा कुछ विष उनको क्यों नहीं मिलना चाहिए, जिन्होंने मुझे विषकन्या बनाया है...गुरुदेव! गणिका बनना तो मैंने नहीं चाहा था।"

चाणक्य अगले दिन तिष्य के यहाँ पहुँचा।

"आओ, आचार्य!"

"कैसे हो, तिष्य?"

"आप सुनाइए!"

"मैंने सुना है, तक्षशिला के निकट कुछ हानि तुम्हें उठानी पड़ गई।"

"हाँ, आर्य!"

"गर जब मैं मिला था, तब तुमने नहीं बताया था कि इतनी बड़ी राशि लेकर तुम तक्षशिला जा रहे हो।" चाणक्य ने कहा।

"ऐसी बात बताई तो नहीं जाती, आचार्य!"

"पर, वत्स! उस दिन मुझे विश्वास में ले लेते, तो चन्द्रगुप्त तुम्हें सुरक्षित पहुँचा सकता था।"

"धन का दुख नहीं है, आर्य! उस घटना से मेरी योजना को धक्का पहुँचा है।"

"वही तो मैं कह रहा हूँ, तिष्य! तुम्हारी योजना को धक्का न पहुँचता, यदि तुम चन्द्रगुप्त का संरक्षण प्राप्त कर लेते।"

"आचार्य! धन सरलता से दिया नहीं जाता।"

"पर दस्यु उसे सरलता से लूट लेते हैं।"

"वह भाग्य की बात है।"

"तिष्य!"

"आर्य!"

"मैंने सुना था। मैं केवल दुख प्रकट करने आया था।"

"हानि-लाभ तो होता ही रहता है, आचार्य!"

"मैं चलता हूँ, वत्स!"

"आर्य! पिछली बार कुछ धन की वांछा आपने की थी।"

"धन की खोज तो है, तिष्य! पर तुम कहाँ दे पाओगे!"

"मैं दूँगा।"

"कितनी?"

"वही एक लक्ष!"

"विनिमय में हमें क्या करना होगा?"

"जो, जब आप उचित समझें।"

"देख लो, धन डूब भी सकता है।"

"यह तो द्यूत है, आर्य!"

"धन कहाँ, कैसे मुझे मिलेगा?"

"आप जैसे चाहें।"

"एक हुंडी बृहद्‌हट्ट के नाम मुझे दे दी जाए। मैं सीधा वहीं जा रहा हूँ।"

"हुँडी आपको कल मिल जाएगी, विप्रवर!"

"तिष्य!"

"आर्य!"

"जो तुम लगाओगे उसका पूरा प्रतिफल तुम्हें मिलेगा।"

"आर्य चाणक्य!"

"हाँ!"

"वे कौन थे जिन्होंने मुझ पर छापा मारा था?"

"वत्स! इस चिन्ता से कोई लाभ नहीं होगा। आजकल पूरा वाहीक दस्यु-संकुल है।"

"मैं तक्षशिला मंडी में धन फिर पहुँचाना चाहता हूँ।"

"कब?"

"इसी मास।"

"कठों से आगे की सुरक्षा का दायित्व चन्द्रगुप्त ले सकता है। अनुमानित तिथियाँ दो तो मैं चन्द्र को सूचित कर दूँगा।"

"पूरा कार्यक्रम मैं कल आपको बताऊँगा।"

"कल इसी समय मैं आऊँगा।"

"धन्यवाद, आर्य!"

"आयुष्मान् हो, वत्स!"

चाणक्य ने राक्षस से मिलने का लोभ संवरित किया, पर श्यामला से वह मिल लिया।

"अभी तो करने को कुछ भी तुमने या कंकु ने नहीं कहा है।"

"अभी समय नहीं आया है, भाभी! फिर कंकु को लगाकर सबसे बड़ा काम तुमने कर दिया है।"

"अच्छा!"

"फिर, जो भी होगा, तुम्हारे ही आशीर्वाद से तो होगा।"

अगले दिन प्रात: उसने मल्लिका से फिर भेंट की।

"पुत्री! इस तुम्हारे अनुज कंकु को मैं तुम्हारे हाथों में सौंपे जाता हूँ।"

"आप निश्चिन्त रहें, आर्य!"

"मल्लिके! इस राजा नन्द के विषय में तुम क्या कहती हो?"

"हीनवीर्य है, आर्य! अपने पिता की दुर्द्धर्षता का अंश भी उसमें नहीं है। विलासी है, पर उदार है।"

"क्या इतने बड़े साम्राज्य की रक्षा वह कर सकेगा? इसे थामे रख सकेगा?"

"कह नहीं सकती, आर्य! वह मंत्रियों का दास है और राजमहल में बन्दी है।"

"उसे छुड़ाना होगा, मल्लिके! कंकु मागध है। उसने एक गम्भीर दायित्व कन्धों पर लिया है। तुम उसकी सहायता करना। तुम पर वह कोई संकट नहीं आने देगा।"

"संकट का भय मैंने वर्षों पहले त्याग दिया था, आर्य! मेरी ओर से आप निश्चिन्त रहें। गतिविधियों को गुप्त रखने में गणिका की समानता कोई नहीं कर सकता।"

"देखो, पुत्री! आगे अपने लिए इस गणिका शब्द का प्रयोग कभी न करना। तुम्हारे अन्त:करण में नारीत्व की पवित्र लौ अक्षुण्ण है। गणिका तुम नहीं हो। मेरी पुत्री और कंकु की भगिनी कभी गणिका नहीं हो सकती। पर यह नाटक कुछ दिन तुम्हें और करना होगा।"

मल्लिका गद्‌गद हो उठी।

"मैं आपकी हर आज्ञा का पालन करूँगी, देव!" उसने कहा और चाणक्य के चरणों पर झुक गई।

पाटलिपुत्र से चलते समय चाणक्य ने कंकु से फिर अन्तरंग चर्चा की और विशेष निर्देश दिए।

"देखो कंकु! तुम पर कोई सन्देह न करे। राक्षस का अधिकाधिक विश्वास अर्जित करो। मल्लिका का काम इस प्रकार चलना चाहिए कि राक्षस की विरोधी वह न दीखे। बल्कि मित्र ही उसे दीखना चाहिए। साथ ही नगर में नन्द की सैनिक क्षमता का सूक्ष्म अध्ययन करो। घेराबन्दी और व्यूह-निर्माण की योजना भी ध्यान

में रखो। कुछ ही दिन बाद चन्द्रगुप्त को भेजूँगा। दोनों इस विषय पर विस्तार से बातें कर लेना और पूरी योजना बना लेना।"

"अब आपका आना कब होगा?"

"एक मास बाद। तब शायद चन्द्र भी मेरे साथ होगा।"

"कुशल को अब यहाँ भेजना होगा।"

"हाँ! यथाशीघ्र भेजूँगा।"

चाणक्य बृहद्हट्ट पहुँचा। तब तक शकटार पहाड़ी राजाओं से मिलकर वापस आ चुका था।

"चाणक्य! पहाड़ियों की शर्तें सरल नहीं हैं।"

"वे क्या कहते हैं?"

"पहले तो वे दूर जाकर लड़ने के लिए तैयार ही नहीं हुए। पर, तैयार होने पर उन्होंने माँग की कि प्रति पाँच सहस्र सैनिकों पर पचास सहस्र स्वर्ण मुद्राएँ उन्हें दी जाएँ। साथ ही विजय होने पर इतनी ही धनराशि और देनी होगी।

"मुझे स्वीकार है, आर्य!"

"पर, चाणक्य, इतना धन कहाँ से आएगा?"

"प्रबन्ध कुछ है, आर्य! कुछ हो जाएगा। इस विषय में आप निश्चिन्त रहें। सोचने की बातें अन्य हैं।"

"बोलो।"

"ये पर्वतीय अनुशासन में रह सकेंगे? ये सेनाएँ हमारे अधीन रहेंगी या अपने-अपने सेनापतियों के?"

"उचित यही रहेगा, चाणक्य! कि ये अपने-अपने सेनापतियों के अधीन रहें और इन सेनापतियों को तुम मुट्ठी में रखो।"

"और भी अच्छा यह रहेगा, आर्य! कि ये राजा स्वयं चलें। इसके लिए इन्हें लोभ दिया जा सकता है कि विजय होने पर इन्हें धन के अतिरिक्त भूमि-खंड भी दिए जा सकते हैं।"

"यदि पाटलिपुत्र की जय के बाद इन्होंने झगड़ा किया और साम्राज्य में हिस्सा माँगा?" शकटार ने शंका की।

चाणक्य हँस दिया।

"आर्य! विजय की स्थिति में पाटलिपुत्र की सेना का अधिकतम भाग हमारा अनुगत होगा और ये राजा कुछ नहीं कर सकेंगे। ये चाहें तो आगे भी पाटलिपुत्र की नई सेना का अंग बनकर रह सकेंगे और नई विजयों में सहयोगी बन सकेंगे।"

"तुम्हारा अनुमान स्यात् ठीक है।"

"आर्य! इस समय हमें एक अनुशासित, ठोस सेना चाहिए। बाद की कठिनाइयों को हम सँभाल लेंगे।"

"कंकु का काम ठीक चल रहा है?"

"एकदम। मुझे विश्वास है वह प्रतिरोध को निष्प्राण कर सकेगा। सेनापति भद्रशाल को अपने पक्ष में करने का प्रयास भी वह करेगा। उस स्थिति में यह पहाड़ी सेना बस प्रदर्शन की वस्तु रह जाएगी, पर इस प्रदर्शन का गहरा महत्त्व है और उसका उचित से अधिक मूल्य चुकाने को हम प्रस्तुत हैं।"

"साधु, चाणक्य!"

"आर्य!"

"हाँ।"

"यह एक लक्ष स्वर्ण मुद्राओं की हुंडी आप लीजिए। यह अग्रिम उन्हें दे दीजिए। वापस अपने शिविर पहुँचते ही अपने कुछ शिष्यों को मैं यहाँ भेजूँगा। वे इन पहाड़ी सैनिकों का परीक्षण करके इन्हें आवश्यक प्रशिक्षण देंगे।"

"ठीक है, चाणक्य! अब शीघ्रता करनी होगी। राक्षस सचेत हो, उससे पहले ही उसे घेर लेना आवश्यक है।"

"ऐसा ही होगा, आर्य!"

बृहद्‌हट्ट से चाणक्य ने सीधे राजगिरि की राह पकड़ी। अपने शिविर पहुँचकर उसने चन्द्रगुप्त, सिंह और कुशल को बुलाया और विचार-विमर्श आरम्भ किया।

"अलक्षेंद्रनगर पर हमारा छापा बहुत सफल रहा है, आर्य! उसमें हमें भारी मात्रा में धन, शस्त्रास्त्र और अश्वों की प्राप्ति हुई है।" चन्द्रगुप्त ने बताया।

"सुन्दर! अब साधनों की कमी हमें नहीं रहेगी। सिंह! ऐसे कितने अनुगत सैनिक हमारे पास हैं, जिन पर हर तरह पूरा विश्वास किया जा सकता है और जो हर स्थिति में अन्त तक खड़े रह सकते हैं?"

"दस सहस्र, गुरुदेव! पाँच सहस्र और हैं। उनमें से भी कुछ चुने जा सकते हैं।"

"पर्याप्त हैं, वत्स! बृहद्‌हट्ट के उत्तरस्थ पहाड़ी राज्यों से पच्चीस सहस्र सैनिकों का प्रबन्ध आर्य शकटार ने किया है। इन्हें अपने ढंग पर लाना होगा, प्रशिक्षित करना होगा।"

"मैं और विजय वह कर लेंगे, आर्य!" सिंह ने कहा।

"अब इन सब सैनिकों और साज-सामग्री को आगे ले जाने का प्रश्न है। सबसे पहले तो शिविर को कठ प्रदेश में ले चलो। वहाँ से उत्तर-पूर्व की ओर बढ़कर यमुना पार करके बृहद्‌हट्ट से बारह कोस दक्षिण में स्थित सहारण्य में डेरा डाला जाए। वहीं पूरी सेना एकत्र हो और पूर्व की ओर कूच करे। कहा यह जाए कि यह मागध सेना की टुकड़ी है।"

"इस सेना को जल-मार्ग से क्यों न भेजा जाए?" सिंह ने प्रस्ताव रखा।

"नहीं, बन्धु! इससे हम मागध गुप्तचरों और प्रान्तीय अधिकारियों का ध्यान आकर्षित करेंगे।" कुशल बोला।

"गुरुदेव की योजना अधिक श्रेयस्कर है। इस प्रकार पर्वतीय सेना को हमारे इन सैनिकों के साथ रहने का पर्याप्त अवसर मिलेगा और हम भी पर्वतीयों से तालमेल बना सकेंगे। साथ ही बिना सन्देह पैदा किए लक्ष्य तक पहुँच भी सकेंगे।" चन्द्रगुप्त ने विचार रखा।

"तब यही निश्चित रहा?" चाणक्य ने पूछा।

"हाँ, गुरुदेव!" तीनों ने एक स्वर में कहा।

"कुशल!"

"गुरुदेव!"

"तुम्हें तत्काल पाटलिपुत्र जाना होगा। वहाँ कंकु अकेला है और काम कठिन है और अधिक है।"

"जो आज्ञा, आर्य!"

"तुम्हारे बाद कौन है जो यहाँ के चरों का नेतृत्व कर सके?"

"कंथक है, आर्य!"

"ठीक है। उसे सब समझाकर मेरे पास भेजो। तुम कितने जन साथ ले जाओगे?"

"दो या जितने आप कहें।"

"पाँच ले जाओ। यहाँ कितने बचेंगे?"

"लगभग पच्चीस।"

"बहुत हैं। देखो, पुत्रो! योजना ठीक ढंग से आगे बढ़ रही है। ईश्वर का भी समुचित सहयोग सहज मिल रहा है। सफलता में कोई शंका मुझे नहीं है। हम अपने सदुद्देश्य को निश्चय ही सिद्ध करेंगे। बस, पूर्ण एकाग्र श्रम और सतर्कता की आवश्यकता है। कितना धन इस समय हमारे पास होगा?"

"लगभग पाँच लक्ष स्वर्ण मुद्राएँ।" चन्द्रगुप्त ने उत्तर दिया।

"इस सबको ढोते फिरने में व्यस्तता होगी। पर बृहद्हट्ट तक तो यह धन ले जाना ही होगा। वहाँ आर्य शकटार के माध्यम से पाटलिपुत्र के नाम हुंडियाँ ली जा सकती हैं।" चाणक्य ने कहा।

"मेरी मति भिन्न है, आर्य!" कुशल ने विचार रखा।

"बोलो, वत्स!"

"आर्य शकटार को इस धन का पता आप न दें। यहीं तक्षशिला एवं राजगिरि के जौहरियों से चार लक्ष के हीरक-मुक्ता क्यों न क्रय कर लिए जाएँ।"

"साधु, वत्स! साधु! यही करो। यह करके ही तुम पाटलिपुत्र जाना।"

"जो आज्ञा, गुरुदेव!"

"पुत्रो!" चाणक्य ने अन्त में कहा, "यहाँ का कार्य समाप्त हो चुका है। अब विद्युद्गति से पाटलिपुत्र पहुँचना है। सिंह! तुम प्रस्थान की तैयारी करो। हाँ, कुशल! अनन्त के क्या समाचार हैं?"

"वे हमारे मन्तव्य और तैयारी से अनभिज्ञ हैं, आर्य! अनन्त, आम्भीक, अभिसार नरेश, ये सब यही समझते हैं कि चन्द्रगुप्त ने साहसिक आरट्टों का दल जोड़ रखा है, जिसे कभी भी कुचला जा सकता है।"

सभी खिलखिलाकर हँस पड़े।

राक्षस दिग्भ्रमित

यह नहीं कि नन्द हर समय भोग-विलास में ही लिप्त रहता था और राज-काज नहीं देखता था। वह नियमित रूप से राज-सभा में आता था, निवेदन सुनता था, निर्णय देता था और हर विषय और पक्ष के बारे में पूछताछ करता था। दोष यही था कि वह प्रेरणा खो बैठा था और अपने मंत्रियों पर, विशेषकर राक्षस पर उसे अन्धविश्वास था। वह समझ बैठा था कि साम्राज्य यंत्रवत् अबाध चलता रहा है और चलता रहेगा। स्वर्गीय पिता महापद्मनन्द ने कुछ भी करणीय नहीं छोड़ा था। आसिन्धु धरा जीतकर वे दे गए थे और उसकी स्थायी व्यवस्था भी कर गए थे। राक्षस योग्यतापूर्वक सब सँभाल रहा था और उसके अपने सामने कभी कोई समस्या, कोई संकट आनेवाला नहीं था। उसके पास समय ही समय था, जिसका सदुपयोग वह सुन्दर ललनाओं के गान-नृत्यों को देखता हुआ उनके बीच कर सकता था। नन्द को दूसरा शौक धन-संग्रह का था। उसने बहुत गहरे गर्भ-गृह बनवाकर उन्हें अरबों स्वर्ण मुद्राओं और मणि-मुक्ताओं से भर डाला था। स्वर्ण की इस प्यास के कारण ही जनता ने उसे धननन्द के नाम से पुकारना आरम्भ कर दिया था। अपने इस कोष को देखकर उसकी आँखों में जैसी चमक आती थी, वैसी चमक सुन्दर से सुन्दर स्त्री को देखकर कभी नहीं आई थी। इस धन के संग्रह का आरम्भ तो शकटार ने किया था, पर इसे वर्तमान रूप देने का श्रेय राक्षस को है। इतना सब स्वर्ण कैसे एकत्र किया गया था? नन्द राज्यों को जीतकर उनके खजाने तो लाया नहीं। उसके पिता ने वैसा किया था, पर पिता ने जोड़ा विशेष नहीं था। धन के लिए नन्द ने आरम्भ से ही निचोड़ने की नीति अपनाई थी। प्रान्तों एवं अधीन राज्यों पर उनकी सामर्थ्य से अधिक देय राशि नियत की जाती थी। श्रेष्ठियों एवं व्यापारियों से भी शक्तिभर वसूला जाता था। कृषकों एवं शिल्पकारों पर भी करों का अच्छा खिंचाव था। आम जनता भी करों के नीचे दबी थी। पर राक्षस ने इतना किया था कि वसूली के मान स्थिर कर दिए थे और छोटे-बड़े सभी ने उन्हें अभ्यास में

ग्रहण कर लिया था। सैनिकों या अधिकारियों की अनियंत्रित, नियमहीन लूट की अनुमति वह कभी नहीं देता था। पर किसी का, व्यक्ति या वर्ग का सिर उठाना भी सहन नहीं किया जाता था। इसी कारण इतने वर्षों से यह क्रम अबाध चला आ रहा था। शरीर पर घाव पड़ने के बावजूद आर्थिक रज्जुओं को लोग सहते आ रहे थे। नगर में बाहर से आनेवाले जन ये घाव देख नहीं पाते थे, क्योंकि कुसुमपुर अर्थात् पाटलिपुत्र के वैभव और हलचल में कोई कमी नहीं थी। शासन एक यंत्र की तरह घटनाहीन और शुष्क रूप में चल रहा था। नन्द ने इसी को राक्षस की योग्यता और क्षमता माना था। भीतर बढ़ते जाते खोखलेपन को राजा या महामंत्री दोनों में से कोई भी देख नहीं पाता था। उपशासक और अधीन राजा कसमसा रहे थे, पर दृश्य सैनिक शक्ति से डरते थे। उन्हें शायद विश्वास नहीं था कि साम्राज्य भर में बिखरी सेनाओं को पड़े-पड़े घुन लग चुका है। वर्षों से उनका कोई उपयोग नहीं किया गया है। राजधानी की सेना तो और भी बेकार हो चुकी है। उसके शस्त्रों को जंग लग गया है और सैनिक आलस्य और विलास से निष्क्रिय हो चुके हैं। राक्षस ने स्त्रियों के व्यापार के प्रति धृष्टतापूर्वक आँखें मूँद रखी थीं। व्यापारी साम्राज्य के कोने-कोने से, ग्रामीण अंचलों से अपहरण या क्रय करके किशोरियों को लाते थे। उनमें अनेक श्रेष्ठियों-सामन्तों के भवनों की शोभा बढ़ाती थीं। प्रखर कला-प्रवीण युवतियाँ गणिकाओं, नर्तकियों की श्रेणी में जा बैठती थीं और शेष विभिन्न रूपों में सामान्य जनों के विलास का साधन बनती थीं। राक्षस समझता था कि इस प्रकार लोक के आर्थिक असन्तोष को दबाए रखा जा सकता है।

नन्द की रानियाँ राजभवन के जिस भाग में रहती थीं, उसे उस भाग से एकदम पृथक् रखा गया था, जिसमें नन्द के मनोरंजन के लिए केलि-विलास का आयोजन रहा करता था। ठीक इसी प्रकार अपने परिवार के मध्य स्थित नन्द केलिगृह के नन्द से सर्वथा भिन्न दीख पड़ता था।

नन्द को अपनी पट्टमहिषी विशाखा और पुत्री दुर्धरा से बहुत प्रेम था। दुर्धरा अब बड़ी हो गई थी और विशाखा को उसके विवाह की चिन्ता सताने लगी थी। एक दिन विशाखा ने पति से कहा—

"आर्यपुत्र! अब अपनी अल्हड़ बेटी दुर्धरा के लिए वर की खोज कीजिए।"

"प्रिये! विश्वास नहीं होता कि दुर्धरा को अपने से अलग मुझे करना पड़ेगा।"

"आप बहुत भावुक हैं, स्वामी!"

"ऐसा तो नहीं है, आर्ये! पर कुछ दिनों से मन उन्मन-सा रहने लगा है। किसी भी बात में रुचि नहीं होती।"

विशाखा सुनकर चिन्तित हो उठी।

"ऐसा क्यों है, आर्यपुत्र? कुछ उपचार लीजिए।"

"मैं रोगी नहीं हूँ, भद्रे!"

"स्वामी!"

"देवि!"

"मैं कुछ निवेदन करने की अनुमति चाहती हूँ।"

"आज्ञा करो, प्रिये!"

"मैं कल मुनिराज उपेन्द्र के दर्शनों के लिए उपवन गई थी। वहाँ उपदेश के पश्चात् सबके चले जाने पर मुनिराज ने मुझसे कहा कि सम्राट् को राजकार्य में विशेष रुचि लेनी चाहिए। मेरे प्रश्न करने पर उन्होंने कहा कि राज्य में, समाज में सब कहीं एक उखड़ापन वे देख रहे हैं, जो कुशासन से ही आ सकता है।"

"यही मेरे अनमनेपन का भी कारण हो सकता है, विशाखे!" नन्द सोचते हुए बोला।

"आर्यपुत्र! एक प्रार्थना है मेरी। दान से मन को शान्ति मिलती है। अपने कोष का एक अंश आप दान-कार्यों में लगा दीजिए।"

"यह समाधान नहीं है, प्रिये! पर कुछ करना होगा। मैं इस विषय पर महामंत्री से चर्चा करूँगा।"

"अवश्य, स्वामी!"

उसी दिन अपराह्न के समय राक्षस ने महाराज के दर्शन किए।

"महाराज! एक चिन्ताजनक समाचार है।"

"क्या, महामंत्री?"

"उत्कल ने अपनी स्वतंत्रता की घोषणा कर दी है।"

"क्या!"

"और भी, महाराज! अंग ने इस वर्ष का अपना देय नहीं दिया है और टालमटोल की है।"

"आपने क्या सोचा है, महामंत्री?"

"महाराज! साम्राज्य की प्रतिष्ठा के लिए इनका दमन आवश्यक है। मैं सेनापति भद्रशाल को भी साथ लाया हूँ। वे बाहर हैं। आज्ञा हो तो उन्हें भीतर बुलवा लूँ?"

"हाँ, महामात्य! उनके बिना किसी निर्णय पर कैसे पहुँचा जा सकता है।"

सेनापति भद्रशाल ने भीतर आकर महाराज का अभिवादन किया और वे राक्षस की बराबर में बैठ गए।

"सेनापति को स्थिति से अवगत कराया जा चुका है, राजन्!"

"सेनापति! आप क्या कहते हैं?"

"राजन्! आपकी आज्ञा मेरे लिए शिरोधार्य है।"

"नगर में इस समय कितनी सेना प्रस्तुत है?"

"पचास सहस्र, महाराज! इतने तो शुद्ध योद्धा हैं।"

"उत्कल पर आक्रमण के लिए कितने योद्धा ले जाने आवश्यक होंगे?"

"कम से कम तीस सहस्त्र इनमें से। अन्य बीस सहस्त्र मार्ग से एकत्र किए जा सकते हैं। पर महाराज, राजधानी में क्या कुल बीस सहस्त्र योद्धा छोड़ जाना ठीक रहेगा?"

"यहाँ की चिन्ता मत करो, सेनापति! कोई प्रकट शत्रु दृष्टि नहीं आता।" राक्षस ने कहा, "यदि परिस्थिति पड़ ही गई तो आस-पास से पर्याप्त सेना एकत्र की जा सकती है।"

"सेनापति!" नन्द ने प्रश्न किया, "आप कब तक कूच कर रहे हैं?"

"महाराज! एक मास लगेगा। ऐसे लम्बे अभियान के लिए सैनिक प्रस्तुत नहीं है। चलने से पहले कुछ दिन का प्रशिक्षण आवश्यक है। सब साज-सामान जाँचना-परखना और जुटाना होगा। लम्बे समय से सेनाएँ विश्राम की स्थिति में हैं।"

"हमें यह सुनकर आश्चर्य हो रहा है, सेनापति!" नन्द ने चमककर कहा।

"राजन्! सैनिकों और नगरवासियों को भी यह सुनकर आश्चर्य होगा कि मगधवाहिनी विजय के लिए भेजी जा रही है।"

"सेनापति! कठोर वचन आपको शोभा नहीं देते।" राक्षस ने टोका।

"सत्य वचन शोभा देने के लिए नहीं कहे जाते।" भद्रशाल ने उत्तर दिया। नन्द कुछ नहीं बोला।

"महाराज!" भद्रशाल ने कहा।

"कहो, सेनापति।"

"मुझे राज्य कोष से पर्याप्त धन दिला दिया जाए, जिससे मैं सैनिकों को प्रेरित कर सकूँ और तैयारी कर सकूँ।"

"महामंत्री! जितना धन सेनापति कहें, इन्हें दिला दिया जाए।"

"जो आज्ञा, राजन!" राक्षस ने कहा।

सेनापति के चले जाने पर नट बोला—

"महामंत्री! सेनाओं की उपेक्षा तो हमने की है।"

"की है, राजन्! पर सेनापति को इतना मुँहफट नहीं होना चाहिए।"

"क्यों न काशी या कौशाम्बी से कुछ सेना मँगा ली जाए? कुछ सेनापति के साथ चली जाएगी, कुछ यहाँ रह जाएगी।"

"नहीं, महाराज! प्रान्तों को यही सूचना जानी चाहिए कि उत्कल का विद्रोह कुचल दिया गया है।"

"आप ठीक कहते हैं, महामंत्री! अंग के विषय में क्या सोचा है?"

"एक अन्तिम चेतावनी भेजे देता हूँ। दूत यह भी सूचना दे देगा कि उत्कल पर चढ़ाई की गई है।"

"इस अभियान में कितना व्यय होगा?"

"जितना होगा उससे अधिक भद्रशाल लेकर आएँगे, महाराज!"

नन्द सन्तुष्ट दीखा।

मल्लिका के यहाँ प्रतिदिन आयोजित संगीत-नृत्य समारोहों में बहते रस का पान करने के लिए समाज के सभी वर्गों के प्रमुख जन नित्य ही आते थे। कंकु के निर्देश के अनुसार मल्लिका केवल इतना करती थी कि अभिवादन स्वीकार करते समय या सुरा-चषक पकड़ाते समय निश्चित व्यक्तियों को संकेत रूप में कुछ ऐसा कह देती थी, जो विष-बीज बनकर उनके अन्तास्तलों में जा पड़ता था। वह धीमे-धीमे इस बीज को सींचती थी और जब कोंपल फूटते देखती थी, तब उसे छोड़ देती थी। उसके यहाँ सैनिक अधिकारी आते थे। उन्हें उत्कल के विरुद्ध अभियान पर न जाने की सस्मित प्रेरणा उसने दी। कुछ प्रमुख दलपतियों पर उसने उन कटाक्ष वाणों का भी प्रयोग किया, जिनसे बिद्ध होने के लिए वे एक अवधि से तरस रहे थे। वणिकों-व्यापारियों को उसने समझाया कि किसानों, शिल्पकारों-कर्मकारों को वे अधिक मूल्य कैसे दे सकते हैं, जबकि राज्य को उन्हें इतने भारी कर देने पड़ते हैं। कुछ बड़े कृषकों को उसने नगर के व्यापारियों के विरुद्ध भड़काया। कंकु के गुप्तचर भी इसी के समानान्तर अपने काम में लगे थे। कुशल आ गया था। कंकु ने उसे चन्द्रगुप्त की सेना के लिए गुप्त पड़ाव खोजने और आक्रमण की योजना बनाने पर लगा छोड़ा था।

कुछ ही दिन बाद दो विस्फोट हुए। इन दोनों ने नन्द और राक्षस को हिला दिया। सेना के पाँच नायकों ने सेनापति भद्रशाल से साफ कह दिया कि उनके सैनिक स्वर्ण के लिए इतनी दूर जाने और निर्दोष उत्कलवासियों की हत्या करने के लिए तैयार नहीं हैं।

सुनकर भद्रशाल क्रोध से लाल हो गया। उसने चिल्लाकर पूछा, "सैनिक तैयार नहीं हैं या तुम?"

"सेनापति! युद्ध का एक प्रयोजन होना चाहिए। यह भी कोई प्रयोजन है भला?" उनमें से एक ने कहा।

भद्रशाल सुनकर आपे से बाहर हो उठा।

"प्रयोजन निश्चित करना तुम्हारा काम नहीं है, मूर्ख! तुम जानते हो, यह राजद्रोह है?"

"जानता हूँ, आर्य!" उसी नायक ने निर्भय उत्तर दिया।

"और इसका दंड है, मृत्यु-दंड?"

"हाँ, आर्य!" पाँचों ने एक स्वर में कहा।

"इन्हें बन्दी बना लो।" भद्रशाल ने सैनिकों को बुलाकर आदेश दिया और एक ही क्षण में पाँचों को घेर लिया गया। उन पाँचों ने कोई प्रतिरोध नहीं किया।

भद्रशाल ने तत्काल जाकर राजा से निवेदन किया। क्रुद्ध नन्द ने उन्हें फाँसी दे दिए जाने का आदेश दे दिया। बधिक उन पाँचों को लेकर वधस्थल पर पहुँचे ही थे कि कुछ सहस्र सैनिकों ने बधिकों को घेर लिया और उन नायकों को छुड़ा ले गए। यह सब इतना अनायास हो गया कि फाँसी देखने के लिए एकत्र सहस्रों नागरिक देखते के देखते रह गए। जब लोग बिखरे तो यह समाचार पूरे नगर में और उससे बाहर भी आग की तरह फैल गया। विद्रोही सैनिक अपने पाँचों नायकों के नेतृत्व में नगर के एक कोने में जम गए और शस्त्र लेकर अन्तिम निर्णय के लिए कटिबद्ध हो उठे। वे जान रहे थे कि उन्हें शीघ्र ही घेर लिया जाएगा।

चरों ने राक्षस और भद्रशाल को स्थिति की सूचना दी। दोनों हड़बड़ा उठे और एक-दूसरे के घर की ओर भागे। वे मार्ग में टकराए और एक साथ राजभवन की ओर लपक चले। नन्द ने सुना तो वह भी भौचक रह गया, पर तत्काल सँभलकर उसने आदेश दिया कि एक-एक सैनिक को तलवार के घाट उतार दिया जाए।

"महाराज!" राक्षस ने निवेदन किया, "इस मामले पर थोड़ा गहन विचार अपेक्षित है। कठोर रुख अपनाने से कहीं पूरी सेना में ही विद्रोह न हो जाए। सेना असुविधा, कष्ट, शस्त्र-चालन और मृत्यु की अनभ्यस्त हो गई है। इसमें दोष हमारा ही है। इस समय इन नायकों को नीति से वश में लाना ही उचित रहेगा।"

"यदि हम पर आक्रमण हुआ होता, तब भी क्या..." भद्रशाल बोल उठा।

"तब ये पाँचों निश्चय ही सबसे आगे रहे होते। दोनों स्थितियों में भारी अन्तर है, बन्धु!" राक्षस ने समझाया।

"महामंत्री ठीक कहते हैं, सेनापति!" नन्द ने सहमति प्रकट की।

"मैं तो, महाराज! उनके सामने प्रार्थी बनूँगा नहीं।" भद्रशाल ने स्पष्ट कहा।

"सेना आपका क्षेत्र है, सेनापति! फिर भी आप तैयारी कीजिए, मैं देखता हूँ।" राक्षस ने कहा।

भद्रशाल के जाने पर नन्द बोला—

"सेना में विद्रोह! यह तो भयानक बात है, महामंत्री! ऐसा क्यों हुआ?"

"सेना की उपेक्षा, राजन्!"

"क्यों न बाहर से सेनाएँ बुला ली जाएँ।"

"उसकी आवश्यकता नहीं है, महाराज! इससे प्रान्तों के उपशासक चौंकेंगे। यह सेना का विद्रोह नहीं, कुछ सिरफिरे नायकों की सनक है। हो सकता है, किसी ने उन्हें बहकाया या भड़काया हो। बात को यहीं सँभाल लेना होगा।"

राक्षस राजभवन से चला आया। विचार करने पर कंकु का नाम ही इस काम के लिए उसे सूझा। उसने उसे बुलवाया।

"बिम्ब!"

"आर्य!"

"एक काम तुम्हें सौंपता हूँ।"

"आज्ञा करिए, महामंत्री!"

"यदि तुम यह काम कर सके तो तुम शर्वरक के स्थान पर मेरे व्यक्तिगत गुढ़पुरुष होगे।"

"मैं कृतार्थ हूँगा, स्वामी!"

"विद्रोही नायकों को अनुकूल बनाना है, पर रक्तपात नहीं होना है। बोलो, कर सकोगे?"

"मैं आशा करता हूँ, आर्य! पर आपको और सेनापति को आश्वासन देना होगा कि नायकों को दंड नहीं दिया जाएगा।"

"ठीक है। प्रयास करो।" कंकु मन ही मन मुस्कराया।

वह सीधा नायकों के पास पहुँचा। उसने देखा, सैकड़ों नागरिक विद्रोही सैनिकों के लिए भोजन और जल पहुँचा रहे थे। कुछ ही दूर पर भद्रशाल के सैनिक सतर्क और प्रस्तुत खड़े थे।

कंकु ने नायकों से कहा कि उसे मल्लिका ने भेजा है।

"आर्या मल्लिका का अनुरोध है कि आप अपना जीवन संकट में न डालें। सम्राट् का आदेश अमान्य करना मृत्यु को न्यौता देना है।"

"आर्या मल्लिका ने आपको भेजा है?" पहले ने पूछा।

"हाँ, बन्धुगण!"

"वे स्वस्थ तो हैं न?" दूसरे ने प्रश्न किया।

"वे चिन्तित हैं और आपके कारण रात-भर सो नहीं सकी हैं।"

"हम अपराधी हैं।" तीसरा बोल उठा।

"ऐसे मूल्यवान् प्राण व्यर्थ नष्ट हो जाएँ, यह आर्या मल्लिका को सह्य नहीं होगा।"

"हमें क्या करना उचित है?" पहले ने प्रश्न किया।

"आप अपने सैनिकों को वापस इनके ठिकानों पर भेज दीजिए। आप पाँचों मेरे साथ महामंत्री के घर चलिए। आर्या मल्लिका यही चाहती हैं। उनका आश्वासन है कि आपमें से किसी का बाल भी बाँका नहीं होगा।"

नायकों ने आपस में विचार-विमर्श किया और आर्या मल्लिका के आदेश को शिरोधार्य किया।

"आपके निर्णय का सभी स्वागत करेंगे। अब आप अपने सैनिकों को धीमे-धीमे बिखरा दीजिए। और फिर मेरे साथ चलिए।"

एक घड़ी बाद कंकु राक्षस के सामने था।

"स्वामी! आपका काम हो गया है। पाँचों नायक बाहर प्रतीक्षा में हैं।"

"वाह! बिम्ब, वाह! कैसे किया यह?"

"आर्य! यह मेरा रहस्य है। पर आपसे एक निवेदन है।"

"कहो, बिम्ब!"

"ये युवक राज्य-द्रोही नहीं हैं। पर सेनापति से इनका वैमनस्य हो गया है। इसलिए अच्छा हो इन्हें अभियान पर न भेजा जाए।"

"पर दंड तो इन्हें मिलना चाहिए।"

"आर्थिक दंड दिला दीजिए।"

राक्षस सन्तुष्ट दीखा और बाद में नन्द प्रसन्न। गुत्थी सुलझ गई, पर भद्रशाल के तेवर चढ़े ही रहे। राक्षस ने उसकी कोई चिन्ता न की। वह सेनापति पर दाँव मार चुका था। कंकु को शर्वरक के स्थान पर नियुक्त कर लिया गया।

इस घटना के दो-तीन दिन बाद ही दूसरी घटना घट गई। खेतों की उपज और तैयार माल पाटलिपुत्र की मंडी में लानेवाले किसानों और शिल्पकारों में रोष पहले से ही था। पर कुछ दिनों से व्यापारियों का रुख और भी कड़ा हो गया था। व्यय और करों की दुहाई देकर उन्होंने क्रय मूल्य में कटौती कर दी थी और किसानों-शिल्पकारों की समझ में यह नहीं आ रहा था कि इतना कम मूल्य लेकर वे बच्चों को और बोझा ढोनेवाले पशुओं को क्या खिलाएँगे। वणिकों की मनमानी वे कुछ दिन सहते और पानी की धार देखते रहे। तब एक दिन विस्फोट हो ही गया।

एक दिन दोपहर के समय कुछ किसान हाट में आए हुए थे। वे सभी वणिकों से अधिक मूल्य देने की हठ कर रहे थे। उनमें एक युवक किसान से एक वणिक ने कहा—देना हो दो, नहीं तो माल वापस ले जाओ। किसान खुले बैलों को जोतने के लिए अपने छकड़े की ओर बढ़ा। उसका आक्रोश चरम सीमा को छू रहा था। "मस्तिष्क विकृत हो गए हैं।" वणिक के मुँह से निकला। किसान सुनकर लौट पड़ा। उसका चेहरा तमतमा रहा था। "क्या कहा, सेठ?" उत्तर में दुकानदार ने एक मोटी-सी गाली दी। वह हट्टा-कट्टा युवक किसान अपने को रोक नहीं सका और एक भरपूर हाथ वणिक पर छूट ही गया। हाथ ऐसा कसकर लगा कि वणिक सह नहीं सका और 'मार दिया' कहता हुआ धरती पर लोट गया।

वह युवक किसान पहले तो सहमा। पर जब उसने दुकानों के नौकरों को अपनी ओर झपटते देखा तो वह कूदकर अपने छकड़े के पास पहुँचा और अपनी लोहा-मुँढ़ी लाठी उसने खींच ली। और वह ललकार उठा।

पलक झपकते ही उस युवक के चारों ओर गाँवों से आए पचासों लोग जमा हो गए और उनकी संख्या बढ़ती ही गई। उन्होंने अपनी-अपनी गाड़ियों का मोह छोड़ दिया। सबके सिरों पर जैसे खून सवार हो उठा और वे सामने की दुकानों

की ओर बढ़े। वणिकों के अनुचरों ने प्रतिरोध किया पर कई बिछ गए और भाग लिए। ग्रामीणों ने एक-दो वणिकों को मार डाला और कई दुकानें लूट लीं। कई लोग रक्षकों को बुलाने भागे। जब तक रक्षक आएँ, कई और दुकानों से धन छीन लिया गया और अब ग्रामीण अपने-अपने छकड़ों की ओर लपके। बैलों को उन्होंने जोता ही था कि सैनिकों ने उन्हें घेर लिया। ग्रामीणों के सामने अब एक ही रास्ता था कि वे जीवन का मोह त्यागकर जूझ पड़ें। लगभग सभी लाठी के धनी थे और कुछ के पास तलवारें भी थीं। जमकर मारामारी शुरू हो गई।

पल-भर में दुकानें बन्द हो गईं। ग्राहकों और रास्ता चलतों की भीड़ आपाधापी करती हुई इधर-उधर भागी। राजमार्ग युद्धस्थल बन गया और दोनों पक्षों के लोग धड़ाधड़ गिरने लगे। घरों की छतें और छज्जे कौतुकलोभियों से लद गए। हुआ यह कि ग्रामीण मुट्ठी-भर सैनिकों पर हावी हो उठे। उन्होंने घेरा तोड़ दिया और अपने घायल और छकड़े वहीं छोड़कर वे नगरद्वार की ओर लपके।

पर सैनिकों के एक बड़े दल ने अचानक आकर उन्हें फिर घेर लिया। सैनिकों ने अनेकों ग्रामीणों को निर्दयता से काट डाला। शेष को बाँध लिया गया। जिस युवक से झगड़ा आरम्भ हुआ था, वह जीवित बच गया था और बन्दियों में से एक था। दोनों ओर के लगभग पच्चीस व्यक्ति मारे गए थे और पचास से अधिक आहत हो गए थे।

ऐसी आकस्मिक मार-काट तो कभी नगर में नहीं हुई थी। इतना साहस ग्रामीणों में कहाँ से आ गया? समाचार आग की तरह पूरे नगर में फैल गया। घर-घर में इसी बारे में चर्चा होने लगी। साधारण जन दबे स्वर में महामंत्री को इस दुर्घटना का दोषी ठहरा रहे थे। सब जगह एक आतंक छा गया था। प्रमुख नागरिकों के रथ महामंत्री के निवास की ओर दौड़ रहे थे। नगर सेठ चन्दनदास भी उनमें से एक था। किसानों और शिल्पकारों के कुछ प्रतिनिधि भी महामात्य से मिलने के लिए उनके निवास की ओर जा रहे थे। सैनिक शवों को उठाने में व्यस्त थे। दो दिन पश्चात् ही सेना उत्कल पर चढ़ाई के लिए जानेवाली थी और आज यह भयानक घटना घट गई थी।

राक्षस ने मिलने आनेवालों से कहा, "यह कोई ऐसी घटना नहीं है, जिससे आप इतने विकल हो उठें। झगड़ा ग्रामीणों ने किया। उसका उचित दंड उन्हें मिल गया।"

राक्षस ने सबको भेज दिया, पर चन्दनदास को रोक लिया। नगर सेठ उसका व्यक्तिगत मित्र था और उससे वह सब बातें कर लेता था।

"तीन-चार वणिक मारे गए हैं।" चन्दनदास ने बताया।

"मुझे उसका दुख है, मित्र! पर एक बात समझ में नहीं आती।"

"क्या?"

"कुछ दिनों से पता नहीं क्या हो रहा है। उल्टी-सीधी घटनाएँ घट रही हैं।"

"एक बात तो मैंने भी अनुभव की है। लोगों में मुखरता बढ़ गई है। आपकी आलोचना प्रकट की जाने लगी है।"

"श्रेष्ठिवर! समझ में यह नहीं आता कि यह सब अनायास घट रहा है या इसके पीछे षड्यंत्र है।" राक्षस बोला।

"मैं एक बात कहूँगा, महामात्य!"

"हाँ, हाँ, श्रेष्ठिवर!"

"आपके कुछ अमात्य एकदम निकम्मे हैं। अयोग्य अमात्य, लोक-मन में असन्तोष एवं आक्रोश की सृष्टि करता है। आप कुछ मंत्रियों को बदलिए।"

"जैसे?"

"जैसे रुचिशील को। अपने कुछ अधिकारियों को भी इधर-उधर करिए। इससे भय बना रहता है और अनिवार्य सतर्कता में वृद्धि होती है।"

"पर, मित्र! रुचिशील तो बड़ा ही समर्पित व्यक्ति है।"

"और बुद्धिशून्य भी है। फिर कन्दर्प द्वारा नियुक्त है। सम्भवतः तिष्य से अब भी उसके सम्बन्ध हों।"

राक्षस सोच में डूब गया। उसका ध्यान बिम्ब पर जा टिका। कहीं बिम्ब ही तो गड़बड़ी नहीं कर रहा है? पर वह क्या गड़बड़ी करेगा?

"मैं सोचूँगा, मित्र!"

चन्दनदास चला गया तो राक्षस और भी गहरे चिन्तन में खो गया। बिम्ब रुचिशील का आदमी है। पर वह प्रखर है। शर्वरक की हत्या का सही कारण उसने खोज निकाला। मल्लिका कुछ भी कहे, अपनी व्यक्तिगत शत्रुता के कारण उसी ने उसे विष दिलाया। विद्रोही नायकों की गुत्थी को भी उसने बड़ी योग्यता से सुलझाया। पर श्रेष्ठिवर चन्दनदास ने जो रुचिशील का नाम लिया, वह अनुचित तो नहीं लिया। वह अपटु तो है ही। फिर बिम्ब और रुचिशील में से एक को ही रखा जाना चाहिए। अब रुचिशील को विश्राम करने दिया जाए। क्या इन दोनों के बीच कोई षड्यंत्र पल रहा हो सकता है?

राक्षस ने कंकु को बुलवाया।

"बिम्ब! आज की घटना के विषय में तुम क्या कहते हो?"

"आर्य! झगड़ा जीविका का है। किसानों और शिल्पकारों को भी रोटी तो चाहिए न। नागरिक व्यापारी उन्हें शुद्ध लागत भी देना नहीं चाहते। उनमें लम्बे समय से आक्रोश पल रहा था, जिसका अकस्मात विस्फोट हो गया।"

"जानते हो, तीन वणिक मारे गए हैं।"

"यह भी जानता हूँ, आर्य! कि लगभग सोलह ग्रामीण परलोक सिधारे हैं।"

"पर हिंसा पर तो वही उतारू हुए थे। उन्होंने पण्यगृहों को लूटा।"

"वणिक उन्हें निरन्तर लूटते आए हैं।"

"बिम्ब! वणिक और श्रेष्ठिवर्ग साम्राज्य के स्तम्भ हैं।"

"साम्राज्य के नहीं, राज्य-कोष के।"

"बन्दी ग्रामीणों को कठोर दंड दिया जाना चाहिए।"

"निर्णय आपको करना है, आर्य!"

"बिम्ब! रुचिशील से जाकर कहो कि उन्हें मंत्रिपद से मुक्त कर दिया गया है।"

कंकु चौंक पड़ा।

"यह सूचना उन्हें तुम स्वयं दोगे।"

"जो आज्ञा!"

कंकु चला आया।

अगले ही दिन सभी ग्रामीणों को हजारों नागरिकों के सामने मृत्यु-दंड दे दिया गया। वह युवक किसान, जिससे झगड़ा आरम्भ हुआ था, दंडित ग्रामीणों में नहीं था। लगता है रात में किसी प्रकार वह बन्दीगृह से भाग निकला था।

कंकु द्वारा दी गई सूचना रुचिशील के लिए एक कठोर आघात सिद्ध हुई। कंकु और श्यामला ने बहुतेरा समझाया, पर वह समझ नहीं सका। वह गुम होकर लेट रहा। श्यामला ने इसका दोष कंकु पर मँढ़ा। कंकु ने उसे बहुतेरा विश्वास दिलाया कि उसे तो राक्षस की इस करनी की पहले भनक भी नहीं पड़ी थी, पर श्यामला आश्वस्त नहीं हुई।

ग्रामीणों को दंड और रुचिशील की पद-मुक्ति से यह हुआ कि राजा नन्द के और जनता के समक्ष राक्षस की स्थिति सुरक्षित रह गई।

पर जिस दिन भद्रशाल को अभियान पर जाना था, उसी रात एक भयानक घटना घट गई। भद्रशाल का पुत्र सुन्द और राक्षस का पुत्र निकष दोनों ही लगभग समवयस्क थे और दोनों ही मल्लिका की एक दासी नर्तकी पर बुरी तरह आसक्त थे। उस रात दोनों ने ही मल्लिका के यहाँ बैठकर जी भर पान किया था। अचानक उस दासी को लेकर दोनों के बीच झगड़ा हुआ और निकष ने सुन्द की छाती में अपनी क्षुरिका घुसेड़ दी। सुन्द के साथ एक नायक भी था। उसने तत्काल अपनी खड्ग निकाली और निकष का सिर धड़ से अलग कर दिया। इन दो हत्याओं से मल्लिका के घर में खलबली मच गई। मल्लिका अपनी दासियों के साथ भीतर चली गई और राजकर्मचारियों को बुला लिया गया। कुछ ही देर में भद्रशाल और राक्षस दोनों वहाँ थे। कंकु भी वहाँ पहुँच गया। इन लोगों के आने की बात सुनते ही मल्लिका उस कक्ष में लौट आई।

"यह कैसे हुआ, मल्लिके?" राक्षस ने पूछा।

"आर्य! पान करके दोनों झगड़ पड़े।"

"तुमने इस झगड़े को कितना प्रेरित किया?"

"जितना हर गणिका प्रेरित करती है। आर्य! गणिका के घर में झगड़े होते ही रहते हैं। यह संयोग की ही बात है कि आज का झगड़ा सेनापति और महामंत्री के पुत्रों के बीच हुआ और दोनों ही दुखद अन्त को प्राप्त हुए।"

पुत्र-शोक के रहते भी भद्रशाल और राक्षस ने मल्लिका के वक्तव्य में सार पाया। उन्हें स्पष्ट लगा कि इस दुर्घटना में गणिका का कोई हाथ नहीं हो सकता। उन्होंने महसूस किया कि मामले को बढ़ाना अनुचित होगा। निकष को मारनेवाले नायक को भी मुक्त कर दिया गया। अगले दिन प्रात: दोनों युवकों का दाह-संस्कार सम्पन्न किया गया। नन्द ने राजकुमार विंध्य को भेजकर शोक प्रकट किया।

नियत समय पर भद्रशाल ने सेना के साथ कूच किया।

कंकु और कुशल ने बैठकर स्थिति का विश्लेषण किया।

"कुशल! यद्यपि सब-कुछ शान्त है, सब यथावत् चल रहा है, पर पूरे नगर की निचली सतहों में आशंका और असन्तोष की लहरें दौड़ चुकी हैं। नगर के विभिन्न सामाजिक वर्गों में पारस्परिक अविश्वास बढ़ गया है और कुछ में तो आक्रोश है। पाटलिपुत्र के कर्णधार हिल गए हैं और उनमें नियति का सूक्ष्म भय प्रवेश कर चुका है। आसपास के ग्रामों में गहरा रोष है। उसका लाभ तुम उठा सकते हो। अभियान से बच रहे पाँचों नायकों को स्ववश करने का पूरा प्रयास भी किया जा रहा है।" कंकु ने बताया।

"आर्य!" कुशल ने बताना आरम्भ किया, "अपनी सेना को ठहराने के लिए स्थान मैंने खोज लिया है। गंगा के उस पार चार योजन पर एक घने वन के बीच बहुत से खंडहर हैं। उनमें मैंने अन्न जमा कराना भी आरम्भ कर दिया है। वहीं से नदी के साथ-साथ एक योजन पूर्व की ओर विभिन्न स्थलों पर गंगा पार की जाए। आवश्यक नहीं कि एक ही रात में पार करें। मैंने दस बड़ी नौकाओं का प्रबन्ध किया है। एक सप्ताह में पूरी सेना साज-सज्जा सहित इस पार उतारी जा सकती है। जिस गुफा से आपने आर्य शकटार को मुक्त कराया था, उसे भी मैं देख आया हूँ। वह बहुत काम आ सकती है। उसे ठीक करना होगा। पर अभी नहीं।"

"नौकाएँ थोड़ी रहेंगी, कुशल! बीस रखो। शेष अवसरानुकूल किराए पर ले ली जाएँगी।"

"आर्य! यह आवश्यक है कि नगर-द्वार से कुछ दूर राजमार्ग पर स्थित सराय को अपने हाथ में ले लिया जाए।"

"यह हो जाएगा। कुशल!"

"आर्य!"

"अगले एक मास के भीतर हमारी सेनाएँ यहाँ पहुँच जानी चाहिए।"

"मैं समझता हूँ, सब बृहद्हट्ट पहुँच चुके हैं।"

"सब विवरण देकर एक चर मैं तत्काल भेजता हूँ।"

"तराई के मार्ग से भेजिए।"

"यही ठीक रहेगा।"

राक्षस जितना भी सोचता था, उलझता ही जाता था। बहुत समय बाद ये कुछ अटपटी घटनाएँ अचानक घटी थीं और वह उनका स्रोत खोज नहीं पाता था। पर देखने में सब इतनी सहज थीं कि किसी आशंका को अवकाश नहीं था। भला आँधी आने, वर्षा होने के पीछे भी क्या कोई षड्यंत्र हुआ करता है। पर उसका मन सन्तुष्ट नहीं था। शर्वरक और निकष की मृत्यु उसे अस्थिर बनाए देती थी। इन दो-दो हत्याओं के पीछे निश्चय ही षड्यंत्र है। यह मल्लिका का विद्वेष मात्र है या कोई अधिक गहरी चीज? यही प्रश्न है, जिसका सुलझाव नहीं है। बिम्ब तो कहता है, मल्लिका का विद्वेष नहीं है। सब संयोग मात्र है। रुचिशील को हटाकर भी शायद मैंने शीघ्रता की। पर उसका मुझे अधिकार था। इसी ऊहापोह में दिन बीतने लगे। पर मल्लिका के प्रति राक्षस का आक्रोश बढ़ता ही जाता था।

कुछ ही दिन बाद एक हत्या और हुई। किसी ने सरायवाली बुढ़िया को मार डाला और उसे लूट ले गया। बाद में जब वह स्थान बिका तो मल्लिका की एक दासी ने उसे क्रय कर लिया और बुढ़िया का स्थान ले लिया।

बृहद्हट्ट के दक्षिण में स्थित सहारण्य एक विशाल गहन वन था। इसमें कुछ-कुछ दूरी पर छोटी-छोटी बस्तियाँ थीं, जिनमें अधिकतर वन्य जातियाँ बसी थीं। ऐसी ही एक बस्ती एक पतली-सी नदी पगघोतक के तट पर भी थी। इसी से कुछ दूरी पर चन्द्रगुप्त ने अपनी सेना का पड़ाव डाला। चाणक्य पहले ही बृहद्हट्ट की ओर निकल गया था। धीमे-धीमे पर्वतीयों का आना आरम्भ हुआ। दस दिन में पूरी सेना आ पहुँची। अब चाणक्य ने सिंह और चन्द्र से विचार-विमर्श किया। शकटार ने भी चर्चा में भाग लिया।

"आर्य! अभी तक की प्रगति से आप सन्तुष्ट हैं?" चाणक्य ने शकटार से प्रश्न किया।

"हाँ, चाणक्य! इन पर्वतीय राजाओं को अच्छी तरह बाँधे रखो। राज्य में अंश के प्रच्छन्न लोभ से ये वश में रहेंगे।"

"इसकी आप चिन्ता न करें, आर्य! अब ये टूट नहीं पाएँगे। पाटलिपुत्र से आए चर के अनुसार भद्रशाल सेना लेकर उत्कल पर आक्रमण के लिए जानेवाला है।"

"तब तो हमें शीघ्र वहाँ पहुँचना चाहिए।" शकटार बोला।

"आर्य!"

"हाँ, चाणक्य!"

"मैं चन्द्रगुप्त को छद्मवेश में जल मार्ग से पाटलिपुत्र भेजना चाहता हूँ, जिससे वहाँ कंकु से मिलकर निश्चित योजना बनाई जा सके। हम इधर से पहुँचते हैं। हमारी इस यात्रा का नेतृत्व सिंह कर सकता है।"

"क्या यह आवश्यक है, चाणक्य?"

"मेरे विचार में आवश्यक है। युद्ध और व्यूह की आवश्यकताओं को जितना चन्द्रगुप्त समझता है, कंकु नहीं समझ सकता। विफलता की कोई आशंका रहनी नहीं चाहिए। उसकी टक्कर हम झेल नहीं पाएँगे।"

"ठीक है, चाणक्य! चन्द्रगुप्त को भेजो।"

"चन्द्रगुप्त!"

"आर्य!"

"तुम्हें आज ही चल देना है और तीव्रतम गति से पहुँचना है।"

"जो आज्ञा, गुरुदेव!"

"वहाँ पहुँचकर सीधे आर्या मल्लिका के यहाँ जाना और माता मुरा से मिलने का लोभ संवरण करना। हर स्थिति में अपनी सुरक्षा का पूरा ध्यान रखना।

"ऐसा ही होगा, आर्य!"

सबके चले जाने पर गूढ़पुरुषों के वर्तमान नायक कंथक को चाणक्य ने बुलाया।

"कंथक!"

"देव!"

"इन पाँचों पर्वतीय राजाओं की एक-एक गतिविधि का पता मुझे चलते रहना चाहिए।"

"जो आज्ञा, आर्य!"

"अपनी सेना में भी तुम्हारे चर सक्रिय हैं न?"

"पूरी तरह, गुरुदेव!"

"दो चुने हुए चर चन्द्रगुप्त के साथ लगा दो। वे इसकी सुरक्षा का हर तरह ध्यान रखेंगे। दो योद्धा उसके साथ अलग से जा रहे हैं।"

"अभी नियुक्त किए देता हूँ।"

कंकु को मल्लिका ने सूचना दी कि कोई वाहीक से आया है। अतिथि चन्द्रगुप्त को उसने अपने ही यहाँ एक कक्ष में ठहरा दिया था। कंकु वहाँ पहुँचा तो चन्द्रगुप्त उसे मिला।

"स्वागत है, बन्धु!"

"कंकु!" चन्द्र के मुँह से निकला और वह बढ़कर कंकु से लिपट गया।

"कैसे हो?"

"बिल्कुल ठीक। तुम सुनाओ।"

कंकु ने द्वार बन्द कर दिए और पल-भर में दोनों गम्भीर चर्चा में उलझ गए।

"गुरुदेव और सिंह सेना के साथ कूच कर चुके हैं। अधिक से अधिक दस-पन्द्रह दिन में वे यहाँ पहुँच जाएँगे। हमारे पास बस इतने ही दिन हैं, कंकु!"

"कम नहीं हैं, बन्धु! यहाँ का पूरा विवरण मैं तुम्हें दूँगा। पर पहले तुम थोड़ा विश्राम ले लो और कुशल के साथ घूमकर पाटलिपुत्र को देख लो और नगर से बाहर भी निश्चित स्थानों पर हो आओ। तब हम तीनों बैठकर विचार करेंगे और आगे का कार्यक्रम निर्धारित करेंगे।"

"मुझे यहीं टिकना चाहिए या कहीं और?" चन्द्र ने पूछा।

"सुरक्षित यहीं रहेगा। दो-तीन दिन बाद देखेंगे।"

कंकु के कथनानुसार चन्द्र ने घूम-फिरकर सब देखा और तब सब विवरण सुना। अब वह, कंकु और कुशल बैठे।

"बन्धु कंकु! हमारी सेना, चलिए, खंडहरोंवाले उस वन में टिक गई। पर वहाँ पहुँचने तक भी क्या राक्षस को कुछ पता नहीं चल पाएगा? पता लगने पर हमारा मार्ग अवरुद्ध करने के लिए वह क्या करेगा?"

"नगर में इस समय सेना बहुत कम है।"

"अवसर पड़ने पर राक्षस चुटकी बजाते सेना एकत्र कर सकेगा। हमारे लिए तो आकस्मिकता का ही सबसे अधिक महत्त्व है।"

"बन्धु! हमारे गुप्तचर विशिष्ट स्थलों पर नियुक्त हैं। नगर में विद्रोह पैदा करने के अतिरिक्त राक्षस और नन्द तक सही सूचनाएँ न पहुँचने देना भी उनका कर्तव्य है।"

"फिर भी पूरी सेना का एक साथ लाया जाना और एक स्थान पर ठहराया जाना उचित नहीं रहेगा।"

"तब?"

"हमें उन्हें बिखराकर लाना होगा और यहाँ भी बिखराकर टिकाना होगा। साथ ही सब गंगा के इस पार ही रहें तो अच्छा है। गंगा को यहाँ आकर पार करना दुर्गम होगा। क्यों?"

"तुम्हारा क्या कहना है, कुशल?"

"आर्य चन्द्रगुप्त सचमुच ठीक कहते हैं। अपनी सेना को यहाँ से पर्याप्त दूरी पर किसी वन में गंगा पार कराई जाए। वहाँ से छोटे दलों में सेना आगे बढ़े और दो घड़ी की दूरी पर टिक जाए।"

"तब तो नया स्थान चुनना होगा और वहाँ अन्न जमा करना होगा।" कंकु बोला।

"निश्चय ही। कुशल! मैं और तुम दोनों चलेंगे।" चन्द्रगुप्त ने कहा।

"पर, खंडहर में जो अन्न जमा है, वह वहीं क्यों न रहने दिया जाए।" कंकु ने कहा।

"कंकु!"

"हाँ, बन्धु!"

"क्या आर्या मल्लिका को तुम्हारे लक्ष्य का ज्ञान है?"

"नहीं। वे नहीं जानतीं कि कोई आक्रमण होने वाला है।"

"पता लगने पर वे स्वयं को प्रवंचित तो नहीं मान बैठेंगी?"

"यह बात मेरे ध्यान में है।"

"पर, कंकु! इन्हीं दिनों के बीच कुछ ऐसा घटना चाहिए, जिससे पाटलिपुत्र की जनता में, विशेषकर नन्द के प्रति, रोष तीव्र हो। एक अन्त:विस्फोट होना आवश्यक है।"

"प्रयत्न चल रहा है। वैसा हमारी सेना के नगर-द्वार पर पहुँचने के बाद ही होगा। तभी उपयुक्त भी रहेगा।"

"तुम बता रहे थे नदी की ओर से कोई भूगर्भित मार्ग है, जो (प्राचीर के भीतर) राजमहल के निकट बने किसी गर्भगृह में निकलता है।"

"है। आर्य शकटार को मैं उसी मार्ग से निकाल ले गया था।"

"कंकु!"

"हाँ।"

"माँ को देखने की बड़ी इच्छा थी। पर गुरुदेव ने मना किया है।"

"बन्धु! नरेश बन जाने पर ही माँ से मिलना।"

"व्यूह-निर्माण और युद्ध की समस्या पर तो समय आने पर ही विचार करेंगे।"

"हाँ। अभी नीति पर विचार हो सकता है। नन्द के और राक्षस के मनों में अधिकाधिक घबराहट और असन्तुलन पैदा करना होगा। इसके लिए प्रथम तो आकस्मिकता के तत्त्व पर पूरी तरह केन्द्रित रहना होगा। नगर की सेना का प्रमुख भाग पहले ही अभियान पर गया हुआ है। यहाँ उपस्थित सैनिकों में विद्रोह और निराशा की मन:स्थिति पैदा की जाएगी। अपनी सेना का एक दल गुप्त मार्ग से राजमहल में प्रवेश करेगा। इससे और गड़बड़ी फैलेगी। नागरिकों में भी घबराहट फैलाई जाएगी और उनके मन को सत्ता-परिवर्तन के लिए प्रस्तुत किया जाएगा।" कंकु ने बताया।

"राजा और प्रजा की वर्तमान मानसिकता क्या है?"

"दोनों के ही मनों में क्लान्ति और उदासीनता है। लम्बे समय की नीरस चुनौतीहीनता ने एक तन्द्रा की स्थिति पैदा कर दी है।"

"मुझे इस बीच क्या करना चाहिए, कंकु!"

"बन्धु! मैं नगर के भीतर का देखूँगा। तुम कुशल को साथ लो और सेना को यहाँ लाने और उसकी व्यूह-बन्दी की व्यवस्था में जुटो। एक चर को गुरुदेव के पास भी भेजना आवश्यक है, यहाँ के सब समाचार देकर।"

"हाँ, किसी को नियुक्त करो। कंकु! पराजय की स्थिति के बारे में तुमने क्या सोचा है?"

"क्यों होगी पराजय?" कुशल कह उठा।

"यह सोचना विवेकपूर्ण नहीं है।" कंकु ने कहा।

"सब तुम्हीं पर निर्भर है।" चन्द्र बोला।

"बन्धु! जब तक नन्द को बाहर से ठोस सहायता नहीं मिलती, हमारी सफलता में संशय पैदा नहीं होता। मैं नहीं समझता कि हमारी सेना के यहाँ पहुँचने पर नगर को अधिकृत करने में अधिक समय और आयास लगेगा। नगर के भीतर से और बाहर से राक्षस विशेष बल एकत्र नहीं कर पाएगा। न ही उसे इसका और दूरस्थ प्रान्तों में सूचनाएँ भेजने का अवसर दिया जाना चाहिए। यह तुम पर निर्भर करता है, चन्द्र! वैसे तो हमारी सेना के चढ़ आने की सूचना मिलते ही भीतर हड़बड़ी और उद्विग्नता फैल जाएगी। तब दमित रोष, स्वार्थ, राग-द्वेष ऊपर आ जाएँगे। और हम उनका सदुपयोग कर सकेंगे। नि:सन्देह कर सकेंगे।"

"साधु! कंकु, साधु!" चन्द्र ने कहा।

"आर्य! नन्द की प्रजा नैतिक बल से हीन है। ऐसी प्रजा संरक्षण के लिए प्रतिपक्ष की ओर भागा करती है।" कुशल का विचार था।

इस चर्चा के दो दिन बाद राक्षस ने बिम्ब को बुलाया।

"अब सब ठीक है न, बिम्ब?"

"हाँ, आर्य!"

"बिम्ब! रुचिशील के साथ निश्चय ही अन्याय हो गया है।"

"क्षमा करें, स्वामी! आर्य चन्दनदास ने आपके राग से नहीं, अपने राग से रंजित परामर्श आपको दिया था।"

"पर वह मेरा अभिन्न मित्र है।"

"उनकी आपके प्रति भक्ति में सन्देह नहीं किया जा सकता।"

"मैं रुचिशील को बुलाऊँगा। उन्हें वापस लूँगा।"

"जैसा आप उचित समझें।"

"बिम्ब! भद्रशाल यह नहीं भूल पाएँगे कि मेरे पुत्र ने उनके पुत्र की हत्या की।"

"वारवनिताओं के यहाँ ऐसे झगड़े हो ही जाया करते हैं।"

"क्या मल्लिका का इसमें कोई हाथ हो सकता है?"

"प्रकटत: तो दृष्टि नहीं पड़ता। पर नगरवधू के अन्तरंग रागद्वेष प्रच्छन्न, पर सूक्ष्म एवं प्रखर हुआ करते हैं। किन्तु आर्या मल्लिका क्या इतनी विवेच्य हैं, स्वामी?"

"बिम्ब! जब से ग्रामीणों ने यह झगड़ा किया था, नगर की हाटों में पर्याप्त माल नहीं आ रहा है।"

"वैसे तो सब शान्ति है। सब कार्य यथावत् चल रहे हैं। पर स्वामी, इसमें दोष तो वणिकों का ही था।"

"राज्य श्रेष्ठियों और वणिकों के कंधों पर चलता है, युवक!"

कंकु चुप रहा।

"मैं जानता हूँ, तुम इस बात से सहमत नहीं हो।"

"आर्य! घर गणिका से नहीं, कुलवधू से ही चला करता है।"

"बिम्ब! मैं तुम्हें इन्द्रप्रस्थ तक के भ्रमण पर भेजना चाहता हूँ।"

"क्यों, स्वामी?"

"मुझे उपशासकों की अनुरक्ति में शंका हो उठी है। मैं उनकी थाह लेने को उत्सुक हूँ।"

"मैं अभी बालक हूँ, देव! अभी कुछ दिन आपके चरणों में बैठकर सीखना चाहता हूँ।"

राक्षस मुसका दिया।

कंकु सिहर उठा, कहीं राक्षस को सन्देह तो नहीं हो गया है।

पाटलिपुत्र पर अधिकार

नगर-प्राचीर के बाहर घाटों पर, उपवनों में, आस-पास की बस्तियों में अचानक ही यूथ के यूथ विदेशी अश्वारोही और पदाति दृष्टि आने लगे। लम्बे-चौड़े गौर वर्ण वाहीकी, यवन, पीत वर्ण पर्वतीय—ये इतनी बड़ी संख्या में कहाँ से आ पहुँचे? ये क्यों आए हैं यहाँ? भय और आशंका की एक लहर पूरे नगर में दौड़ गई। घर-घर में यह बात चर्चा का विषय बन बैठी।

राक्षस ने सुना तो वह झनझना पड़ा। आकस्मिक आक्रमण के सन्देह से वह व्यस्त हो उठा। उसने तत्क्षण आदेश दिया कि नगर-द्वारों को बन्द कर दिया जाए।

तभी कंकु घबराया हुआ आया।

"आर्य!"

"कहो, बिम्ब!"

"नगर पर आक्रमण होनेवाला है।"

"आक्रान्ता कौन है?"

"एक चन्द्रगुप्त।"

"क्या!" राक्षस के मुँह से निकला।

"बिम्ब!"

"हाँ, स्वामी!"

"तुम कौन हो?"

"आपका अनुचर।"

"सैनिको!" राक्षस ने ताली बजाई।

"मैं बुलाता हूँ, आर्य!" कहकर कंकु बाहर की ओर झपटा।

"बिम्ब!" राक्षस ने पुकारा।

पर कंकु बाहर जा चुका था।

सैनिक भीतर आए।

"बिम्ब कहाँ है?"

"अभी बाहर गए हैं, स्वामी!"

"चार जन जाओ और रुचिशील को पकड़कर बन्दीगृह में डाल दो।"

"जो आज्ञा, देव!"

"तुम सुनो।" एक अन्य सैनिक से राक्षस ने कहा।

"आज्ञा, देव!"

"सेनानायक सुषेण को तत्क्षण आने को कहो। वहाँ से नायक पुलिन के पास भागो और उन्हें साथ लेकर आओ।"

"तुम सुनो, सैनिक!" सैनिक समक्ष आ खड़ा हुआ।

"प्रधान प्रहरी के पास अश्व से जाओ और मेरा आदेश दो कि सभी नगर-द्वारों को तत्क्षण बन्द करा दिया जाए। जाओ। और कहो कि उसके बाद सीधा मुझसे मिले।"

सैनिक बाहर की ओर भागा।

एकान्त होने पर राक्षस दोनों हाथों में सिर लेकर बैठ गया। उसकी समझ में नहीं आया कि यह सब हो कैसे गया? कैसे चाणक्य ने इतनी सेना एकत्र की और कैसे वह वाहीक से यहाँ तक सेनाएँ ले आया? सबसे बड़ी बात यह कि मुझे पता क्यों नहीं चला? यह बिम्ब निश्चित रूप से चाणक्य का चर है। मैंने रुचिशील के कहने पर क्यों इसे रखा और वह भी इतने महत्त्वपूर्ण पद पर? इसे सामने पाकर मैंने पुलिन को एकदम भुला ही दिया। राक्षस भीतर ही भीतर तिलमिला उठा। एक अनुताप से,

वेदना से वह विकल हो उठा। यह चूक मुझसे क्यों हो गई? क्यों? अब क्या होगा? क्या नन्द का अन्त समक्ष है। महाराज को मैं क्या उत्तर दूँगा? मेरी बुद्धि पर कैसे यह काला आवरण पड़ गया? चाणक्य के उस प्रण को मैंने खोखली बहक ही माना था। वह ब्राह्मण इतना कर बैठेगा, मैं सोच भी नहीं सका था। क्यों नहीं सोच सका मैं?

राक्षस उठकर कक्ष में चहलकदमी करने लगा। क्षोभ और आतंक की एक सिहर उसके पूरे शरीर और मस्तिष्क में सिहरी जा रही थी। क्यों मैंने नहीं सोचा कि बिम्ब चाणक्य का चर हो सकता है। रुचिशील को पदच्युत करते हुए भी यह बात मेरे मस्तिष्क में क्यों नहीं आई? क्या शत्रु का प्रतिरोध हम कर सकेंगे? क्या पर्याप्त सेना हमारे पास है? जो भी हो, मैं रक्त की अन्तिम बूँद तक लड़ूँगा। पर क्या आस-पास से सहायता मँगाई जा सकती है? उसका समय नहीं रहा है। आक्रमण तत्काल होगा। चाणक्य ने बहुत ही ठीक क्षण चुना है। तब?

तभी सेनानायक सुषेण ने प्रवेश किया। पुलिन पीछे था।

"सुषेण! पुलिन! आप दोनों ने कुछ सुना?"

"हाँ, महामंत्री!"

"अभी महाराज के पास चलना है। सुषेण! कितने सैनिक हमारे पास होंगे?"

"बीस-पच्चीस सहस्त्र के लगभग। मैंने सबको तत्काल एकत्र होने के आदेश दे दिये हैं।"

"नगर में डोंडी पिटवा दो, सुषेण, कि सभी समर्थ पुरुष राजमहल के सम्मुख पहुँच जाएँ। प्राचीर पर पहरे का प्रबन्ध तत्काल करो। यह करके तुम सीधे महाराज के पास पहुँचो।"

सुषेण चला गया।

"पुलिन! बिम्ब शत्रु-चर निकला।"

"मैं जानता हूँ, देव! मुझे आरम्भ से ही सन्देह था। पर, शत्रु कहीं दृश्य नहीं था। सन्देह के पुष्ट होने का अवसर बिम्ब ने दिया नहीं।"

"तुम ठीक कहते हो, पुलिन! हर हलचल के पीछे एक नैसर्गिक कारण ही हमें दीखा। जो भी हुआ। तुम इसी क्षण अपने चरों को सभी उपयुक्त स्थलों पर नियुक्त करो। तत्काल यह पता लगाने का प्रयास करो कि आक्रामकों में कहाँ-कहाँ के सैनिक हैं? क्या उनमें फूट डालना सम्भव है?"

"आर्य! फूट डालने का अवसर नहीं रहा। शत्रु-सेना के अंगों का विवरण शीघ्र ही मैं आपको दूँगा। बिम्ब ने सही सूचनाएँ आप तक नहीं पहुँचने दीं।"

"पुलिन! मल्लिका के भवन पर दृष्टि रखो। श्रेष्ठि तिष्य से चाणक्य के गहरे सम्बन्ध रहे हैं। उसे बन्दी बना लो।"

"जो आज्ञा, महामात्य!"

पुलिन के जाने पर राक्षस शीघ्रता से राजभवन की ओर लपका।

नन्द प्रस्तुत परिस्थिति के विषय में पहले ही सुन चुका था। वह गहरी चिन्ता में मग्न था कि राक्षस और सुषेण ने कक्ष में प्रवेश किया।

"आओ, महामात्य! सेनानायक! मैं आप दोनों को बुलवाने ही वाला था।"

"महाराज! घोर परीक्षा की घड़ी अचानक आ पहुँची है।"

"हम युद्ध करेंगे, महामात्य! आप नगर-द्वारों को बन्द करा दीजिए।"

"वह मैंने करा दिया है, राजन्! प्रहरियों को सतर्क कर दिया है। सैनिक एकत्र किए जा रहे हैं। सेनापति भद्रशाल इस समय होते।" राक्षस ने कहा।

"इस क्षण से मैं सेनापति हूँ, महामात्य! सुषेण! मैं अभी आकर एकत्र सैन्य का निरीक्षण करूँगा। आप जाइए।"

सुषेण चला गया।

"आर्य राक्षस! आप नगर से अधिकाधिक सैनिक एकत्र करने का प्रयास करिए। क्या यह सेना उसी चाणक्य की है?"

"हाँ, महाराज!"

"महामात्य! यह अधिकतर भृत सेना ही होनी चाहिए। इसे पराजित करना कठिन नहीं होगा। आप नागरिकों का पूर्ण सहयोग प्राप्त करिए। श्रेष्ठियों से बात करिए। विभिन्न संघों के प्रमुखों को बुलाइए। बाहर ग्रामों में किसी को भेजिए जो वहीं एक दल संगठित करे। समय नहीं है, आर्य राक्षस! जो कर सकते हैं, करिए। मैं युद्ध की योजना बनाता हूँ।"

राक्षस वापस आ गया।

कंकु राक्षस के पास से सीधा मल्लिका के पास पहुँचा।

"आपने कुछ सुना, आर्ये!"

"हाँ! यह किसकी सेना है, कंकु!"

"हमारी ही है। आचार्य चाणक्य और चन्द्रगुप्त की। देवि!"

"कंकु! क्या अभिप्रेत है?"

"नन्द के शासन का अन्त!"

"उसके स्थान पर कौन बैठेगा?"

"चन्द्रगुप्त!"

"यह नहीं होगा, कंकु! मैंने यह कभी नहीं चाहा।"

"यह अब अनिवार्य है, देवि! नन्द के भ्रष्ट शासन को अधिक चलने नहीं दिया जा सकता।"

"नन्द भ्रष्ट नहीं है।"

"देवि! नन्द की नियति शोचनीय नहीं है। आचार्य चाणक्य तक्षशिला से कामरूप तक विस्तृत एक विशाल आर्य साम्राज्य निर्मित करने के लिए कृत-संकल्प हैं। इस महान यज्ञ में आपके योगदान की उन्हें अपेक्षा है।"

"एक साधारण गणिका क्या कर सकती है?"

"बहुत-कुछ।"

"वे चारों नायक आपकी मुट्ठी में हैं। उनसे कहिए ठीक समय पर विद्रोह कर दें।"

"मैं उनसे कुछ नहीं कहूँगी।"

"मत कहना, देवि! पर आप विचलित न हों। पाटलिपुत्र की नियति एक मोड़ ले रही है। आप विनोदपूर्वक देखती-भर रहें।"

"मैं नन्द से प्रेम करती हूँ।"

"आपकी भावना आदरणीय है।"

"कंकु!"

"मैं चलता हूँ, देवि! इन कुछ दिन आप बाहर न निकलें। सदन का मुख्य द्वार बन्द करा लें। मेरा एक चर हर समय यहाँ रहेगा। आपकी पूर्ण सुरक्षा के लिए मैं उत्तरदायी हूँ।"

पूरा पाटलिपुत्र आलोड़ित हो उठा था। किसी को याद नहीं कि ऐसा अवसर पहले कब आया था। इस स्थिति के प्रति आतंक और उत्कंठा का भाव सबमें व्याप्त था। अनेक लोग नन्द और पाटलिपुत्र के भविष्य के प्रति हृदय से चिन्तित थे, पर अनेक लोगों के लिए इसमें किसी वज्रपात की नहीं, केवल राज्य-परिवर्तन की आशंका निहित थी। नगर के सभी हाट बन्द हो गए थे। श्रेष्टि और वणिक अपने-अपने घरों को बन्द करके बैठ गए थे। नागरिक इधर से उधर भाग रहे थे। यहाँ-वहाँ भीड़ बनाए खड़े जन गम्भीर चर्चा में व्यस्त थे। सब जगह दो प्रश्न सबके सामने थे। महामंत्री क्या करते रहे कि शत्रु द्वार पर आ पहुँचा और उन्हें पता तक नहीं चला। दूसरा यह कि यह चन्द्रगुप्त कौन है। कंकु के चरों ने यह बात अच्छी तरह फैला दी थी कि चन्द्रगुप्त मौर्य गण का क्षत्रिय राजकुमार है, जिसके पिता को नन्द ने मारा था। उसकी माँ पाटलिपुत्र में ही कहीं रहती है। चाणक्य के शिष्य इस चन्द्रगुप्त ने वाहीक में यवनों से टक्कर ली थी। इसने यवन फिलिप्स को द्वंद्व युद्ध में मार डाला था। आदि-आदि।

सभी नगर-द्वारों पर नगर में बाहर से आए लोगों के जुट्ट जमे थे और बाहर निकल जाने देने के लिए चीख रहे थे।

कंकु ने एक गुप्त स्थल पर अपने प्रमुख चर एकत्र किए।

"आर्या मुरा को नगर में ही गुप्त स्थान पर छुपा दिया है न?"

"हाँ, आर्य! देवि श्यामला से भी कहा गया था, पर उन्होंने स्वीकार नहीं किया। अभी कुछ देर पहले आचार्य रुचिशील को बन्दी बना लिया गया है।"

"क्या!" कंकु के मुँह से निकला।

"हाँ, आर्य! यह भी पता चला है कि श्रेष्टिवर तिष्य भी पकड़ लिए गए हैं।"

"चर!" कंकु ने एक अन्य चर से कहा, "तुम आर्या श्यामला के पास जाओ और मेरी ओर से कहो कि वे घबराएँ नहीं और घर के बाहर न निकलें। तुम वहीं उनके पास रहो।"

वह चर चला गया।

"और तुम," एक अन्य से वह बोला, "उन पाँच नायकों में से किसी एक या दो या पाँचों से सम्पर्क करो और कहो कि आर्या मल्लिका पार्श्वनाथ मन्दिर में ठीक संध्या समय उनसे मिलेंगी।"

वह चला गया।

"दो चर इसी कक्ष में रहें। शेष सब नगर में फैल जाएँ। हर सूचना इसी कक्ष में पहुँचाई जाए। स्थान-स्थान पर जाकर यह बात कहो कि मगध को विलासी, धन-लिप्सु नन्द की नहीं, युवक योद्धा चन्द्रगुप्त की आवश्यकता है। विशु और दो अन्य ठहरें। शेष जाएँ।"

सबके चले जाने पर कंकु ने कहा, "विशु! मैं समझता हूँ नगर का उत्तर-पश्चिमी द्वार सबसे असुरक्षित होना चाहिए। आओ, देखकर आएँ। पर पहले मुझे रूप बदलना होगा। तुम भी एक सैनिक का रूप धारण कर लो।"

राक्षस ने पहला काम यह किया कि अपने परिवार को अपने मित्र चन्दनदास के यहाँ भिजवा दिया। तब उसने प्रमुख नागरिकों को बुलवाया और उनसे बात की। उसने उन्हें प्रेरित किया कि वे तन-मन-धन से राजा नन्द की सहायता करें। एक-दो नागरिकों ने तिष्य का प्रश्न उठाया। राक्षस ने उन्हें बताया कि चन्द्रगुप्त तिष्य के ही धन से सेना एकत्र करने में सफल हो सका है। श्रेष्ठि चन्दनदास की अध्यक्षता में नागरिकों की एक समिति उसने निर्मित कर दी, जो महाराज नन्द और सुषेण से तत्काल सम्पर्क स्थापित करे और सेना की आवश्यकताओं की पूर्ति में सहायता दे।

राक्षस ने नगर में पहले ही डोंडी पिटवा दी थी कि नागरिक राजमहल के सामने पड़ी खाली भूमि पर महामात्य की बात सुनने के लिए एकत्र हों। प्रमुख नागरिकों के पास से राक्षस सीधा इस जन सभा में पहुँचा। उसने आह्वान किया कि पाटलिपुत्र की जनता अपने नगर और अपने राजा की रक्षा के लिए प्राणों की बलि चढ़ा दे।

रोकने पर भी श्यामला घर में रुक नहीं पाई थी। वह इस सभा में उपस्थित थी। राक्षस के बोल चुकते ही वह सहसा खड़ी हो गई। लोगों की चकित दृष्टि श्यामला पर जम गई।

उसने प्रखर स्वर में बोलना आरम्भ किया, "मैं महामात्य से पूछना चाहती हूँ कि शत्रु की गतिविधि का पता उन्हें आज से पहले क्यों नहीं लग सका? उनका गुप्तचर दल क्या करता रहा? इस भयानक और विनाशकारी विफलता के लिए क्यों न उन्हें दंड दिया जाए? ऐसा तो नहीं कि वे शत्रु से मिले थे?"

उपस्थित जनसमूह में स्तब्धता छा गई। राक्षस सुनकर क्रोध से पागल हो उठा। उसका चेहरा तमतमा आया और वह चीख पड़ा—

"कौन हो तुम?"

"मैं आचार्य रुचिशील की पत्नी श्यामला हूँ।"

"सैनिको! इसे पकड़ लो।" राक्षस ने चिल्लाकर आदेश दिया।

"मैं प्रस्तुत हूँ।" श्यामला ने निर्भय कहा।

कुछ सैनिक श्यामला की ओर बढ़े, पर कुछ नागरिकों ने बढ़कर श्यामला के चारों ओर घेरा डाल लिया और सैनिकों को उस तक नहीं पहुँचने दिया। वे श्यामला को बीच में लेकर नगर की दिशा में चल दिए। किसी एक ने नारा लगाया, "आर्या श्यामला की जय!" सबने उसे दुहराया। किसी अन्य ने नारा लगाया, "चन्द्रगुप्त की जय!" पर इसे किसी ने दुहराया नहीं। वह सबके भीतर समाकर लुप्त हो गया। यह पता नहीं चल सका कि चन्द्रगुप्त की जय का घोष किसने किया था। श्यामला अपने घर आ गई। भीड़ बिखर गई और श्यामला के दुस्साहस की चर्चा पूरे नगर में फैल गई। राक्षस ने श्यामला को घर से पकड़ लाने का आदेश नहीं दिया।

नगर में जो वातावरण था, उसके बावजूद सहस्रों नागरिक राजमहल के सामने जा उपस्थित हुए और उन्होंने अपनी सेवाएँ अर्पित कीं।

नायक गतिपूर्वक सैनिकों को युद्ध के लिए सन्नद्ध करने में जुटे थे। सैनिकों को गुल्मों और दलों में विभाजित कर दिया गया था। घोड़ों की टापों से नगर का वह भाग गूँज रहा था।

नन्द, सुषेण और युवराज विन्ध्य ने प्राचीर पर चतुर्दिक् घूमकर आक्रामक सेना का पर्यवेक्षण किया और शत्रु की योजना और व्यूहबन्दी को लेकर अनुमान लगाए। अन्त में यह तय किया कि प्रात: अँधेरे में पाँच सहस्र का एक अश्वारोही दल उत्तरी द्वार से निकले और नदी तट के साथ-साथ बढ़कर पूर्वी द्वार के सामने जा जमे। दिन निकलने पर प्रमुख द्वार, दक्षिणी द्वार से दस सहस्र अश्वारोही और इतने ही पदाति बाहर निकलकर शत्रु पर टूट पड़ें। पहला अश्वारोही दल नदी की ओर से बढ़कर शत्रु को दबाए। नन्द का विचार था कि पूरी शत्र सेना दक्षिणी द्वार के सामने ही जमा है।

आधी रात तक तैयारियाँ चलती रहीं। तब सैनिकों को आराम दिया गया, जिससे प्रात: मोर्चे पर पहुँचा जा सके।

पार्श्वनाथ के मन्दिर में केवल एक नायक पहुँच सका। छद्मवेशी कंकु ने उससे बात की।

"नायक! आर्या मल्लिका ने नहीं, मैंने ही आपको बुलाया है।"

"आप कौन हैं, भद्र?"

"मैं कोई भी हूँ, नायक! मैं आपसे कुछ निवेदन करने को उत्सुक हूँ। आप मेरी बात मानें या नहीं, यह आप जानें। पर सुन लें और उसे तोल लें।"

"कहिए, भद्र!"

कंकु ने धीमे-धीमे रुक-रुककर कहना आरम्भ किया—

"नायक! सैनिक-स्थिति ऐसी है कि नन्द की पराजय सुनिश्चित है। नन्द इस योग्य है भी नहीं कि उसके लिए सहस्रों का रक्त बहाया जाए। आचार्य चाणक्य नन्द को हटाने के लिए कृतसंकल्प हैं। मागध और मौर्य चन्द्रगुप्त सिंहासन पर बैठेगा। क्या आप अस्तंगत सूर्य के लिए अपने और अपने सैनिकों के प्राणों की बलि देंगे?"

नायक ने चुपचाप सुना।

"तब क्या किया जाए?" उसके मुँह से निकला।

"यह आप सोचिए, नायक! मैं तो इतना कह सकता हूँ कि अपनी शक्ति का सदुपयोग आप मगध साम्राज्य को तक्षशिला तक और उससे भी आगे तक विस्तृत करने में कर सकते हैं।"

नायक सोच में डूब गया।

कंकु वहाँ से खिसक लिया।

पाटलिपुत्र के दक्षिणी द्वार से कुछ दूर राजमार्ग पर स्थित सराय से चाणक्य का परिचय नया नहीं था। आज इस सराय पर मल्लिका की एक दासी का अधिकार था और इस समय यह चाणक्य का युद्ध-कार्यालय बनी हुई थी। दो दिन से नगर से बाहर के क्षेत्र में और गंगा के घाटों पर अमागध अश्वारोही और पदाति बड़ी संख्या में दृष्टि आ रहे थे। आज प्रात: से तो पूरी सेना ही नगर दुर्ग के सामने पड़ी थी। लोग सशंकित और आतंकित हो उठे थे और पलक झपकते ही यह सूचना पूरे नगर में फैल गई थी। ग्रामों से आती बैलगाड़ियाँ वापस लौट गई थीं। लोग मुक्त भाव से घूमना छोड़कर इधर-उधर दुबक चले थे।

सराय में बैठा चाणक्य हर गतिविधि पर दृष्टि रखे था और चन्द्रगुप्त कुशल तथा सिंह से निरन्तर विचार-विमर्श कर रहा था। जिस कक्ष में चाणक्य था उसके

बाहर अनेकों चर और सैनिक आज्ञा की प्रतीक्षा में खड़े थे। वैसे पूरी सराय ही सैकड़ों सैनिकों से घिरी थी।

"कुशल! कंकु से निरन्तर सम्पर्क का माध्यम तुमने बना लिया है न?" चाणक्य ने पूछा।

"हाँ, गुरुदेव! साथ ही एक चर के नेतृत्व में पचास चुने हुए सैनिक भीतर पहुँचा दिए हैं। आर्य कंकु उन्हें यथावश्यक नियुक्त करेंगे।"

"सिंह!"

"आर्य!"

"रात होते ही तीन सहस्र सैनिक—अपने सैनिक, पर्वतीय नहीं—नगर के पश्चिमी द्वार पर पहुँचा दो। उसी द्वार को खोलने का आदेश कंकु को दिया गया है।"

"जो आज्ञा, गुरुदेव!"

"इस गतिविधि का आभास भी पर्वतीयों को नहीं मिलना चाहिए। इस दल का नेतृत्व तुम करोगे।"

"मैं समझ गया, गुरुदेव!"

"कुशल! उस भूगर्भ मार्ग की क्या स्थिति है?"

"सैनिक चार दिन से उसमें जुटे हैं। जहाँ आर्य शकटार बन्दी थे, उस गर्भ-गृह तक सैनिक पहुँच चुके हैं। पर उस ओर निकलने का मार्ग शिलाखंडों से बन्द कर दिया गया है। उसी को तोड़ने में समय लग रहा है।"

"पर आज रात तक पथ बन जाना अनिवार्य है।"

"वह हो जाएगा, आर्य!" कुशल ने कहा।

"आर्य शकटार कहाँ हैं?"

"वे विश्राम कर रहे हैं।" सिंह ने बताया।

"चन्द्र और सिंह! नन्द अब क्या करेगा?"

"मैं समझता हूँ, कल से पहले वह आक्रमण नहीं कर सकेगा।" चन्द्र ने कहा।

"उसकी ओर से रात्रि में कोई गतिविधि होगी?"

"मैं नहीं समझता, गुरुदेव!" चन्द्रगुप्त ने कहा।

"मेरा भी यही विचार है।" सिंह बोला।

"मैं भी यही सोचता हूँ।" चाणक्य ने कहा, "नन्द और राक्षस और पाटलिपुत्र ऐसे अप्रत्याशित आक्रमण के लिए इतने अनभ्यस्त हैं कि इतनी शीघ्र कुछ करना उनके बूते का नहीं होगा। फिर भी हमें सावधान रहना चाहिए। चन्द्रगुप्त!"

"गुरुदेव!"

"कल प्रात: सिंह यहाँ नहीं होगा। तुम दोनों पर्वतक को साथ लेकर व्यूह के विषय में अभी तय कर लो। युद्ध-नीति को तुम दोनों ठीक तरह समझ लो। सिंह पश्चिमी द्वार से और विजय भूगर्भ मार्ग से नगर में प्रवेश करेगा। जैसे ही प्रात: नन्द

की सेना बाहर आएगी, सिंह दक्षिणी द्वार पर और विजय राजभवन पर अधिकार कर लेगा। नगर में फौरन डोंडी पिटवा दी जाएगी और भीतर अवशिष्ट सैनिकों को आत्म-समर्पण के लिए प्रेरित किया जाएगा। ध्यान रहे पर्वतीयों को पूर्ण विजय से पहले नगर में प्रवेश न करने दिया जाए। रक्तपात, अनिवार्य से अधिक न किया जाए।

"आर्य! यदि नगर-प्रवेश की योजना विफल हो जाए तब?"

"तब बाहर से युद्ध होगा और द्वार को तोड़ने का प्रयत्न किया जाएगा। तब रक्तपात अधिक होगा और समय भी अधिक लगेगा।"

"गुरुदेव! पर्वतक का मन मुझे अस्थिर प्रतीत होता है। उसका विशेष ध्यान रखना होगा।"

"मैं इस विषय में सतर्क हूँ, वत्स! मैं आर्य शकटार से अभी इस बारे में बातचीत करूँगा। कुशल!"

"आर्य!"

"कंकु ने एक ग्रामीण का नाम भेजा था, जो विद्रोही ग्रामीणों का नेता है। क्या उसे खोजा जा सकता है?"

"मैं प्रयत्न करता हूँ, गुरुदेव!"

"अभी करो। आस-पास के ग्रामों से सेना एकत्र करने का प्रयास इसी क्षण आरम्भ किया जाना चाहिए। उस ग्रामीण नेता को यहाँ लाओ।"

"जो आज्ञा, आर्य!"

"सिंह! चन्द्र! नन्द के सैनिकों से उत्तम व्यवहार करो और उन्हें अपनी ओर करने का प्रयास करो। कंकु ने निश्चय ही कुछ प्रयास किया होगा। नन्द के वर्तमान तीस सहस्र सैनिकों में से पन्द्रह अपनी ओर किए जा सकते हैं।"

"निश्चय ही, आर्य!"

"पर्वतक में महत्त्वाकांक्षा का जगना स्वाभाविक होगा। बल-प्रदर्शन और कूटनीति से ही पर्वतीयों को वश में रखा जा सकता है। पुत्रो! जाओ, अपने-अपने काम में तत्परता से लगो।"

चन्द्र, सिंह और कुशल के जाते ही चाणक्य ने एक चर को बुलाया।

"राजा पर्वतक क्या कर रहे हैं?"

"अभी कुछ क्षण पहले तक पर्वतक अपने कक्ष में अन्य राजाओं के साथ बातचीत में संलग्न थे।"

"कोई बात सुनी?"

"हाँ, आर्य! मैंने राजा चित्रवर्मा को यह कहते सुना कि नन्द के स्थान पर पर्वतक को गद्दी पर क्यों नहीं बैठना चाहिए? हमारा नेता शकटार है, चाणक्य नहीं।"

"तुम जाओ।"

चाणक्य ने ताली बजाकर दूसरे चर को बुलाया।

"आर्य शकटार जगे या नहीं?"

"अभी जगे हैं, आर्य!"

"उन्हें कहो कि मैं दर्शन के लिए उत्सुक हूँ।"

चर के जाने पर चाणक्य सोच में पड़ गया। क्या आर्य शकटार भी बदल रहे हैं? नहीं, ऐसा नहीं हो सकता। यदि ऐसा है तो मुझे प्रहार में पहल करनी होगी।

तभी शकटार ने प्रवेश किया।

"आप स्वस्थ तो हैं न, आर्य!"

"कुछ थकान है। शरीर में पीड़ा है।"

"आपके बिना मैं असहाय हो जाता है, आर्य!"

"बोलो, चाणक्य!" शकटार ने हँसकर कहा, "करना तो तुम्हें ही है, वत्स! मैं तो केवल नन्द-वंश का अन्त देखने के लिए ही यहाँ तक आया हूँ।"

"आर्य! मुझे लगता है, पर्वतीयों को वश में रखने में अब कठिनाई होगी। कल युद्ध निश्चित है और किसी भी प्रकार की शिथिलता घातक बन सकती है।"

"शिथिलता क्यों होगी, चाणक्य?"

"मैंने सुना है पर्वतक में महत्त्वाकांक्षा ने जन्म ले लिया है।"

शकटार गम्भीर हो उठा।

"तब क्या उपाय है?"

"एक मात्र यह कि पर्वतक और अन्य राजा अपने-अपने सैन्य दलों का नेतृत्व चन्द्रगुप्त के हाथों में सौंप दें।"

"पर, चाणक्य! यदि उनमें महत्त्वाकांक्षा है तो वे वैसा क्यों करेंगे?"

"नहीं करेंगे।"

"तब?"

"प्रश्न यह है कि यदि कल इन्होंने युद्ध न किया, तब? तब क्या होगा?"

"युद्ध इन्हें करना होगा। अपने अस्तित्व के लिए। पर आओ, पर्वतक से बात करें।"

"मैंने चन्द्रगुप्त और सिंह को भेजा है।"

"तुम्हारी आशंका निराधार है, चाणक्य! पर्वतीय राजा यहाँ पाटलिपुत्र में प्रभुत्व की स्थिति में नहीं है। फिर भी सावधान रहना आवश्यक है। पर्वतक को यहीं बुलवा लो।"

मैंने चन्द्र से कहा है कि पर्वतक को साथ लेकर व्यूह नीति निश्चित कर ले।"

"ठीक तो किया है।"

और तभी अचानक राजा पर्वतक ने प्रवेश किया। उसका चेहरा तना हुआ था और वह उबल उठने के लिए विकल था।

"बैठो, राजन्!" चाणक्य ने कहा।

"आर्य शकटार!" पर्वतक बोल उठा।

"कहो, पर्वतक!"

"आप इसलिए हमें लाए हैं कि एक साधारण लड़के की आज्ञा में हमें चलना पड़ेगा?"

"किसकी आज्ञा में?" शकटार ने समझते हुए भी प्रश्न किया।

"चन्द्रगुप्त की।" पर्वतक बोला।

"क्या कहना चाहते हो, राजन्?" चाणक्य ने पूछा।

"यह ब्राह्मण! कि इस सम्मिलित सेना का सेनापति मैं हूँ। चन्द्रगुप्त को मेरी आज्ञा में चलना पड़ेगा।"

"ठीक ही तो है। चन्द्रगुप्त अभी बालक है। उसे आपकी आज्ञा में चलना ही चाहिए।" चाणक्य ने कहा।

शकटार सुनकर चौंका।

"दूसरी बात यह कि विजय होने पर नन्द की गद्दी पर मैं बैठूँगा।"

"राजन्! अनुचित कुछ भी होने नहीं दिया जाएगा।"

"क्या अर्थ?"

"अर्थ यह पर्वतक! कि तुम अनुभवी और प्रौढ़ हो।"

"तो बात ठीक है न?"

"बात एकदम ठीक है। राजन्!"

"कहो।"

"यदि मन में शंका और ढील लाओगे तो कल एक भी पर्वतीय यहाँ से जीवित जा नहीं पाएगा। इससे पूर्व कि इधर-उधर की सेनाएँ नन्द की सहायता के लिए आ पहुँचें, जो करना है, कर डालो।"

"ऐसा ही होगा, ब्राह्मण!" सन्तुष्ट पर्वतक ने कहा। और वह जिस वेग से आया था, उसी वेग से चला गया।

"साधु, चाणक्य! साधु!" शकटार बोला।

पर चाणक्य चुप, विचारमग्न रहा।

"आर्य!" कुछ रुककर वह बोला।

"कहो, चाणक्य!"

"पर्वतक को आप समझाइए।"

"मैं उससे बात करूँगा।"

"यदि हम आपसी झमेले में पड़ जाएँगे, तो सभी कुछ गुड़-गोबर हो जाएगा।"

शकटार ने दो पल सोचा, तब कहा—

"चाणक्य! पर्वतक में आकांक्षा का जगना स्वाभाविक है और उसका मेरी ओर देखना भी उतना ही स्वाभाविक है। पर तुममें शंका का पैदा होना न्याय्य नहीं है।"

चाणक्य ने चौंककर शकटार की ओर देखा।

"मैं क्षमाप्रार्थी हूँ, आर्य!"

"मेरे पास कोई अलग सपना नहीं है, वत्स!"

"मैं लज्जित हूँ, पर निश्चिन्त हूँ, आर्य! क्षण की घोरता को आप भी अनुभव करेंगे।"

"मैं करता हूँ, चाणक्य! अच्छा मैं चलता हूँ। पर्वतक को निश्चय ही सँभालना होगा।" शकटार के जाते ही चाणक्य ने कुशल को बुलवाया।

"कुशल! पर्वतक में मगध-सम्राट् बनने की राजहठ उपजी है। वह मूर्ख है, पर हमें उस पर निर्भर करना पड़ रहा है। कल संध्या के बाद यह निर्भरता मैं नहीं चाहता। चन्द्रगुप्त से कहो कि पर्वतक से सूक्ष्म कूटनीति से काम लेना होगा। कल के युद्ध के लिए हमें उसकी अनिवार्य अपेक्षा है। तुम दोनों को विशेष ध्यान रखना होगा कि पर्वतक और अन्य राजा कल अपने कम से कम सैनिक नगर के भीतर ले जा पाएँ। कंकु को कहलाओ कि वह मागध नायकों को अपनी ओर करने का हर सम्भव प्रयास करे। तुमने किसी चर को ग्रामों में भेजा?"

"हाँ, गुरुदेव!""

"ठीक है, और देखो।"

"हाँ, आर्य!"

"शायद इस सन्दर्भ में अन्तिम प्रयोग करना पड़े।"

"मैं समझ गया, गुरुदेव!"

"ठीक है, जाओ।"

पाटलिपुत्र के पश्चिमी द्वार का क्षेत्र आरम्भ से उजाड़ ही रहा था। निम्नतम जातियों के कुछ झोंपड़े वहाँ थे। शेष झाड़-झंखाड़ थे और पेड़ थे। ऊँचे भवन न होने के कारण यहाँ लगभग अँधेरा रहता था। द्वार पर कुछ मशालें थीं और आज ही लगभग सौ सैनिक वहाँ नियुक्त किए गए थे। कंकु इस द्वार का अच्छी तरह निरीक्षण कर गया था। उसकी समझ में नहीं आया था कि इस द्वार को इतना असुरक्षित क्यों छोड़ दिया गया था। स्यात् उन्हें एकदम आशंका नहीं थी कि इस ओर से कुछ हो सकता है। पर घबराहट में इस उजाड़ स्थान के सामरिक महत्त्व को कोई सोच नहीं पाया था। फिर ऐसे चिन्तन की आवश्यकता ही कब पड़ी थी?

अमावस्या की संध्या उतरते ही कंकु ने बाहर से आए पचास सैनिकों को दो-दो, तीन-तीन ले जाकर वहाँ के झाड़-झंखाड़ों में छुपा दिया। दो सैनिक प्राचीर से सटे एक पेड़ पर चढ़कर बैठ गए और उस पार एकत्र हो रहे अपने घुड़सवारों की टोह लेने लगे। आधी रात के लगभग उस पार से एक उल्लू बोला। यह संकेत था कि सभी सैनिक आ चुके हैं।

कंकु ने यह पहले ही देख लिया था कि कितने सैनिक द्वार पर पहरे पर हैं और कितने इधर-उधर सोए पड़े हैं। द्वार पर लगभग पच्चीस प्रहरी थे। कंकु के पचास सैनिकों ने अँधेरे में से अचानक निकलकर उन पच्चीस को धर दबोचा। कुछ ने विद्युद्गति से उन्हें बाँध डाला। और शेष ने द्वार की अर्गलाओं को हटाकर कपाट खोल दिए। तत्काल सैकड़ों सैनिक भीतर घुस आए। सोए पड़े और हलचल सुनकर जाग उठे मागधों को पल-भर में घेर लिया गया और एक-एक को बाँधकर एक ओर डाल दिया गया। अब सिंह अपने सभी अश्वारोहियों को भीतर ले आया। अश्वारोही प्राचीर के साथ-साथ फैल गए। द्वार को पहले की तरह बन्द कर दिया गया। शवों को द्वार पर से हटा दिया गया और पहले की तरह पच्चीस-तीस सैनिक पहरे पर खड़े हो गए। शेष सभी पेड़ों के बीच और झाड़ियों में दुबक गए और उस घनघोर अंधकार में से घोड़ों की हिनहिनाहट को छोड़ सभी आवाजें आनी बन्द हो गईं।

उसी समय मगध की सेना भी सक्रिय थी, पर उसकी हलचल उत्तरी और दक्षिणी द्वारों पर थी। योजनानुसार पाँच सहस्र मागध अश्वारोही उत्तरी द्वार से निकले और धीमे-धीमे प्राचीर के साथ-साथ पूर्व की ओर बढ़ने लगे। दक्षिणी द्वार पर भीड़ बहुत अधिक थी। पचासों मशालों के जले होने के कारण वहाँ दिन का-सा उजाला हो रहा था और पंक्तिबद्ध खड़े सहस्रों अश्वारोही और पदाति बाहर निकलने के क्षण की प्रतीक्षा में थे। मगध साम्राज्य का युवराज विंध्य इनका नेतृत्व कर रहा था।

ठीक इसी समय दो सहस्र पदाति विजय के नेतृत्व में गंगा-तट पर पड़े थे। वे थोड़े-थोड़े करके भूगर्भ-मार्ग से भीतर आ रहे थे। कुछ समय बाद विजय ने दूर से आते सैकड़ों अश्वों की ध्वनि सुनी। उसने तत्काल अपने सैनिकों को तट के ढलवा कगार पर लिटा दिया। जब उत्तर की ओर से आते मागध अश्वारोही आगे बढ़ गए, तब उसने पुनः काम चालू किया। पर, दो चरों को उसने तत्काल रवाना कर दिया कि वे चन्द्रगुप्त को मागधों की इस गतिविधि की सूचना दे दें।

जब आकाश में कालिमा तड़क रही थी, तब तक दक्षिणी द्वार बीस सहस्र मागधों को बाहर उगलकर पूर्ववत् बन्द हो चुका था। तभी सिंह के अश्वारोही सोते से जाग उठे और कंकु के मार्गदर्शन में आगे बढ़ने के लिए प्रस्तुत हो गए। विजय के सैनिकों के भीतर आ चुकने की सूचना कंकु को पहले ही मिल चुकी थी। उसने

सबसे पहले उत्तरी और दक्षिणी द्वारों पर अधिकार करने के लिए पाँच-पाँच सौ अश्वारोही विशु और एक अन्य चर के साथ भेज दिए। शेष चार सहस्र को लेकर वह और सिंह उस ओर बढ़े, जहाँ अवशिष्ट पाँच-सात सहस्र, अधिकतर पदाति मागध आदेश की प्रतीक्षा में सन्नद्ध खड़े थे।

सिंह के अश्वारोहियों ने बाण की तरह छूटकर इन मागधों को चारों ओर से घेर लिया। मागधों को इस बात की आशंका तो स्वप्न में भी नहीं हो सकती थी कि शत्रु इतनी बड़ी संख्या में भीतर घुस आएगा। उनके हाथ-पैर फूल गए और वे निस्तेज हो उठे। कंकु ने मागध नायक को बुलाया। जो नायक आगे आया वह संयोगवश उन पाँचों में से एक था, जिन्होंने पहले विद्रोह किया था। वह कंकु को देखते ही पहचान गया।

"नायक! मुझे पहचानते हो?"

"आप बिम्ब हैं।"

"चलो, बिम्ब ही सही। राजमहल पर अधिकार कर लिया गया है। नन्द हमारे बन्धन में है। नगर-द्वारों पर हमारे सैनिक हैं। जो मागध-सेना बाहर गई है उसे बाहर ही काट डाला जाएगा। तुम क्या चाहते हो, जीवन-रक्षा या मृत्यु?"

"जीवन-रक्षा।" नायक ने तत्काल उत्तर दिया।

"तब अपने सैनिकों से कहो, शस्त्र रखकर एक ओर खड़े हो जाएँ और देखो, हम एक भी बूँद रक्त नहीं बहाना चाहते। पर, सामना करनेवाला तत्क्षण तलवार के घाट उतार दिया जाएगा। हाँ, जो नया राज्य स्थापित करने में हमारा साथ देना चाहे, वह इसी क्षण से अपने को चन्द्रगुप्त मौर्य का अनुचर समझे।" कंकु ने ऊँचे स्वर में घोषणा की और फिर कहा, "पर पहले सबको अपने शस्त्र रखने होंगे।"

कंकु की बात पवन के झोंके की तरह पल-भर में सभी मागधों के बीच सरसरा गई। दूसरे ही क्षण से मागध सैनिकों ने एक कोने में शस्त्रों का ढेर लगाना शुरू कर दिया। शस्त्र रखकर वे दूसरी ओर जा खड़े होने लगे। सिंह के सैनिकों ने इन नि:शस्त्र मागधों को घेर लिया। शस्त्रों को एक कक्ष में बन्द कर दिया गया और उसके बाहर प्रहरी नियुक्त कर दिए गए। एक सहस्र सैनिकों को वहीं छोड़कर सिंह और कंकु शेष अश्वारोहियों को लेकर राजमहल की ओर बढ़े।

भूगर्भ मार्ग से आनेवाले सैनिकों के नेता विजय को आदेश था कि उसके सैनिक भीतर आकर फैल जाएँ और दिन निकलने तक दुबके पड़े रहें। तब वे टोह लेते हुए आगे बढ़े और राजमहल पर अधिकार कर लें। जब सिंह और कंकु महल की प्राचीर के सामने पहुँचे, तब उन्होंने भीतर हलचल सुनी। मुख्य द्वार पर एक भी प्रहरी नहीं था, क्योंकि सब भीतर की ओर भाग गए थे। सिंह के अश्वारोही सीधे भीतर घुस गए। वहाँ प्रांगण में कुछ सौ मागध विजय के सैनिकों

से जूझ रहे थे। इन अश्वारोहियों के पहुँचते ही युद्ध समाप्त हो गया और मागधों ने शस्त्र डाल दिए।

अब सिंह और कंकु ने नन्द के महल को घेर लिया। दोनों भीतर घुस गए और उन्होंने राजा नन्द एवं रानी को पकड़ लिया और उन्हें एक कक्ष में बन्द करके बाहर प्रहरी बिठा दिए। एक अन्य कक्ष से राजकुमारी दुर्धरा को लाया गया और माता-पिता के पास ही रख दिया गया। सेवकों-सेविकाओं के दल को अलग दो बड़े कक्षों में बन्द कर दिया गया।

अब कंकु, सिंह और विजय ने बैठकर विचार-विमर्श किया और काम बाँटा।

"सबसे पहले गुरुदेव को सूचना भिजवाई जाए कि नगर पर अधिकार कर लिया गया है।" सिंह ने कहा।

"मेरा विचार भिन्न है।" कंकु बोला।

"कहो।"

"बन्धु! बाहर चन्द्रगुप्त को तुम्हारी आवश्यकता होगी। तुम तीन सहस्र अश्वारोहियों को लेकर पश्चिमी मार्ग से फौरन निकल जाओ और चन्द्र की सहायता करो। यहाँ नगर के नियंत्रण के लिए दो सहस्र पदाति और दो सहस्र अश्वारोही पर्याप्त हैं। मैं और विजय सब सँभाल लेंगे।"

"विचार उत्तम है।" विजय ने कहा।

बात सिंह की समझ में आ गई।

"तो ठीक है, बन्धु कंकु! मैं चलता हूँ।"

वहीं से सभी अश्वारोहियों को उसने साथ चलने का आदेश दिया और वह सरपट दौड़ चला।

"विजय! भूगर्भ मार्ग को अभी अवरुद्ध करा दो।"

विजय ने बाहर जाकर उचित आदेश दिया।

दो चरों को कंकु ने उत्तरी और पूर्वी द्वारों पर भेजा कि सौ-सौ अश्वारोही दोनों द्वारों पर रहें और शेष यहीं आ जाएँ। अब कंकु ने दो चरों के साथ सौ सैनिक भेजे कि वे ढोलचियों को पकड़कर यह उद्घोष अभी पूरे नगर में करा दें—

"चन्द्रगुप्त मौर्य ने पूरे नगर पर अधिकार कर लिया है। नन्द को सपरिवार बन्दी बना लिया गया है। किसी नागरिक को भयभीत होने की आवश्यकता नहीं है। सबके धन-प्राण पूर्ण सुरक्षित हैं। कोई अभी घर से बाहर न निकले। आज्ञा भंग करनेवाला तत्क्षण काट डाला जाएगा।"

अब कंकु ने विजय से नगर की व्यवस्था के विषय में बात की। उसने विजय और विशु को बताया कि कितने-कितने सैनिक नगर के किस-किस ठिकाने पर

नियुक्त करने हैं। कंकु ने विजय से कहा कि वह यहीं सन्नद्ध रहे। स्वयं वह कुछ सैनिकों तथा चरों के साथ राक्षस की खोज में निकला। जब वह राक्षस के घर पहुँचा, उद्घोष आरम्भ हो चुका था।

राक्षस घर पर नहीं था और सेवक बस इतना ही बता सके कि महामात्य ने अपना परिवार तो कल ही श्रेष्ठि चन्दनदास के घर भेज दिया था। कंकु ने कई चर उसे सब कहीं खोजने के लिए भेजे पर चन्दनदास के यहाँ स्वयं जाना या किसी को भेजना उसने उचित नहीं समझा। स्वयं वह उस ओर चला जहाँ रुचिशील को बन्द रखा गया था। कंकु ने रुचिशील को मुक्त कराया।

"आर्य! पाटलिपुत्र अब आर्य चाणक्य के शासन में है। आप घर जाइए।"

रुचिशील चौंक पड़ा। पर वह चुपचाप घर की ओर चल दिया।

उस दिन पाटलिपुत्र जागा तो शासन बदल चुका था। सुनसान मार्गों से उठकर घोषणा का स्वर घर-घर में भर रहा था। लोग क्रमशः उत्सुक, अस्थिर और आतंकित हो रहे थे। सबके मन में एक ही प्रश्न था कि अकस्मात् यह क्या हो गया। कुछ विक्षुब्ध थे, तिलमिला रहे थे। कुछ प्रसन्न और उत्कंठित थे। पर अधिकतर निरपेक्ष थे। पर, सभी सोच रहे थे कि युवराज विंध्य के नेतृत्व में जो सेना बाहर गई है, वह भी तो कुछ करेगी ही। वह क्या पानी के बुलबुले की तरह बिला जाएगी। तभी नागरिकों ने वातायनों से देखा, नए शासक का अश्वारोही दल नीचे मार्ग से निकल रहा था और सभी के हाथों में नंगी तलवारें थीं।

जो लोग ब्राह्म मुहूर्त में ही या उसके कुछ बाद घरों से निकल आए थे, वे फिर घरों में लौट गए थे। इतने बड़े नगर में एक भी राज-भक्त ऐसा नहीं निकला जो प्रतिरोध का प्रतिनिधि बनकर आक्रामक की खड्ग के सामने अपनी गर्दन ऊँची कर सके। सभी लहर के ठहर जाने की प्रतीक्षा में थे।

पर्वतक को तो क्या, शकटार को भी इस बात का भान नहीं था कि चन्द्रगुप्त की सेना पाटलिपुत्र में प्रवेश कर चुकी है। दिन निकला तो दोनों पक्षों की सेनाएँ आमने-सामने थीं। पर्वतक और चन्द्रगुप्त अपनी सम्मिलित सेना का नेतृत्व कर रहे थे और युवराज विंध्य एवं सुषेण मागध सेना का।

मागध सेना की अग्रिम पंक्ति में हाथी थे, कुल तीस हाथी। पीछे पदाति थे और दोनों पार्श्वों पर अश्वारोही। पदाति दल के बीच में एक हाथी पर युवराज विराजमान था। सुषेण अश्वारोहियों के साथ था। चन्द्रगुप्त की सेना में अस्सी प्रतिशत अश्वारोही थे, जिन्हें दो भागों में बाँट दिया गया था। नदी की ओर के खंड का नेतृत्व पर्वतक

कर रहा था और वाम पार्श्व का चन्द्रगुप्त। योजना यह बनी कि हाथियों के सामने पड़ने के स्थान पर दो फाँकों में फटकर शत्रु के दोनों पार्श्वों पर टूटा जाए और युद्ध सामने न करके शत्रु के पृष्ठ में किया जाए।

फलतः, जैसे ही मागध हाथी आगे बढ़े, इस सेना के अश्वारोही दो भागों में बँटकर बाईं और दाईं ओर भागे और घूमकर मागधों के दोनों पार्श्वों पर टूट पड़े। बड़ा भयानक युद्ध हुआ। कुछ ही देर में मागध व्यूह विशृंखल हो उठा। मध्य में स्थित पदाति जैसे दो पाटों में पिस उठे और गज-पंक्ति स्तम्भित खड़ी की खड़ी रह गई।

एक घड़ी के युद्ध में ही मागध त्राहि-त्राहि बोल गए। वे सहस्रों की संख्या में खेत रहे। सेना के बीच में हाथी पर स्थित राजकुमार विंध्य मारा गया और उसका हाथी भालों की मार से बुरी तरह घायल होकर अपनी ही सेना को रौंदता हुआ भाग निकला। सुषेण भी घायल हो चुका था और सेना को नेतृत्व देने के बदले किसी भी तरह अपनी प्राण-रक्षा के लिए व्यग्र था।

सुषेण की समझ में नहीं आ रहा था कि उत्तरी द्वार से भेजे गए पाँच सहस्र अश्वारोही कहाँ रह गए। कहीं वे इस समय आ जाते और शत्रुओं पर पृष्ठ से टूट पड़ते तो कितना अच्छा होता। वह कहाँ जानता था कि उन पाँच सहस्र का नायक वही था, जिससे कल कंकु ने बात की थी। वह नायक अपने दल को पूर्वी द्वार से काफी आगे तक ले आया था। तब वह वहीं ठहर गया था। और एक घड़ी बाद वापस लौटकर उत्तरी द्वार के सामने जाकर खड़ा हो गया था। अपने तीन-चार चरों को उसने स्थिति का यथार्थ जानने के लिए नियुक्त किया था। दिन निकलने पर एक चर नाली के रास्ते नगर में प्रवेश कर गया था और एक घड़ी बाद आकर उसने सूचना दी थी कि नगर पर शत्रु का अधिकार हो गया है और शत्रु सेना का नेता है, बिम्ब। अब उस नायक ने उसी चर के हाथ बिम्ब के नाम सन्देसा भेज दिया।

चाणक्य अपने साथ अपनी कुल दस सहस्र सेना ही लाया था। शेष पच्चीस सहस्र पर्वतीय राजाओं की थी। इस दस सहस्र में से सात सहस्र नगर के भीतर डाल दी गई थी। शेष तीन सहस्र अश्वारोहियों को चाणक्य ने नगर के पश्चिमी द्वार की ओर के पार्श्व पर रखा था। चन्द्रगुप्त को आदेश था कि मागधों के साथ सीधी टक्कर में सिर्फ पर्वतीयों को आने दिया जाए। अपने सैनिकों को लगभग अक्षुण्ण रखा जाए। चन्द्रगुप्त इसी नीति पर चला था। उसने केवल अपने अधीन पर्वतीयों को उत्साहित किया था, पर अपने सैनिकों को पीछे ही रखा था।

तभी सिंह तीन सहस्र अश्वारोहियों के साथ युद्ध-भूमि में आ पहुँचा। उसने सबसे पहले चाणक्य से सम्पर्क किया और नगर के भीतर का वृत्तान्त दिया। चाणक्य ने उसे साधुवाद दिया और कहा कि अपने पूरे दल को वह तभी नगर में भेज दे पर स्वयं यहीं रह जाए। सिंह ने यथादेश अपने अश्वारोहियों को वापस भेज दिया और स्वयं चन्द्रगुप्त के पार्श्व में जा डटा।

तभी मागधों ने युद्ध-भूमि छोड़कर दक्षिण दिशा में भागना आरम्भ कर दिया, क्योंकि वही दिशा शत्रु-रहित थी। कुछ ही समय में अधिकतम मागध भाग चुके थे। पूरा युद्ध-क्षेत्र हताहतों से पटा पड़ा था। पर्वतीयों ने महाराज पर्वतक की जय-जयकार की। हाथियों पर अधिकार कर लिया गया और एक हाथी पर पर्वतक को बिठा दिया गया।

सामने चाणक्य और शकटार को पाकर पर्वतक नीचे उतर आया। चन्द्रगुप्त और सिंह भी वहीं थे।

"महाराज! बधाई हो!" चाणक्य और शकटार दोनों ने पर्वतक का साधुवाद किया।

"आर्य! यह आपकी ही कृपा का फल है।" पर्वतक ने कहा। "आओ वत्स, चन्द्रगुप्त!"

चन्द्रगुप्त पास आ गया।

"आर्य चाणक्य! आपके बहुत कम सैनिक दृष्टि पड़ रहे हैं।"

"राजन्! आधे से अधिक को मैंने पश्चिमी द्वार पर आक्रमण के लिए प्रेरित किया था। उन्होंने उस द्वार पर अधिकार कर लिया है। आइए, नगर में प्रवेश करें।"

"क्या नगर पर हमारा अधिकार हो गया है?"

"नहीं, राजन्! पर एक द्वार हमारे लिए उन्मुक्त है।"

"तब तो चलिए।"

"राजा पर्वतक! पूरी सेना को भीतर ले जाना उचित नहीं रहेगा। आप और अन्य राजा अपने-अपने चुने हुए सैनिक साथ ले लें और चलें।" चाणक्य ने कहा।

"आर्य चाणक्य! हम पूरी सेना लेकर ही नगर में प्रवेश करेंगे।"

"ठीक है, राजन्! अवश्य चलिए।"

शकटार चुपचाप सब सुनता रहा।

कुछ ही देर बाद विजयी सेना नगर-द्वार की ओर बढ़ी। सबसे आगे हाथियों पर चाणक्य, शकटार, चन्द्रगुप्त, पर्वतक एवं उसका पुत्र मलयकेतु तथा अन्य राजा चले। हाथियों के पीछे पर्वतीय अश्वारोही, तब पदाति और सबसे पीछे चन्द्रगुप्त का तीन सहस्र का अश्वारोही दल। सिंह को चाणक्य ने पहले ही चुपके से भेज दिया था।

पर्वतक को पता भी नहीं लगा कि चन्द्रगुप्त के अश्वारोही कुछ दूर साथ चलकर रुक गए और कुछ देर रुककर पीछे मुड़ लिए। अब वे गंगा-तट की ओर सरपट दौड़ पड़े। उनके आगे चल रहे पर्वतीय सैनिकों ने उन्हें देखा पर वे कुछ भी समझ नहीं सके और अपने उत्साह में आगे बढ़ते चले गए।

विजेता पश्चिमी द्वार से ही नगर में घुसे। वहाँ लगभग एक सहस्त्र अश्वारोही स्वागतार्थ पंक्तिबद्ध खड़े थे। सिंह उनका नेतृत्व कर रहा था। जैसे ही गजारूढ़ यह दल भीतर घुसा और पर्वतीय अश्वारोही ड्योढ़ी तक पहुँचे, सिंह के संकेत पर द्वार बन्द कर दिया गया और एक भी पर्वतीय सैनिक नगर में प्रवेश नहीं कर सका। वे द्वार पीटते ही रह गए।

नगर का यह भाग उजाड़ था और इक्के-दुक्के लोग और बच्चे ही शोभा-यात्रा को देखने के लिए ससम्भ्रम भय के साथ पास खिंच आए थे। कुछ दूर इसी प्रकार चलकर जब पर्वतक ने पीछे मुड़कर देखा तो उसका और अन्य राजाओं का एक भी सैनिक साथ नहीं था। सिंह के नेतृत्व में चन्द्रगुप्त के सैकड़ों अश्वारोही हाथियों को घेरे थे। स्वयं को ठगा गया पाकर पर्वतक क्रोध से पागल हो उठा। उसने अपनी खड्ग खींच ली और चीखकर चाणक्य को पुकारा। चाणक्य ने सुनकर भी अनसुना कर दिया, पर चन्द्रगुप्त सतर्क हो उठा। अन्य राजाओं ने भी चौंककर चारों ओर देखा। मलयकेतु ने स्थिति को भांपा और पिता को रोका, "आप क्या करते हैं, पितृपाद! हम दोनों मारे जाएँगे। आप दाँव हार चुके हैं।" पुत्र के शब्दों ने पर्वतक को नाग-फन की तरह झुका दिया। हाथी नन्द के महल की ओर बढ़ चले।

राजभवन के सामने कंकु ने सबका स्वागत किया। उसने चाणक्य एवं शकटार के चरण-स्पर्श किए और चन्द्रगुप्त का आलिंगन किया। सबको अलग-अलग कक्षों में ठहरा दिया गया।

सबसे बड़ी बात यह थी कि नगर के भीतर आरम्भ के दस-पाँच को छोड़कर बाद में एक भी मागध सैनिक का रक्त नहीं बहा था। नगरवासी इससे प्रभावित थे। बाहर हुए युद्ध का उन्हें विशेष पता नहीं था।

उत्तरी द्वार पर खड़े पाँच सहस्त्र मागध अश्वारोहियों को निःशस्त्र करके कंकु ने भीतर बुला लिया था और उन्हें शेष मागध सैनिकों के साथ ही रख छोड़ा था।

चाणक्य ने विश्राम नहीं किया। उसने तत्काल ही शकटार, कंकु, चन्द्रगुप्त, सिंह और कुशल को बुलवाया और विचार-विमर्श करना तथा आदेश देना आरम्भ किया। हर पल मूल्यवान था और गम्भीर प्रश्न सामने थे।

"कंकु! रथ भेजकर आर्या मुरा, बन्धु रुचिशील तथा भाभी श्यामला को यहाँ बुलवाओ। साथ ही दो रथ और भेजो। एक अपने धर्मपिता आर्य व्याड़ि के लिए और दूसरा बेटी मल्लिका के लिए।"

"जो आज्ञा, गुरुदेव!'' वह बाहर गया।

"चन्द्र! कुछ ही देर में तुम अपनी माँ से मिलोगे।"

"आर्य! मेरा रोम-रोम हर्षावेश से सिहर रहा है।"

"जाओ, पुत्र! माँ के दर्शन करो।"

चन्द्र ने उठकर अपना सिर चाणक्य के चरणों पर रख दिया। उसकी आँखों से अश्रु-धारा बहने लगी। इस बीच कंकु लौट आया था।

चन्द्र के जाने पर चाणक्य ने कंकु से कहा—

"तिष्य को मुक्त कराओ और उन्हें घर जाने दो।"

कंकु ने एक चर को बुलाकर आदेश दिया।

अब चाणक्य शकटार की ओर उन्मुख हुआ।

"आर्य! मैं आपका अपराधी हूँ और आपसे क्षमाप्रार्थी हूँ।"

"किस बात के लिए, वत्स?" शकटार ने पूछा।

"आप जानते हैं, आर्य!"

"तभी मैं मौन रहा, चाणक्य! संशयशीलता राजनीतिज्ञ का, विशेषकर कूटनीतिज्ञ का अनिवार्य गुण है। पर्वतक के व्यवहार के बावजूद मुझ पर शंका न होना अस्वाभाविक होता। मैं आर्य चणक के पुत्र की प्रखर कुशलता की प्रशंसा करता हूँ और इस इतिहास-दुर्लभ सरलता पर उसका अभिनन्दन करता हूँ।"

"मैं कृतकृत्य हूँ, आर्य! पर आपके आश्वासन एवं दुर्लभ मार्गदर्शन के बिना मैं कुछ भी तो न कर पाता।"

"चाणक्य! मैं चलूँ? थोड़ा विश्राम लूँगा।"

"नहीं, आर्य! महत्त्वपूर्ण निर्णयों में आपको अपना अंश देना होगा।"

"ठीक है। मैं यहाँ हूँ।" शकटार ने कहा।

"सिंह! कितने मागध सैनिक तुम्हारे हाथ में हैं?"

"लगभग बारह सहस्त्र, आर्य!"

"ठीक है। जाँचो, इनमें कितने हमारे बिल्कुल अनुकूल बन सकते हैं।"

"शत-प्रतिशत, गुरुदेव!" कंकु ने कहा।

"तब तो, सिंह! इनका पुनर्गठन करो। इनके नायकों से बात करो। मागधों से कहो कि नए राजा की सेना में रहकर वीरता-प्रदर्शन के अनगिनत अवसर उन्हें मिलेंगे। मैं तुम्हें नए पाटलिपुत्र की सेना का महाबलाधिकृत नियुक्त करता हूँ। एक नई दुर्द्धर्ष सेना का निर्माण तुम्हें करना होगा। विजय सदा की भाँति तुम्हारा सहायक रहेगा।"

"मैं इस सम्मान के योग्य बनूँगा, गुरुदेव!"

"चिरंजीवी हो। कल प्रात: बीस सहस्त्र सैनिक मुझे प्रस्तुत चाहिए।"

"आपको मिलेंगे, आर्य!" सिंह ने कहा।

"कुशल!"

"गुरुदेव!"

"जो चर तुमने ग्रामों में भेजे थे, वे लौटे?"

"नहीं, आर्य!"

"उनके पीछे अन्य चर भेजो। तुम सिंह के साथ रहकर दो काम करोगे। सन्दिग्ध सैनिकों को बीनकर नगर से निर्वासित करना और ग्रामों से कम से कम दस सहस्त्र सैनिक एकत्र करना, जिन्हें सिंह और विजय प्रशिक्षण देंगे। इस कार्य के लिए अपने अधीन पृथक् गूढ़पुरुषों का संगठन करो।"

"जो आज्ञा, आर्य!"

"तुम दोनों जाओ।"

सिंह और कुशल के जाने पर चाणक्य ने कंकु को सम्बोधित किया।

"वत्स! यह सफलता तुम्हारी ही सफलता है, तुम्हारी ही उपलब्धि है।"

"ऐसा न कहें, आर्य!"

गद्गद कंकु ने अपना मस्तक चाणक्य के चरणों पर रख दिया।

शकटार ने बढ़कर अपना हाथ कंकु के सिर पर रख दिया।

"उठो, वत्स! चाणक्य का हर अक्षर सत्य है। मेरे कुल की रक्षा तुमने की थी। मेरा तो रोम-रोम तुम्हारा कृतज्ञ है।"

"कंकु!" चाणक्य ने कहा, "मैं तुम्हें इस नूतन राज्य का प्रधान गूढ़पुरुष नियुक्त करता हूँ।"

"मैं कृतार्थ हूँ, गुरुदेव!" कंकु ने अश्रु पोंछते हुए सुबकियों में कहा।

"स्वस्थ हो, कंकु! सुनो।"

"आर्य!"

"नन्द के राजकोष पर तत्क्षण अधिकार करो। यह भी ज्ञात करो कि नन्द ने अपना बृहद् कोष कहाँ छुपाया है?"

"जो आज्ञा, आर्य!"

"एक चर को भद्रशाल के पास भेजो और उसे यहाँ की स्थिति की सूचना दो। उसे कहलाओ कि वह और उसकी सेना यदि नए राजा की अनुगत होगी तो सबको पाटलिपुत्र में पूर्ववत् स्थान मिलेगा। नहीं तो उन्हें शत्रु माना जाएगा।"

"अभी भेजता हूँ, आर्य!"

"कंकु! नगर की व्यवस्था और सुरक्षा का भार अभी तुम पर रहेगा। आर्य शकटार से आदेश लेकर इस दायित्व का निर्वाह तुम्हें करना है। तुम्हारे चर हर क्षण सक्रिय रहने चाहिए। सिंह से यथावश्यक सैनिक लेकर उन्हें हर कहीं नियुक्त करो। द्वार अभी बन्द रहेंगे और उन पर सैनिकों एवं चरों का कड़ा पहरा रहना चाहिए। वणिकों से कहो कि वे पण्यगृह बन्द न रखें और पहले के मूल्य पर अन्नादि बेचें। सबको सुरक्षा का पूर्ण आश्वासन दो। पर नगर के सन्दिग्ध पुरुषों-स्त्रियों पर दृष्टि रखो। चन्द्रगुप्त की रक्षा का अचूक प्रबन्ध करना होगा। यह सबसे महत्त्वपूर्ण है। और हाँ, दस निपुण चर मेरे कक्ष के सामने नियुक्त रहने चाहिए।"

"यह सब हो जाएगा, गुरुदेव!"

"अब तुम जाओ, कंकु! चन्द्र को यहाँ भेज दो।"

कंकु चला गया।

चाणक्य कुछ देर विचार-मग्न रहा तब उसने शकटार से कहा—

"आर्य! पर्वतक के विषय में क्या नीति अपनानी है? यह पहला प्रश्न है।"

"चाणक्य! तुमने उन्हें वृत्ति पर लिया था। देय से अधिक देकर उन्हें आदर सहित विदा करो। जिस स्थिति में ये पर्वतीय राजा इस क्षण हैं, ये बोल नहीं पाएँगे।

"आप ठीक कहते हैं, आर्य! पर पर्वतक बाहर जाकर उपद्रव करेगा।"

"क्या करेगा?"

"राक्षस बाहर निकल चुका है। उससे मिलकर वह हमारे लिए कठिनाई पैदा करेगा। कहीं ऐसा न हो कि भद्रशाल भी इनसे आ मिले।"

"चाणक्य! ऐसा होने को रोका जा सकता है या उसका मुकाबला किया जा सकता है। पर यहाँ से इन राजाओं को सुरक्षित चले जाना चाहिए।"

"आप ठीक कहते हैं, आर्य! कल चन्द्रगुप्त के सिंहासनारोहण के पश्चात् इन्हें विदा कर दिया जाएगा।"

"चाणक्य! आज नगर के प्रमुख नागरिकों को बुलाकर एक सभा कर ली जानी चाहिए। उसमें, नन्द से क्या व्यवहार किया जाए, इस विषय में नागरिकों की सम्मति ले लो और चन्द्रगुप्त के राज्यारोहण की औपचारिक सूचना भी उन्हें दे दो।"

"आर्य! नन्द और उसके परिवार से क्या व्यवहार उचित होगा?"

चाणक्य ने देखा, शकटार की आँखों में लाली तैर गई।

"मेरा मनचाहा तो तुम करोगे नहीं।"

"आर्य! पाटलिपुत्र के नागरिक उसकी अनुमति सम्भवत: नहीं देंगे।"

"अनुमति ली जाया करती है।"

"तब यह विषय नागरिकों के समक्ष नहीं रखा जाना चाहिए।"

"नहीं, चाणक्य! किया वही जाना चाहिए जो प्रजा चाहे।"

"क्या आप यह बात मुझ पर छोड़ना चाहेंगे?"

"भविष्य तो तुम्हारे ही हाथ में है, वत्स! मेरे में नहीं।"

"आप पर्वतक से बात कर लीजिए।"

"नहीं, चाणक्य! तुम्हीं करोगे तो ठीक रहेगा।"

"पर, कंकु का मार्गदर्शन तो आप करेंगे? और हाँ, प्रमुख नागरिकों को बुलाने का प्रबन्ध भी आपको ही करना होगा।"

"अवश्य।"

तभी चन्द्रगुप्त ने प्रवेश किया।

संकल्प-पूर्ति : चन्द्रगुप्त का राजतिलक

शकटार के चले जाने पर चाणक्य ने एक चर से कहा कि वह राजा पर्वतक से दर्शन देने की प्रार्थना करे। तब वह चन्द्रगुप्त से बोला—

"माता मुरा से मिल लिए?"

"हाँ, आर्य!"

"वे स्वस्थ हैं?"

"हाँ! गुरुदेव!"

"चन्द्र! मेरे और तुम्हारे लिए जीवन का सबसे महत्त्वपूर्ण क्षण आ पहुँचा है। पर विश्वास नहीं होता कि क्या सचमुच ही आ पहुँचा है। एक सपना-सा प्रतीत होता है। पर, कल प्रात: मैं तुम्हारे सिर पर मगध-साम्राज्य के सम्राट् का मुकुट रखूँगा। तुम आसेतु-हिमाचल भारत-भूमि के चक्रवर्ती शासक बनोगे। पर यह अभी सपना ही है, वत्स! अभी तो इस पाटलिपुत्र तक में पैर जमाने के लिए घोर संघर्ष करना पड़ेगा।"

"मैं समझता हूँ, आर्य!"

"चन्द्र! तुम्हारी रक्षा, मेरे लिए और सारी योजना के लिए बहुत मूल्यवान है। इस क्षण से अपनी सुरक्षा के लिए तुम्हें अनेकों निषेधों के बीच जीना पड़ेगा। तुम्हारी उन्मुक्तता आज समाप्त होती है। सम्राट् की मौत कब किसका वेश धरकर आ जाए, पता नहीं हुआ करता। हमें अत्यन्त सतर्क होकर चलना पड़ेगा। तुम्हें स्वयं बहुत सचेत रहना होगा। अब हर किसी से तुम नहीं मिलोगे। कल नन्द के निपटारे के बाद तुम्हारे निवास का विशेष प्रबन्ध करना होगा। वर्तमान दास-दासियों को पूरी तरह बदलना होगा। तुम अब तक उच्छृंखल पक्षी की तरह रहे हो। अब तुम्हें स्वनिर्मित स्वर्ण-पिंजर में रहने का अभ्यास करना होगा। वत्स! इस सम्राट्-पद की मर्यादा ही ऐसी है।"

"हाँ, आर्य!"

"तुम बैठो। पर्वतक आने ही वाला होगा।"

"गुरुदेव! माँ आपके दर्शनों के लिए व्यग्र हैं।"

"मैं भी उतना ही हूँ, पुत्र! पर पहले पर्वतक से...लो, वह आ पहुँचा। आओ, राजन।"

चाणक्य ने पर्वतक का स्वागत किया।

"हमें बुलाया है, ब्राह्मण?"

"बैठो, राजन! हमारी संस्कृति में क्षत्रिय ही ब्राह्मण के पास आता है।"

"पर मैं स्वयं नहीं आया हूँ।" पर्वतक ने कहा।

"तुम आते, पर्वतक! आज नहीं तो कल प्रात:।"

"चाणक्य! तुमने मुझसे छल किया है?"

"मैंने सिर्फ तुम्हारे विश्वासघात का उत्तर दिया है। पर्वतक! प्रयोजन मेरा था। मैंने वृत्ति पर तुम्हारी सेना ली और तुमने ठीक क्षण पर मुझे धोखा देना चाहा। पर स्वयं धोखा खा गए।"

"अब तुम क्या चाहते हो?"

"वृत्ति का शेष धन तुम्हें देना और तुम्हें विदा करना।"

"यह नहीं होगा।"

"आकांक्षा और आवेश क्या अब भी तुममें है? यदि हाँ, तो उसका हर अवसर मैं तुम्हें दूँगा। यह चन्द्रगुप्त हर तरह प्रस्तुत है। अकेला भी और सेना के साथ भी।"

"आचार्य! आपने राजा बनाने का वचन मुझे दिया था।"

"नहीं, पर्वतक! मैंने केवल यह कहा था कि अनुचित कुछ भी नहीं होने दिया जाएगा। तुम्हारी आकांक्षा, और अब माँग अनुचित है।"

"कैसे?"

"राजन्! तुम्हें राजा बनाने के लिए यह आडम्बर मैंने नहीं रचा था। फिर राज्य तो शक्ति से जीता जाता है। आप पाँचों अभी जाइए और अपनी सेना को सहेजकर नगर पर घेरा डालिए। पाटलिपुत्र पर अधिकार करिए।"

पर्वतक ने कोई उत्तर नहीं दिया।

"राजन्! यहाँ आप हमारे अतिथि हैं। जो मार्ग आपको उचित लगे, आप चुन लीजिए। चन्द्रगुप्त!"

"गुरुदेव!"

"महाराज को द्वार तक छोड़कर आओ।"

"चाणक्य! यह तुमने ठीक नहीं किया है।" कहता पर्वतक उठा और द्वार की ओर बढ़ा। चन्द्रगुप्त उठकर साथ-साथ चला।

चाणक्य ने ताली बजाकर एक चर को बुलाया।

"कंकु से कहो, इन पर्वतीय राजाओं पर कठोर दृष्टि रखे। इन्हें कहीं बाहर न निकलने दिया जाए।"

"जो आज्ञा, आर्य!"

"चन्द्रगुप्त! नागरिक परिषद् बुलाई है। उससे पहले मैं तुम्हारी माँ, रुचिशील, भाभी, व्याड़ि और मल्लिका से मिल लेना चाहता हूँ। चलो।"

"माँ और व्याड़ि ही आए हैं।"

"तब तो मुझे रुचि और मल्लिका के घर जाना होगा।"

चाणक्य को सामने पाते ही मुरा खड़ी हो गई।

"देवि! आप प्रसन्न तो हैं न?"

"गुरुदेव! बल मौर्य की पत्नी मुरा आपको प्रणाम करती है।"

"सुख के दिन लौट आए हैं, देवि!" चाणक्य ने कहा।

"आर्य! दस जन्मों में भी आपके ऋण से उऋण मैं नहीं हो पाऊँगी। यह चन्द्र आपकी ही कृति है।" कहते-कहते मुरा की आँखें छलक उठीं।

"देवि! मुझे चन्द्र की आवश्यकता थी और चन्द्र को मेरी। हम दोनों ने एक-दूसरे की पूर्ति की है।"

"यह कहना आपकी महानता है, आर्य!"

"देवि! मेरे पास आपकी एक धरोहर रखी है।"

"क्या, आचार्य?"

"एक हार।"

"वह तो मैं आपको दे चुकी हूँ।"

"मैं उसे किसी को देना चाहता हूँ। क्या यह अधिकार आप मुझे देंगी?"

"मैंने अपना पुत्र आपको दे दिया है, विप्रवर!"

"मेरा आशीर्वाद है, देवि! आपके पति का कुल इस चन्द्रगुप्त के माध्यम से इतिहास में अमर होगा। आपका वह भाई कहाँ है?"

"वह सेनापति भद्रशाल के साथ अभियान पर गया है। मुझे तो उससे मिले भी बरसों हो गए हैं। बहन श्यामला को नहीं बुलाया आपने, गुरुदेव?"

"उनसे मिलने मैं स्वयं जा रहा हूँ, देवि! अच्छा।"

चाणक्य कक्ष से बाहर निकला तो व्याड़ि बाहर खड़ा मिला। उसने चाणक्य के चरण-स्पर्श किए।

"प्रसन्न हो, व्याड़ि?" गद्‌गद वृद्ध के मुँह से शब्द नहीं निकला।

"अब अपने कंकु के साथ रहो। इसका विवाह करो। पोते का मुँह देखो।"

व्याड़ि की आँखों में पानी भर आया।

रुचिशील के घर पहुँचकर चाणक्य ने किवाड़ खटखटाए तो श्यामला ने ही खोले। देखकर वह स्तम्भित रह गई।

"भाभी! प्रणाम।"

"आओ, देवर जी।"

"रुचिशील हैं?"

"हाँ, भीतर लेटे हैं।"

"विचित्र हैं ये भी। क्या स्त्रियों की तरह रूठे बैठे हैं।"

तभी रुचिशील उठकर आ गया।

"बधाई हो, चाणक्य! तुमने अभूतपूर्व कर दिखाया है।"

"क्या लाभ? जब तुम-जैसे मित्र ही रूठकर बैठ गए, तब क्या मूल्य मेरी सफलता का? तुम आए क्यों नहीं? क्यों भाभी?"

"इनका मन ठीक नहीं है।"

"भाभी! मुझे पता है, इन्हें कष्ट पहुँचा है। पर मित्र के कारण तो संकट भी उठाना पड़ता है। प्राणों तक पर आ बनती है।" चाणक्य ने कहा।

"तुमने मुझे विश्वास में नहीं लिया, चाणक्य!"

"तो रोष इस बात का है?"

श्यामला हँस दी।

"बन्धु!" चाणक्य ने कहना आरम्भ किया, "कूटनीति की प्रकृति को क्या तुम नहीं जानते? कूटनीति अपने लक्ष्य के लिए किसी का भी उपयोग करने में हिचकिचाती नहीं। मैंने कंकु को लगाने में तुम्हारा उपयोग किया। पर कंकु राक्षस से संलग्न न होता तो क्या यह विजय मिल पाती? राक्षस नगर में कहीं मिल नहीं पा रहा है। शायद निकल गया है।"

"कहाँ गया है?" श्यामला ने पूछा।

"वह पाटलिपुत्र से चला गया है। रुचि! हाँ! कुछ देर में नागरिक परिषद की बैठक होगी। तुम पहुँच जाना। और हाँ, आर्या मुरा ने भाभी को बुलाया है। भाभी!"

"हाँ।"

"आपने जो साहस कल दिखाया, उसकी मैं प्रशंसा करता हूँ।"

"मैं इन्हें लेकर पहुँच रही हूँ।" श्यामला खिलखिलाकर हँस दी।

यहाँ से चाणक्य सीधा मल्लिका के यहाँ पहुँचा। साधारण साड़ी पहने, बाल बिखेरे मल्लिका उसके सामने आ खड़ी हुई।

"पिता से रुष्ट हो, बेटी?"

"नहीं।"

"फिर आई क्यों नहीं?"

"एक गणिका को इतना मूल्य नहीं दिया जाता।"

"बेटी को दिया जाता है।"

"बेटी से इतना छल नहीं किया जाता।"

"छल नहीं किया, मल्लिके! सिर्फ पूरी योजना तुम्हें नहीं बताई। राजनीति में और युद्ध में इतना दुराव आवश्यक होता है। वैसे संकेत मैंने तुम्हें दिया था। क्या कंकु से कुछ भूल हुई?"

"मेरी शत्रुता राक्षस से थी, महाराज से नहीं। मैंने सुना है, आपने नन्द के विनाश की शपथ ली थी?"

"ली थी, मल्लिके! पर जानती हो क्यों?"

"क्यों?"

"तुम्हें पता है यवनराज अलक्षेंद्र भारत पर चढ़ आया था। उसने कुभा और सिन्धु के क्षेत्र में हाहाकार मचा दिया था और वाहीक पर आक्रमण कर दिया था। इस यवन-अभियान के विरुद्ध मैंने नन्द की सहायता चाही थी। पर नन्द ने मेरी बात को अमान्य ही नहीं किया, मेरा अपमान भी किया था और मुझे सभा से निकलवा दिया था। विलासी और अदूरदर्शी नन्द सम्राट् रहने योग्य नहीं था।"

"क्या अब आप नन्द की हत्या कर देंगे?"

चाणक्य ने चौंककर मल्लिका की ओर देखा।

"तुम्हें नन्द से इतनी सहानुभूति क्यों है?"

"मैं उससे प्यार करती हूँ।"

"तुम क्या चाहती हो?"

"महाराज का वध न किया जाए।"

"अनुचित कुछ नहीं किया जाएगा, मल्लिके!" चाणक्य ने तत्काल आश्वासन दिया।

दोनों कुछ पल चुप रहे। तब मल्लिका ने कहा—

"मैं आश्वस्त हूँ, आर्य!"

"मैं अब चलता हूँ। तुम अभी राजमहल पहुँच रही हो।"

मल्लिका ने चाणक्य के चरण छुए।

चाणक्य ने सोचा तिष्य से भी मिलता चलूँ, पर विलम्ब हो रहा था। नागरिकों की सभा का समय हुआ जा रहा था।

सभा में सौ के लगभग चुने हुए नागरिक एकत्र हुए। सभी प्रमुख श्रेष्ठि, जिनमें तिष्य और चन्दनदास सम्मिलित थे; रुचिशील समेत सभी मंत्री; व्यापारी संघ एवं शिल्पकार संघों के प्रमुख; व्याड़ि और कुछ अन्य सेवा-निवृत्त सैनिक; मल्लिका; सभी धर्मों के प्रमुख; कुछ विशिष्ट विद्वान्। यह सूची कंकु ने शकटार के संकेत पर तैयार की थी। कंकु, सिंह, विजय, चन्द्र, चाणक्य और शकटार तो वहाँ थे ही।

चाणक्य के आग्रह पर शकटार ने सभापति का आसन ग्रहण किया। शकटार ने विषय को आरम्भ किया—

"पाटलिपुत्र के नागरिको! क्या मुझे अपना परिचय देना पड़ेगा? पर इस नगर के रंगमंच से मुझे हटे लगभग अठारह वर्ष और मृत घोषित हुए छः-सात वर्ष बीत चुके हैं। नन्दों का यह कुसुमपुर मुझे भूल चुका होगा। (नहीं-नहीं की कुछ ध्वनियाँ) कुछ भी हो, अपना परिचय मुझे देना ही होगा। मैं शकटार लगभग पन्द्रह वर्ष इस नन्द साम्राज्य का महामंत्री रहा हूँ। मुझे वर्तमान नन्द के पिता ने नियुक्त

किया था। दुर्भाग्यवश मैं राक्षस के षड्यंत्र का आखेट बन गया। नन्द ने मुझे, मेरे पाँच पुत्रों एवं पत्नी समेत, अन्धकूप में डाल दिया। इस अन्धकूप के अँधेरे में भूख और निराशा से मेरी पत्नी और मेरे चार पुत्र एक-एक करके मेरी आँखों के सामने काल के गाल में समा गए। यह सब देखते और झेलते मैं लगभग पागल हो उठा और मेरा पाँचवाँ पुत्र रुग्ण होकर मृत्यु के निकट पहुँच गया। तभी एक रात उस अन्धकूप की एक भित्ति में सेंध लगाकर दो युवक भीतर घुसे। उनके हाथों में अग्नि-शलाकाएँ थीं। वे हम दोनों को उठाकर भूमार्ग से ही बाहर ले आए और हमें गुप्त रूप से बृहद्हट्ट पहुँचा दिया। भीत, किंकर्तव्यविमूढ़ प्रहरियों द्वारा यहाँ पाटलिपुत्र में प्रसिद्ध कर दिया गया कि मैं मर चुका हूँ। नागरिकवृन्द! आप जानना चाहेंगे, मेरी रक्षा किसने की? मेरे गुरु आचार्य चणक के योग्य पुत्र आर्य चाणक्य ने मेरे और मेरे अवशिष्ट पुत्र के प्राणों को बचाया और उनके संकेत पर कंकु हम दोनों को यहाँ से निकालकर ले गया। और राक्षस और नन्द को पता भी न लगा। पर मैं आज तक जान नहीं पाया हूँ कि आखिर मेरा अपराध क्या था, जिसका इतना भयानक, क्रूर, नृशंस दंड मुझे मिला। नन्द की निःस्वार्थ सेवा का क्या यही पारितोषिक था? प्रतिशोध की लहरें मेरे मन में आरम्भ से ही उठती रही हैं। पर मैं दुर्बल और विवश था। हाँ, चाणक्य दुर्बल और विवश नहीं था। नन्द साम्राज्य को लाँघकर वह वाहीक से यहाँ ससैन्य आ पहुँचा है और उसने नगर पर अधिकार कर लिया है। नन्द आज बन्दी है और विजयी चाणक्य एक ऐसे साम्राज्य की स्थापना के लिए प्रणबद्ध है, जो उत्तर-पश्चिम में कुभा से लेकर पूर्व में ब्रह्मपुत्र तक विस्तृत हो। नन्द के स्थान पर वे अपने शिष्य मौर्य चन्द्रगुप्त को गद्दी पर बिठाना चाहते हैं, जिसने अलक्षेंद्र के विरुद्ध युद्धों में भाग लिया है और यवन क्षत्रप को खुले द्वंद्व युद्ध में यमलोक भेजा है और जो इसी मगध का पुत्र है। अब आचार्य चाणक्य अपना मन्तव्य आपके सम्मुख रखेंगे।"

चाणक्य बोलने के लिए खड़ा हुआ। उपस्थित सभी जनों की आँखें उस पर टिक गईं। चाणक्य ने आरम्भ किया—

"नागरिकगण! चन्द्रगुप्त मौर्य की सेना ने पाटलिपुत्र पर अधिकार करके नन्द को बन्दी बना लिया, यह तथ्य आपके सन्मुख है। साधनहीन चन्द्रगुप्त विशाल नन्द साम्राज्य की राजधानी पर एक दिन में अधिकार कैसे कर सका, यह एक बहुत बड़ा प्रश्न है। चन्द्रगुप्त से आपको इतना ही अन्तर पड़ेगा कि नन्द के स्थान पर चन्द्रगुप्त सिंहासनारूढ़ दीखेगा, पर यदि मगध के इस पुत्र के स्थान पर यवन आततायी होता? तब? वह हो सकता था। जब चन्द्रगुप्त आ सका है, तो वह क्यों न आ पाता। यवन-सम्राट् अलक्षेंद्र कुभा और सिन्धु को रौंदता हुआ लगभग यमुना तक बढ़ आया था। पूरे कुभा क्षेत्र और वाहीक में उसने भयानक मारकाट की। उत्तर-पश्चिम के गणों, कठों, मालवों-क्षुद्रकों तथा सिन्धु तटवर्ती अन्य अनेक जातियों

को अलक्षेंद्र की नृशंस तांडव लीला का स्वाद चखना पड़ा है। यवन-सम्राट् यमुना के इस पार भी आता, यदि उसकी सेना में विद्रोह पैदा न कर दिया गया होता। यह विद्रोह पैदा करने का श्रेय मेरे शिष्य कंकु को है। पर प्रश्न यह है कि क्या नन्द साम्राज्य अलक्षेंद्र के प्रहार को सह पाता? वह नहीं सह सकता था। वह इतना कमजोर पड़ चुका था, खोखला बन चुका था कि पत्तों के घर की तरह टूटकर बिखर जाता। नन्द साम्राज्य इतना दुर्बल, इतना निर्वीर्य क्यों बन उठा? भद्रगण! यद्यपि राजा राष्ट्र के लिए होता है, पर राष्ट्र की शक्ति और शक्तिहीनता, समृद्धि और निर्धनता राजा पर ही निर्भर करती है, क्योंकि राजा ही प्रजा की मानसिकता का नियामक और उसकी गतिविधि का संचालक होता है। महापद्मनन्द की मृत्यु के बाद कुछ दिन नन्द ठीक रहा। एक सम्राट् की भाँति वह अपनी सेनाओं को विजय-यात्राओं के लिए भेजता रहा और उनका नेतृत्व भी करता रहा। पर शीघ्र ही वह कुछ स्वार्थी लोगों की कुप्रेरणा से इस राजमहल में सीमित रहकर विलास में लिप्त हो गया। आखेट से अपना मनोरंजन करने के स्थान पर वह प्रजा की भोली कन्याओं का आखेट करने लगा। सैन्य-संग्रह एवं मानव-रत्नों के संचय के स्थान पर उसने प्रजा से धन खींच-खींचकर अपने गर्भ-गृहों को भरना आरम्भ कर दिया। परिणाम यह हुआ कि सत्ता आर्य शकटार जैसे कुशल प्रशासक के हाथ से निकलकर महत्त्वाकांक्षी राक्षस के हाथ में चली गई। शासन-नीति वणिक के संकेत पर नाचने लगी। साधारण जन पिसने लगे और सेना को जंग लग उठा। परिणाम आपके सामने है। कंकु आर्य शकटार को निकाल ले गया और महामंत्री राक्षस को पता तक नहीं लगा। वह बिम्ब नाम से नन्द के महामंत्री का निजी गूढ़पुरुष बन बैठा, पर राक्षस उसे पहचान न सका। चन्द्रगुप्त की पाँच सहस्र अश्वारोही सेना नगर के अरक्षित पश्चिमी द्वार से बेरोक घुस आई और उसने नगर पर अधिकार कर लिया। दो सहस्र पदाति भूगर्भ मार्ग से सीधे राजमहल के प्रांगण में आ निकले और उन्होंने सम्राट् को बन्दी बना लिया। यह थी, नन्द और राक्षस की व्यवस्था! मगध-साम्राज्य इस भारत-भूमि का सबसे बृहद् साम्राज्य रहा है। पश्चिमी भारत छोटे-छोटे गणों में, राज्यों में विभाजित रहा है। तभी विदेशी यवन आक्रामक उन्हें रौंदते रहे हैं? अब गणों की, छोटे राज्यों की नहीं, एक विराट् आसेतु-हिमाचल साम्राज्य की आवश्यकता है, जो कुभा से असम तक फैली भारत-भूमि को पूर्ण सुरक्षा प्रदान कर सके। नन्द के पास वह दृष्टि नहीं थी। जब अलक्षेंद्र तक्षशिला से आगे वितस्ता की ओर बढ़ने लगा, तब मैंने सोचा, यदि मगध-साम्राज्य की इन्द्रप्रस्थ स्थित सेना आगे बढ़कर राजा पुरु से मिलकर यवनों को रोके तो शत्रु को वितस्ता पार करने से रोका जा सकता है। मैं यहाँ पाटलिपुत्र आया और मैंने राक्षस और नन्द के सामने पूरी स्थिति रखी। मैंने कहा, अलक्षेंद्र वाहीक को रौंदकर मगध पर आक्रमण करेगा। पर, वे वाहीक की सहायता के लिए सहमत न हो सके।

उन्होंने मेरा अपमान किया और नन्द ने मुझे सभा से धक्के देकर निकलवा दिया। तब मैंने प्रण किया था कि ऐसा अदूरदर्शी राजा मगध की गद्दी के योग्य नहीं है। मगध-साम्राज्य का विस्तार होना ही चाहिए और आर्य संस्कृति की रक्षा के लिए आवश्यक है कि मगध की सेना कुभा के तटों पर तैनात हो। मैंने अपने प्रण का पहला चरण आज पूरा कर लिया है। कल प्रात: आप सबके बीच मैं चन्द्रगुप्त मौर्य को मगध साम्राज्य के सिंहासन पर बिठाऊँगा।"

उपस्थित नागरिक कुछ पल स्तब्ध रहे। तब एक स्वर उठा, "आचार्य चाणक्य की जय," "चन्द्रगुप्त की जय"! यह स्वर तिष्य का था। सबने चौंककर उसकी ओर देखा। कई लोगों ने तिष्य के स्वर में स्वर मिलाना चाहा, पर अनभ्यस्त जयघोष उनके कंठ से निकला ही नहीं।

"आर्य चाणक्य! राक्षस का परिवार श्रेष्ठि चन्दनदास के घर सुरक्षित है।" तिष्य ने कहा।

"श्रेष्ठवर चन्दनदास! क्या यह सच है?"

"हाँ, आर्य!"

"चन्दनदास! राक्षस के परिवार की पूरी सुरक्षा होनी चाहिए। वह निर्भय पाटलिपुत्र में रहे। पर, यदि राक्षस की सहायता आपने की तो आपकी सुरक्षा संकट में पड़ जाएगी।"

चन्दनदास चुप बैठ गया।

चाणक्य ने आगे कहा, "नन्द या राक्षस का मित्र, अनुचर या कृपापात्र होने के कारण किसी को शंकित होने की आवश्यकता नहीं है। पर नए राजा के प्रति द्वेष, विद्रोह या षड्यंत्र सहन नहीं किया जाएगा। ऐसा व्यक्ति अनिवार्य दंड का भागी होगा।"

शकटार के संकेत पर सभा विसर्जित हुई।

रात हो चली थी। शकटार, चाणक्य, चन्द्रगुप्त और कंकु उस प्रश्न पर विचार करने के लिए बैठे जो सभा में आए सभी नागरिकों के मनों में घुमड़ता रहा था, पर जिसे कोई भी प्रकट अभिव्यक्ति नहीं दे सकता था। प्रश्न था—नन्द का क्या होगा। पाटलिपुत्र पर अधिकार होते ही नन्द जैसे चाणक्य के मस्तिष्क से निकल गया था; वह उसके अहं का लक्ष्य नहीं रहा था। पर वह शकटार की सहमति से ही करणीय करना चाहता था और निर्णय तत्काल लेना था।

"आर्य! नन्द का प्रश्न मैं फिर उठाता हूँ।"

"चाणक्य! उसका रक्त देखे बिना मुझे तृप्ति नहीं होगी।"

"पर, आर्य! आपका वास्तविक शत्रु तो राक्षस है।"

"आदेश तो नन्द का था। और बाद में भी उसे एक पल के लिए भी मेरी याद नहीं आई। वह अपने निर्णय को बदल सकता था।"

"पर अब?"

"चाणक्य! मुझे बीच में मत लाओ। जो उचित समझो, करो।"

"कंकु! तुम क्या कहते हो?"

"आर्य! नन्द का यहाँ से तत्काल हटाया जाना अनिवार्य है।"

"तुम कुछ कहोगे, चन्द्र?"

"गुरुदेव! नन्द का रक्त बहाने से क्या यह उत्तम नहीं होगा कि उसे सपरिवार यहाँ से चला जाने दिया जाए।"

"बाहर जाकर वह संकट उत्पन्न कर सकता है।" कंकु ने कहा।

"संकटों से तो हम घिरे हैं, बन्धु! राक्षस बाहर है, शेष मागध सेना बाहर है, पर्वतीय सेना है, भद्रशालल है; एक नन्द और सही।" चन्द्रगुप्त बोला।

"पर नन्द पास के राज्यों से सेना ला सकता है।" कंकु ने कहा।

"आवश्यक नहीं, वत्स!" शकटार कह उठा।

"तुम ऐसा क्यों चाहते हो, चन्द्र?" चाणक्य ने पूछा।

"माँ की ऐसी ही इच्छा है।" चन्द्र ने उत्तर दिया।

"नन्द तुम्हारे पिता का हत्यारा है।"

"वे युद्ध में मारे गए थे, आर्य!"

"चन्द्र!" चाणक्य ने गहरा सोचते हुए कहा, "राजमाता की पहली इच्छा मान्य होगी। पर वत्स! कूटनीतिक निर्णय अपनी इच्छानुकूल तक भी नहीं हो पाते।"

"मैं समझता हूँ, आर्य!"

"आर्य!"

"एक रथ का अभी प्रबन्ध करो। उसमें प्रचुर स्वर्ण मुद्राएँ और रत्न छुपा दो। मैं नन्द से मिलकर आता हूँ।"

"जो आज्ञा, गुरुदेव!"

चाणक्य नन्द के कक्ष में पहुँचा। नन्द माथे पर हाथ रखे पलंग पर बैठा था और उसकी रानी विशाखा नीचे भूमि पर आसन पर बैठी थी। चाणक्य को द्वार पर देखते ही दोनों खड़े हो गए। विह्वल चिन्ता उनकी आँखों में छलक उठी।

"मुझे पहचाना, नन्द?"

"ब्राह्मण चाणक्य!"

"हाँ, नन्द! मेरी शिखा अभी तक खुली है। कल चन्द्रगुप्त को गद्दी पर बिठाकर मैं इसे बाँधूँगा।"

नन्द चुप रहा।

"नन्द! मैं तुम्हारा रक्त नहीं बहाऊँगा। तुम्हें गर्भ-गृह में भी नहीं डालूँगा। एक रथ मैंने तैयार करा दिया है। तुम्हें धन से प्रेम है। पर्याप्त धन भी उसमें रखवा दिया है। तुम्हें अभी नगर छोड़कर चले जाना होगा।"

"अभी?" नन्द ने पूछा।

"अभी"

"ठीक है।" नन्द ने एक गहरी नि:श्वास छोड़ी।

"एक बात और।"

"बोलो, ब्राह्मण!"

"राजकुमारी दुर्धरा साथ नहीं जाएगी।"

"क्यों?" नन्द ने चौंककर देखा।

"मैं उसका विवाह चन्द्रगुप्त से करूँगा।"

"नहीं।" नन्द चीख पड़ा।

"भावुक मत बनो, नन्द! तुम्हारा पुत्र मर चुका है। दोहित्र के माध्यम से ही तुम्हारा कुल चलेगा।"

"दुर्धरा से पूछ लेना चाहिए।" विशाखा ने प्रस्ताव रखा।

"बुला लीजिए।" चाणक्य बोला।

दुर्धरा पास ही द्वार पर खड़ी थी। चलकर पास आ गई।

"तुम हमारे साथ नहीं चलोगी, बेटी?" नन्द ने कम्पित स्वर में पूछा।

"पितृश्री! मेरा उत्सर्ग तो आपको करना ही होगा।"

"पर वह मेरा शत्रु है, बेटी!"

"आपके प्राणों की रक्षा का यह मूल्य है, पिता!'' दुर्धरा ने कहा।

गहरी विवशता और पराजय दम्पति की आँखों में तैर गई।

"ठीक है, ब्राह्मण! राजकुमारी यहीं रहेगी।"

"चन्द्रगुप्त से मिलना चाहोगे?"

"नहीं।" नन्द ने दृढ़ता से कहा।

चाणक्य ने ताली बजाई। चार सैनिक भीतर आ गए।

"राजकुमारी दुर्धरा को आर्या मुरा के पास पहुँचा दो।"

"अभी ही?" नन्द ने अनुनय की।

"हाँ, नन्द! मौर्यों की भावी वधू को अब यहाँ नहीं छोड़ा जाएगा।"

विशाखा ने दुर्धरा को गले से लगाकर प्यार किया। नन्द ने पुत्री का मस्तक सूँघा। दुर्धरा की आँखें भर आईं।

"आप कहाँ जाएँगे, पिता?"

"काशी।"

"पिता, क्षमा करें। माता!"...कहते-कहते वह फूट पड़ी और बाहर की ओर भागी।

"अच्छा; नन्द! रथ आने ही वाला है। कंकु उत्तरी द्वार से आपको नगर के बाहर तक पहुँचा आएगा।" चाणक्य ने कहा और वह तीव्र गति से बाहर निकल गया।

नन्द दम्पति खोये-से खड़े रह गए।

कुछ ही देर बाद एक रथ उत्तरी द्वार की ओर चला। रथ का चालक नन्द स्वयं था। विशाखा भीतर बैठी थी। कंकु घोड़े पर आगे-आगे चल रहा था। उसके साथ सैनिकों का एक दल था। सैकड़ों नागरिक रथ के पीछे-पीछे चल रहे थे। यह समाचार लहर की तरह हर कोने को छू गया था कि राजा नंद नगर छोड़कर जा रहा है। द्वार तक पहुँचते-पहुँचते एक बड़ी भीड़ एकत्र हो गई थी। रथ के बाहर निकलते ही कंकु ने द्वार बन्द करा दिया। नागरिकों की भीड़ धीमे-धीमे बिखर चली।

एक घड़ी रात बीती होगी कि चाणक्य ने कंकु को बुलाकर आदेश दिया।

"पर्वतीय राजाओं को अभी नगर के बाहर कर दो।"

"जो आज्ञा, आर्य!"

"इन्हें धन देना उचित नहीं है। उसका उपयोग ये हमारे विरुद्ध ही करेंगे। राक्षस इनसे मिलकर खेल खेलेगा।"

"यह सत्य है, गुरुदेव!"

"नगर के पहरे में कोई छिद्र नहीं रहना चाहिए। ग्रामों से सैनिक बटोरने में सिंह की सहायता करो। स्यात् दो-चार दिन में इन राजाओं से टक्कर लेनी पड़े। बाहर पड़ी सेना ग्रामों को त्रस्त कर सकती है। यह उन्हें नहीं करने देना है। नगर में बची मागध सेना के कुछ कुशल सैनिकों को बाहर भेजकर बाहर की सेना में यह प्रचार कराओ कि नगर में उनका पूरा स्वागत होगा और वे राजा चन्द्रगुप्त की सेना में ले लिए जाएँगे। राक्षस के या पर्वतीयों के साथ जाने पर उन्हें सर्वनाश का मुँह देखना पड़ेगा। यह भी प्रसिद्ध कराओ कि भद्रशाल राक्षस का साथ नहीं देगा, क्योंकि राक्षस के पुत्र ने भद्रशाल के पुत्र की हत्या की थी। नगर में आने पर आहतों की परिचर्या की जाएगी और मृतकों के परिवारों को उचित प्रश्रय दिया जाएगा।

"कल यह हो जाएगा, गुरुदेव!"

कुछ ठहरकर चाणक्य ने पूछा, "तुम्हें कैसा लग रहा है, कंकु!"

"आर्य! क्या सचमुच हम नन्द के राजमहल में हैं? सब कितना अप्रत्याशित लगता है। यह सब इतनी सहजता से कैसे हो गया?"

"कंकु! हर सृजन या प्रलय का क्षण निश्चित है। जब वह क्षण आता है, सब अनायास हो जाता है।"

"आर्य! अभी बहुत जूझना शेष है।"

"सब तुम पर और सिंह पर निर्भर करता है।"

"गुरुदेव! इस महान् लक्ष्य के लिए हमारा जीवन समर्पित है। आपकी आज्ञा का पालन ही मेरा धर्म है।"

"अब विश्राम करो, पुत्र!" चाणक्य ने सस्नेह कहा।

रात्रि अर्द्धरात्रि की ओर तेजी से बढ़ रही थी। पूरा पाटलिपुत्र गहन अंधकार की चादर में लिपटा सोया पड़ा था। स्यात् वह आशंका और आशा के मिश्रित सपनों से सिहर रहा था। पास से बहती गंगा की कल-कल स्पष्ट सुन पड़ रही थी।

चाणक्य सो नहीं पा रहा था। मस्तिष्क एक अभूतपूर्व तनाव से तना था। एक नामहीन, पदहीन अध्यापक एक साम्राज्य की नींव डाल चुका था। कल चन्द्रगुप्त सिंहासन पर बैठेगा और मैं उसके मस्तक पर तिलक करूँगा। मैं हूँगा इस नए मौर्य साम्राज्य का पिता। ये दो-तीन छोटी-छोटी कठिनाइयाँ हैं। इन्हें शीघ्र ही मसल डालना होगा। परसों ही पर्वतक के लिए सेना भेजनी पड़ेगी। दुर्ग के बाहर के मार्ग निरापद करने होंगे। द्वारों को खोलना होगा, जिससे व्यापार आरम्भ हो और ग्रामों से सम्पर्क स्थापित हो। भद्रशाल की वापसी में एक मास तो लग ही जाना चाहिए। तब तक सब स्थिर और पक्का कर देना होगा। शीघ्र ही कम से कम चालीस सहस्त्र सेना नगर में एकत्र रखनी होगी। राक्षस को भद्रशाल से मिलने देना नहीं चाहिए। उससे पहले ही राक्षस को वश में करना होगा या फिर नष्ट कर डालना होगा। ऐसा प्रबन्ध करना होगा जिससे पर्वतीय राजा तत्क्षण यहाँ से चले जाएँ। धीमे-धीमे कम से कम एक लक्ष सैनिकों की दुर्द्धर्ष सेना तैयार करनी होगी। प्रांतों पर निर्भर नहीं किया जा सकता। स्वायत्तता के सपने लेनेवाले प्रांतपतियों को कुछ मासों में ही अधीनता में वापस लाना होगा। नन्द द्वारा संचित अपार कोष का सदुपयोग साम्राज्य-विस्तार में करना है। मैं क्या इस राजभवन में या ऐसे ही भवन में रहूँगा? नहीं, ये भवन मेरे लिए नहीं है। मैं तो पर्णकुटी ही बनवाऊँगा। हेमा को वहीं रखूँगा। पर क्या हेमा को साथ रखूँगा? नहीं, नहीं, हेमा अलग ही कहीं रहेगी; वहीं बृहद्‌हट्ट में या इधर काशी में या कहीं भी। पर हेमा से जो बालक होगा वह? वह पलेगा, बढ़ेगा और जीवन सार्थक करेगा, पर मेरी जीवन-धारा से अलग ही रहकर। अँधेरा कितना गहरा है। इसी को भेदकर कल प्रात: नूतन सूर्य का उदय होगा। थोड़ी-सी नींद ले ही ली जाए।

प्रात: हुई तो नगर-भर में यह घोषणा की जा रही थी कि दूसरे प्रहर में नए राजा चन्द्रगुप्त मौर्य का राजतिलक होगा। चाणक्य ने तैयारी का भार रुचिशील पर डाला था और वह सभाभवन को सजाने में, विशेष नागरिकों को निमंत्रित करने में एवं सम्बन्धित कार्यों में व्यस्त हो गया था। चाणक्य ने यह भी निश्चय किया था कि इस अवसर पर नगर के याचकों, ब्राह्मणों एवं धर्मस्थलों को उन्मुक्त दान दिया जाए। उसने सोचा था कि राजपुरोहित मंत्र पढ़ेंगे, वह सिर पर मुकुट रखेगा

और आर्य शकटार तिलक करेंगे। सब-कुछ संक्षिप्त होगा। एक वर्ष बाद विशेष उत्सव कर लिया जाएगा।

चाणक्य ने कंकु को बुलाकर कहा—

"सभा-भवन पर कड़ा पहरा रखा जाएगा। कुछ चुने हुए सैनिकों को भवन के भीतर बिखराकर बिठा देना। कंकु!"

"आर्य!"

"कुछ विश्वस्त दास-दासियों का प्रबन्ध करना होगा। तुम तो यहाँ रहे हो। श्यामला और मल्लिका की सहायता इसमें ले लो। दूसरे, राजभवन के एक-एक कोने की परीक्षा करनी होगी। देखना होगा, जिन कक्षों में चन्द्रगुप्त रहेगा वे गुप्त मार्गों से सम्बद्ध तो नहीं हैं, उनके नीचे गर्भ-गृह तो नहीं हैं। विशु को यह काम सौंपो। रुचिशील के माध्यम से कुशल वास्तु-शिल्पियों की सहायता लो। हो सके तो भवन के अब तक के प्रबन्धक को पकड़ो।"

"जो आज्ञा, गुरुदेव!"

"मैं आज के बाद राजभवन की सीमा में नहीं रहूँगा। मेरे लिए निकट ही एक छोटे-से घर का प्रबन्ध करना होगा।"

"नहीं, आर्य! अभी कुछ मास आप यहीं रहेंगे। सुरक्षा की दृष्टि से अनिवार्य है।"

"यह तुम्हारा आदेश है, कंकु?" चाणक्य ने हँसकर पूछा।

"प्रार्थना है।"

"ठीक है, पुत्र! पर अधिक देर यहाँ नहीं रह पाऊँगा।"

"कुछ दिन तो रहना ही होगा।"

"कंकु! राक्षस कहाँ है? क्या कर रहा है?"

"आर्य! कई चर भेजे हैं। शीघ्र ही आपको सूचित करूँगा।"

"और पर्वतक? पराजित मागध सेना?"

"संध्या से पूर्व पूर्ण विवरण आपको दूँगा।"

"ठीक है, जाओ। चन्द्र को भेज दो।"

चाणक्य सोच में डूब गया। चन्द्रगुप्त आया। चरण-स्पर्श करके सामने बैठ गया।

"चन्द्र!" चाणक्य ने कहना आरम्भ किया, "एक साधारण शिक्षक के रूप में अन्तिम बार तुम्हें सम्बोधित कर रहा हूँ।"

"ऐसा क्यों कहते हैं, गुरुदेव! जीवन के अन्तिम क्षण तक मैं आपका साधारण शिष्य ही रहूँगा और उसी में गौरव मानूँगा।"

"आयुष्मान् हो, वत्स!"

"आर्य, एक बात पूछूँ?"

"पूछो, पुत्र!"

"इस उपलब्धि में सबसे बड़ा योगदान बन्धु कंकु का है। सिंहासन पर वही क्यों न बैठे। मैं एक सैनिक ही ठीक रहूँगा।"

"वत्स! ऐसा कहना तुम्हारे उपयुक्त ही है। पर चन्द्र! धरती की सतह पर बहती दृश्य नदी और धरती के अन्तराल में प्रवाहित अदृश्य सोते में क्या कुछ अन्तर होता है? दोनों में एक ही जल तो बहता है। दोनों ही धरती को सिक्त करते हैं। जहाँ गर्भस्थ सोता सब प्रकार के बाह्य दूषणों से मुक्त रहता है, वहाँ नदी ही है जो अनन्त प्रजा की शारीरिक एवं आंतरिक भूख-प्यास मिटाने का साधन बनती है। सबकी अपनी-अपनी भूमिका होती है, पुत्र! व्यक्ति को सही भूमिका मिले, इसी में सिद्धि और कृतार्थता है, नहीं तो अनिष्ट है। मैं या कंकु सम्राट् नहीं बन सकते और तुम मैं या कंकु नहीं। चन्द्र! हम तीनों ही एक महान् अर्थ के साधक हैं, एक-दूसरे के पूरक हैं।"

"मैं कृतार्थ हूँ, आर्य!"

"चन्द्र! दृश्य पद या परिधान को अन्तर को आवृत या अवरुद्ध नहीं करने देना चाहिए। इनकी चमक से आँखें चौंधियानी नहीं चाहिए। सम्राट् चरम लक्ष्य का प्रतीक या उस दिशा में प्रजाओं का नेता होता है। मंत्री, सेनापति, गूढ़पुरुष सम्राट् के अहं के नहीं, उसके इस नेतृत्व के अनुचर होते हैं। सम्राट् को सबसे बड़ा युद्ध अपने प्रस्फीत अहं से ही करना पड़ता है। इस पर विजय ही बाहरी विजयों एवं सिद्धियों को प्रेरित करती है। इससे पराजित होते ही पतन आरम्भ हो जाता है। यही राजपद का मर्म है।"

मैंने आत्मस्थ किया, गुरुदेव!" चन्द्रगुप्त ने चाणक्य के चरणों पर मस्तक रखा।

"उठो, वत्स!"

चन्द्रगुप्त सीधा बैठ गया।

"आर्य! मैं आपकी आशा के अनुरूप सिद्ध हूँगा।"

"आयुष्मान हो। बस, इसीलिए मैंने बुलाया था। अब जाओ, आर्य शकटार एवं माता मुरा का आशीर्वाद प्राप्त करो। बन्धु कंकु और सिंह से गले मिलकर उनसे चिर बन्धुत्व की याचना करो। ईश्वर कल्याण करे।"

सिंहासनारोहण का समय आ पहुँचा। राजसभा में सभी प्रमुख नागरिक उपस्थित थे। सभाकक्ष ठसाठस तो नहीं, पर अच्छी तरह भरा हुआ था। सैनिक बड़ी संख्या में नियुक्त थे। कुछ प्रमुख स्त्रियाँ भी उपस्थित थीं, जिनमें मुरा, दुर्धरा, मल्लिका और श्यामला विशिष्ट हैं। दुर्धरा मुरा के साथ ही बैठी थी।

रुचिशील ने बड़ा ही सुंदर प्रबन्ध किया था। साज-सज्जा सराहनीय और बैठने की व्यवस्था सुविचारित थी।

बहुत ही संक्षिप्त समारोह में सर्वप्रथम चाणक्य ने सभा को सम्बोधित किया—

"पाटलिपुत्र के नागरिकगण! जो कुछ कथ्य था, वह मैं और आर्य शकटार कल निवेदन कर चुके हैं। मैं मगध-साम्राज्य के भूतपूर्व महामंत्री वयोवृद्ध शकटार से प्रार्थना करूँगा कि वे चन्द्रगुप्त को राजगद्दी पर लाएँ।"

शकटार उठकर चन्द्रगुप्त के पास पहुँचे। चन्द्रगुप्त ने उनके चरण छुए और तब वह उनके साथ सिंहासन की ओर बढ़ा। ब्राह्मणों ने वेद मंत्रोच्चार आरम्भ किया। रुचिशील ने सोने की थाली में मुकुट रख चाणक्य की ओर बढ़ाया। चाणक्य ने उसे चन्द्रगुप्त के सिर पर रख दिया। अब शकटार ने आगे आकर तिलक किया। सबने चन्द्रगुप्त पर पुष्पवर्षा की। कंकु ने जयघोष किया, "राजा चन्द्रगुप्त की जय!" सभाकक्ष सबके सम्मिलित जयघोष से गूँज उठा।

चाणक्य ने नए राजा की ओर से कुछ नियुक्तियाँ कीं और कुछ घोषणाएँ। तिष्य को चन्दनदास के स्थान पर नगर-श्रेष्ठि, रुचिशील को नगर व्यवस्थापक, मालव सिंह को प्रधान सेनापति, कंकु को प्रधान गूढ़पुरुष नियुक्त किया गया। राज्य के महामात्य का पद स्वयं चाणक्य ने सँभाला।

चाणक्य ने सभी को चेतावनी दी कि जो भी राक्षस की सहायता करता या उसे सहयोग देता पाया जाएगा उसे कठोर दंड दिया जाएगा। राक्षस का परिवार निश्चिन्तता से नगर में रह सकता है। चाणक्य ने यह भी बताया कि नन्द की जो सेना नगर में थी, उसने राजा चन्द्रगुप्त का स्वामित्व स्वीकार कर लिया है और जो सेना बाहर है, उसे भी ऐसा ही करने के आदेश दिए जा रहे हैं। दो-चार दिन में ही नगर के द्वार पूर्ववत् खुल जाएँगे और सभी काम-काज आरम्भ हो जाएँगे।

सभा विसर्जित कर दी गई। पर एक कक्ष में सभी एकत्र हुए-शकटार, चाणक्य, चन्द्रगुप्त, कंकु, सिंह, विजय, मुरा, दुर्धरा, श्यामला और मल्लिका। सभी ने चन्द्रगुप्त को बधाई दी।

"बधाई के पात्र तो गुरुदेव हैं। मैं तो उनके अनुचर से अधिक कुछ नहीं।"

"आर्या मुरा! आपने एक मूल्यवान् हार मुझे दिया था।" चाणक्य ने कहा।

"हाँ, आर्य! वह चन्द्र के पिता ने मुझे प्रथम उपहार के रूप में भेंट किया था और मैंने आपको गुरुदक्षिणा के रूप अर्पित किया था।"

"भाभी!" चाणक्य ने श्यामला से कहा, "देना तो वह हार।"

श्यामला ने हार आगे बढ़ाया।

"देवि! यह तभी से भाभी के पास सुरक्षित था। मैंने तभी आपसे कहा था कि यह हार मैं नहीं ले सकता।"

"पर मेरे पास कुछ भी तो और नहीं था।" मुरा ने विगलित स्वर में कहा।

"क्या नहीं था आपके पास! चन्द्र था और उसे आपने मुझे सौंपा। अब आपसे दो अनुरोध हैं।"

"आज्ञा करिए, आर्य!"

"एक यह कि दुर्धरा को पुत्र-वधू के रूप में स्वीकार करिए। यह हार इसे पहनाइए। चन्द्रगुप्त! तुम्हें तो आपत्ति नहीं और दुर्धरा तुम्हें?"

"आपका वचन मेरे लिए आदेश है।" चन्द्र ने कहा। और दुर्धरा ने सलज्ज सिर झुका लिया।

मुरा ने वह हार चाणक्य से लेकर दुर्धरा के गले में डाल दिया और उसे छाती से लगाकर चूम लिया।

शकटार ने दुर्धरा के सिर पर हाथ रखकर आशीर्वाद दिया। श्यामला ने भी उसे दुलारा।

"और?" मुरा चाणक्य की ओर उन्मुख हुई।

"देवि! मैं शीघ्र ही नगर से कुछ दूर गंगा-तट पर अपना गुरुकुल स्थापित करूँगा। आर्य शकटार और आप चाहें तो वहीं रहें।"

"मैं तो बृहद्हट्ट जाऊँगा, चाणक्य!"

"क्या यह आपका आदेश है, आचार्य!" मुरा ने पूछा।

"नहीं, देवि! बड़ी बहन से निवेदन है। आखिर मुझे भी स्नेह और पथ-निर्देश चाहिए न। मेरा कोई भी तो नहीं।"

"आर्य चाणक्य!" मुरा के मुँह से निकला।

"आर्या!" अचानक मल्लिका बोल उठी।

"कहो, मल्लिके!"

"एक निवेदन है।"

"कहो न?"

"मेरी एक आश्रिता कंकु को हृदय से प्रेम करती है। वह यवनी है और जहाँ तक मैं समझती हूँ, कंकु भी उसके प्रति अनुन्मुख नहीं है। क्यों, कंकु?'

"आर्या आप..."

"मैं सच कह रही हूँ, कंकु! तुम जानते हो इस मामले में मेरी दृष्टि पर सन्देह नहीं किया जा सकता।"

"उसे मुझे दिखाओ, मल्लिका! मैंने सब ठीक पाया तो दोनों मित्रों का विवाह एक ही दिन करूँगा। पर पुत्री, तुम? तुमने क्या सोचा है?"

"आर्य! अपना सब-कुछ कंकु को सौंपकर मैं आपके आश्रम में रहूँगी, यदि आप रखना चाहेंगे।"

"मैं क्यों नहीं चाहूँगा। तुम तो मुझे निश्चिन्त कर दोगी। मेरे छात्रों का सब भार तुम सँभाल लोगी।"

"गुरुदेव! क्या अब भी आप अध्यापन करेंगे?" चन्द्रगुप्त ने चौंककर पूछा।

"चन्द्र!" चाणक्य ने हँसकर उत्तर दिया, "तुम मुझे गुरुदेव कहकर पुकारते हो न। मैं कैसे चाह सकता हूँ कि तुम कभी भी मुझे 'अमात्य' कहकर सम्बोधित करो।"

"चाणक्य! तुम आर्य चणक के सच्चे पुत्र हो।" शकटार ने कहा।

"और मेरे प्रिय, आदरणीय देवर!" श्यामला मुग्ध भाव से बोल उठी।

"कंकु!" चाणक्य अचानक बोल उठा।

"गुरुदेव!"

"हम यहाँ क्या कर रहे हैं? हमने इस नगर पर विजय पाई है, इसे अपना नहीं बनाया है। पाटलिपुत्र दुर्ग शत्रुओं से घिरा है। किसी भी क्षण कुछ भी हो सकता है। आओ, वत्स! सिंह, आओ।"

चाणक्य, कंकु और सिंह को लेकर बाहर निकल गया।

एक अलग कक्ष में तीनों मंत्रणा के लिए बैठे।

"कंकु! चन्द्रगुप्त की सुरक्षा का पूरा प्रबन्ध तुमने कर लिया है न?"

"हाँ, आर्य! विशु इसी कार्य पर नियुक्त है। एक-एक अंगुल स्थान की छानबीन की जा रही है। राजा को अभी कुछ ही कक्ष दिए गए हैं, जिन पर कठोर पहरा है।"

"ठीक! सिंह! सेना की क्या स्थिति है?"

"आर्य! इस समय लगभग बाईस सहस्त्र सैनिक हमें प्राप्त हैं, जिनमें बारह सहस्त्र मागध हैं। सुरक्षा की दृष्टि से मागध गुल्मों में अपने सैनिक रख दिए गए हैं और अपने गुल्मों में थोड़े-थोड़े मागधों को सम्मिलित कर लिया गया है।"

"ग्रामों से सैनिक एकत्र करने के विषय में क्या रहा?"

"चरों ने सूचित किया है कि लगभग पाँच सहस्त्र ग्रामीण एक दो दिनों में यहाँ आ जाएँगे।"

"उत्तम। इन्हें शीघ्रता से प्रशिक्षित करो। कंकु! बाहर पड़े मागधों का कुछ समाचार मिला?"

"सुना है, राक्षस उन्हें युद्ध के लिए उकसा रहा है। उसने पर्वतक से बात कर ली है। मागध सैनिकों से वह कह रहा है कि पर्वतीयों से मिलकर पाटलिपुत्र पर पुनराधिकार कर लो। सुना है, उसे कुछ सफलता मिल रही है।"

"फिर भी क्या कुछ सैनिकों के वापस दर्ग में लौटने की आशा है?"

"निश्चय ही, आर्य! लगभग तिहाई सैनिक अवश्य ही लौट आएँगे आज रात में।"

"सिंह! हो सकता है कल किसी समय पर्वतीयों पर अकस्मात आक्रमण करना पड़े। इसके लिए कम से कम पन्द्रह सहस्त्र अश्वारोहियों की आवश्यकता होगी। तुम इस दृष्टि से तैयारी करो।"

"जो आज्ञा, आर्य!"

सिंह के जाने पर चाणक्य ने कहा—

"कंकु! राक्षस और पर्वतक का मिलन शुभ नहीं है। मागधों और पर्वतीयों का सम्मिलित बल एकत्र देखकर हमारी सेना के मागध भी विद्रोह कर सकते हैं। उस स्थिति में हमारे लिए गम्भीर संकट उत्पन्न हो जाएगा।"

"सच है, आर्य!"

"मैं यह भी चाहता हूँ, कंकु, कि अपना बल कम से कम क्षय हो। इसलिए आज रात पर्वतक को हर स्थिति में यमलोक को प्रस्थान करना होगा।"

"मैं समझ गया, आर्य!"

"इससे अन्य पर्वतीय राजाओं में आतंक पैदा होगा। तभी सिंह अपने अश्वारोहियों को लेकर उनकी छाती पर जा पहुँचे।"

"ठीक यही होगा, आर्य!"

कंकु चला गया तो चाणक्य आँखें बन्द करके सोच में डूब गया, जैसे एक-एक परिस्थिति की भीतर ही भीतर नाप-जोख कर रहा हो; जैसे वह अपने अन्तरंग में भविष्य को प्रकट देखने का प्रयास कर रहा हो।

तभी कंकु वापस लौटकर आया।

"एक समाचार है, आर्य!"

"क्या?"

"नन्द और उसकी पत्नी की रात किसी ने हत्या कर दी, रथ में छुपा धन लूट लिया और शवों को गंगा में बहा दिया।"

"ओह! पर कैसे पता लगा यह?"

"रक्त-सना रथ हत्यारे वहीं छोड़ गए। समाचार नगर में फैल गया है।" कंकु ने बताया।

"चिन्ता नहीं। वैसे लोग यही समझेंगे कि हत्या हमने ही कराई है। पर जो हुआ वह अनुकूल ही हुआ। दुर्धरा को यह सूचना मैं ही दूँगा। इस शोक को वह झेल लेगी। मुरा पास है। कंकु!"

"आर्य!"

"जिन नागरिकों पर षड्यंत्र का सन्देह हो सकता है, उन पर तुम्हारी दृष्टि है न? चन्दनदास के यहाँ क्या गतिविधि है?"

"प्रकट तो कुछ नहीं, गुरुदेव!"

"कंकु! विशु से कहो चन्द्रगुप्त को प्रकटत: जिस कक्ष में शयन कराया जाए, वहाँ से उसे कुछ ही देर बाद अन्य कक्ष में स्थानान्तरित कर दिया जाए। ऐसा प्रतिदिन

होना चाहिए और विशु के अतिरिक्त किसी को इसका ज्ञान नहीं रहना चाहिए। चन्द्रगुप्त को जो भी खाने या पीने को दिया जाए वह पहले जाँच लिया जाए।"

"जो आज्ञा, गुरुदेव!"

"शत्रु प्रहार निश्चित करेगा। पर्वतक का निपटारा आज रात हो जाना चाहिए।"

कंटक-शोधन

राक्षस बहुत ही निराश और क्षुब्ध था। निश्चय ही अपने अंधेपन से उसने पाटलिपुत्र को खो दिया था और वह नन्द-वंश के आकस्मिक अन्त का कारण बना था। उसके सामने महाप्रश्न था कि वह अन्धा बना क्यों और कैसे चाणक्य एक छोटी-सी सेना के बल पर नन्द साम्राज्य की राजधानी पर अनायास ही अधिकार कर बैठा और अब चाणक्य भीतर है और उसे एक नाली के मार्ग से बाहर भागना पड़ा है। राक्षस पूरा दोष क्रूर नियति के माथे मढ़कर निश्चिन्त होने की मूर्खता नहीं कर सकता था। वह अपने दोषों और भूलों को समझ रहा था और इसीलिए चाहता था कि किसी भी तरह सत्ता हाथ में आ जाए तो पिछली भूलों को निर्मूल करके वह छिद्रहीन, सशक्त शासन चलाए।

पराजित मागध सेना का नेतृत्व उसने हाथ में ले लिया था। आहतों को उपचार के लिए गंगा-पार के ग्रामों में भिजवाने का प्रबन्ध कर दिया था और मृतकों का दाह-कर्म सम्पन्न कर दिया गया था। पर्वतीयों से वार्ता उसने पिछली संध्या से ही आरम्भ कर दी थी और आज प्रात: ही उसने पर्वतक के पास दूत भेजा था। निश्चित हुआ था कि वह और पर्वतक तीसरे प्रहर में मिलकर बात करेंगे। दोपहर को ही राक्षस को नन्द की हत्या का समाचार मिल गया, जिसने उसे बुरी तरह झंझोड़ डाला। उसे यह भी सूचना मिली कि दुर्धरा चन्द्रगुप्त से विवाह के लिए प्रस्तुत है। वह सन्न रह गया और राजकुमारी की स्वार्थपरता से उसे गहरा धक्का लगा। उसके चर ने उसे बताया कि उसका परिवार मित्र चन्दनदास के यहाँ है, यह तथ्य चाणक्य से छुपा नहीं है। इतने पर भी राक्षस ने चन्द्रगुप्त की हत्या की योजना बनाई। उसने पाँच कुशल सैनिकों को छाँटा। चर को उसने राजभवन के गुप्त मार्ग समझाए। उसे कहा कि सैनिकों को एक गर्भ-गृह में छुपा दिया जाए, जो चन्द्रगुप्त के कक्षों के काफी निकट था। अर्द्धरात्रि के समय ये सैनिक गुप्त मार्ग से बाहर आकर राजा बने चन्द्रगुप्त को सोते में समाप्त कर दें। चर और सैनिकों को उसी नाली के मार्ग से नगर में भेजकर राक्षस पर्वतक से मिलने के लिए चला।

पर्वतक ने राक्षस का हृदय से स्वागत किया।

"अमात्यवर! हम दोनों एक ही शत्रु से पीड़ित हैं। हम इस प्रदेश से अनभिज्ञ हैं। आपका मार्गदर्शन मिले तो उसे मैं सौभाग्य ही मानूँगा।" पर्वतक ने कहा।

"राजन्! नियति कठोर है। शत्रु कुटिल है। हमारी स्थिति अनुकूल नहीं है। पर वीर पुरुष अन्त तक लड़ते हैं। हम भी युद्ध के लिए कृतसंकल्प हैं।" राक्षस बोला।

"साधु, महामात्य! पर आपकी योजना क्या है?"

"राजन्! विजय की स्थिति में आप मगध सम्राट् होंगे, यह पहली बात है। हम दोनों के पास कम से कम चालीस सहन सैनिक हैं, जबकि चाणक्य के पास बीस से अधिक नहीं हैं और उनमें भी आधे तो मागध ही हैं जो अपने मागध भाइयों के विरुद्ध शस्त्र नहीं उठाएँगे। चाणक्य जिस नगर में बैठा है, वह उसका मित्र नहीं है। नगरवासी भय के कारण चुप हैं, पर आततायी को घिरा देखकर वे खुलकर हमारा साथ देंगे।"

पर्वतक ने राक्षस के एक-एक शब्द को ध्यान से सुना और तोला। तब उसने कहा—

"आपका विश्लेषण ठीक है, आर्य! पर नगर में प्रवेश के लिए आपने क्या सोचा है?"

"राजन्! इसके लिए वही विधि अपनाई जाएगी जो चाणक्य ने अपनाई थी। मैं समझता हूँ गंगा की ओर के पूर्वी द्वार को भीतर से खुलवाने का प्रयास किया जाना चाहिए। नगर में अनगिनत जन हैं, जो इस मामले में हमारी सहायता कर सकते हैं। नगर का पूर्वी भाग सबसे घना बसा है। उस ओर से गलियों-सड़कों पर फैलकर आगे बढ़ना सबसे उत्तम रहेगा।"

"आपकी योजना अत्युत्तम है, अमात्यवर!" पर्वतक ने कहा।

"तो राजन्! मेरा प्रस्ताव है कि मागध नायक और आपके नायक मिलकर इस आधार पर सोच-विचार करें।"

"ठीक है। आज संध्या समय सब मिल लें। आर्य राक्षस!"

"महाराज!"

"जो भी करना हो शीघ्रता से करें। अन्य राजा अब अस्थिर हैं और घर लौटने के लिए व्यग्र हैं।"

"यदि सब ठीक रहा तो कल रात हम नगर में प्रवेश करेंगे। मागध भी अधिक ठहर नहीं पाएँगे, क्योंकि हमारे पास भोजन बहुत ही अल्प है।"

"हम प्रस्तुत हैं, आर्य! आप तैयारी करिए।"

उसी दिन संध्या समय दोनों ओर के नायकों ने मिलकर सब तय किया। पर दोनों सेनाएँ निकट नहीं आईं; एक-दूसरे से दूर ही पड़ी रहीं। पर्वतक और अन्य पर्वतीय राजाओं का पड़ाव सराय में और संलग्न तम्बुओं में था, पर राक्षस मागध शिविर में ही ठहर गया था। दोनों सेनाओं में सब जान गए थे कि कल के शत्रुओं को अब साथी बनकर काम करना है।

रात का दूसरा प्रहर आरम्भ हो चुका था। दो मागध सैनिक धीमे-धीमे पर्वतीय शिविर की ओर बढ़ रहे थे। उनके साथ एक अन्य आकृति भी थी जो ऊपर से नीचे तक काले वस्त्रों में लिपटी थी। इस तीसरी आकृति का भान अनुमान से ही हो पाता था, क्योंकि काले वस्त्र अँधेरे में एकरूप हो गए थे।

शिविर आरम्भ होते ही प्रहरियों ने मागध सैनिकों को रोक लिया।

"कहाँ जाते हो?" एक ने पूछा।

"महाराज पर्वतक के पास।"

"इस आधी रात में क्या काम है महाराज से?"

"आर्य राक्षस ने उपहार भेजा है।"

"क्या उपहार?"

"अरे मूर्ख! इस समय क्या उपहार भेजा जा सकता है?" कहकर एक सैनिक ने उस तीसरी आकृति का अवगुंठन पलट दिया। जैसे बिजली-सी कौंध गई हो। प्रहरी दो पग पीछे हट गए।

"क्या?" उनके मुँह से निकला।

"हाँ!" सैनिक ने कहा, "मार्ग दिखाओ।"

"तुम दोनों नहीं जा पाओगे।" एक प्रहरी बोला।

"क्यों? हमें आज्ञा है कि इन्हें महाराज के कक्ष में पहुँचाकर बाहर प्रतीक्षा करें और साथ वापस लाएँ।

"आर्य राक्षस ने हमारे लिए कुछ नहीं भेजा?" दूसरा बोला।

"प्रहरी!" सैनिक ने गम्भीर होकर कहा, "मृत्यु अधिक प्रिय है क्या? महाराज पर्वतक प्रतीक्षा में होंगे।"

यह सुनकर प्रहरी सचेत हो उठे। उनमें से एक सैनिकों के साथ-साथ चला।

इस युवती को पर्वतक के कक्ष तक पहुँचा दिया गया। युवती अपना काला लबादा बाहर ही छोड़कर भीतर प्रवेश कर गई। लबादे के नीचे उसने एक महीन इकहरा वस्त्र पहन रखा था, जिसमें से उसका सुनहरा शरीर साफ झलक रहा था। वह सीधी जाकर पर्वतक के सामने खड़ी हो गई।

प्रौढ़ पर्वतक उस समय मंचिका पर बैठा सुरा की चुस्कियाँ ले रहा था और हाथ में आए पाटलिपुत्र के निकल जाने के विषाद को नशे में डुबाने का प्रयास कर रहा था। उसने चौंककर सामने देखा।

"कौन हो तुम?" उसने लुब्ध दृष्टि से देखते हुए पूछा।

"मुझे आर्य राक्षस ने भेजा है।" युवती ने सकटाक्ष उत्तर दिया।

भीतर के प्रकाश में युवती की छवि पिघले स्वर्ण की तरह किरणें फेंक रही थी। उसकी आँखों में सर्प की आँखों-जैसी प्रखर कौंध थी और पतले अधरों पर तीखी मुस्कान थी। यह सब पर्वतक को पागल बना देने के लिए पर्याप्त था।

वह उठा, फिर बैठ गया और उसने हाथ बढ़ाकर युवती का हाथ पकड़ा और उसे खींचकर अपने अंक में डाल लिया। युवती खिलखिला पड़ी और उसने अपनी बाँहें पर्वतक के गले में डाल दीं। पर्वतक का नशा आँखों में छलक उठा और तेजी से सिर की ओर बढ़ा। उसने उस युवती को अपनी बाईं भुजा में कस लिया और शरीर से सटाकर भींच लिया। युवती हँसी और उसने अपने सिहरते होंठ ऊपर की ओर उठा दिए। पर्वतक ने तत्क्षण अपने विह्वल अधर उन प्यासे अधरों पर रख दिए और उन्हें पीने लगा। उसने उसे अब दोनों बाँहों में समेट लिया। दोनों की साँसें मिलकर एक हो गईं।

कुछ ही पल इस प्रकार बीते होंगे कि पर्वतक की पकड़ सहसा ढीली पड़ गई और उसका सिर पीछे को लटक गया। उसकी आँखें मुँद गईं और वह लुढ़क गया। उसकी बिखरी टाँगों ने उस मंचिका को उलट दिया जिस पर चषक और सुरा-पात्र रखे थे। पात्र सुरा बिखेरता हुआ धरती पर लोटने लगा। पर्वतक अचेत नहीं, निर्जीव हो चुका था।

विषकन्या उठकर खड़ी हो गई। वह हाँफ रही थी, उग्रतम कामोत्तेजना से काँप रही थी। और इस क्षण उसका पुरुष उसके पैरों में मृत पड़ा था; जिसका मुँह खुला था, जो नीले सफेद झागों से भर गया था; जिसका पीला-गोरा चेहरा तेजी से नीला पड़ता जा रहा था।

पर्वतक की कमर मंचिका पर थी और सिर और पैर दोनों ओर थे। विषकन्या ने मंचिका पर जोर का पदाघात किया और पर्वतक का निर्जीव शरीर परे को लुढ़क गया। अब उसने उस मृत पुरुष को जोर की ठोकर लगाई। तब उसने स्वयं को किंचित् स्थिर किया। अपने स्तनों के बीच से एक डिबिया उसने खींची और उसे खोला। उसमें से एक नन्हे-से नाग ने अपना सिर ऊपर उठाया। उस कन्या ने अपने होंठ उसके फन के सामने कर दिए। अभ्यस्त सर्प ने होंठ पर डंक मारा। कन्या ने डिबिया बन्द करके पूर्ववत् छुपा ली। एक दृष्टि फिर उसने अपने आखेट पर डाली, दीपक बुझाया और द्वार की ओर मुड़ गई। ड्योढ़ी पर पड़ा अपना लबादा उठाकर उसने ओढ़ लिया और बाहर निकल आई, जहाँ दोनों सैनिक उसकी प्रतीक्षा में बैठे थे। वे तीनों उन प्रहरियों के सामने से होते हुए अँधेरे में लुप्त हो गए।

पौ फटने पर सेवक ने पर्वतक के कक्ष में प्रवेश किया तो स्वामी को भूलुंठित पाया। वह चीखता हुआ बाहर भागा। उसने सीधे मलयकेतु के पास पहुँचकर उसे सूचना दी। राजकुमार भागा आया। उसने पिता को ठंडा और नीला पाया। वह समझ गया इन्हें विष दिया गया है। उसने प्रहरियों से पूछताछ की तो राक्षस द्वारा प्रेषित विषकन्या की बात उसे बताई गई। वह किंकर्तव्यविमूढ़ रह गया।

पर्वतक की मृत्यु का समाचार पूरे शिविर में फैल चुका था। अन्य राजा और

सभी नायक वहाँ पहुँच गए और शोक-सन्तप्त मलयकेतु को घेरकर खड़े हो गए। मलयकेतु सोच नहीं पा रहा था कि क्या किया जाए। शेष राजा और नायक भी किंकर्तव्यविमूढ़ थे। तभी कुछ सैनिक भागे हुए आए। वे हाँफ रहे थे।

"युवराज! युवराज!"

मलयकेतु ने चौंककर उनकी ओर देखा।

"एक बड़ी अश्वारोही सेना इधर ही आ रही है। यह टापों की आवाज सुनिए।"

"क्या?" मलयकेतु के मुँह से निकला।

शेष सबने सतर्क होकर कान लगाए।

"सचमुच युवराज! संकट सिर पर है। शीघ्रता करिए।"

विषाद त्यागकर मलयकेतु ने नेतृत्व अपने हाथ में लिया। एक नायक को उसने आज्ञा दी कि तत्क्षण पिताश्री के शव को गंगापार ले जाकर वहाँ प्रतीक्षा करे। शेष को उसने कहा कि कुछ ही क्षणों में सभी पर्वतीय अश्वारोही शिविर के समक्ष पंक्तिबद्ध आ खड़े हों और पदाति सैनिक शिविर को तेजी से पीछे की ओर ले चलें। सब विद्युद्गति से अपने-अपने काम में लग गए और मलयकेतु चिन्तन में डूब गया।

कुछ ही देर में वह अपने अश्वारोहियों के शीर्ष पर खड़ा था और सामने था सिंह, जो अपनी सेना का नेतृत्व कर रहा था।

सिंह थोड़ा आगे बढ़ आया। उसने बातचीत के लिए आह्वान किया। मलयकेतु बढ़कर सामने आ गया।

"अभिवादन, युवराज!" सिंह ने कहा।

"कहो, सेनापति सिंह।"

"युवराज! आर्य चाणक्य का अनुरोध है कि महाराज पर्वतक अपनी सेना यहाँ से चार कोस परे ले जाएँ।"

"और राक्षस?" मलय ने पूछा।

"मागध सेना प्रतिकूल नहीं है; वह हमारे साथ है।"

"चाणक्य ने हमसे छल किया है।

"युवराज! रक्तपात आप ही को महँगा पड़ेगा। यदि आप चले जाने का उपक्रम करेंगे, तो हमारी मित्रता बनी रहेगी और जो राशि हमें देनी है, उससे दुगुना देकर महाराज चन्द्रगुप्त आपको सप्रेम विदा करेंगे।"

"आर्य सिंह! पितृश्री की रात हत्या कर दी गई है।"

"क्या!" सिंह चौंक पड़ा।

"हाँ।"

"पर, किसने की? युवराज! यह अनिष्ट निश्चय ही राक्षस की प्रेरणा से हुआ है।"

"हो गया है, सेनापति! राक्षस की प्रेरणा से हुआ हो या देवता की।" मलयकेतु ने कहा।

"मुझे गहरा दुख है, युवराज! पर आपको निर्णय लेना है, आज, अभी।"

"संध्या तक हम यहाँ से हट जाएँगे।"

"धन्यवाद, युवराज! दो बातें मैं सूचित कर दूँ। राक्षस की तीन-चौथाई से अधिक मागध सेना गत रात नगर में प्रवेश कर गई और अब वह महाराज चन्द्रगुप्त की सेना का अंग है। दूसरे, आर्य चाणक्य आपसे छल करना नहीं चाहते। जैसे ही आप गंगा-पार करके दस योजन पहुँचेंगे, आपकी राशि आप तक पहुँचा दी जाएगी।"

"ठीक है, सेनापति! मैं भी इस टकराव के पक्ष में नहीं हूँ।"

"मैं आपको महाराज चन्द्रगुप्त की मित्रता का आश्वासन देता हूँ।"

मलयकेतु लौटकर अपनी सेना में आ गया और उसने अन्य राजाओं एवं नायकों को बातचीत का सार बताकर अपना निर्णय सुनाया। पर्वतीय अश्वारोही वापस बुला लिए गए और पूरे शिविर में बांधा-जूड़ी की हलचल आरम्भ हो गई। सिंह वहीं जमा रहा। एक घड़ी पश्चात् चरों ने सूचना दी कि लगभग चालीस नौकाओं ने पर्वतीय सैनिकों को उस पार ले जाना आरम्भ कर दिया है।

राक्षस रात से अपने ही पचड़े में पड़ा था। सैनिकों को अपने साथ रोकने का वह भरसक प्रयत्न कर रहा था, पर वे रुकने को प्रस्तुत नहीं थे। उनके परिवार नगर में थे। फिर आधी मागध सेना चन्द्रगुप्त से मिल चुकी थी और अब चन्द्रगुप्त से लड़ने का अर्थ था, अपने ही भाइयों से लड़ना, जो एकदम वांछित नहों था। नन्द मर चुका था। तब राक्षस किसको गद्दी पर बिठाना चाहता है? यदि पर्वतक को, तो उससे अच्छा तो चन्द्रगुप्त ही है, जो मागध है और जिसका सगा मामा मागध-सेना में नायक है। राक्षस के पास इन सब तर्कों का कोई उत्तर नहीं था और वह विफल, निराश एवं झुंझलाया हुआ था। विवश भाव से चुपचाप उसने तीन-चौथाई सैनिकों को नगर-द्वार की ओर जाते हुए देखा। जो रुक गए थे, उनके नायक राक्षस के प्रति अधिक समर्पित थे और इसीलिए वे अनिर्णय में थे।

प्रात: होते ही राक्षस को पता चला कि पर्वतक की हत्या कर दी गई है और प्रसिद्ध हो गया है कि विषकन्या राक्षस की भेजी हुई थी। उसने यह भी सुना कि चाणक्य की सेना ने पर्वतक के शिविर पर चढ़ाई कर दी है। यह सब सुनकर वह सन्न हो उठा। वह पर्वतीयों की सहायता करने की स्थिति में नहीं था। उसने नायकों से बात की पर कोई भी युद्ध के लिए प्रस्तुत नहीं मिला। तभी उसने सुना कि मलयकेतु ने वापस लौटना स्वीकार कर लिया है और पार जाने के लिए नौकाओं का प्रबन्ध किया जा रहा है। यह सुनकर राक्षस के हाथ-पैर फूल गए। उसने तत्काल एक पत्र देकर चर मलयकेतु के पास भेजा।

राक्षस ने पत्र में लिखा, "मैं नहीं मानता कि चाणक्य की चाल को आप समझ नहीं गए हैं। चाणक्य ने एक तीर से दो पक्षियों को मारने का प्रयास किया है। अपने सबसे बड़े शत्रु को तो उसने मार्ग से हटा ही दिया है, हम दोनों के बीच भी संशय का बीज बो दिया है। महाराज पर्वतक ने जिस लक्ष्य की पूर्ति का बीड़ा उठाया था, उसे बीच में छोड़ जाना उनके वीर पुत्र को शोभा नहीं देगा। मैं कुछ ही देर में आपसे बातचीत के लिए आपके पास पहुँच रहा हूँ।"

जब राक्षस मलयकेतु के पास पहुँचा, वह नायकों को आदेश देने में व्यस्त था। तय यह हुआ था कि महाराज पर्वतक की दाह-क्रिया गंगा के उस पार निश्चिन्तता से की जाए और तब आगे बढ़ा जाए। दोनों एक स्थान पर बैठ गए।

"महाराज पर्वतक की मृत्यु से मुझे गहरा धक्का लगा है।" राक्षस ने बात आरम्भ की।

"मैं आपको दोषी नहीं गिनता।" मलय ने कहा।

सुनकर राक्षस खिल उठा।

"मुझे इस बात का विश्वास था।" उसने कहा, "आर्य पर्वतक की मृत्यु ने हमारी योजना को शंका में डाल दिया है।"

"आप ठीक सोचते हैं, आर्य! हम दाँव हार चुके हैं और वास्तविकता को झुठलाना आत्मघात के समान होता है।"

"युवराज! खेल में ऊँच-नीच होना हार जाना नहीं होता। मैं आपको विश्वास दिलाना चाहता हूँ कि लक्ष्य-सिद्धि असम्भव नहीं है।"

"यह लोकोक्ति है, आर्य! तथ्य नहीं। क्या यह सत्य नहीं है कि आपकी अधिकांश मागध सेना आपको छोड़कर चाणक्य की शरण में चली गई है?"

"यह सत्य है, मलयकेतु! पर इसके दो बड़े कारण हैं। युद्ध में पराजय और अन्न का अभाव। पर शीघ्र ही भद्रशाल के साथ तीस सहस्र मागध सेना यहाँ पहुँच जाएगी।"

"पहुँच जाएगी, पर कब? और तब तक क्या चाणक्य हमें टिकने देगा? और भद्रशाल आपका साथ देगा, इसी का क्या निश्चय है? फिर अमात्यवर! यह कूट युद्ध मेरे वश से बाहर है।"

"उसके लिए मैं हूँ, मित्र! मैंने चन्द्रगुप्त की हत्या के लिए चर भेजे हैं। जहाँ तक चाणक्य के इन अश्वारोहियों का सम्बन्ध है, ये अधिक नहीं हैं और इन्हें नष्ट करने में आप समर्थ हैं। युक्ति से काम लेने पर शक्ति-क्षय को कम किया जा सकता है।"

"पर..."

"युवराज! सुनिए। चाणक्य को बस यह टक्कर दे दीजिए, आपका हाथ ऊपर हो जाएगा। अपने तो उसके पास दस सहस्र सैनिक ही हैं। इन अश्वारोहियों के कुचले जाने का समाचार नगर में पहुँचते ही मागध सैनिकों में दरार पड़ जाएगी और

चाणक्य के पैरों के नीचे से धरती खिसक जाएगी। चाणक्य को मागधों पर विश्वास होता तो वह आपके सिर पर मागध अश्वारोहियों को भेजता। वस्तुत:, मागधों का नैतिक बल क्षय हो गया है और वह इसी का दुर्लाभ उठा रहा है। इस नैतिक बल की पुन: सृष्टि आपके हाथ में है।"

मलयकेतु सोच में पड़ गया। कुछ रुककर उसने कहना आरम्भ किया—

"आर्य राक्षस! आपका तर्क पुष्ट है। मैं आपसे सहमत हूँ कि हम चाणक्य के इन दस सहस्र अश्वारोहियों को मिट्टी में मिला सकते हैं। मैं इससे भी असहमत नहीं हूँ कि यहाँ बाहर की एक या दो पराजय भीतर का मानचित्र बदल देने के लिए पर्याप्त हैं। पर इससे किसका हाथ सशक्त होगा आपका।"

"क्यों?"

"महामंत्री! चाणक्य ने हमारा उपयोग किया। अब आप करेंगे। मान लीजिए, चाणक्य-चन्द्रगुप्त को समाप्त कर दिया गया। तब, हम परदेसियों की क्या स्थिति होगी? हमारी जड़ यहाँ नहीं है। हमारा यहाँ कोई नहीं है। अपने सैनिक दल की क्षति-पूर्ति करने का कोई उपाय हमारे पास नहीं है। तब मलयकेतु गद्दी पर क्यों बैठेगा? राक्षस क्यों नहीं बैठेगा?"

"क्या कह रहे हैं आप, युवराज! मैं गद्दी पर बैठता तो नन्द को हटाकर पल-भर में न बैठ जाता। नहीं, मेरे मन में ऐसा कुछ नहीं है। मेरी ओर से तो वह क्षण आने पर पर्वतक के पुत्र मलयकेतु ही मगध की गद्दी पर बैठेंगे।"

मलयकेतु सामान ढोते हुए सैनिकों की ओर देख रहा था। वह धीमे-धीमे बोला—

"आर्य राक्षस! यह पूरी सेना केवल मेरी नहीं है। चार नृपति और हैं और वे इस पचड़े में पड़ने के लिए प्रस्तुत नहीं हैं। सैनिक घर लौट जाने के लिए व्यग्र हैं। आप मगध के महामात्य रहे हैं। क्यों नहीं आप साम्राज्य के प्रान्तों से सेना ले आते?"

"आप मुझे निराश कर रहे हैं।"

"मैं विवश हूँ, आर्य! मैं पितृश्री से सहमत नहीं था कि सेना को इतनी दूर ले जाया जाए। अपने अनुचित निर्णय का मूल्य पिता ने प्राण देकर चुका दिया है। अपने सैनिकों की जीवन-रक्षा का मुझ पर नैतिक दायित्व है।"

"अच्छा, आर्य मलयकेतु! धन्यवाद।

"आभारी हूँ, महामंत्री!"

राक्षस गिरा मन लिए अपने शिविर की ओर लौट चला। शिविर में पहुँचने पर उसे जो समाचार मिले उनसे राक्षस के पैर बिल्कुल ही डगमगा उठे। शिविर में कुल सौ के लगभग ही सैनिक शेष रह गए थे, शेष नगर में प्रवेश कर गए थे। दूसरा समाचार नगर से अभी लौटे एक चर ने दिया कि चन्द्रगुप्त की हत्या करने के लिए

भेजे गए सभी सैनिक पकड़ लिए गए और आज दिन निकलते ही उन्हें सार्वजनिक रूप से सूली पर चढ़ा दिया गया। राक्षस ने अपना सिर थाम लिया।

"यह कैसे हुआ, चर?"

"आर्य! हमारे सैनिक चाणक्य के गूढ़पुरुषों की दृष्टि से बच न सके। उन्हें गर्भगृह में घेर लिया गया और बन्दी बना लिया गया। पर देव! यदि उन्हें न भी पकड़ा जाता, तब भी वे चन्द्रगुप्त की हत्या में सफल न हो पाते।"

"क्यों?"

"जिस कक्ष में चन्द्रगुप्त को शयन करना था, उसमें उसे शयन नहीं कराया गया था।"

"ओह!"

"एक सूचना और है, स्वामी!"

"वह भी कह डालो, मित्र!"

"आर्य! चाणक्य ने राजा की हत्या के प्रयास के लिए श्रेष्ठि चन्दनदास को दोषी ठहराया है और उन्हें कारागृह में डाल देने के आदेश दे दिए हैं।"

"क्या मित्र चन्दनदास पकड़ लिए गए हैं?"

"निश्चय ही पकड़ लिए गए होंगे। मैं तो चला आया था।"

"अनिष्ट! चाणक्य चन्दनदास को नहीं छोड़ेगा।"

"कोई आदेश, स्वामी?"

"तुम जाओ।

चर चला गया और राक्षस गहरी चिन्ता में डूब गया।

अवशिष्ट सैनिकों का नायक वहीं था और सब सुन रहा था। उसे लगा, जैसे राक्षस अब वहाँ नहीं था, कहीं बहुत गहरे में लुप्त हो गया था।

"आर्य!"

राक्षस ने नहीं सुना।

"स्वामी!"

"हूँ...हाँ।"

"भोजन तैयार है।"

"तुम करो, नायक! मेरी इच्छा नहीं है।"

"आर्य! चिन्ता से काम नहीं चलेगा। आपको तत्काल निर्णय लेना है। आप यहाँ सुरक्षित नहीं हैं।"

"मैं समझता हूँ, नायक! पर मैं क्या करूँ, नियति-प्रवंचित मैं। कुछ तुम्हीं मार्ग सुझाओ।"

"आर्य! चलिए कुछ निकटस्थ राज्यों में जाकर सेना एकत्र करते हैं। किसी नृपति को तैयार करते हैं कि वह पाटलिपुत्र से चाणक्य और चन्द्रगुप्त को निष्कासित

करे। हम आगे बढ़कर आर्य भद्रशाल से मिलते हैं और युद्ध की योजना बनाते हैं। निराशा का कारण नहीं है, स्वामी!"

"पर चन्दनदास का क्या होगा?"

"उसे आपको भूलना होना। चन्दनदास को आप बचा नहीं सकते। युद्ध में व्यक्तियों की चिन्ता नहीं की जाती। चलिए, हम किसी राजा के पास नहीं जाते। हम आर्य भद्रशाल को ही पकड़ते हैं।"

"नायक! भद्रशाल मेरा साथ नहीं देंगे। मैं जो चाहूँगा वे उससे उलटा ही करेंगे।"

"नहीं, महामात्य! नन्द-वंश की समाप्ति की पीड़ा उन्हें भी उतनी ही होगी। चाणक्य से प्रतिशोध आपका ही निजी कार्य नहीं है। आप चलिए तो।"

"नायक! नन्द के विनाश के लिए मैं ही उत्तरदायी हूँ। मैं कैसे इतनी बड़ी मूर्खताएँ कर बैठा? मैं इतना अन्धा और सुखैषी तो नहीं था। एक विषाद मुझ पर छाता जा रहा है।"

"आर्य! अनुताप व्यर्थ है। जो हो गया, हो गया। उपाय है, मार्ग है।"

"मित्र!"

"यहाँ एक भी पल ठहरना अब उपयुक्त नहीं है। किसी भी क्षण चाणक्य के सैनिक हमें दबोच सकते हैं। सोच-विचार भी यहाँ से दूर जाकर ही सम्भव है।"

"मैं तुम्हारा आभारी हूँ, नायक! पर तुम जाओ। तुम भी चन्द्रगुप्त की सेना में सम्मिलित हो जाओ।"

"और आप?"

"मेरा मस्तिष्क और मेरी टाँगें जैसे विजड़ित हो गई हैं। किसी के भी पास जाने और याचना करने का मेरा मन नहीं है।"

"आर्य!..."

"अपनी भूलों का दंड मुझे भुगतना ही होगा।"

"तो मुझे क्या आज्ञा है?"

"तुम जाओ, नायक! चन्दनदास को मुझे बचाना ही होगा। तुम जाओ।"

"पर कैसे?"

"मैं सोच रहा हूँ। तुम जाओ!"

"अच्छा, आर्य!"

नायक चला गया। कुछ ही देर बाद शेष सब सैनिक भी एक दिशा में चले जा रहे थे। राक्षस ने उन्हें देखा और उसने उनकी ओर से मुँह घुमा लिया।

चन्दनदास! मुझे जो करना है, अभी करना होगा। नहीं तो चन्दनदास, उसका परिवार और मेरा परिवार सब काल के गाल में समा जाएँगे। क्या किया जाए? यही हो सकता है कि मैं चाणक्य के सामने आत्मसमर्पण कर दूँ। मैं उससे कह दूँ कि

उसका वास्तविक अपराधी मैं हूँ। चन्दनदास निरपराध है। जो दंड देना हो मुझे दे। अपने मित्र की जीवन-रक्षा मेरा सबसे पहला कर्तव्य है। मुझे अभी जाना होगा, नहीं तो जाना ही व्यर्थ हो जाएगा। चाणक्य उसे मृत्यु-दंड देने में देर क्यों करेगा और चन्दनदास ही यह क्यों कहेगा कि वह निर्दोष है? वह जानता है कि षड्यंत्र मेरा था। मेरा अपराध अपने पर लेने में उसे गर्व का ही अनुभव होगा। वह हँसते-हँसते सूली पर चढ़ जाएगा। ऐसा ही है वह। मुझे एक क्षण की देर भी नहीं करनी चाहिए। चलूँ, दक्षिणी द्वार की ओर चलूँ। सब समाप्त हो गया। युवराज ने वीरगति प्राप्त की। महाराज नन्द की हत्या कर दी गई। सेना धोखा दे गई। पर्वतीयों का ज्वार उतर रहा है। किसी से कोई आशा नहीं। भविष्य समाप्त है।

राक्षस दो-तीन सेवकों से अनुगत, धीमे-धीमे द्वार की ओर बढ़ा। द्वार पर पहुँचकर उसने थपकी दी। प्रहरी ने झरोखा खोलकर झाँका।

"कौन है?" उसने प्रश्न किया।

"प्रहरी! आर्य चाणक्य से कहो, राक्षस आया है।" राक्षस ने कहा।

"हम तो आर्य कंकु के पास सन्देश भेज सकते हैं।" प्रहरी ने उत्तर दिया।

"ठीक है। तुम कंकु से ही कहलाओ।"

"आप प्रतीक्षा करिए।"

कहकर प्रहरी ने झरोखा बन्द कर दिया। राक्षस बाहर टहलने लगा। चार दिन पहले तक मगध-साम्राज्य के महामात्य की सूरत देखते ही, उसकी आवाज सुनते ही एक हलचल, एक भागमभाग मच जाती थी। आज प्रहरी ने मुझे पहचाना तक नहीं। पर यह मागध प्रहरी कहाँ था? यह तो वाहीकी सैनिक था। चाणक्य ने इस वाहीकी सेना के बल पर ही पाटलिपुत्र को श्रृंखलाओं में जकड़ा है। कुछ ही देर में मुझे बन्दी बना लिया जाएगा और मुझे भी चन्दनदास के साथ ही सूली पर चढ़ा दिया जाएगा। जिस चाणक्य ने अकेले, अरक्षित नन्द दम्पति को नहीं छोड़ा, दस्युओं से उन्हें मरवा दिया, वह मुझे क्यों क्षमा करेगा? पर मैं क्षमा चाहता कब हूँ? वह चन्दनदास को छोड़ दे तो ठीक है, नहीं तो हम दोनों ही एक साथ मृत्यु का आलिंगन करेंगे। मेरे सफल, गौरवमय जीवन की यह ज्वलन्त परिणति होगी। सबसे आश्चर्य की बात यह है कि पाटलिपुत्र की जनता ने कोई विद्रोह नहीं किया। अपने प्राणों की आहुति नहीं दी और चन्द्रगुप्त के आवास उस महल में आग नहीं लगा दी। सभी इतने कृतघ्न और कायर निकले। सच ही प्रजा शिशु की तरह स्वार्थी होती है। हम दाँव हार चुके हैं। मैं पर्वतक या भद्रशाल या किसी की भी सहायता से नन्द के पाटलिपुत्र का उद्धार नहीं कर सकता था। इसलिए अब स्वामी नन्द का अनुगमन ही श्रेयस्कर है।

राक्षस यह सब सोच ही रहा था कि द्वार की खिड़की खुली और कंकु निकलकर उसके सामने आ खड़ा हुआ।

"आइए, आर्य!" उसने कहा।

"बिम्ब, तुम?"

"मैं बिम्ब नहीं, आर्य चाणक्य का शिष्य कंकु हूँ। मुझे आपको सादर ले चलने का आदेश हुआ है।"

"पर, मैं तो आत्म-समर्पण करने और बन्दी बनने आया हूँ। चन्द्रगुप्त की हत्या का जो षड्यंत्र प्रात: उद्घाटित हुआ, उसका सूत्रधार मैं ही था।" राक्षस ने कहा।

"मुझे ज्ञात नहीं, आर्य! यह सब आर्य चाणक्य ही जानें।" कंकु ने स्पष्ट किया।

"तो तुम्हें श्रेष्ठि चन्दनदास के पकड़े जाने का भी ज्ञान नहीं?"

"नहीं तो।"

"आश्चर्य है।"

"आप चलिए न।" कंकु ने कहा।

"हाँ, चलना तो है।"

"तो आइए।"

राक्षस कंकु के पीछे-पीछे द्वार को लाँघकर भीतर प्रवेश कर गया।

"आइए।"

"कहाँ?"

"आइए तो।"

दोनों चले। राक्षस ने देखा लोग चौंक-चौंककर उसे देख रहे हैं, पर सब चुप हैं, जैसे भीत हैं।

कंकु राक्षस को मल्लिका के भवन के सामने ले आया।

"यह तो गणिका मल्लिका का भवन है।"

"वे अब गणिका नहीं हैं, आर्या! गुरुदेव ने उन्हें पुत्री के रूप में स्वीकार किया है। देवि मल्लिका ने मुझे भी छोटे भाई की मान्यता दी है। इस नाते से यह घर मेरा भी है। आपको हम भाई-बहन का आतिथ्य स्वीकार करना होगा।"

"पर, कंकु! चन्दनदास?"

"वह आर्य चाणक्य जानें। आप पधारिए।"

"पर मैं यहाँ रहना नहीं चाहता।"

"गुरुदेव का ऐसा ही अनुरोध है।"

"ओह!" राक्षस के मुँह से निकला।

"आइए।" कंकु का स्वर अकोमल नहीं था।

राक्षस पीछे-पीछे चल दिया।

कंकु उसे एक सुसज्जित कक्ष में पहुँचाकर चला गया। सेवकों ने तत्काल उसके हाथ-पैर धुलाए और उसे एक कोमल आसन पर आसीन किया। तभी दो सेवक

भोजन और जल ले आए। वह व्यंजन सन्मुख देखकर राक्षस को भी तीव्र क्षुधा का अनुभव हुआ और वह खाने पर जुट गया। खा-पीकर उसे झपकी आने लगी और शैया पर लेटते ही वह सो गया। जब उसकी आँखें खुलीं तब संध्या अनतिदूर थी।

उठकर वह द्वार तक आया तो उसने देखा, उसके कक्ष के बाहर सैनिक नियुक्त थे। उसने बाहर जाने का उपक्रम किया, तो उसे रोक दिया गया। वह वापस आकर मंचिका पर बैठ गया। उसने संकेत से एक सेवक को बुलाया—

"आज्ञा, स्वामी!"

"अपनी स्वामिनी देवि मल्लिका से कहो, मैं दर्शन के लिए उत्सुक हूँ।"

"मैं अभी उनसे निवेदन कर देता हूँ।" कहकर सेवक चला गया।

चन्दनदास और अपने परिवार का ध्यान आते ही राक्षस उनके विषय में सत्य जानने के लिए व्यग्र हो उठा। वह उठकर कक्ष में टहलने लगा।

कुछ देर बाद मल्लिका ने कक्ष में प्रवेश किया। वह एक सादी साड़ी पहने थी और अत्यन्त सौम्य दृष्टि पड़ रही थी।

"आर्य राक्षस, प्रणाम।" उसने कहा।

"आओ, मल्लिके!"

"आर्य को कोई असुविधा तो नहीं है?"

"है, मल्लिके!"

"क्या, आर्य?"

"मुझे बाहर जाने से रोका गया है।"

"यह आर्य चाणक्य की आज्ञा है। वे आपसे मिलने के लिए उत्सुक हैं, पर व्यस्त हैं। इस बीच मेरा आतिथ्य आप ग्रहण करें।"

"पर क्या मुझे अवरुद्ध रखना भी तुम्हारे आतिथ्य का अंग है?"

"नहीं, आर्य! यह व्यवस्था आर्य चाणक्य की है।"

"पर, मल्लिके! मैं श्रेष्ठि चन्दनदास के विषय में जानने को व्यग्र हूँ। मेरे अपने परिवार का भविष्य क्या है, यह भी मुझे पता नहीं है।"

"यह सब राजनीति है, आर्य! और उससे कोई सम्बन्ध मैंने नहीं रखा है।"

"तब तो मैं यहाँ बन्दी हूँ।"

"नहीं। बन्दियों को सुसज्जित कक्षों में नहीं रखा जाता। कम से कम मुझे तो आपने नहीं रखा था।"

"तुम वह सब भूल नहीं पाई हो, मल्लिके!"

"कैसे भूल सकती हूँ, आर्य राक्षस! मैंने या माँ ने कब चाहा था कि मैं गणिका बनूँ। आप लोग सोचते हैं, सुन्दर किशोरियाँ पशु हैं, जिनसे मनमाना व्यवहार किया जा सकता है और ऐसा करने में कोई अनैतिकता नहीं है। मैं तो आज भी बन्दी हूँ। आपकी कारा से मैं आज भी छूट नहीं पाई हूँ। आप दो घड़ी में ही उकता गए?"

"तुम्हें इसी में सुख मिलता है तो..."

"मैं सुख और दुख के स्तर से ऊपर उठ चुकी हूँ।"

"पर मैं नहीं उठा हूँ। मुझे चन्दनदास को सूली से बचाना है।"

"और मुझे इस सबसे कुछ लेना-देना नहीं है। आपकी सुख-सुविधा का भार मुझ पर डाला गया है। उसमें कुछ न्यूनता न आए, यह देखना ही मेरा कर्तव्य है।" कहकर मल्लिका बाहर की ओर चली।

"मल्लिके!"

"आर्य!"

"मैं आर्य चाणक्य से तत्काल भेंट का प्रार्थी हूँ।" राक्षस ने अनुनयपूर्वक कहा।

"आपकी प्रार्थना अभी आर्य चाणक्य तक पहुँचा दी जाएगी।"

"धन्यवाद!"

संध्या हो गई। निवृत्त होकर राक्षस ने भोजन किया। तब वह कक्ष में टहलता रहा। कुछ समय पश्चात् सुगन्धित दुग्ध आ गया। अनिच्छा होते हुए भी उसने पिया। तब वह लेट गया और छत को घूरता हुआ सोचने लगा। बचपन से आज तक की अनेकों घटनाएँ गड्डमगड्ड होकर खुली आँखों के सामने से निकल गईं। हँसी आई, मुस्कान आई, मुँह कड़वा हुआ, काँटा-सा चुभा, ऐसी हूक उठी कि करवट लेनी पड़ी। और अन्त में उस पत्नी का चेहरा आँखों के सामने आ जमा, जिसे उसने बार-बार छला है, जिसका जीवन शून्य से अधिक कभी कुछ नहीं रहा है और जो आज पता नहीं कितनी विपन्न, खिन्न और प्रवंचित होगी। पता नहीं क्या-क्या सोचते-सोचते राक्षस को फिर नींद ने आ घेरा।

प्रात: कंकु आ पहुँचा।

"आर्य! क्षमा करें, कल मुझे चले जाना पड़ा था।"

"कोई बात नहीं।"

"आपको कोई कष्ट तो नहीं हुआ यहाँ?"

"आर्य कंकु!"

"नहीं, केवल कंकु।"

"कंकु! मैं कारावास की याचना करता हूँ। मैं दंड चाहता हूँ—मृत्युदंड।"

"आप क्या कहते हैं, आर्य?"

"तुम वह सुन रहे हो, कंकु! तुम्हारे गुरुदेव जो दंड मुझे देना चाहते हैं, वह मैं नहीं सह सकता।"

"आपको सहना होगा। आर्य चाणक्य के विधान में दंड से कोई बच नहीं सकता। आपको देवि मल्लिका के आतिथ्य में तब तक रहना ही होगा, जब तक गुरुदेव आपसे मिलने का अवसर नहीं निकाल पाते।" कंकु ने प्रखर स्वर में कहा।

"तो क्या..." क्या चन्दनदास को सूली पर चढ़ा दिया गया है? तुम जानते हो वह निर्दोष है...था। चन्द्रगुप्त की हत्या के लिए चर मैंने भेजे थे।"

"और वे चर चन्दनदास के घर एकत्र होते थे, जहाँ आपका परिवार ठहरा था..."

"ठहरा था?"

"हाँ, आर्य! अब वह वहाँ नहीं है।"

"कहाँ है वह अब?"

"यह राजकीय रहस्य है।"

"कंकु!..."

"आप जानते हैं, आर्य! जब राज्य-हित में दृष्टान्त प्रस्तुत करने, आतंक पैदा करने अथवा न्याय देने की अपेक्षा होती है, तब मानव क्या, मानवों के जीवन का मूल्य नगण्य बन जाता है।"

"तुम स्पष्ट क्यों नहीं कहते। मैं कठोर से कठोर बात सुनने को प्रस्तुत हूँ। चाणक्य विजयी है; मैं पराजित हूँ। उसके लिए सब न्याय्य है।"

"आर्य चाणक्य के मन में आपके लिए भारी आदर है।"

"क्या सच?" राक्षस के स्वर में व्यंग था।

"आपकी गूढ़ाचार व्यवस्था अत्यन्त दुर्बल रही। जिस छिद्र से आपके चर आते-जाते रहे, वह हमसे छुपा न रहा। तभी तो चर पकड़े जा सके। जिस चर ने कल दोपहर जाकर आपसे सब बताया था, वह आपका नहीं, मेरा चर था।"

"तब क्या चन्दनदास पकड़ा नहीं गया है?"

"मेरा होने के कारण क्या चर झूठ बोलेगा?"

"चर क्या सदा सच ही बोलते हैं?"

"मैंने आपसे एक शब्द भी झूठ नहीं कहा है।"

"कंकु!"

"आर्य!"

"मित्र चन्दनदास और मेरे परिवार के विषय में मुझे स्पष्ट सूचना चाहिए। या मुझे भी बन्दीगृह में डाला जाए या सूली पर चढ़ाया जाए। नहीं तो..."

"नहीं तो?"

"भोजन क्या, जल भी मैं ग्रहण नहीं करूँगा।"

"क्या इससे देवि मल्लिका को कष्ट नहीं होगा?"

"मेरा उपहास तुम कर सकते हो, कंकु! पर मेरा निश्चय दृढ़ है।"

"आर्य! जब मैं दस-बारह वर्ष का था, तब मल्लिका को बचाते हुए मैंने तलवार का घाव खाया था। रुचिशील नहीं जानते थे कि जिस बिम्ब को वे आपकी सेवा में रखवा रहे हैं, वह आर्य चाणक्य का शिष्य है। आपके प्रधान गूढ़पुरुष की हत्या मैंने ही कराई थी।"

"क्यों बता रहे हो यह सब?"

"मैं आपसे क्षमाप्रार्थी हूँ, आर्य!"

"कंकु! चाणक्य ने चन्दनदास को क्या सचमुच सूली पर चढ़ा दिया है?"

"अच्छा, आप होते तो क्या करते? आप क्या चन्दनदास को स्वर्ण-रथ में बिठाकर घर भेजते? आर्य राक्षस! मैं दो बातें आपसे पूछता हूँ।"

"पूछो।"

"आर्य शकटार आपको उसी अन्धकूप में डाल देने को उत्सुक हैं, जहाँ से उन्हें अर्द्ध-मृत, लगभग पूर्ण विक्षिप्त अवस्था में मैं निकालकर ले गया था।"

"तुम?"

"हाँ, मैं। क्या आर्य शकटार को उसका अधिकार है? दूसरे, आर्य चाणक्य की सीमा आप क्या समझते हैं? वे कहाँ तक जा सकते हैं?"

"अपने प्रयोजन की सिद्धि के लिए आतुर राजनीतिज्ञ की कोई सीमा नहीं होती है। चाणक्य अपवाद नहीं है। आर्य शकटार के प्रतिशोध का भाजन बनकर तो मुझे तुष्टि ही मिलेगी।"

"धन्यवाद, आर्य! मुझे अब चलना है।"

"पर मेरा क्या होगा, कंकु?"

"होना न होना क्या आदमी के अपने हाथ में होता है?"

"मैं यहाँ नहीं रह सकता।"

"वह भी मेरे या आपके हाथ में नहीं है।"

कंकु चला गया।

राक्षस अर्द्धविक्षिप्त-सा बैठा रह गया।

कुछ देर बाद प्रातराश आया, तो राक्षस ने खाने से इंकार कर दिया। सेवक जो लाया था वापस ले गया। कुछ ही देर बाद मल्लिका ने प्रवेश किया। उसके पीछे-पीछे सब-कुछ लिए हुए वही सेवक था।

"यह क्या, आर्य राक्षस! आपने कुछ लिया क्यों नहीं?"

"बिना लिए मैं मरूँगा नहीं, मल्लिके! फिर मैं जैन हूँ। भूखा रहने में मुझे कष्ट नहीं होता।"

"आर्य चाणक्य आज संध्या तक आपसे मिल लेंगे।"

"भोजन मैं उसके बाद ही करूँगा।"

"आर्य!"

"हाँ!"

"मेरे प्रति कुछ भी अनुताप या स्नेह आपमें है क्या?"

"मैं अब भी तुम्हें पसन्द करता हूँ।"

"चलो, यही सही। क्या उसी के लिए मेरी बात आप नहीं मानेंगे?"

"एक शर्त है।"

"क्या?"

"मेरे दो प्रश्नों के उत्तर दो।"

"बोलिए। देखूँ, दे सकूँगी या नहीं।"

"चाणक्य ने मुझे यहाँ क्यों रखा है? यह आशाजनक भी है, निराशाजनक भी। वह मुझसे क्या चाहता है?"

"उनके मन की जानना मेरी सामर्थ्य में नहीं है।"

"क्या चन्दनदास को सचमुच सूली दे दी गई?"

"मैं घर से निकली नहीं हूँ और किसी ने कुछ मुझे बताया नहीं है।"

"तब मल्लिके! मैं कैसे तुम्हारी बात मानूँ?"

"मत मानिए। मैं अभी जाकर आर्य चाणक्य से मिलती हूँ और..."

"उसकी आवश्यकता नहीं है, पुत्री!" चाणक्य ने सहसा प्रवेश करते हुए कहा।

राक्षस और मल्लिका दोनों ही चौंक पड़े। राक्षस सम्भ्रम खड़ा हो गया।

"मल्लिके! अल्पाहार मैं भी करूँगा। तुम जानती हो न, अपूप मुझे बहुत प्रिय हैं।"

"मैं अभी तैयार कराती हूँ।" कहती मल्लिका चली गई। सेवक सब बाहर चले गए।

"आर्य राक्षस को अध्यापक चाणक्य का प्रणाम।" चाणक्य ने करबद्ध निवेदन किया।

"कटाक्ष आपको शोभा नहीं देता, मित्र!" राक्षस तनिक तीखे स्वर में बोला।

"अरे, मेरी विनय में व्यंग पा लिया आपने?"

"आर्य चाणक्य! मेरी बधाई स्वीकार कीजिए।"

"अभी उसका क्षण नहीं आया है।"

"क्यों? नन्द-वंश निर्मूल हो चुका है और चन्द्रगुप्त पाटलिपुत्र में सुप्रतिष्ठित है।"

"आर्य राक्षस! पाटलिपुत्र सम्पूर्ण आर्यावर्त नहीं है।"

"मगध-साम्राज्य से बाहर आर्यावर्त बचता ही कितना है?"

"मगध-साम्राज्य छिलके से बँधे सन्तरे की तरह था, मित्र!"

"आप समर्थ हैं, आर्य चाणक्य! मनोवांछित आप निश्चय ही पूरा कर सकेंगे।"

"अकेला नहीं कर सकूँगा।"

"प्रखर मेधा आपके पास है।"

"आर्य राक्षस! मेरा चर भद्रशाल के पास से लौट आया है। सेनापति ने नए राजा के प्रति निष्ठा निवेदित की है।"

"फिर आप अकेले कहाँ हैं?"

"चन्दनदास और उसके एवं आपके परिवार कारागृह में हैं।"

"तो चन्दनदास को सूली अभी नहीं मिली है।"

"आपसे एक बात स्पष्ट पूछनी है मुझे। इसीलिए सूली मैंने रोक रखी है। मैं कल ही आना चाहता था पर उलझा रहा। मैं जानना चाहता हूँ, क्या इन दोनों परिवारों को सर्वनाश से बचाना आप चाहेंगे?"

"अपने को नहीं, पर चन्दनदास को निश्चय ही।" राक्षस ने कहा।

"बन्धु! बचेंगे तो दोनों ही बचेंगे, नहीं तो दोनों ही परिवारों का एक-एक सदस्य मृत्यु की गंगा में डुबा दिया जाएगा।"

"आप मुझसे क्या चाहते हैं?"

"वही, जिसमें आपका, पाटलिपुत्र का और मगध-साम्राज्य का हित है।"

"क्या?"

"आर्य राक्षस! नन्द अब नहीं रहा है, वह अब लौटकर नहीं आएगा। पर राज्य है, देश है।"

"तो?"

"आप उसका महामंत्रित्व स्वीकार कीजिए।"

राक्षस बुरी तरह चौंक पड़ा।

"क्या!" उसके मुँह से निकला।

"हाँ, आर्य राक्षस! महाराज चन्द्रगुप्त के महामंत्री का पद आपको ही सँभालना होगा।"

"यह नहीं हो सकता, चाणक्य!"

"तो मैं भी कूटनीतिज्ञ शत्रु और उसके धन कुबेर मित्र को जीवित नहीं छोड़ सकता। उनका सपरिवार मूलोच्छेद मुझे करना ही होगा।"

"पर, मैंने चन्द्रगुप्त की हत्या का षड्यंत्र किया था।"

"कल यही आपका कर्तव्य था। मैंने भी तो पर्वतक की हत्या कराई।"

"और नन्द की?"

"शिखा खोलकर प्रण करने पर भी नन्द-दम्पति को मैंने नगर से जीवित भेजा है। नन्द की दुहिता दुर्धरा अब चन्द्रगुप्त की वाग्दत्ता है।"

"पर, आर्य शकटार यह कैसे चाह पाएँगे?"

"आर्य राक्षस! मगध-साम्राज्य मुझसे, तुमसे, चन्द्रगुप्त से और आर्य शकटार से कहीं बड़ा है।"

"अपना स्वत्व आप मुझे क्यों दे डालना चाहते हैं?"

"राक्षस! मैं नगर में नहीं रह सकता, अध्यापकत्व भी नहीं छोड़ सकता। साम्राज्य की मसें और शिराएँ आपकी उँगलियों में उलझी रही हैं। उन्हें आप ही सँभाल पाएँगे।

नीति पर दृष्टि मैं रख लूँगा। चन्द्रगुप्त एक वीर सैनिक है। वह साम्राज्य का विस्तार करेगा, आप प्रशासन का संगठन करिए। वह समय दूर नहीं है, जब सौ अलक्षेंद्र भी कुभा को पार करने में विफल सिद्ध होंगे।"

"आर्य चाणक्य! मैं..."

"आर्य राक्षस! अतीत की प्रतिद्वंद्विता को, शत्रुता को भुला दीजिए। आप आयु में कुछ बड़े ही हैं मुझसे। अपनी अनेक धृष्टताओं के लिए मैं आपसे क्षमाप्रार्थी हूँ। आप भी आर्य शकटार से क्षमा-याचना करिए। हम मिलकर एक नूतन आयास में जुटें।"

राक्षस ने हाथ बढ़ाकर चाणक्य के दोनों हाथ थाम लिए। उसका गला भर आया और आँखें छलक आईं।

"आप महान हैं, आर्य चाणक्य! आप अत्यंत महान हैं।" राक्षस इतना ही कह सका।

तभी मल्लिका ने सेवक सहित प्रवेश किया। पीछे-पीछे कंकु था।

"तात! अपूप प्रस्तुत हैं।" मल्लिका ने कहा।

"आओ, राक्षस! कंकु, मल्लिके! आर्य राक्षस ने महामंत्री बनना स्वीकार कर लिया है। राक्षस! शीघ्रता करो। हमें आर्य शकटार और महाराज चन्द्रगुप्त के पास पहुँचना है।"

"आर्य चाणक्य! क्या मैं देवि मल्लिका से क्षमा याचना कर सकता हूँ?"

"राक्षस! अनुताप और स्नेह हर कलुष को धो देते हैं। मल्लिका ने अपने अतीत को अपने से तोड़कर दूर फेंक दिया है।"

जब चाणक्य और राक्षस शकटार के पास पहुँचे तो शकटार ने वापस बृहद्हट्ट चले जाने की इच्छा फिर दुहराई।

"क्या शीघ्रता है, आर्य! चन्द्रगुप्त के विवाह से पहले तो आप जा नहीं पाएँगे। दुर्धरा का कन्या-दान आपको ही करना होगा।

"मुझे इस पचड़े में..."

"यह कर्तव्य है, आर्य! एक प्रार्थना और है।"

"वह भी कहो।"

"ये आर्य राक्षस हैं।"

"मैं इन्हें पहचानता हूँ।"

"ये कुछ निवेदन करना..."

"तुम यही चाहते हो न कि मैं इन्हें क्षमा कर दूँ। मुझे और मेरे पुत्र को बचाने का इतना बड़ा मूल्य तुम चाहते हो?"

"आर्य!..."

"तुम चाहते हो तो मैं कर दूँगा। पर क्षमा तो समर्थ ही कर सकता है। मेरे हाथ में कुछ भी तो नहीं है। 'क्षमा' शब्द कह देने से मेरे पुत्र वापस नहीं आ सकते, मेरे घाव भर नहीं सकते। तुम क्षमा कर चुके हो, चाणक्य! मैं इस व्यक्ति का मुख भी देखना नहीं चाहता। पर, इसके लिए मुझे इसी क्षण पाटलिपुत्र छोड़ देना होगा। मैं..."

"मैं सब प्रबन्ध किए देता हूँ। आर्य! बृहद्‌हट्ट में हेमा प्रसव के निकट होनी चाहिए। उसका भार आप पर है।"

शकटार ने स्वयं को सन्तुलित किया। "तुम निश्चिन्त रहो, वत्स!"

"कृतार्थ हूँ, आर्य! आपके न रहते यह सफलता मुझे नहीं मिल सकती थी। आप शेष समय यहीं बिताते..."

"यह असम्भव है, चाणक्य!"

"राक्षस! आर्य शकटार के चरणों का स्पर्श करो!"

राक्षस ने मस्तक शकटार के चरणों पर टिका दिया। पर शकटार मूक, स्थिर बैठे रहे।

"चलो, राक्षस! चन्द्रगुप्त के पास चलना है।" दोनों उठकर बाहर की ओर चल दिए। शकटार अभी तक जड़वत् थे।

तक्षशिला पर मौर्य ध्वजा

आर्य शकटार अगले ही दिन वापस चले गए। वे रुक नहीं सके और चाणक्य भी उनको रोक नहीं सका, क्योंकि उनका हृदय क्रोध और प्रतिशोध से लबालब था और उनकी प्रवृत्ति स्थिति के प्रति तर्कसंगत नहीं रही थी। वस्तुतः, राजनीति और स्वयं नीति में प्रतिशोध को कोई स्थान नहीं होता। शकटार अत्यन्त खिन्न होकर ही गए थे, पर किया भी क्या जा सकता था, यद्यपि चाणक्य की उपलब्धि में उनके योग को देखते हुए अपने प्रतिशोध की पूर्ति का उन्हें स्यात संगत अधिकार था।

अगले ही दिन भद्रशाल लौट आया। जब चाणक्य और राक्षस के चर उसे मिले, वह लौट रहा था और आधे से अधिक मार्ग तय कर चुका था। समाचार मिलते ही वह कुछ सैनिकों को साथ लेकर सरपट बढ़ा और आ पहुँचा। नगर में प्रवेश करते ही उसे सीधे चाणक्य के सन्मुख ले जाया गया। आवश्यक अभिवादन के पश्चात् चाणक्य ने कहा—

"आपकी सफलता के समाचार से बहुत आनन्द मिला है, सेनापति!"

"धन्यवाद, आर्य। ताम्रलिप्ति से पर्याप्त धन भी मिला है, जो शीघ्र ही महाराज की सेवा में समर्पित किया जाएगा।"

"सेनापति! यहाँ के परिवर्तन के विषय में आप जान चुके हैं न?"

"हाँ, आर्य चाणक्य! मेरी पूरी आयु पाटलिपुत्र के सिंहासन की सेवा में बीती है। मैं उसके प्रति समर्पित हूँ।

"साधु, सेनापति भद्रशाल! साधु! आपकी राजभक्ति की मैं प्रशंसा करता हूँ। महाराज चन्द्रगुप्त इसका समुचित पारितोषिक आपको देंगे। मैं समझता हूँ आपकी आयु अब विश्राम करने की है। राजसेवा से निवृत्ति लेने का आपको पूरा अधिकार है।"

भद्रशाल चौंका, पर मुसकाकर बोला, "मैं भी यही चाहता हूँ, आर्य चाणक्य! शेष जीवन मैं उपासना में व्यतीत करना चाहता हूँ।"

"आपके और आपके परिवार के सुखमय जीवन का भार महाराज चन्द्रगुप्त पर है।"

"आभारी हूँ आर्य!"

"एक लक्ष स्वर्ण मुद्राएँ आपको दिये जाने का आदेश शीघ्र ही महाराज देंगे।"

भद्रशाल के मुख पर चमक उभर आई। उसने चाणक्य को धन्यवाद दिया और चला गया।

चाणक्य ने सिंह, कंकु और कुशल को बुलाया।

"वत्स सिंह! सैन्य-संगठन की क्या स्थिति है?"

"आर्य! अब तक मिले लगभग पैंतीस सहस्त्र मागध सैनिकों की पूरी छानबीन करके उन्हें अनुकूल बनाया जा चुका है। आश्चर्य है कि मागधों ने कोई विरोध प्रदर्शित नहीं किया है। नन्द को उन्होंने अनायास ही भुला दिया है।"

"सिंह! मागध नायकों को धन-सुविधा-विश्वास देकर अपना बनाओ। शीघ्र ही उत्कल पर आक्रमण के लिए गई तीस सहस्त्र मागध सेना वापस लौट रही है। सेना की ओर से उत्सव करके चन्द्रगुप्त के हाथों से सेनापति भद्रशाल एवं अन्य मागध नायकों एवं सैनिकों को पुरस्कृत कराओ। साथ ही पचास सहस्त्र की ऐसी सेना शीघ्र तैयार करो जिसे विजय-यात्रा पर भेजा जा सके। नन्द-साम्राज्य के स्वतंत्र और अर्द्धस्वतंत्र प्रान्तों की विजय के लिए अभियान तत्काल ही आरम्भ करना होगा।"

"जो आज्ञा, गुरुदेव!"

"कुशल! पूरी सेना में चरों को तुमने फैला दिया है न?"

"हाँ, आर्य!"

"क्या सचनाएँ तुम्हें मिली हैं?"

"गुरुदेव! मागध सैनिक इस परिवर्तन से क्षुब्ध नहीं हैं।"

"ऐसा करो, कुशल! कि सैनिक अपने नए सेनापति सिंह और नए सम्राट् चन्द्रगुप्त से प्रेम करने लगें।"

"यह शीघ्र ही होगा, आर्य!"

"सिंह! तुम और विजय अब अपने-अपने प्रदेश तो लौट नहीं पाओगे। तुम दोनों यहीं परिवार क्यों न निर्मित करो। अब चन्द्र और कंकु दोनों ही विवाह करनेवाले हैं।"

सिंह सलज्ज मुसका दिया।

"गुरुदेव! मेरी वाग्दत्ता मालव में है। विजय के विषय में मैं नहीं जानता।"

"कंकु! सिंह से पत्र और पहचान लेकर किसी को भेजो जो उस वाग्दत्ता को सादर, सुरक्षित यहाँ लिवा लाए।"

"जो आज्ञा, आर्य!" कंकु ने कहा।

"अच्छा सिंह, कुशल! अब जाओ।"

उन दोनों के जाने पर चाणक्य ने कंकु से कहा—

"कंकु! पर्वतीय सेना को उसका धन तुमने भिजवा दिया?"

"हाँ गुरुदेव! वैशाली के एक श्रेष्ठि के नाम आज्ञापत्र आर्य मलयकेतु को भिजवा दिया है।"

"ठीक। कुछ चर उनके साथ लगा दिये हैं न, जो कुशीनारा तक उनके साथ जाएँ।"

"हाँ, आर्य!"

"कंकु! राक्षस पर कड़ी दृष्टि रखी जानी आवश्यक है। अभी मैं उस पर पूर्ण विश्वास नहीं कर सकता।"

"वह प्रबन्ध कर दिया है। पर राक्षस अनुरूप रहेगा।"

"चलो अच्छा है। कंकु! काशी, अयोध्या, कौशाम्बी, श्रावस्ती, अहिच्छत्र, मथुरा आदि में अपने चर भेजो जो इनके शासकों की मनोवृत्ति का अध्ययन करके सूचना दें। अगले दो मासों के भीतर मौर्य सेना विजय-यात्रा के लिए कूच करेगी। उससे पहले विस्तृत समाचार मिल जाने चाहिए।"

"जो आज्ञा, गुरुदेव!"

"नगर-द्वार तो अब उन्मुक्त हैं न? आवागमन, व्यापार आरम्भ हो गया है?"

"एकदम, आर्य!"

"कंकु! पश्चिमी द्वार के निकट मेरे लिये एक कुटी तुम बनवा दो। राजभवन में मैं नहीं रहूँगा। सब ठीक हो जाने पर गंगा-तट पर चला जाऊँगा।"

"जैसा आप चाहें।"

"आर्य राक्षस से स्वयं निवेदन करो कि मैं मिलने के लिए उत्सुक हूँ।"

"जो आज्ञा, आर्य!"

राक्षस के आने पर चाणक्य ने उसके कुशल समाचार पूछे।

"आर्य! आप सपरिवार सानन्द हैं न? श्रेष्ठि चन्दनदास का क्या हाल है?"

"सब ठीक हैं, आर्य चाणक्य! मैंने सुना है, आर्य शकटार वापस बृहद्हट्ट लौट गए हैं।"

"हाँ राक्षस, यहाँ उनका मन न लगता।"

"मेरी नियुक्ति शायद उनके चले जाने का कारण बनी।"

"नियति की विडम्बना है, आर्य राक्षस! पहले भी आपकी नियुक्ति ही उनके दुर्भाग्य का कारण बनी थी।"

राक्षस क्या कहता। वह चुप रहा।

"आर्य राक्षस! आप प्रशासन में नया जीवन फूँकिए। नगर की व्यवस्था मैंने रुचिशील को सौंपी है। साम्राज्य के विषय में आपको सोचना होगा। राजधानी से प्रचारित नीति पूरे साम्राज्य में चले, इसके लिए आवश्यक है कि साम्राज्य के घटक एक श्रृंखला में बँधकर चलें। नन्द के अन्तिम वर्षों में जो ढील चली, उससे कई राज्य स्वतंत्र हो गए हैं और कई किनारे पर खड़े हैं। आप विश्वस्त एवं चतुर दूत सब स्थानों को भेजिए, जो पाटलिपुत्र में हुए परिवर्तन की सूचना सबको दें। दूत प्रान्तीय शासकों की प्रतिक्रिया को सुनें और प्रान्तीय राजधानियों के वातावरण का अध्ययन करें। यह कार्य तत्काल होना चाहिए। जो-जो प्रदेश नन्द-साम्राज्य में सम्मिलित थे, उन सब पर मौर्य ध्वजा शीघ्र फहरनी चाहिए।"

"ठीक है, आर्य चाणक्य!"

"सम्बन्धित शासकों को पत्र भेजिए। आप सबसे परिचित हैं। आपके लिए यह सरल होगा।"

"मैं यह कार्य अभी करता हूँ।"

राक्षस के जाने पर चाणक्य विचार में डूब गया। उसके मन में शीघ्रता थी, पाटलिपुत्र को पश्चिम में सिन्धु तक फैलाने की। पर व्यग्र होने से तो काम शीघ्र नहीं हो जाएगा। इसमें समय तो लगेगा। नन्द की विशाल सेना साम्राज्य के कोने-कोने गें बँटी है और उस पर पाटलिपुत्र का नहीं, अब प्रान्तीय शासकों एवं सेनापतियों का अधिकार है। इन शासकों को फिर से वश में लाने के लिए एक लक्ष सैनिकों की सुसंगठित सेना चाहिए और इस व्यवस्था में समय लगेगा।

तभी कंकु ने प्रवेश किया। उसके मुख पर धुँधली छाया थी। वह घबड़ाया हुआ था।

"क्या है, कंकु?"

"गुरुदेव! व्याड़ि काका ने विष खाकर आत्महत्या कर ली है।"

"क्या!" चाणक्य चौंक पड़ा।

"सच, आर्य!"

"पर क्यों? तुमने अपनी काकी से बात की?"

"हाँ, आर्य! पर वे अधिक कुछ भी बताने की स्थिति में नहीं हैं। वे बुरी तरह बिलख रही हैं। पड़ोस की स्त्रियों को उनके पास बैठा में यहाँ आया हूँ।"

"वैद्य को दिखाया?"

"वैद्य ने उन्हें मृत घोषित कर दिया है। उन्होंने कोई घातक विष लिया है। उनके मुख से अब भी झाग निकल रहे हैं।"

"कंकु! किसी और से पूछा?"

"उनका सेवक कहता था कि कई दिन पहले काका को आर्य शकटार ने बुलवाया था।"

"आर्य शकटार ने?"

"हाँ, आर्य!"

"कंकु! मुझे सन्देह है, व्याड़ि ने आत्मग्लानि के वश आत्महत्या की है। कहीं नन्द की हत्या में उसका सहयोग तो नहीं था?"

"आप कहना चाहते हैं कि आर्य शकटार ने नन्द की हत्या कराई?"

"मुझे इसका सन्देह उसी दिन से है।"

"मैं पूरी खोजबीन करता हूँ।"

"हाँ, करो। पर देखो, व्याड़ि तुम्हारे काका थे। उन्हें पूरा सम्मान और काकी को सान्त्वना और संरक्षण मिलना चाहिए। मैं स्वयं आकर काकी को धीरज बँधाऊँगा।"

"मैं चलता हूँ, आर्य!"

"कंकु! यह बात किसी के भी कान में न पड़े कि व्याड़ि नन्द की हत्या के लिए उत्तरदायी था, नहीं तो उस कृत्य के लिए लोग तुम्हें और मुझे ही दोषी ठहराएँगे।"

"ठीक है, गुरुदेव!"

कंकुचला गया।

चाणक्य फिर पहले के विषय पर लौट गया। मस्तिष्क में एक-एक राज्य को लाकर वह तोलने लगा। काशी, श्रावस्ती, कौशाम्बी, अयोध्या, अहिच्छत्र, काम्पिल्य, इन्द्रप्रस्थ, मथुरा, उज्जैन, मिथिला, वैशाली, चम्पा, ताम्रलिप्ति, कलिंग, पोतलि—इनमें से अधिकतर में साम्राज्य द्वारा नियुक्त शासक राज्य करते हैं, जिन्होंने अपने को स्वतंत्र कर लिया है। सबसे पहले मिथिला, चम्पा, काशी, कौशाम्बी, अयोध्या और श्रावस्ती को अधीन किया जाए। इनसे पर्याप्त सेना प्राप्त की जा सकती है। तब पश्चिम में इन्द्रप्रस्थ तक और दक्षिण-पूर्व में कलिंग तक बढ़ा जाए। इतने साम्राज्य का भली प्रकार संगठन कर लेने के पश्चात् ही वाहीक में सिन्धु तक, और दक्षिण-पश्चिम में सौराष्ट्र एवं दक्षिण में विंध्यपार के देशों की विजय की जाए। पर ऐसा न हो कि निकट के काशी, मिथिला, वैशाली आदि राज्य सँभल जाएँ और एकत्र होकर पाटलिपुत्र पर आक्रमण कर दें। वैसे इनका एक होना कठिन है और अकेले आक्रमण का दुःसाहस कोई नहीं कर पाएगा। ये सब तेल की धार देख रहे

हैं और सोचते हैं कि पाटलिपुत्र एक छोटा-सा मगध राज्य ही क्यों न बनकर रह जाए। पर ऐसा होगा नहीं, मैं ऐसा नहीं होने दूँगा। कुछ ही मासों के भीतर काशी, मिथिला आदि पर मौर्य शासक होने चाहिए।

चाणक्य योजनानुसार तीव्र गति से आगे बढ़ने लगा। धन की कमी उसे नहीं थी, क्योंकि नन्द का विशाल कोष उसके हाथ में आ गया था। जैसे-जैसे एक के बाद एक राज्य अन्तर्भूत होते गए, पाटलिपुत्र स्थित केन्द्रीय मौर्य सेना में वृद्धि होती गई। शीघ्र ही एक लक्ष से अधिक की सुसंगठित वाहिनी सिंह के अधीन थी। इसके अतिरिक्त पचीस सहस्र चुने हुए अश्वारोही सीधे सम्राट् की ध्वजा के नीचे थे और उनकी व्यक्तिगत वाहिनी में गिने जाते थे। इतना संगठन पहले दो वर्षों में ही कर लिया गया था। उधर अहिच्छत्र, श्रावस्ती, मथुरा एवं इन्द्रप्रस्थ को छोड़कर गंगा-यमुना की पूरी पट्टी पहले वर्ष में ही मौर्य साम्राज्य के अन्तर्गत आ गई थी। काशी, कौशाम्बी, अयोध्या और वैशाली तो चन्द्रगुप्त स्वयं गया था और उसने इन नगरों में राज-सभाएँ की थीं। अब सीधे मथुरा और इन्द्रप्रस्थ की बारी थी।

इन्हीं दिनों की बात है, बिन्दुसार का जन्म हुआ और दुर्धरा की मृत्यु हुई। इस बात को लेकर मुरा चाणक्य से भिड़ गई। चन्द्रगुप्त ने माँ को बहुतेरा समझाया, पर मुरा चुप न रह सकी और एक दिन जब चाणक्य चन्द्रगुप्त से बातें करने राजमहल में आया हुआ था तो मुरा कक्ष में आ पहुँची। उसकी आँखें क्रोध से जल रही थीं और वह आवेश में काँप रही थी। चाणक्य उसे देखते ही सब भाँप गया।

"आओ, देवि मुरा! हम इन्द्रप्रस्थ पर अभियान की योजना बना रहे हैं।" उसने कहा।

"यह आप जानें, आर्य! मैं तो एक बात पूछने आई हूँ। केवल एक!" मुरा बोली।

"माँ! तुम भीतर जाओ।" चन्द्रगुप्त बोल उठा।

"क्यों, पुत्र? क्या राजमाता को एक प्रश्न पूछने का भी अधिकार नहीं है?"

"है, देवि मुरा! क्यों नहीं है?" चाणक्य ने कहा।

"पर आर्य।..."

"नहीं, चन्द्र! यह मेरे और देवि मुरा के बीच की बात है। तुम्हें बीच में नहीं आना होगा। हाँ, देवि मुरा, अपना प्रश्न पूछो।"

"आर्य चाणक्य! क्या दुर्धरा का शिशु जिएगा?"

"वैद्य कहते हैं, देवि! वह निश्चित जिएगा। अभी वह दुर्बल है, पर शीघ्र ही सब शंकाएँ समाप्त हो जाएँगी और वह तेजी से विकास करेगा।"

"आर्य! मेरी पुत्र-वधू की मृत्यु के लिए कौन उत्तरदायी है?"

"माँ..." चन्द्रगुप्त ने टोका।

"मैं, देवि!" चाणक्य ने शान्ति से कहा। "चन्द्रगुप्त के राज्य में घटित हर घटना के लिए मैं ही उत्तरदायी हूँ।"

"यह कैसे हुआ?"

"देवि मुरा! मैंने इसीलिए तुमसे कहा था, तुम मेरे साथ मेरे आश्रम में रहो। स्वाभाविक स्नेह और राजनीति में टकराव अनायास हो जाता है।"

"यह मेरे प्रश्न का उत्तर नहीं है।"

"गुरुदेव।...माँ...।"

"घबड़ाओ नहीं, वत्स! देवि! मैं सोचता हूँ तुम्हें बता ही देना चाहिए। राजमाता की उपेक्षा मैं नहीं करूँगा। चन्द्र के मन में भी कोई अटक नहीं रहनी चाहिए।"

"आर्य।..."

"सुनो चन्द्र! तुम भी मुरा! मुझे आरम्भ से ही यह खटका रहा है कि चन्द्रगुप्त की हत्या का षड्यंत्र सहसा न रच दिया जाए। मैंने हर प्रकार से सुरक्षा का अचूक प्रबन्ध किया। पर राजा के भोजन को कैसे नियंत्रित किया जाए? भोजन में विष दे दिया गया तो? इसके लिए बहुत सोच-विचार के पश्चात् मैंने निश्चय किया कि चन्द्रगुप्त को भोजन में मिलाकर ऐसी औषधि दी जाए जो इतनी पौष्टिक हो कि किसी भी विष को व्यर्थ कर सके। दुर्धरा भूल से चन्द्रगुप्त के लिए प्रस्तुत ऐसे ही भोजन को खा गई थी। गर्भस्थ शिशु की रक्षा के लिए उदर-छेदन आवश्यक हो गया था। दुर्धरा की प्राण-रक्षा तो असम्भव थी ही।"

मुरा ने एक गहरी नि:श्वास ली।

"आर्य चाणक्य! दुर्धरा ने वह भोजन क्या भूल से ही खाया था?"

"यह तो दुर्धरा ही स्पष्ट कर सकती है, देवि मुरा! और देखो देवि! चन्द्रगुप्त के प्राणों की रक्षा मेरे लिए अपने और तुम्हारे प्राणों से भी अधिक मूल्यवान है, क्योंकि सामाज्य का सूत्र उससे बँधा है। वह साम्राज्य का प्रहरी है। फिर अभी तो साम्राज्य की नींव ही रखी गई है। भवन का उठना अभी शेष है। मुरा देवि! क्रोध को छोड़ो और राजनीति में हस्तक्षेप मत करो। राजनीति हमारे लिए रहने दो।"

"आर्य चाणक्य! मैं चन्द्रगुप्त का विवाह करना चाहती हूँ।" उसने थोड़ा शान्त होकर कहा।

"वह तो होगा ही। पर क्या कोई कन्या आपकी दृष्टि में है?"

"हाँ, है।"

"कौन?"

"मेरे भाई की दुहिता।"

"मैं थोड़ा सोच लूँ, देवि!"

"यह तो राजनीति नहीं है।"

"राजाओं का शयन-भोजन, आखेट-विहार कुछ भी राजनीति-बाह्य नहीं होता, इसीलिए उस पर जनता की दृष्टि रहती है और महामात्य को उसमें हस्तक्षेप का अधिकार रहता है।"

"मैं अपने भाई की पुत्री को यहाँ लाऊँगी।"

चाणक्य मुस्करा दिया। मुरा चली गई।

कुछ देर रुककर चन्द्रगुप्त ने कहा—

"मैं क्षमाप्रार्थी हूँ, गुरुदेव!"

"क्यों, वत्स? देवि मुरा एक भोली माता है। लम्बी यातनापूर्ण प्रतीक्षा के बाद उन्हें यह सुख मिला है। किसी भी प्रकार के हस्तक्षेप या बन्धन को वे कैसे सह सकती है? पर चन्द्र! उन्हें धीमे-धीमे विरक्त करना होगा।"

"हाँ, आर्य!"

"चन्द्रगुप्त! क्या अपने मामा की दुहिता तुमने देखी है? माँ की इच्छा पूरी करने में कोई हानि नहीं है। पर तुम्हारा उत्तराधिकारी दुर्धरा का पुत्र ही होगा।"

"जो आज्ञा, आर्य!"

"चन्द्र! राक्षस को मैं विंध्य-पार भेज रहा हूँ।"

"कोई विशेष बात तो नहीं, आर्य!"

"राक्षस का कुछ दिन यहाँ से दूर रहना ही उचित है।"

"जैसा आप चाहें।" चन्द्रगुप्त ने कहा।

"तुम इन्द्रप्रस्थ हो आओ। तब मैं राक्षस को वहाँ का उपशासक नियुक्त करूँगा।"

चाणक्य चला गया।

चाणक्य अब नगर से एक कोस दूर अपने आश्रम में रहने लगा था। मल्लिका आश्रम की व्यवस्थापिका थी और अनेक छात्र वहाँ रहकर शिक्षा प्राप्त करते थे। कंकु आजकल नगर में नहीं था। वह इन्द्रप्रस्थ की ओर गया हुआ था। उसकी पत्नी सुधा अपने नवजात शिशु के साथ मल्लिका के नगर-स्थित भवन में रहती थी, पर पति की अनुपस्थिति में मल्लिका के पास ही आश्रम में आई हुई थी। कंकु के पुत्र का नाम चाणक्य ने रखा था—जीवक।

संध्या के नित्य-कर्मों के पश्चात् मल्लिका और पुत्र को गोद में लिए सुधा आकर चाणक्य के सन्मुख बैठ गईं। ऐसा वे प्रतिदिन करती थीं।

"तात!" मल्लिका बोली।

"कहो, मल्लिके!"

"यह सुधा कुछ निवेदन करने को उत्सुक है।"

"कहो, पुत्री!"

"आर्यवर!" सुधा ने मीठे स्वर में कहना आरम्भ किया। "मेरा मन देवि हेमा को देखने को बहुत आतुर है।"

"वह तो बृहद्हट्ट में है, पुत्री!"

"अब तो राधागुप्त लगभग एक वर्ष का हो गया है। उन्हें यहीं बुला लीजिए न!"

"यहाँ वे कहाँ रहेंगी?"

"क्यों, यहीं रहेंगी, देवि मल्लिका के पास। या फिर मेरे पास रहेंगी।"

"तुम उसे पास रखोगी?"

"क्यों नहीं रखूँगी? सिर-आँखों पर रखूँगी। मैं राधा के पालन-पोषण का भार भी अपने ऊपर ले लूँगी। मैं हर प्रकार से उनकी सेवा करूँगी। उन्हें अब वहाँ बृहद्हट्ट में पड़ी रहने मैं नहीं दूँगी।"

चाणक्य हँस दिए।

"जैसी तुम्हारी इच्छा, बेटी! पर उन दोनों का भार तुम दोनों पर ही रहेगा।"

"मेरा सौभाग्य होगा, आर्य!"

"हेमा मेरे काम में बाधा नहीं डालेगी।"

मल्लिका ने चौंककर चाणक्य की ओर देखा। वहाँ एक स्पष्ट तनाव उसे दृष्टि पड़ा।

जीवक रोने लगा। सुधा उसे लेकर बाहर गई तो मल्लिका ने पूछा—

"आर्य! देवि हेमा से क्या अब आप प्रेम नहीं करते?"

"करता हूँ, मल्लिके! पर उसी समय से एक वितृष्णा ने मुझे आ घेरा है। जैसे मैंने कुछ अनुचित कर डाला हो। जैसे मुझे लज्जा हो।" चाणक्य ने रुक-रुककर कहा।

"यह क्या आर्य? यह मैं क्या सुन रही हूँ?"

"जो यथार्थ है, मैंने कह दिया है।"

"क्या यह देवि हेमा के प्रति अत्याचार नहीं है?"

"मैंने अपने प्रति भी उदारता कहाँ बरती है? उस क्षण पास आकर जैसे मैं निरन्तर दूर-दूर खिंचता गया हूँ।"

"मैं हेमा को पास बुला लेती हूँ। फिर देखती हूँ आप कैसे दूर खिंचते हैं।"

चाणक्य हँस दिया।

चन्द्रगुप्त के इन्द्रप्रस्थ जाने से पहले मुरा ने उसका विवाह अपने भाई की बेटी से करा दिया। नियत समय पर सेना ने विजय के नेतृत्व में कूच किया। चन्द्रगुप्त अपनी अंगरक्षक सेना के साथ जल-मार्ग से चला। चाणक्य ने उसे विदा करते हुए कहा—

"चन्द्र! अभी विजय को इन्द्रप्रस्थ का उपशासक नियुक्त करो। अभी एक लक्ष सेना इन्द्रप्रस्थ में और पच्चीस सहस्त्र बृहद्‌हट्ट में रखो। कंकु तुम्हें वहाँ मिलेगा। उससे विचार-विमर्श करके इन्द्रप्रस्थ में एक सुदृढ़ सोपान निर्मित करो। यहीं से वाहीक में आगे बढ़ना होगा। अगला स्कन्धावार वितस्ता के तट पर बनेगा।"

चन्द्रगुप्त की नौका के चल देने पर चाणक्य ने रुचि को साथ लिया और अपने आश्रम की ओर चल दिया। आश्रम पहुँचकर दोनों बातचीत के लिए बैठे।

"रुचि! राक्षस के चले जाने के कारण तुम्हारा उत्तरदायित्व बढ़ गया है।"

"चिन्ता न करो। पर, चाणक्य! दक्षिण का काम तो किसी भी अन्य के माध्यम से कराया जा सकता था।"

"रुचि!"

"हाँ।"

"मैं एक ग्रन्थ की रचना करना चाहता हूँ।"

"किस विषय पर?"

"शासन की नीति और विधि पर। यह इच्छा तक्षशिला के दिनों से मुझमें है। पर इसे आरम्भ करने का समय अब आया है, क्योंकि प्रयोग के लिए विस्तृत क्षेत्र मुझे अब मिला है।"

"यह बहुत उपयोगी कार्य होगा, चाणक्य! इसका क्या नाम रखोगे?"

"अर्थशास्त्र। जीवन के 'अर्थ' का पूर्ण शास्त्र।"

"यह तो विस्तृत विषय है। तब तो यह ग्रन्थ बृहद् होगा।"

"कितना बृहद् होगा, यह तो नहीं कह सकता। पर मैं सभी पूर्ववर्ती निष्कर्षों को अपने साँचे में ढालकर देना चाहता हूँ और अपने निष्कर्षों को साथ जोड़ना चाहता हूँ। सांसारिक नीति के हर पक्ष पर मैं लिखने को उत्सुक हूँ।"

"साधुवाद मित्र! ग्रन्थ को शीघ्र ही लिख डालो।"

"इसमें कितने ही वर्ष लगेंगे। पर अब मैं इसे आरम्भ कर ही दूँगा। इससे मुझे एक विशेष लाभ होगा।"

"क्या मित्र?"

"रुचि! इन सारी व्यस्तताओं के बीच बहुधा मेरा मन खड्‌गधार के समान प्रखर अवसाद से भर उठता है। मैं भीतर ही भीतर तलफलाने-सा लगता हूँ। इस वैचारिक चिन्तन में डूबने से मैं इस अन्त:त्रास से बचा रहूँगा।"

"मुझे तो कभी ऐसा नहीं होता। यह सब इसलिए है कि तुमने विवाह नहीं किया है।"

"सब चीजें सबको नहीं मिला करतीं, मित्र! स्त्री मेरे भाग्य में नहीं है। राजनीति मेरी पत्नी है और यह 'अर्थशास्त्र' होगा मेरा पुत्र।"

"पर श्यामला कह रही थी, पुत्र है तुम्हारा एक।"

"हाँ है। पर असली पुत्र तो अर्थशास्त्र ही होगा।"

"कहाँ है वह?"

"कंकु इस बार उसे लेकर लौटेगा।"

"और भाभी?"

"वह विवाहिता नहीं है, रुचि!"

"गान्धर्व विवाह तो हुआ है न?"

"हाँ।"

"तब?"

"छोड़ो, रुचि!"

इन्द्रप्रस्थ का नन्द द्वारा नियुक्त शासक लड़ता हुआ मारा गया। चन्द्रगुप्त ने विजय को वहाँ स्थापित किया। तब बृहद्हट्ट होता हुआ थल मार्ग से वह लौट चला। उसे पता नहीं था कि हेमा और चाणक्य का पुत्र राधागुप्त बृहद्हट्ट से उसके साथ हो लिये हैं। कंकु बृहद्हट्ट से वापस इन्द्रप्रस्थ लौट गया था। चन्द्रगुप्त थल मार्ग पर स्थित सभी गणों को अधीन करता हुआ आगे बढ़ चला।

अगले कुछ वर्ष मध्य देश के शासन को संगठित और ठोस बनाने में लग गए। इस बीच राक्षस इन्द्रप्रस्थ आ गया था। चाणक्य की पद्धति यह थी कि जेय देश में पहले कंकु के गुप्तचर काम करते थे और यथासम्भव यह प्रयत्न किया जाता था कि सेना के बिना ही उसे झुका लिया जाए। सेना अन्त में ही मैदान में आती थी। यौधेयों और कठों की भूमि बड़ी ही कठोर थी। इन पर आक्रमण का अर्थ था भयानक रक्तपात। यह चाणक्य किसी भी दशा में करना नहीं चाहता था। जब कंकु के सभी प्रयास वहाँ विफल रहे, तब चाणक्य ने यह योजना बनाई कि इन गणों को छेड़ा ही न जाए और इन्हें उलाँघकर सीधे राजगिरि पर आक्रमण किया जाए और वितस्ता को सामाज्य की सीमा बना दिया जाए। ऐसा ही किया गया। पुरु के पुत्र ने शीघ्र ही आत्मसमर्पण कर दिया। उसे सिंहासन से हटाकर चाणक्य ने सिंह को वहाँ का शासक नियुक्त किया। सिंह को दो काम सौंपे गए। एक तो वितस्ता और यमुना के बीच के गणों को धीमे-धीमे अधीन करना तथा तक्षशिला एवं पूरे कुभा तक की राजनीति पर दृष्टि रखना। दूसरे, वाहीक में आरट्टों के उपद्रव को समाप्त करके व्यापार एवं कृषि-शिल्प को सहज बनाना। चाणक्य ने कुशल को सिंह के साथ नियुक्त किया। सिंह ने अभिसार और काम्बोज को जीत लिया। वरुण, सौभूति और शिवि जनपदों को भी उसने अधीन कर लिया। मालव एवं क्षुद्रक गण तो उसके अपने थे ही। इन सब कार्यों में चार-पाँच वर्ष बीत गए।

इस बीच कंकु अवन्ति, विदिशा, विदर्भ एवं अश्मकों के नगर पोतलि में व्यस्त रहा। आनर्त देश और सौराष्ट्र तथा सह्याद्रि के राज्यों में उसने अपने गुप्तचर फैलाए। पूर्व के पुरुषोत्तमनगर एवं ताम्रलिप्ति के बन्दरगाहों से तो साम्राज्य को अच्छी आय थी ही, पश्चिमी समुद्र तट पर स्थित द्वारावती, भृगुकच्छ एवं सुर्पारक बन्दरगाहों को भी कंकु अधीन कर लेना चाहता था।

चाणक्य इन सब सूत्रों को उँगलियों में लपेटे संचालित कर रहा था। उसकी दृष्टि हर व्यक्ति और हर घटना पर थी। उसके व्यक्तिगत गुप्तचर हर महत्त्वपूर्ण व्यक्ति के पीछे थे और कंकु के संगठन के समानान्तर काम करते थे। कंकु से साम्राज्य में घटनेवाली हर घटना की सूचना उसे अविलम्ब मिलती थी। शासकों ने यातायात के साधनों के सुधार पर विशेष बल दिया था और कंकु ने ऐसी व्यवस्था की थी कि सूचनाएँ तीव्रतम गति से हर लक्ष्य की ओर लपकती थीं। प्रशासन की सुचारुता से व्यापार में वृद्धि हुई थी, कृषि और शिल्प को अभूतपूर्व प्रोत्साहन मिला था और फलत: राज्य की आय बढ़ी थी।

इन्हीं दिनों दो घटनाएँ घटीं।

सिंह ने राजगिरि से सूचित किया कि तक्षशिला में स्थित यवन शिविर के अधिपति यूदेमस ने आम्भीक की हत्या कर दी और राज्य के लगभग डेढ़ सौ हाथी अपने साथ लेकर अपने सभी यवन सैनिकों के साथ तक्षशिला से पुष्कलावती की ओर चला गया है। सम्भवत: आम्भीक से उसका झगड़ा हाथियों को लेकर ही हुआ होगा। यूदेमस अन्तगुणस् से युद्ध के लिए गज सेना की सहायता चाहता होगा, जिससे आम्भीक ने इंकार कर दिया होगा। चाणक्य ने तत्काल आदेश दिया कि सिंह तक्षशिला पर अधिकार कर ले और उसे ही अपना केन्द्र बनाए। साथ ही उसने कंकु को तत्काल राजधानी बुलाया और चन्द्रगुप्त को प्रेरित किया कि वह तक्षशिला जाने की तैयारी करे। राक्षस को उसने लिखा कि सम्राट् के साथ जाने के लिए एक बड़ी सेना तैयार रखे। चाणक्य ने योजना बनाई कि तक्षशिला में मौर्य शक्ति का प्रभावशाली प्रदर्शन किया जाए, जिससे पूरे वाहीक एवं पश्चिमोत्तर भारत पर मौर्य ध्वज की धाक बैठ सके। उसने स्वयं भी तक्षशिला जाने का निर्णय किया।

आज चाणक्य बहुत प्रसन्न था। तक्षशिला में वह विजेता के रूप में प्रवेश करेगा।

वह आश्रम लौटा तो मल्लिका ने बताया कि हेमा ने तत्काल दर्शन की प्रार्थना की है।

"क्या बात है?"

"पता नहीं।"

"राधा तो ठीक है न?"

"वह तो यहीं है।"

“तब?”

“वे शायद कुछ विशेष कहना चाहती है।”

“क्या?”

“आपने उनकी जो उपेक्षा की है, अपने पास न रखकर उन्हें जो यातना दी है, शायद उसी के बारे में।”

“मल्लिके!”

“हाँ तात! उन्हें यहाँ आए लगभग पाँच वर्ष बीत चुके हैं। आपने इस बीच पाँच बार भी उनसे बात नहीं की है। इसके लिए भी उन्हें यहीं आना पड़ा है। मैं पूछती हूँ आप क्यों उन्हें स्वीकार नहीं कर सके? कंकु के घर रहकर वे क्या करें?” मल्लिका ने आवेश में भरकर कहा।

“मल्लिके! तू तो नासमझ नहीं है। भीतर हृदय में जो अवरोध जम गया है, उसका मैं क्या करूँ?”

“क्या है यह अवरोध? क्या है यह? मैं नहीं जानती। आप उनसे वहीं जाकर मिलिए। उन्हें यहाँ लिवा लाइए। मैं स्वयं चलती, पर मुझे सामने पाकर वे खुल नहीं पाएँगी।”

चाणक्य ठहरा नहीं, तभी चल दिया।

कंकु के घर पर सुधा ने चाणक्य का स्वागत किया। सुधा अब तक दो और बच्चों की माँ बन चुकी थी। उस समय एक उसकी गोद में था। चाणक्य ने शिशु को प्यार किया और हेमा के विषय में पूछा। सुधा स्वयं साथ चलकर चाणक्य को हेमा के कक्ष के सामने छोड़ आई। कक्ष बन्द था।

चाणक्य ने धीमे से द्वार खोला। उसने देखा, हेमा आँखें मूँदे बैठी, ध्यान में लीन थी। वह चुपचाप आगे बढ़कर सामने जा खड़ा हुआ और तब तक खड़ा रहा जब तक हेमा ने आँखें नहीं खोलीं। हेमा ने चाणक्य को सामने पाया तो सम्भ्रम उठकर खड़ी हो गई।

“आप?”

“हाँ, हेमा! तुमने बुलाया जो था।”

“मैंने तो पुछवाया था, मैं कब आऊँ।”

“मैं ही आ गया। बिठाओगी नहीं?”

हेमा ने झुककर चाणक्य के पैर आँचल से पोंछे डाले। तब उसे एक चौकी पर बिठाकर वह स्वयं भूमि पर बैठ गई।

“किसका ध्यान कर रही थीं?”

हेमा मुसका दी।

“क्या कहलाना चाहते हो?”

"जो तुम कहना चाहो।"

"वही कहने के लिए मैं मिलना चाहती थी।"

"अब तक क्यों नहीं चाहा?"

"अपने ही भीतर मैं स्पष्ट नहीं थी।"

"अब हो, तो कहो। मैं प्रस्तुत हूँ।"

"आर्य..."

"नहीं, विष्णु।"

"विष्णु! मैं साम्राज्य-निर्माता, कूटनीतिज्ञ, सफल चाणक्य से नहीं, अपने विष्णु से बातचीत के लिए उत्सुक हूँ।"

"वह यह है, हेमा! तुम बोलो।"

"विष्णु! मैं क्या हूँ और..."

"हाँ-हाँ!"

"बताओ, विष्णु! मैं क्या हूँ?"

"एक नारी।"

"वेश्या या पत्नी? या क्या?"

"प्रिये! इन विशेषणों की अपेक्षा या बाध्यता तुम्हें नहीं रही है।"

"क्या?"

"तुम इनसे ऊपर उठ चुकी हो।"

"कूटनीति की भाषा में मुझसे बात मत करो। तब तुमने मुझे क्यों ठुकरा दिया?"

"मैंने तुम्हें एक पल के लिए भी कभी नहीं ठुकराया। हाँ, तुमने मुझे ठुकरा दिया था।"

"मैंने?"

"हाँ, हेमा। जब मैं युवक था और तुम अल्हड़ किशोरी।"

"तो क्या इसीलिए तुम अब मुझे...?"

"नहीं, नहीं! बात यह है, उसी समयान्तराल में स्त्री के प्रति एक वितृष्णा, एक विरक्ति जमकर बैठ गई थी। स्त्री जैसे मेरे जीवन से सदा के लिए चली गई थी। वह अभी तक लौटी नहीं है।"

"और मैं जो..."

"तुम शायद बस घिसरकर निकल गई थीं। संस्कारवश, तीव्र कामना या वासना के वश ही शायद हम दोनों मिले थे। इस बीच कई बार मेरे मन में उठा कि मैं तुम्हें अपनी बाँहों में खींच लूँ, पर जैसे मन एक धुएँ से भर उठा। हर बार किसी ने बाँह पकड़कर मुझे तुमसे दूर खींच लिया।"

"तब तुमने मुझसे प्रेम नहीं किया है।"

"तुम्हारे सिवाय और किसी को भी तो मैंने नहीं जाना है, हेमा! तुम्ही मेरी

आसक्ति थीं, तुम्हीं मेरी विरक्ति हो। तुम्हें छोड़कर केवल राजनीति से ही प्रेम किया है मैंने और वह अब मेरे कण-कण, क्षण-क्षण में बस चुकी है।"

"तब, तुम मुझे स्वीकार नहीं करोगे?"

"मैं क्या करूँ? गृहस्थी मैं नहीं बन सकता। फिर अब कितना जीवन तो बीत चुका है। क्या रह गया है अब?"

"विष्णु! मैं बुद्ध की शरण में जाना चाहती हूँ।"

"क्या मिलेगा वहाँ?"

"शान्ति!"

"प्रिये! रुष्ट होकर, निराश होकर कहीं भी जाना उचित नहीं होता। रोष, निराशा, आसक्ति, घृणा को नकार की एक सहस्र पर्तों के नीचे दबा दो, क्या ये स्फुरन मिट जाएँगे? तब शान्ति कैसे मिलेगी? इस प्रकार न इहलोक सुलझेगा, न परलोक। तुम्हारा पुत्र है, हेमा! उसे और अन्य बच्चों को सहारा दो, निखरने और बड़ा बनने में उनकी सहायता करो।

अपनी उलझन, अन्त:ग्रन्थि के वश अब तक मैंने तुमसे नहीं कहा था, पर अब कहता हूँ, कह सकता हूँ, मेरे आश्रम में चलो। मैं तुम्हें लिवाने आया हूँ।"

"उससे क्या होगा?"

"हम दोनों, हम दोनों के मन-जीवन एक-दूसरे के आमने-सामने तो रहेंगे। तब कुंठा हमें नहीं घेरेगी। पति-पत्नी नहीं, तो मित्र तो हम बने रहेंगे न।"

"विष्णु?"

"हाँ, प्रिये! मौर्य सेनाएँ तक्षशिला में प्रवेश करने ही वाली हैं। चन्द्रगुप्त तक्षशिला जा रहा है। मैं भी जाऊँगा। तुम चाहोगी तो तुम भी चल सकोगी।"

"तब मैं चलूँ?"

"हाँ, अभी। तुम्हारा सामान बाद में आता रहेगा।"

"सुधा से मिल लूँ?"

"उसे साथ ले लो। वह कल लौट आएगी।"

कंकु दक्षिण से लौटा तो चाणक्य को उसने उत्साह में पाया।

"कंकु! सिन्धु के तट पर मौर्य-ध्वजा फहराने का क्षण आ पहुँचा है। तुम और चन्द्रगुप्त तीव्रतम गति से तक्षशिला पहुँचो। मार्ग में इन्द्रप्रस्थ से एक बड़ी सेना साथ लेनी होगी। सिंह के पास कम से कम पचास सहस्र की पुष्ट सेना हर समय प्रस्तुत रहनी चाहिए, जो पश्चिम की दिशा से होनेवाले किसी भी आक्रमण को एक बार स्तम्भित कर सके। गूढ़पुरुषों का एक जाल भी पूरे पश्चिमोत्तर प्रदेश में बिछाया जाना चाहिए। कुछ दिन तक्षशिला में ठहरकर यह प्रबन्ध तुम्हें करना होगा।"

"जो आज्ञा, गुरुदेव!"

"कंकु! सुधा और हेमा को भी तुम साथ ले जाओ। दोनों को ही तक्षशिला जाने की बहुत इच्छा है। श्यामला से पूछ लो, शायद वे भी जाना चाहें।"

"क्या अभी ठीक रहेगा, आर्य?"

"इन्हें अभी राजगिरि छोड़ देना। राजसभा के समय तक्षशिला पहुँच जाएँगी।"

"जो आज्ञा, आर्य!"

"अनन्त का वर्षों से कोई समाचार नहीं है। वहाँ जाकर उसका भी पता लगाना।"

"वे सम्भवत: पुष्कलावती में हैं।"

"शशिगुप्त के साथ?"

"हाँ, आर्य!"

"उसका मन लो।"

"जो आज्ञा।"

"पुष्कलावती पर हमारा अधिकार होना चाहिए।"

"वह अब कठिन नहीं होगा।"

"कंकु! सुधा केवल सबसे छोटे बालक को साथ ले जाएगी। दोनों बड़े और राधा मल्लिका के पास रह लेंगे।"

"ठीक है, आर्य!"

"तात! अंग से गांधार तक पूरा उत्तरी आर्यावर्त एक ठोस इकाई बन सकेगा। कठ और यौधेय स्वयं ही पृथक् नहीं रह पाएँगे। अगले वर्ष मौर्य सेनाएँ उज्जयिनी, विदिशा, सौराष्ट्र और आनर्त में प्रवेश करेंगी। तब सुदूर दक्षिण का मार्ग उमुक्त करना कठिन नहीं होगा और हम कुंतल और तमिल देश तक पहुँच सकेंगे।"

"हाँ, गुरुदेव!"

तक्षशिला पहुँचकर चाणक्य को पता लगा कि शशिगुप्त यूदेमस के साथ यवनों के पारस्परिक युद्ध में भाग लेने के लिए कुभा से पार गया था। वहाँ अन्तगुणस् से लड़ता हुआ वह मारा गया। उसकी पत्नियाँ उसके साथ सती हो गईं। पुष्कलावती अब रिक्त थी और सिंह ने एक टुकड़ी वहाँ भेजने में देर नहीं की थी। अनन्त को बन्दी बना लिया गया था और तक्षशिला ले आया गया था। उसे चाणक्य के सन्मुख प्रस्तुत किया गया।

"मित्र, अनन्त! स्वस्थ तो हो?"

"मैं लज्जित हूँ, चाणक्य!"

"क्यों अनन्त? किसलिए? हर राजनीतिज्ञ अपने भविष्य-चिन्तन पर अपनी नीतियों को आधारित करता है। सभी तो एकसमान सही नहीं हो पाते। नियति की अनुकूलता-प्रतिकूलता के लिए किसी को हर्षित या लज्जित होने की आवश्यकता नहीं है।"

"यह कहना तुम्हारी महानता है, चाणक्य! पर बात केवल नियति की नहीं है। दृष्टि की निर्मलता और विशदता सबसे महत्त्वपूर्ण है।"

"तो तुम यह मान रहे हो, अनन्त?"

"हाँ, बन्धु!"

"तब मुझे तुमसे कोई शिकायत नहीं है।"

"मैं कृतज्ञ हूँ।"

"बन्धु! अपनी-अपनी परिस्थिति एवं मानसिकता से बाधित होकर हम विरोधी चेहरे और मार्ग अपना लेते हैं। हम दोनों के बीच द्वेष तो कभी नहीं रहा?"

"मैं सचमुच क्षमाप्रार्थी हूँ।"

"यह कहकर तुम छूट नहीं सकते। अनन्त!"

"हाँ।"

"तुम्हें मेरे साथ पाटलिपुत्र चलना होगा। तुम्हें मुझे सहयोग देना होगा।"

"चाणक्य!" अनन्त की आँखों में आँसू छलछला आए।

तक्षशिला में जैसी राजसभा की गई, वैसी अब से पहले कभी नहीं की गई थी। पूरे नगर को रंगबिरंगी पताकाओं से दुलहन की तरह सजाया गया था। द्वार बनाए गए थे, बन्दनवार लगाए गए थे और पूरे मार्ग पर फूल बिखरे थे। ऐरावत जैसे विशाल गज पर चन्द्रगुप्त की सवारी निकली। एक सुसज्जित अश्व पर सिंह शोभा-यात्रा में सम्मिलित सेना का नेतृत्व कर रहा था। अश्वारोहियों की जो टुकड़ी चन्द्रगुप्त के आगे और पीछे चल रही थी, उसका नेतृत्व कंकु ने किया था। तक्षशिला के वासी चन्द्रगुप्त से अपरिचित नहीं थे। यवन-सेनापति फिलिप्स को द्वंद्व युद्ध में यमलोक पहुँचानेवाले युवक चन्द्रगुप्त की स्मृति उनके मानस में अभी भी सजग थी। वह वीर युवक आज आर्य साम्राज्य का सम्राट् था और उसने यवनों का मूलोच्छेद कर डाला था। मार्ग के दोनों ओर से सम्राट् पर निरन्तर पुष्प-वर्षा की जा रही थी।

राजसभा में तक्षशिला के सभी प्रमुख नागरिक उपस्थित थे। सभाकक्ष ठसाठस भरा था। सैनिकों की संख्या भी कम नहीं थी। अनन्त अग्रिम पंक्ति में बैठा था। भागुरि भी अनुपस्थित नहीं था। हेमा, श्यामला, सुधा एवं सिंह की पत्नी नगर की अन्य प्रमुख स्त्रियों के आगे बैठी थीं। इन सबके आगे थीं राजमाता मुरा, जिनका मुखमंडल गर्व से तमतमा रहा था। चन्द्रगुप्त पूरी राजकीय साज-सज्जा में था और मुकुट पहने था। सिंह भी एक उपशासक की गरिमा के अनुरूप वस्त्रालंकार से सजा था। पर चाणक्य अपनी उसी सामान्य धोती और अंगवस्त्र में था। एक लम्बा लाल तिलक उसके मस्तक पर दहक रहा था।

सबसे पहले आम्भीक के सेनापति ने अपना शस्त्र सम्राट् को समर्पित किया और धरती छूकर प्रणाम किया। तब कोषाध्यक्ष ने राजकोष की चाबियाँ सम्राट् के सन्मुख प्रस्तुत की। तब प्रमुख नागरिकों-श्रेष्ठियों ने एक-एक करके भेंटें दीं। अब जयघोष के मध्य चन्द्रगुप्त ने घोषणा की कि मालव सिंह उसका प्रतिनिधि बनकर तक्षशिला का शासन सँभालेगा।

उसके पश्चात् भारी करतल ध्वनि के बीच चाणक्य उठकर समक्ष आया और उसने राजसभा को सम्बोधित किया—

"तक्षशिलावासियो! तक्षशिला इस विशाल आर्यावर्त का द्वार है। आपको आर्यावर्त का प्रहरी होने का सौभाग्य प्राप्त है। यदि गान्धार के भूतपूर्व महाराजा आम्भीक ने शक्ति, साहस और दूरदर्शिता का परिचय दिया होता तो यवन अलक्षेंद्र सिन्धु को पार न कर पाता और तक्षशिला में यवन स्कन्धावार न बन पाता। उस समय मैंने महाराजा आम्भीक को सुझाया था कि वे आपसी वैमनस्य का परित्याग करके केकय-नरेश पुरु के साथ मिलकर अलक्षेंद्र को रोकें। पर आम्भीक ने पुरु के विरुद्ध अलक्षेंद्र से मिलना स्वीकार किया और देश के द्वार यवनों के लिए खोल दिये। क्या परिणाम हुआ, यह आपसे छुपा नहीं है। सिन्धु से विपाशा तक यवनों ने जो विनाश और नरसंहार किया है, उसके लिंए आम्भीक और पुरु दोनों ही उत्तरदायी हैं। अलक्षेंद्र तो चला गया, पर पूरे देश में अव्यवस्था और उथल-पुथल मच गई। यायावरों और आरट्टों की बन आई। कृषि नष्ट हो गई। व्यापार रुक गया। सार्थों को नित्य लूटा जाने लगा। राजाओं की सेनाएँ व्यर्थ और निर्वीर्य हो उठीं। ऐसे समय तक्षशिला में प्रशिक्षित मागध चन्द्रगुप्त ने, जिसने कुछ ही वर्ष पहले यवन-सेनापति फिलिप्स को इसी नगर में द्वंद्व युद्ध के लिए ललकारा था और उसका वध किया था, पाटलिपुत्र पर अधिकार कर लिया। भ्रष्ट राजा नन्द को हटा दिया गया। वीर चन्द्रगुप्त को मगध साम्राज्य की गद्दी पर बिठाया गया। अगले कुछ वर्षों में सम्राट् चन्द्रगुप्त ने विश्रृंखलित नन्द-साम्राज्य का पुनर्संगठन किया और उसे आगे तक विस्तृत किया। आज मगध-साम्राज्य की सीमा इन्द्रप्रस्थ से आगे बढ़कर तक्षशिला तक फैल गई है और पूरा आर्यावर्त एक ठोस सुदृढ़ इकाई में परिवर्तित हो गया है। शीघ्र ही इस साम्राज्य का विस्तार सुदूर दक्षिण तक किया जाना निश्चित है।

"तक्षशिलावासियो! मैं इसी गान्धार की सन्तान हूँ और आपके समाट् चन्द्रगुप्त भी तक्षशिला विश्वविद्यालय की ही सन्तति हैं। सम्राट् के प्रतिनिधि, वाहीक के उपशासक सिंह मालव गढ़ के एक राजकुमार हैं और इन्होंने भी तक्षशिला में ही शिक्षा पाई है। मैं सम्राट् की ओर से आपको आश्वासन देता हूँ कि आज के पश्चात् किसी विदेशी को यह साहस नहीं होगा कि सिन्धु को पार करके इस ओर अपने अपवित्र चरण रख सके। सम्राट् चन्द्रगुप्त की दुर्द्धर्ष सेना किसी भी आततायी आक्रान्ता को ऐसा मुँह तोड़ उत्तर देगी कि कुभा के इस ओर झाँकने का दु:साहस वह फिर कभी

नहीं करेगा। उपशासक सिंह आपको एक न्यायपूर्ण, व्यवस्थित प्रशासन देने के लिए सम्राट् के सन्मुख उत्तरदायी है। मेरा छात्र सिंह वाहीक की प्रजा को यायावरों के उत्पातों से मुक्त करेगा, कृषि, शिल्प एवं वाणिज्य को पूर्ण संरक्षण देगा तथा यात्रा-पथों को सुगम बनाएगा। साथ ही सम्राट् की ओर से यह चेतावनी भी मैं देना चाहूँगा कि कोई एक पल के लिए भी यह न सोचे कि साम्राज्य की राजधानी सैकड़ों योजन दूर है। सम्राट् चन्द्रगुप्त की तीक्ष्ण दृष्टि के समक्ष साम्राज्य का हर कोना करतल स्थित आमलकवत् है और उनकी भुजाएँ इतनी लम्बी हैं कि किसी भी क्षण किसी भी कोने में पहुँचने की सामर्थ्य रखती हैं।

"तक्षशिलावासियो! सम्राट् यह घोषणा करते हैं कि साम्राज्य का हर नागरिक धर्म के मामले में पूर्ण स्वतंत्र है। जैन, बौद्ध, ब्राह्मण, आजीवक किसी भी धर्म का पालन व्यक्ति उन्मुक्तता से कर सकता है। जो यवन यहाँ रह गए हैं, वे भी अपने देवताओं की आराधना करने के लिए स्वाधीन हैं।"

"अन्त में एक ब्राह्मण के नाते मैं आप सबकी सुख-समृद्धि की कामना करता हूँ।"

चाणक्य बैठ गया, पर बहुत देर तक करतल ध्वनि से सभाकक्ष गूँजता रहा।

जय-जयकार के बीच सम्राट् चन्द्रगुप्त उठकर चले गए और सभा विसर्जित कर दी गई।

तक्षशिला से कूच से पहले चाणक्य उस स्थल पर गया, जहाँ कभी उसकी कुटिया थी। कुछ दूर स्थित उस मन्दिर और बगीचे में भी वह गया जहाँ किशोरी हेमा से उसकी पहली भेंट हुई थी। वह अतीत की स्मृतियों में खो गया। यही दशा पीछे-पीछे चल रही हेमा की भी थी। उसकी आँखों में आँसू उमड़ आए थे। सिंह ने अधिकारियों को आदेश दिया कि आचार्य चाणक्य की कुटिया का पूर्ववत् निर्माण किया जाए, जिससे जब भी फिर गुरुदेव यहाँ आएँ, उसमें टिक सकें। जाने से पहले चाणक्य ने सिंह से कहा—

"कुभा के पार यवन-सेनापति सिल्यूकस और अन्तगुणस् सत्ता के लिए संघर्षरत हैं। तुम्हें बहुत सतर्क रहना होगा। कंकु गूढ़पुरुषों का जाल कुभा के पार आर्यान तक फैला जाएगा। मुझे आशंका है, यवन भारत पर आधिपत्य का एक बार फिर प्रयास करेंगे। वत्स! तुम पर भारी उत्तरदायित्व है।"

सिंह ने चाणक्य के चरण-स्पर्श किए और कहा—

"गुरुदेव! मुझ पर विश्वास कर सकते हैं। सम्राट् कभी मुझे सुप्त नहीं पाएँगे।"

"सिंह! मैं अनन्त को अपने साथ लिए जा रहा हूँ, जिससे वह तुम्हारे लिए समस्या न बने। मैं उसे दक्षिण में भेजूँगा।"

चाणक्य ने वापसी यात्रा आरम्भ की।

सिल्यूक्स पराभूत

अब कोई राजनीतिक समस्या चाणक्य के सामने नहीं थी। उसने प्रशासन को सुचारु बनाने में और लोक-कल्याण के कार्यों में अपने को लगा दिया। पृथक्-पृथक् राज्य एवं लोक-मानस एक प्रशासनादेश के अधीन गुँथकर एक होते गए। इस महामंत्रित्व के साथ-साथ ही चाणक्य अपना अर्थशास्त्र भी रचता गया और नित्य नए छात्रों को भी पढ़ाता गया। चन्द्रगुप्त और कंकु को उसने दक्षिण-विजय के लिए प्रेरित किया। दोनों के अगले अनेक वर्ष दक्षिण में ही बीते। सर्वप्रथम चन्द्रगुप्त ने उज्जयिनी, विदिशा और भृगुकच्छ पर अधिकार किया। उसके बाद सौराष्ट्र को जीतकर साम्राज्य में सम्मिलित किया। अब उसने विदर्भ की ओर घोड़ों को मोड़ा। अश्वकों, मूलकों तथा सह्याद्रि के राष्ट्रिकों को अपने अधीन करके मौर्य सेना आन्ध्रों की ओर बढ़ी। अन्त में कुन्तल प्रदेश पर अधिकार करके चन्द्रगुप्त एक ओर तमिलों और दूसरी ओर केरलों तक बढ़ गया और दोनों से उसने मित्रता स्थापित कर ली। इन विजययात्राओं में दस से अधिक वर्ष लग गए। अन्तिम विजय के बाद चन्द्रगुप्त लौटा तो चाणक्य ने बड़ा भारी उत्सव किया। विशाल यज्ञ किया गया और कुभा से कलिंग तक के तथा अभिसार से कुन्तल तक के वेदज्ञ पंडितों तथा लोक-प्रतिनिधियों ने उसमें भाग लिया। चन्द्रगुप्त ने मुक्त हस्त से दान दिया। पाटलिपुत्र में ऐसी हलचल और भीड़भाड़ रही जैसे कि पूरा देश ही वहाँ आ एकत्र हुआ हो। मुरा यह दिन देखने को जीवित थी।

इस बीच शकटार एवं राक्षस अपनी स्वाभाविक मृत्यु को प्राप्त कर चुके थे। अनन्त दक्षिण में उपशासक नियुक्त कर दिया गया था। बिन्दुसार किशोर हो गया था और चाणक्य की देख-रेख में योग्य विद्वानों से शिक्षा प्राप्त कर अब वह तक्षशिला चला गया था, जहाँ सिंह के संरक्षण में वह शिक्षा एवं अनुभव प्राप्त कर रहा था। राधागुप्त और जीवक अभी चाणक्य के आश्रम में ही रह रहे थे। हेमा और मल्लिका प्रौढ़ाएँ हो चुकी थीं और प्रेम से रह रही थीं।

इन्हीं दिनों गूढ़पुरुषों ने सूचित किया कि अलक्षेंद्र का भूतपूर्व सेनापति सिल्यूकस, जो अपने प्रतिद्वंद्वी अन्तगुणस् को पराजित करके बेबीलोन का सम्राट् बन गया था, अब आर्यान् को रौंदता हुआ वक्त्र की ओर बढ़ रहा है और उसका संकल्प भारत-विजय का है। सुनकर चाणक्य के कान खड़े हो गए और उसकी सम्पूर्ण चेतना स्फुरित हो उठी। उसने चन्द्रगुप्त से भेंट की और वहीं कंकु को भी बुला लिया।

"यह बहुत बड़ी चुनौती है, आर्य!"

"बहुत बड़ी है भी और नहीं भी। तुम्हारे लिए, मगध-सम्राट् के लिए तो बड़ी नहीं होनी चाहिए। पर उसकी तैयारी तो हमें करनी ही होगी।"

"हाँ। गुरुदेव!"

"कंकु! वक्त्र सिल्यूकस के समक्ष चार दिन भी टिक नहीं पाएगा। अनुमानतः, कितने समय में सिल्यूकस कुभा तक पहुँच जाएगा?"

"चार मास तो लगने चाहिए। यवन-सम्राट् पश्चिमोत्तर के जनपदों से स्यात् नहीं उलझेगा। वह वक्त्र से सीधा कुभा पहुँचेगा।" कंकु ने उत्तर दिया।

"उसके पास कितनी सेना होनी चाहिए?"

"इस समय तो अधिक नहीं है, पर कुभा के तट पर बसी यवन-बस्ती अलक्षेंद्रनगर से प्रचुर सेना उसे मिल जाएगी। पचास सहस्त्र से अधिक सेना लेकर ही उसे गान्धार में प्रवेश करना चाहिए।"

"तुम्हारा अनुमान ठीक है, बन्धु!" चन्द्रगुप्त बोला। "हमें एक लक्ष यवनों से भिड़ने के लिए प्रस्तुत रहना होगा।"

"चन्द्र! सिल्यूकस कितनी भी सेना लाए, हमें दो लक्ष सैनिकों को वहाँ खड़ा करना होगा। मथुरा, अहिच्छत्र, अयोध्या और काशी से दस-दस सहस्त्र चुने हुए सैनिक उधर भेजे जाएँ। इन्द्रप्रस्थ और बृहद्हट्ट से पचास सहस्त्र जाएँ और पाटलिपुत्र से चालीस सहस्त्र। शेष वाहीक से हो जाएँगे। मालव-क्षुद्रक, कट और यौधेय आदि भी सैनिक देंगे। ये सब राजगिरि में एकत्र हो। इस विशाल वाहिनी का नेतृत्व स्वयं सम्राट् चन्द्रगुप्त करेंगे। सिंह होगा सहायक सेनापति। दो मास पश्चात् मैं और चन्द्र तक्षशिला पहुँचेंगे। शेष बातें वहीं तय होंगी।"

"पर, आर्य!" चन्द्रगुप्त ने कहा, "इस इतने बड़े आयास से पहले यह तो निश्चय हो जाए कि यवन आक्रमण कर रहे हैं।"

चाणक्य ने चन्द्रगुप्त की ओर देखा। "वत्स! लगता है दक्षिण के अभियानों से तुम बहुत थक गए हो।

"नहीं, आर्य!"

"चन्द्र! यवन आक्रमण करें या न करें। भारत के पश्चिमोत्तर द्वार पर यह शक्ति-प्रदर्शन तो करना ही होगा। आर्यान में यवन-गतिविधियाँ तेज हैं, यह तो असन्दिग्ध है। यदि वे कुभा के इस पार न आएँ और रक्तपात न हो तो शुभ ही है। पर उनके समुचित स्वागत के लिए हमें सिन्धु-तट पर व्यूहबद्ध तो होना ही पड़ेगा। चन्द्र! मागध शस्त्रों की यह झंकार दूर यवनान तक गूँज जाएगी और कुभा के पार तो युगों तक गूँजती रहेगी।

"आप ठीक कहते हैं, गुरुदेव!"

"तब चन्द्र! कंकु के साथ तैयारी में जुट जाओ। मैं प्रधान सेनापति विजय से बात कर लेता हूँ। सिंह को भी आवश्यक आदेश भेजने होंगे। तक्षशिला एवं राजगिरि

में खाद्य सामग्री एवं शस्त्रास्त्र के विशाल भंडार भी निर्मित करने होंगे। एक सहस्त्र हाथियों एवं एक लक्ष अश्वों की साज-संभार का भी प्रबन्ध करना होगा। सिंह को धन भी भिजवाना पड़ेगा।"

"जो आज्ञा, गुरुदेव!" कंकु ने कहा।

"कंकु! कुशल को आदेश दो कि यवन-सेना एवं उसकी गतिविधि का एक-एक विवरण अविलम्ब भेजे।"

"आज ही भेजता हूँ, आर्य!"

"यहाँ मगध में यवनों के आशंकित आक्रमण की अभी कोई चर्चा नहीं होनी चाहिए। जहाँ तक हो सके सेनाओं का प्रयाण अघोषित होना चाहिए। गन्तव्य अभी अधिक से अधिक इन्द्रप्रस्थ बताया जाए, जिससे किसी प्रकार की भय-आशंका प्रजा में न फैले। और हाँ..."

"हाँ, आर्य!"

"तक्षशिला और पुष्कलावती में यह प्रचार करा दो कि सम्राट् चन्द्रगुप्त और महामात्य चाणक्य में झगड़ा हो गया है और चाणक्य पद-त्याग करके अपने आश्रम में सीमित हो गया है। क्यों!" चाणक्य के मुख पर कुटिल मुस्कान खेल गई।

"यह क्या, गुरुदेव?" चौंककर चन्द्रगुप्त ने पूछा।

"चन्द्र! यह सूचना सिल्यूकस तक पहुँचनी चाहिए। यवन-गुप्तचरों को इस अनहोनी के विषय में आश्वस्त हो जाना चाहिए। शत्रु को निश्चिन्त होकर भीतर आने दो और तब उसे घेरकर पूरी तरह नष्ट कर डालो। जो उत्तर अलक्षेंद्र को नहीं मिल सका, वह सिल्यूकस को मिलना चाहिए।"

"मैं समझ गया, गुरुदेव!"

चन्द्र और कंकु दोनों ही खिलखिला पड़े।

तभी कंकु को कुछ याद आया।

"क्यों न युवराज को वापस बुला लिया जाए।"

"नहीं, बन्धु!" चन्द्र ने कहा, "उसे इस युद्ध में सम्मिलित होना चाहिए।"

"हाँ, कंकु! चन्द्र ठीक कहता है। तुम बस कुशल और सिंह को कहला दो कि युवराज की सुरक्षा का विशेष ध्यान रखें।"

"जो आज्ञा, गुरुदेव!"

आजकल चाणक्य का प्रधान शिष्य था, सुबन्धु। उसने लगन और अनुरक्तिपूर्वक शिक्षा पाई थी, पर कुछ दिनों से कुछ विचित्र प्रश्न उसके मस्तिष्क में उठने लगे थे।

चाणक्य वापस आश्रम में आया तो सुबन्धु बड़ी व्यग्रतापूर्वक उसकी कुटिया के समक्ष टहल रहा था। चाणक्य को देखते ही उसने चरण-स्पर्श किए।

"क्या है, सुबन्धु?"

"गुरुदेव! अर्थशास्त्र की एक प्रतिलिपि मैंने पूरी कर ली है।"

"चिरंजीवी रहो, वत्स!" चाणक्य ने प्रशंसापूर्वक उसकी ओर देखकर कहा।

सुबन्धु ने चाणक्य के पीछे-पीछे ही कुटिया में प्रवेश किया।

"गुरुदेव!"

"हाँ, वत्स!"

"मेरे मन में कुछ प्रश्न उठे हैं।"

"जिज्ञासा उत्तम भाव है, पुत्र! अपनी जिज्ञासा कल प्रात: सबके सामने रखना।"

"मेरा मन बहुत व्याकुल है, आर्य!"

"तब तुम अपना प्रश्न प्रस्तुत करो।" कहकर चाणक्य अपने आसन पर बैठ गया।

सुबन्धु करबद्ध सामने खड़े होकर बोला—

"आर्य! अर्थशास्त्र में विजिगीषु सम्राट् की महत्ता सर्वोपरि सिद्ध है। पर आपके और सम्राट् चन्द्रगुप्त के मध्य व्यवहार इस सिद्धान्त के विपरीत है। ऐसा क्यों?"

चाणक्य ने चौंककर सुबन्धु की ओर देखा। उसकी आँखों में जिज्ञासा से अधिक कुछ था। क्या था वह? स्पर्धा? उपहास? चुनौती? नहीं, नहीं। ऐसा कुछ नहीं है।

"पुत्र!" चाणक्य ने कहना आरम्भ किया, "तुम यही जानना चाहते हो न, कि अमात्य होते हुए भी मेरा महत्त्व अधिक क्यों है? क्यों?"

"हाँ, गुरुदेव!"

"सुबन्धु! क्या तुमने कभी मेरे और चन्द्रगुप्त के विशिष्ट निजी सम्बन्धों पर विचार किया है? वह मुझे गुरुदेव कहता ही नहीं, हृदय से मानता भी है। मेरा महत्त्व प्रथमत: सम्राट् की इस मान्यता में से अनुस्यूत है।"

"समझा, आर्य!"

"दूसरे, व्यक्तिगत महत्त्वाकांक्षा एवं स्वार्थ के पूर्ण अभाव में से वह प्राप्त है। सम्राट् की दृढ़ता और उन्नति ही मेरा स्वार्थ है।"

"गुरुदेव! मैं जिज्ञासावश ही यह पूछ रहा हूँ। अविनय न हो तो एक बात और पूछूँ?"

"हाँ, सुबन्धु! निस्संकोच पूछो।" कहकर चाणक्य ने अपनी आँखें बन्द कर लीं।

सुबन्धु ने देखा। उसे लगा, जैसे वह एकाकी हो। पर उसने कहा—

"आपकी निरंकुश शक्ति भी क्या इन्हीं दो तत्त्वों में से अनुस्यूत है?"

"तुम क्या सोचते हो, वत्स?"

"क्षमा करें, गुरुदेव! आर्य कंकु और उनके गूढ़विषय पर आपके पूर्ण नियंत्रण में से ही क्या यह शक्ति आपको प्राप्त नहीं होती?"

"यह पूर्ण नियंत्रण कहाँ से प्राप्त होता है, पुत्र?"

"आर्य कंकु की आपके प्रति भक्ति में से।"

"ऐसी भक्ति उसमें क्यों है? ऐसी ही भक्ति क्या चन्द्रगुप्त में भी नहीं है? मेरे, चन्द्रगुप्त के और कंकु के त्रिकोणात्मक सन्तुलन को तुम नहीं समझ पा रहे हो, सुबन्धु! यह साम्राज्य इस सन्तुलन में से ही पैदा हुआ है।"

"पर, आर्य! इस त्रिकोण के बाद सन्तुलन का आधार क्या होगा?"

"अर्थशास्त्र है।"

"पर, आर्य!..."

"पुत्र! सिद्धान्त स्थिर है, व्यवहार अस्थिर, चंचल। व्यवहार में सन्तुलन बहुत-सी बातों पर निर्भर करता है। सम्बन्धित जनों की चिन्तन-दिशाएँ, उनके दृष्टिकोण का संकोच-विस्तार, उनके निजी सम्बन्ध तथा प्रस्तुत चुनौतियाँ—ये सब सन्तुलन को सुकृत-विकृत करती रहती हैं।"

"पर, गुरुदेव! सम्राट् को इतना बाँधकर, उन्हें नगण्य करके क्या आपने अस्वस्थ परम्परा का आरम्भ नहीं किया है?"

"सुबन्धु! यह दृष्टि का नकार है और दुर्विनय भी है। यह क्योंकर हावी हुआ तुम पर?"

"आर्य!"

"तुम्हारी शिक्षा पूर्ण हुई, वत्स! अब व्यावहारिक जीवन में प्रवेश करो। वहीं सब प्रश्नों के उत्तर तुम्हें मिलेंगे। पर, इतना स्मरण रखना कि अविवेक और दु:साहस पथभ्रष्ट करते हैं।"

"पर, गुरुदेव! विवेक-अविवेक, साहस-दु:साहस के बीच रेखा कैसे खींची जाए?"

"सकर्मक चिन्तन से अन्तर्दृष्टि मिलती है। वही वह रेखा खींच सकती है। शब्द के पास उत्तर नहीं हुआ करता। अच्छा, पुत्र! जाओ। सुबन्धु बनो; ईश्वर तुम्हें सुबुद्धि दे।"

कहकर चाणक्य ने आँखें बन्द कर लीं। सुबन्धु स्पष्ट ही सन्तुष्ट नहीं दीखा। उसने एक दृष्टि गुरुदेव पर डाली और अनमने भाव से बाहर निकल गया। जाने से पूर्व चरणों का स्पर्श भी उसने नहीं किया।

सुबन्धु की बातों ने चाणक्य को बहुत अस्थिर कर दिया था। वह चिन्तन नहीं कर सका। तभी वह उठा और कुटिया में टहलने लगा। यह सब सुबन्धु की जिज्ञासा-मात्र नहीं थी। कहीं से कुछ उसमें पड़ा है। यह परिवर्तन उसमें हुआ कैसे?

तभी अस्त-व्यस्त मल्लिका ने कुटिया में प्रवेश किया।

"तात!" उसके स्वर में घबराहट थी।

"क्या है, मल्लिके!"

"शीघ्र चलिए, आर्य! देवि हेमा अकस्मात अचेत हो गई हैं।"

"अरे! चलो। पर तुम पहले किसी को वैद्यराज के पास भेजो।"

चाणक्य निकलकर दूसरी कुटिया की ओर लपका।

हेमा भूमि पर बिछे कुशासन पर सीधी लेटी थी। उसकी आँखें बन्द थीं, चेहरा पीला पड़ा था और साँस अत्यन्त वेग से चल रही थी! चाणक्य ने पास बैठकर नाड़ी पर हाथ रखा। नाड़ी बहुत धीमी और अस्थिर थी। उसने हेमा के प्रौढ़ चेहरे की ओर देखा और एक बार उसे ऐसा लगा कि वही शोडषी हेमा आँखें बन्द किए सोने का नाट्य कर रही है। उसने कानों के पास मुँह ले जाकर धीमे-से पुकारा, 'हेमा! हेमा! हेमा!!!' पर हेमा पूर्ववत् ही जड़ पड़ी रही। वह अचेत हो गई थी। चाणक्य का मन एकदम भारी हो उठा। उसकी टाँगों में पीड़ा की एक लकीर ऊपर से नीचे तक खिंच गई। तभी मल्लिका भागी-भागी आई और पास खड़ी हो गई। कई छात्र द्वार के बाहर एकत्र हो गए।

"अकस्मात् यह क्या हुआ, मल्लिका!"

"उदास अपने में डूबी, ढीली तो ये बहुत दिनों से रहती थीं। नित्य उपवास के कारण खाना भी इनका न्यूनतम हो गया था।"

"पर, तुमने बताया नहीं।"

"हेमाजी ने बताने नहीं दिया। परसों से अन्न का दाना भी इनके मुँह में नहीं गया।"

"यह तुम दोनों ने क्या कर डाला?"

तभी हेमा ने धीमे-धीमे आँखें खोलीं तो चाणक्य को अपने पर झुके पाया।

"क्या है?" बहुत ही मन्द स्वर में उसके मुँह से निकला। पर एक थकी, फीकी मुस्कान उसके चेहरे पर खेल गई।

"कैसा चित्त है, हेमी?"

"ठीक हूँ। विष्णु!"

"हाँ, हेमी!"

"तुम घबड़ाए क्यों हो?"

"अचेत हो गई थीं तुम। इतने दिन से भोजन क्यों नहीं किया तुमने?"

"कौन कहता है?"

"मल्लिका।"

"यह मुझे बहुत अधिक प्यार करती है। तुमसे भी अधिक। पर..."

हेमा का चेहरा सहसा विकृत हो उठा। उसकी आँखें फिर बन्द होने लगीं।

"हेमी! ओ हेमी!" चाणक्य के मुँह से निकला। मल्लिका भी पास बैठ गई।

"पानी!" हेमा के होंठ हिले।

मल्लिका भागकर पानी लाई। चाणक्य ने चुल्लू में भरकर कुछ बूँदें होंठों पर टपकाईं।

एक गहरी साँस लेकर हेमा ने फिर आँखें खोलीं।

"राधा कहाँ है?" उसके होंठ फुसफुसाए।

"कंकु के यहाँ गया है। आता ही होगा। मैंने बुलाने भेजा है।" मल्लिका ने बताया।

"मल्लिके! फलों का रस तैयार करो।"

"नहीं।" हेमा के मुँह से निकला, "मैं नहीं लूँगी।"

"क्यों?"

"नहीं। विष्णु!"

"हेमी!" चाणक्य के स्वर में विह्वलता थी।

"मैं कुछ पूछना चाहती हूँ।"

"पूछो, हेमी!"

मल्लिका उठने लगी। हेमा ने अपना दुर्बल हाथ मल्लिका के कन्धे पर रखकर उसे रोका।

तभी फिर पीड़ा उठी और उसका चेहरा सिकुड़ उठा। मल्लिका ने आतुरतापूर्वक छाती सहलानी शुरू की।

"वैद्यराज नहीं आए।" चाणक्य ने पूछा।

"सुबन्धु को भेजा है।"

तभी कुछ सँभलकर हेमा ने कहना आरम्भ किया—

"विष्णु! तुमने मुझे क्षमा कर दिया है न?"

"मैं तुमसे रुष्ट ही कब था?"

"तुमने मुझे क्षमा कर दिया है न?"

चाणक्य ने देखा, हेमा के क्षीण स्वर में दृढ़ता थी।

"कर दिया है, हेमा! बहुत पहले कर दिया था।"

"विष्णु!"

"हाँ!"

चाणक्य का गला भर आया था।

"अगले जन्म में तो मुझे स्वीकार करोगे न?"

चाणक्य की आँखों में अश्रु छलछला उठे।

"करूँगा, हेमी! निश्चय ही करूँगा। इस जन्म में भी तो स्वीकार किया है मैंने।"

उसने हेमा का कृश हाथ अपने हाथ में ले लिया।

तुष्टि की मुस्कान हेमा के मुख पर फैल गई।

तभी वैद्यराज ने प्रवेश किया। वे परीक्षा कर ही रहे थे कि हृदय-शूल फिर उठा और वे कुछ भी करें उससे पहले ही जोर की हिचकी आई और हेमा ने दम तोड़ दिया। शरीर स्थिर हो गया।

मल्लिका जोर से चीख उठी और हेमा के निर्जीव शरीर पर गिर पड़ी। चाणक्य हेमा को घूरता रह गया। फिर सँभलकर उसने मंत्रोच्चार आरम्भ किया। वैद्यराज उठकर खड़े हो गए। तभी कंकु के साथ राधा ने प्रवेश किया।

हेमा की शवयात्रा में स्वयं सम्राट् ने भाग लिया। उसकी आकस्मिक मृत्यु ने चाणक्य और मल्लिका दोनों को झंझोड़ दिया था। दोनों ही खिन्न थे। मल्लिका ने हेमा का पक्ष लेकर कई बार चाणक्य से झगड़ा किया था। चाणक्य उसी की हठ पर हेमा को आश्रम में लिवा लाया था। पर अब मल्लिका मात्र अपने को ही अपराधी मान रही थी। क्यों उसने हेमा के निरन्तर उपवासों की बात चाणक्य से छुपाई? क्यों उसने हेमा की बात सुनी? क्यों उसने हेमा को आत्महत्या करने दी? चाणक्य ने बहुतेरा मल्लिका को समझाया, पर वह आत्मलांछना से छुटकारा नहीं पा सकी। तब चाणक्य ने भाभी श्यामला से प्रार्थना की कि या तो कुछ दिन के लिए आश्रम में आ रहे या मल्लिका को अपने यहाँ लिवा ले जाए। श्यामला मल्लिका के पास आ रही। पर हेमा की मृत्यु ने मल्लिका के निजी अवसाद और संत्रास को प्रखर कर दिया था। वह अधिक झेल नहीं सकी और दो मास के भीतर ही अन्तिम यात्रा पर कूच कर गई। अगले जन्म में स्वीकृत किए जाने का आश्वासन देनेवाला भी कोई उसके पार्श्व नहीं था।

चागक्य एकदम एकाकी हो गया। पर अपने एकाकीपन के विषय में सोचने का अवसर ही चाणक्य के पास नहीं था। सिल्यूकस तीव्र गति से बढ़ा आ रहा था और पूरे साम्राज्य की शक्ति एकत्र कर उसे ऐसी टक्कर देनी थी कि कोई आक्रामक भविष्य में ऐसा दु:साहस न कर सके। वह बहुत अधिक व्यस्त हो गया था। सहायता के लिए उसने अनन्त को राजधानी में बुला लिया था और प्रशासन का पूरा कार्य अनन्त और रुचि पर छोड़कर वह युद्ध सम्बन्धी मंत्रणाओं में डूब गया था। शीघ्र ही उसे छद्मवेश में और सम्राट् को प्रकट रूप से तक्षशिला के लिए चल देना था। कंकु पहले से ही वहाँ था।

सिल्यूकस वक्त्र पर अधिकार करके कुभा-तट पर स्थित अलक्षेंद्रनगर लौट चुका था और अब सिन्धु की ओर कूच करने के लिए प्रस्तुत था। उसे यह समाचार मिल चुका था कि अब महामात्य चाणक्य सम्राट् चन्द्रगुप्त के साथ नहीं है। इससे सिल्यूकस का उत्साह और विश्वास कई गुना बढ़ गया था। उसने यह नीति बनाई थी कि मार्ग के जनपदों से उलझने में शक्ति का अपव्यय न करके सीधे पुष्कलावती पहुँचा जाए और उसे अपना केन्द्र बनाया जाए। जिस दिन उसने कुभा से प्रस्थान किया, उसी दिन छद्मवेशी चाणक्य तक्षशिला पहुँचा। साँवले रंग और श्वेत केशोंवाले

एक वृद्ध मागध सामन्त के रूप में वह निर्द्वंद्व सब कहीं आने-जाने लगा। कंकु और सिंह के अतिरिक्त इस रहस्य को कोई नहीं जानता था।

चाणक्य ने पहली गुप्त बैठक की।

"प्रश्न यह है कि हम शत्रु को किस स्थल पर रोकें? आगे की तैयारी उसी आधार पर करनी होगी।" उसने समस्या रखी।

"सिन्धु पर, अलक्षेंद्र द्वारा उपसिन्धु नामक स्थान पर निर्मित सेतु उत्तम अवस्था में है। उससे पार जाकर किसी भी उपयुक्त स्थल पर व्यूह निर्मित किया जा सकता है। यवनों को सिन्धु पार नहीं करने देना चाहिए।" सिंह ने कहा।

"तुम्हारा क्या विचार है, कंकु?"

"गुरुदेव! मैं सोचता हूँ, सिन्धु के उस पार हमें जाना ही नहीं चाहिए। कारण, वैसा करने पर एक तो हम तक्षशिला से दूर हो जाएँगे; दूसरे व्यूह की दृष्टि से भी हम घाटे में ही रहेंगे।' कंकु ने कहा।

"सिंह! कंकु की बात पर विचार करो।" चाणक्य बोला।

"आर्य! बन्धु कंकु की बात में गहरा सार दृष्टि पड़ता है। यवनों को सिन्धु पार न करने देने की प्रतिज्ञा सचमुच ही असामरिक होगी।"

"मैं भी यही सोचता हूँ, सिंह! उपसिन्धु के सेतु से होकर यवनों को इस पार आने दो। एक कोस इधर तक्षशिला मार्ग पर सेना एकत्र करो। साथ ही उपसिन्धु से दस कोस उत्तर में तुरन्त सेतु-निर्माण के लिए नौकाएँ एवं अन्य सामग्री जमा करो। उसी स्थल पर सौ नौकाओं का एक बेड़ा भी प्रस्तुत रखना होगा।"

"मैं समझ गया, आर्य!" सिंह ने कहा।

"जब सिल्यूकस पुष्कलावती से चले, तुम तक्षशिला से अपनी सेना उपसिन्धु की ओर बढ़ाओ। तीस सहस्र दुर्द्धर्ष अश्वारोहियों की उपसिन्धु के उत्तर में एक ओर अलग रखो। ये तुम्हारे नेतृत्व में रहेंगे, सिंह! और संकेत मिलने पर तुरन्त निर्मित सेतु से नदी पार करके शत्रु-शिविर पर अधिकार कर लेंगे।"

"ठीक है, गुरुदेव!"

"दो सौ हाथी, तीस सहस्र अश्वारोही और चालीस सहस्र पदाति उपसिन्धु पर पर्याप्त रहेंगे न?" चाणक्य ने फिर प्रश्न किया, "सिल्यूकस अनुमानत: कितनी सेना लाएगा?"

"मैं समझता हूँ पचास सहस्र से अधिक नहीं।" कंकु का उत्तर था।

"तब तो पन्द्रह-बीस को उस पार छोड़कर तीस-पैंतीस को ही वह पार कराएगा और उतने के लिए हमारा बल आवश्यकता से अधिक ही सिद्ध होगा।"

"निश्चय ही, आर्य!" कंकु ने कहा।

"सिंह!"

"गुरुदेव!"

"उपसिन्धु की प्रमुख सेना का नेतृत्व स्वयं चन्द्रगुप्त करेगा।"

"ऐसा ही होगा, आर्य!"

"उत्तर के तुरत सेतु की और नौकाओं की भनक भी शत्रु के चरों को नहीं मिलनी चाहिए। मेरा उद्देश्य यवनों को मात्र पराजित करना नहीं है। मैं उन्हें पिंजरे में फँसाकर नचाना चाहता हूँ।"

सिल्यूकस के पुष्कलावती पहुँचने से पूर्व ही चन्द्रगुप्त तक्षशिला आ चुका था। पुष्कलावती पहुँचकर सिल्यूकस ने एक दूत तक्षशिला भेजा। उसके माध्यम से उसने चन्द्रगुप्त को एक सन्देश भिजवाया। उसने कहलाया—

"देवपुत्र सिल्यूकस मगध-सम्राट् चन्द्रगुप्त को बधाई भेजते हैं। साथ ही विजेता सिल्यूकस का चन्द्रगुप्त को आदेश है कि वह सम्राट् अलक्षेंद्र द्वारा विजित वाहीक पर से अपनी सेनाएँ हटा ले। वाहीक यवन-साम्राज्य का अंग रहा है और रहेगा। स्वाभाविक है कि यमुना दोनों साम्राज्यों की सीमा बने। हम दोनों मित्र रहे हैं और मित्रता की पुकार है कि दोनों के हाथ मिलें, खड्ग नहीं।"

चन्द्रगुप्त ने उत्तर दिया—

"यवन-सम्राट् को बधाई। कुभा आर्यावर्त की स्वाभाविक सीमा है। उसे पार करके मित्र ने आक्रामक का रूप धारण किया है। चन्द्रगुप्त ने आततायी को क्षमा करना नहीं सीखा है। मित्रता की माँग यही है कि आप तत्काल कुभा-पार लौट जाएँ।"

सिल्यूकस के दूत ने आर्य चाणक्य के दर्शनों की इच्छा व्यक्त की। उसने कहा कि सम्राट् सिल्यूकस ने उनके प्रति प्रणाम भेजा है। चन्द्रगुप्त ने कह दिया कि गुरुदेव पाटलिपुत्र में ही हैं और आयु के कारण यहाँ नहीं आ पाए हैं। यवन दूत आश्वस्त होकर गया कि आचार्य चाणक्य यहाँ नहीं हैं। इसका यही अर्थ हो सकता है कि सम्राट् और महामात्य के बीच खटपट हो गई है। आयु की बात बहाना-मात्र है। पर दूत इस बात का कोई अनुमान अपने साथ नहीं ले जा सका कि चन्द्रगुप्त कहाँ टक्कर लेगा, सिन्धु के उस पार या इस पार या ठीक तक्षशिला के बाहर ही? और यह कि वह कितनी सेना लेकर मैदान में उतरेगा?

उसी दिन रात्रि में चाणक्य, चन्द्रगुप्त, सिंह और कंकु निर्णय लेने के लिए बैठे।

चाणक्य ने फिर दुहराया, "मैं यवनों को चारों ओर से घेरकर बन्दी बनाना चाहता हूँ, जिससे उनसे मोल-भाव किया जा सके।"

"मैं आपसे सहमत हूँ, आर्य! और वह आपकी योजना से ही सम्भव है।" चन्द्रगुप्त ने कहा।

"कंकु! सिन्धु पर दूसरा सेतु निर्मित करने के लिए विशेष स्थल तुमने चुन लिया है न?"

"हाँ, गुरुदेव! नौकाएँ एवं अन्य सामग्री वहाँ एकत्र कर ली है।"

"बड़ी संख्या में चरों को नियुक्त करो जो यवनों की एक-एक गतिविधि की सूचना दें।"

"हमारे चर पुष्कलावती से उपसिन्धु तक के मार्ग के दोनों ओर फैल गए हैं।" कंकु ने उत्तर दिया।

"सिंह! कल प्रात: से सैनिकों को भेजना आरम्भ कर दो। सेना सेतु से दो कोस इधर ही पड़ाव डाले, जिससे सेतु के इस पार का क्षेत्र शत्रु को शून्य दीखे। अच्छा हो वह अपनी पूरी सेना इधर ले आए।"

"उस स्थिति में तो दूसरा पुल बनाने की आवश्यकता नहीं रहेगी।" सिंह बोला!

"रहेगी, मित्र!" चन्द्रगुप्त ने कहा, "उपसिन्धु के सेतु पर अपना नियंत्रण होना अनिवार्य है। यह उस पार से ही करना होगा।"

"सिंह!" चाणक्य ने कहा, 'गज सेना के अधिपति से कह दो कि किसी भी गज के अनियंत्रित होते ही उसे तत्काल विष दे दिया जाए। विष-बुझे विशेष अंकुश प्रत्येक महावत के पास अतिरिक्त रहने चाहिए।"

"जो आज्ञा, गुरुदेव!"

"आर्य! युवराज तक्षशिला में ही रहेंगे या युद्ध में सम्मिलित होंगे?" कंकु ने पूछा।

'युवराज क्या चाहते हैं?" चाणक्य ने प्रश्न किया।

"वह चाहे या न चाहे, उसे युद्ध में भाग लेना ही चाहिए।" चन्द्रगुप्त बोला।

"बिन्दुसार को चन्द्रगुप्त के साथ रखो।" चाणक्य ने निर्णय दिया।

सिल्यूकस उपसिन्धु तक निर्विघ्न चला आया। पर उसने सेतु को पार नहीं किया। अपना शिविर उस पार निर्मित कर लिया। उसे बताया गया था कि सिन्धु पर यही एक मात्र पुल है। इसलिए उस पर अपना पक्का अधिकार करने का निश्चय उसने किया। टोह लेनेवाले उसके चरों ने उसे सूचित किया कि चन्द्रगुप्त का पड़ाव पुल से डेढ़-दो कोस भीतर है। पन्द्रह सहस्र सैनिकों को शिविर में छोड़कर सिल्यूकस ने सिन्धु को पार किया और आगे की ओर बढ़ा। मौर्य सेना जब थोड़ी दूर रह गई, तब सिल्यूकस रुक गया।

अब सिल्यूकस को चन्द्रगुप्त की सेना की ठोस विशालता का ज्ञान हुआ! चरों ने उसे बताया कि दो सौ पर्वताकार हाथी अग्रिम पंक्ति में होंगे। तीस सहस्र से अधिक अश्वारोही और चालीस सहस्र पदाति चन्द्रगुप्त के साथ हैं। तक्षशिला में कितनी और सेना तैयार है यह कहा नहीं जा सकता। सिल्यूकस समझ गया कि यह टक्कर आम्भीक या पुरु के साथ नहीं है। चन्द्रगुप्त के अश्वारोही यवन-पद्धति से भी अपरिचित नहीं हैं। उसकी पदाति सेना के धनुष प्रयोग में सुगम और अधिक बेधक

हैं। सबसे बड़ी समस्या तो गजों की है। एक बार तो देवपुत्र सिल्यूकस सिहर उठा; पर वापस तो अब लौटा जा नहीं सकता था। वह अपने चालीस सहस्त्र अश्वारोहियों पर ही निर्भर था। चन्द्रगुप्त की सेना को एक बार अस्त-व्यस्त कर सका तो काम बन जाएगा। उसने निश्चय किया कि हाथियों के सामने न पड़कर अश्वारोही सीधे पार्श्वों पर टूटें और मौर्य अश्वारोहियों एवं पैदलों को रौंद डालें। यवन पैदल अपने लम्बे भालों एवं तीरों से हाथियों को त्रस्त करें, इतना कि हाथी लौटकर अपने ही पैदलों पर टूट पड़ें। उसने अग्रिम पंक्ति में पैदलों को खड़ा किया। दोनों पार्श्वों को घुड़सवारों से निर्मित किया। पृष्ठ में भी घुड़सवार ही रखे। चन्द्रगुप्त ने अंग्रिम पंक्ति में हाथी, पार्श्वों में अश्वारोही और पृष्ठ में पैदल रखे।

अगले दिन व्यूहबद्ध सेनाएँ आमने-सामने थीं। सैनिकों को उत्साह दिलाने के लिए सिल्यूकस घोड़े पर पंक्तियों के बीच से गुजर रहा था। सामने आकर उसने देखा, एक विशाल हाथी पर सोने के छत्र के नीचे चन्द्रगुप्त बैठा अपनी सेना का निरीक्षण कर रहा था।

सिल्यूकस दो-तीन नायकों के साथ चन्द्रगुप्त की ओर बढ़ा। यवन-सम्राट् को अपनी ओर आते देखकर चन्द्रगुप्त हाथी से नीचे उतर पड़ा और अश्वारूढ़ होकर आगे बढ़ा।

निकट आने पर दोनों ने हाथ उठाकर एक-दूसरे का अभिवादन किया।

"मगध-सम्राट् बनने पर मेरी बधाई स्वीकार करो, मित्र।" सिल्यूकस ने कहा।

"आपको भी, सम्राट् सिल्यूकस! आप अलक्षेंद्र के योग्य उत्तराधिकारी हैं।"

"सम्राट्! क्या यह आवश्यक है कि हम लड़ें?"

"अतिथि का हर ढंग से स्वागत करना आर्यों की परम्परा है, सम्राट्!"

"चन्द्रगुप्त! अलक्षेंद्र द्वारा विजित भूमि को आपको छोड़ना होगा।"

"यह भूमि भारत की है, सम्राट्!"

"मगध-साम्राज्य की पश्चिमी सीमा यमुना तक थी।"

"पर भारत की सीमा कुभा है और वही रहेगी।" "मैं तुम्हें वाहीक का क्षत्रप नियुक्त कर दूँगा।"

"युद्ध-भूमि में खड़े होकर सपने नहीं देखे जाते।"

"तब तो युद्ध टाला नहीं जा सकता।"

"विवशता है, यवन!"

"अच्छा, चन्द्रगुप्त!"

"अच्छा, सिल्यूकस!"

दोनों अपने-अपने स्थानों पर वापस लौट गए।

युद्ध आरम्भ हुआ। सिल्यूकस के अश्वारोही दोनों पार्श्वों पर आगे बढ़े। मौर्य अश्वारोहियों ने भी उन्हें आगे बढ़कर लिया और घमासान युद्ध आरम्भ हो गया। यवन-पैदलों ने पहले मौर्य गजों पर वाण-वर्षा की, पर वह हाथियों के मस्तकों से बँधे तवों से टकराकर व्यर्थ हो गई। अब यवन अपने लम्बे भाले ताने आगे बढ़े। ठीक इसी क्षण हाथियों पर बैठे धनुर्धरों ने बाणों की बौछार छोड़ी। पल-भर में ही अगली पंक्ति में सैकड़ों यवन धराशायी ये। अब पिछली पंक्ति आगे बढ़ी और उसकी भी यही दशा हुई। शत्रु की कई पंक्तियों के लोट जाने पर हाथियों को आगे बढ़ाया गया। काल सदृश पर्वताकार गजों को भागते आते देखकर यवन-पैदलों में भगदड़ मच गई। पृष्ठ में खड़े अश्वारोहियों ने उन्हें बहुतेरा सँभाला पर उन्हें समेटा न जा सका। फलत: अश्वारोहियों ने उन्हें मार्ग दे दिया और वे दो पार्श्वों में विभाजित हो गए, क्योंकि वे भी हाथियों से टकराने के अनिच्छुक थे। पर चन्द्रगुप्त ने आदेश दिया कि हाथियों को रोक लिया जाए और उन्हें दो पार्श्वों में बाँटकर दो लौह भुजाओं के रूप में पार्श्वों में ले जाया जाए, जिससे यवन-अश्वारोहियों को आतंकित किया जा सके। पर इसकी आवश्यकता थी नहीं, क्योंकि मौर्य अश्वारोहियों ने यवनों को ऐसी मार दी कि वे तिलमिला उठे। तभी अचानक उन्होंने गजों को अपनी पीठ पर पाया। अब तो यवनों ने जी तोड़कर युद्ध किया। दोनों ओर के सहस्त्रों सैनिक इस भीषण मार-काट में काम आए। इधर हाथियों पर बैठे धनुर्धरों ने कितनों का ही आखेट किया। दोनों ओर से पिसकर यवन घबरा उठे और सहसा ही अपने पैदलों की दिशा में लपक लिए। सिल्यूकस के कितना ही रोकने पर भी कोई नहीं रुका। भागते हुए अनेक यवन मौर्य पदाति के प्रखर बाणों से बिंधकर खेत रहे।

दूसरी ओर यवनों के इस पार आते ही सिंह ने नवनिर्मित सेतु से अपने अश्वारोहियों को पार ले जाना आरम्भ कर दिया था। जिस समय यहाँ युद्ध आरम्भ हुआ, लगभग उसी समय सिंह ने यवन-शिविर पर भरपूर आक्रमण किया और थोड़े से संघर्ष के बाद शिविर पर अधिकार कर लिया। यवनों को निरस्त्र कर दिया गया। पुल पर एक सहस्त्र सैनिक नियुक्त कर दिए गए। सिंह को तभी पता लगा कि सिल्यूकस के साथ उसकी रानी और पन्द्रह वर्षीय पुत्री भी आई है। सिंह ने उन्हें हर प्रकार की सुरक्षा का आश्वासन दिया।

सिल्यूकस ने अपनी अस्तव्यस्त सेना को एकत्र किया और उस पार से कुमुक के लिए चर को भेजा। कुछ ही देर बाद आकर चर ने बताया कि पुल का मार्ग अवरुद्ध है, क्योंकि शिविर पर अधिकार कर लिया गया है। सुनकर सिल्यूकस के होश उड़ गए। उसके सामने चन्द्रगुप्त से फिर टकराने के अतिरिक्त कोई अन्य चारा नहीं था। पर चन्द्रगुप्त से टक्कर लेना दीवार से सिर फोड़ने के समान उसे लगा। हाथियों के मुँह फेरने का कोई साधन उसके पास नहीं था। मौर्य अश्वारोही

भी लोहे के चने थे और यवन उनके सामने स्वयं को विवश पा रहे थे। सिल्यूकस पूरी तरह खीज उठा।

तभी मेघस्थनीज ने आकर उसे सूचित किया कि उनके चारों ओर घेरा डाल दिया गया है। उनसे पर्याप्त दूरी पर चारों दिशाओं में अश्वारोहियों एवं गजों की पंक्तियाँ खड़ी कर दी गई हैं।

"अब?" सिल्यूकस ने प्रश्न किया।

"हमने नदी पार करके सम्भवत: भूल की है।"

"यह व्यूह-योजना क्या चन्द्रगुप्त की है?"

"नहीं, सम्राट्! यह निश्चय ही महामात्य चाणक्य के मस्तिष्क की उपज है।"

"तब वह यहीं है।"

"निश्चय ही, सम्राट्!"

"पर, अब?"

"दो ही मार्ग हैं, सम्राट्! सन्धि या अन्तिम युद्ध।"

"हम युद्ध करेंगे, मेघस्थ।"

"यह भावुकता होगी सम्राट्!"

"तब?"

"सन्धि कीजिए। यहाँ आपके पास न अन्न है न जल, न ही तम्बू।"

"हम फँस गए, मेघस्थ।"

"हाँ, सम्राट्!"

"संध्या तो हो ही चली है। भारतीय रात्रि में आक्रमण नहीं करेंगे। प्रात: तक हम सोच सकते हैं।"

सिल्यूकस ने एक पेड़ के नीचे रात बिताई। रात-भर वह सोचता और मंत्रणा करता रहा। पर कोई उपाय इस घेरे को तोड़ने का नहीं सूझा। चन्द्रगुप्त का बल इतना ठोस और विशाल था कि यवन-सम्राट् अब बुरी तरह पछता रहा था।

प्रात: ही चन्द्रगुप्त ने सन्देश भेजा, "भारत-सम्राट् रक्तपात नहीं चाहते। यवन-सम्राट् जो चाहें, वही किया जाए।"

सिल्यूकस ने युद्ध न करने का ही निर्णय किया। अपने स्वाभिमान के बावजूद अपनी शक्ति का पूर्ण विनाश वह नहीं चाह सकता था। उसने मेघस्थ को सन्धि की बातचीत के लिए चन्द्रगुप्त के पास भेजा।

"यवन-सम्राट् सन्धि चाहते हैं।' मेघस्थ ने निवेदन किया।

"उनके लिए यही विवेकपूर्ण है।" चन्द्रगुप्त ने कहा।

"हम उस पार अपने शिविर में जाने को प्रस्तुत हैं।"

"वह तो अब आपके अधिकार में नहीं है, यवन!" चन्द्रगुप्त बोला, "सन्धि हमारी शर्तों पर होगी। पर पहले तो यवन-सेना को अन्न-जल और विश्राम चाहिए। इस सबका प्रबन्ध हम करेंगे। कल हमारा दूत महाराज सिल्यूकस से मिलकर सन्धि की शर्तें उन्हें बताएगा।"

"क्या अपने शिविर से सम्पर्क करने की अनुमति हमें मिलेगी?"

"हमारी ओर से सम्राट् को आश्वासन दो कि सम्राज्ञी और राजकुमारी पूर्ण सुरक्षित और सानन्द हैं। सम्राट् की सुरक्षा की सूचना उन्हें तत्काल दे दी जाएगी।" मेघस्थ चला गया।

चाणक्य, चन्द्रगुप्त एवं कंकु अब विचार के लिए बैठे।

"कंकु! सिंह को बुला लो और उसे यहाँ का सब प्रबन्ध सौंपो।"

"जो आज्ञा, गुरुदेव!"

"सन्धि के विषय में क्या सोचा है, आर्य?"

"चन्द्र! तुम्हारी सेना यवन गज के पैरों में लौह शृंखला के समान पड़ी रहनी चाहिए। यवनों को हर पल महसूस होना चाहिए कि वे बन्दी हैं।"

"व्यवस्था ऐसी ही की गई है, आर्य!"

"ठीक!"

"सन्धि की शर्तों के विषय में क्या सोचा है, आर्य?"

"चन्द्र! कुभा के उत्तर और दक्षिण के विशाल प्रदेश यवनों को हमें सौंपने होंगे। अर्थात हेरात, कुभा और दक्षिण में समुद्र तक के विस्तृत क्षेत्र पर से उन्हें अपना अधिकार छोड़ना होगा।"

"गुरुदेव! क्या पाटलिपुत्र से इतने दूरस्थ प्रदेशों पर नियंत्रण रखा जा सकेगा?" चन्द्रगुप्त ने शंका की।

"क्यों नहीं रखा जा सकेगा? इसके लिए तक्षशिला में विशाल सेना रखनी होगी। उसका व्यय इन्हीं प्रान्तों से निकलेगा।"

"हम तो इसी समय की सोच सकते हैं।" कंकु ने कहा।

"चन्द्र! यवनों की इस पराजय की गूँज पूरे सभ्य संसार में फैल जाएगी। इन दूरस्थ प्रान्तों पर मौर्य अधिकार की बात आनेवाली शताब्दियाँ याद रखेंगी।"

चन्द्रगुप्त की आँखों में एक चमक कौंध गई। उसने हाथ आगे बढ़ाकर चाणक्य के चरणों का स्पर्श किया।

"पुत्र! हर पीढ़ी को अपना कर्म स्वयं करना, अपनी सफलता स्वयं प्राप्त करनी होती है। पर तुम्हारी उपलब्धि आनेवाले युगों के लिए दृष्टान्त सिद्ध होगी।"

"यह आपकी ही उपलब्धि है, गुरुदेव!"

"मेरी और तुम्हारी दो नहीं हैं, वत्स! कंकु!"

"आर्य!"

"कल तुम सिल्यूकस के पास जाओगे!"

"जो आज्ञा, गुरुदेव!"

"उसके सामने इन प्रान्तों की माँग रखो और उसे आश्वासन दो कि उसके शत्रु अन्तगुणस् के विरुद्ध भारत-सम्राट् हर प्रकार की सहायता करेंगे। उससे पूछो, वह हमसे क्या चाहता है। एक बात और।"

"क्या, आर्य?"

"उसे अपनी बेटी का विवाह हमारे युवराज के साथ करना होगा। तुम्हें आपत्ति तो नहीं, चन्द्र?"

"बिल्कुल नहीं।" चन्द्रगुप्त सुनकर खिला हुआ पड़ रहा था।

सिल्यूकस समझता था कि कुभा तक आकर चन्द्रगुप्त रुक जाएगा। पर उसकी माँग सुनकर वह उबल उठा।

"यह कैसे हो सकता है?" उसने कहा।

"दोनों सम्राटों की मित्रता इन कुछ पहाड़ी प्रान्तों से कहीं अधिक मूल्यवान् है, महाराज! फिर सम्राट् चन्द्रगुप्त आपकी हर प्रकार की सहायता करने को कृतसंकल्प हैं।" कंकु ने कहा।

"कैसी सहायता?"

"सेना से, धन से, परामर्श से, गजों से।"

"गजों से?"

"हाँ, सम्राट्! जितने गज आप चाहें, उनके महावतों सहित।" सिल्यूकस सोचने लगा।

"महाराज!" कंकु बोल उठा, "ये प्रान्त भारत सम्राट् इसलिए चाहते हैं, जिससे भविष्य में उस ओर से किसी आक्रमण की आशंका न रहे।"

"मुझे पाँच सौ हाथी मिल सकेंगे?" सिल्यूकस ने पूछा।

"निश्चय ही, सम्राट्!"

"तब मुझे यह शर्त स्वीकार है।"

"धन्यवाद, सम्राट्!"

"सम्राट् चन्द्रगुप्त को भी।"

"महाराज! आचार्य चाणक्य ने एक बात पूछी है।"

"आचार्य चाणक्य यहाँ हैं?"

"वे बहुत देर से यहीं हैं।"

"ओह! हाँ, क्या पूछा है आचार्य ने?"

"उन्होंने पूछा है, क्या आप चाहेंगे कि दोनों पक्षों के बीच की यह सन्धि कटुता नहीं, मधुरता के साथ हो?"

"निश्चय ही चाहूँगा।"

"क्या आप चाहेंगे कि आपकी सन्तति पाटलिपुत्र के सिंहासन पर बैठे?"

"आचार्य कहना क्या चाहते हैं?"

"केवल यह सम्राट्! कि यवन-राजकुमारी भारत की भावी सम्राज्ञी बने।"

"दूत!"

"क्षमा करें, सम्राट्! सम्राटों की कन्याएँ सम्राटों के साथ परिणय सूत्र में बँधें, इससे अधिक गौरव की बात और क्या हो सकती है? फिर आप दोनों तो उस काल के मित्र भी हैं।"

"मैं सोचूँगा।" सिल्यूकस ने कहा।

"सम्राट् चन्द्रगुप्त प्रतीक्षा में रहेंगे।"

"मुझे राजकुमारी से पूछना पड़ेगा।"

"सम्राज्ञी और राजकुमारी को यहाँ भिजवाने की व्यवस्था आज ही हो जाएगी।" कंकु ने कहा।

राजकुमारी का विवाह बिन्दुसार से करने पर सिल्यूकस को सहमत होना पड़ा।

तब सिन्धु के तट पर एक विशाल राजसभा की गई। दो स्वर्ण सिंहासनों पर दोनों सम्राट् बैठे। दो अन्य सिंहासनों पर बिन्दुसार और यवन-राजकुमारी कार्नेलिया शोभित हुई। एक अन्य उच्च आसन आचार्य चाणक्य ने ग्रहण किया। वे अपने सामान्य वेश में थे। कंकु, सिंह, मेघरथनीज तथा अन्य आर्य एवं यवन-सामन्त यथास्थान आसीन हुए।

तब चन्द्रगुप्त ने कहा—

"हम यवन-सम्राट् मित्र सिल्यूकस का इस भारत-भूमि पर स्वागत करते हैं।"

"धन्यवाद, आर्य सम्राट्! मुझे सन्धि के उपबन्ध स्वीकार हैं। यवन सेना निश्चित प्रदेशों को शीघ्र ही खाली कर देगी।"

"सिल्यूकस!" चाणक्य बोला, "मित्रता के उपहारस्वरूप सम्राट् चन्द्रगुप्त पाँच सौ शस्त्र-सज्जित हाथी आपको देंगे। कुछ आप अभी ले जा सकते हैं। शेष शीघ्र ही हेरात पहुँचा दिए जाएँगे, जहाँ से आपके अधिकारी उन्हें सँभाल लेंगे। कुछ गज-युद्ध विशेषज्ञ भी आपको दिए जाएँगे। आप चाहें तो पाटलिपुत्र में अपना एक राजदूत भी आप रख सकेंगे।"

"धन्यवाद, आचार्य! मैं मेघस्थ को इसके लिए नियुक्त करता हूँ।" सिल्यूकस ने कहा, "आर्य! आपके दर्शन की बड़ी लालसा थी। वह पूरी हुई। सैनिक चन्द्रगुप्त को इतने विशाल साम्राज्य का सम्राट् बना देने का श्रेय आपको ही है।"

"मैं अब भी सैनिक हूँ, सम्राट्! मुझे वितस्ता-तट का वह युद्ध अब भी स्मरण है, जब आपसे प्रथम परिचय हुआ था। यवन-शिविर में आपके आतिथ्य को भी मैं भूला नहीं हूँ।"

"आभारी हूँ, सम्राट् चन्द्रगुप्त!"

"सिल्यूकस! एक इच्छा है।" चाणक्य ने कहा।

"आज्ञा करें, आचार्य!"

"चाहता हूँ कि आप दोनों मित्रों के बीच रक्त-सम्बन्ध स्थापित हो। कितने आनन्द की बात होगी कि आपकी राजकुमारी चन्द्रगुप्त की पुत्र-वधू और भावी सम्राज्ञी बने और आपका नाती एक दिन मगध के सिंहासन पर शोभित हो।"

"मैं गद्गद हूँ, आचार्य! मेरी पुत्री कार्नेलिया के लिए यह सौभाग्य की बात होगी।"

"साधुवाद, सम्राट् सिल्यूकस साधुवाद! कंकु!"

"आर्य!"

"दो मालाएँ दोनों को दो। दोनों एक-दूसरे को पहना दें।"

बिन्दुसार और कार्नेलिया उठकर आमने-सामने खड़े हुए। कंकु ने दोनों को मालाएँ दी। एक-दूसरे को मालाएँ पहनाकर दोनों ने पहले आचार्य चाणक्य, तब चन्द्रगुप्त और तब सिल्यूकस के चरण-स्पर्श किए। सबने दोनों पर पुष्प-वर्षा की।

"आचार्य!" सिल्यूकस ने विनम्र स्वर में कहा, "मैं आपको बेबीलोन आने का निमंत्रण देता हूँ।"

"तेजस्वी बनो, सिल्यूकस! महिमान्वित हो। मेरी एकमात्र आकांक्षा थी कि आर्यावर्त की स्वाभाविक सीमा कुभा को हम पुनः प्राप्त कर लें। वह आज पूरी हुई। अपने शिष्य चन्द्रगुप्त को विराट् आर्य साम्राज्य का सम्राट् देखकर मेरा कर्तृत्व पूर्ण हुआ। तुम दोनों की मित्रता हिमालय के समान अचल हो और इस मित्रता को अभिषिक्त करनेवाली यह स्रोतस्विनी कार्नेलिया सिन्धु के समान सौभाग्यवती बने।"

"मैं आपका अभिनन्दन करता हूँ, आचार्य! आओ चन्द्रगुप्त, हम दोनों एक साथ आर्य-यवन मित्रता के प्रणेता, आर्य साम्राज्य के पिता आचार्य चाणक्य को प्रणाम करें।" सिल्यूकस ने कहा।

दोनों सम्राटों ने उठकर, सामने आकर आचार्य के सम्मुख प्रणति की। सभी आर्य-यवन सामन्त सम्मान में उठ खड़े हुए।

"आयुष्मान हो," दोनों हाथ उठाकर चाणक्य ने आशीर्वाद दिया। "मित्रता समान बल के बीच ही हो सकती है। वही टिकती भी है। ऐसी मित्रता ही दो संस्कृतियों के बीच स्वस्थ आदान-प्रदान को प्रोत्साहित करती है।"

सब पूर्ववत् अपने-अपने आसन पर बैठ गए। तब चाणक्य ने कहा—

"ब्राह्मण के मन में सबकी शुभाकांक्षा के अतिरिक्त और कुछ नहीं है। सर्वे भवन्तु सुखिनः। वत्स, कंकु!"

"हाँ, आर्य!"

"मैं अब चलूँगा। चलो, मुझे छोड़ आओ।" चाणक्य कंकु के साथ धीमे-धीमे राजसभा से बाहर निकल गया।

पाँच वर्ष बाद

त्रिकोण का भंग

शरद् की एक प्रात: पिघले ताम्र-सा देदीप्यमान सूर्य पीली किरणें बिखेरता धीमे-धीमे उठ रहा था। अपनी पर्णकुटी के अलिन्द में एक ऊँचे आसन पर ध्यानस्थ आचार्य चाणक्य ने आँखें खोलीं और स्वर्णिम रवि किरणों का पान करने लगे। तब मन्द, पर गहन स्वर में उनके कंठ से निकला...

ॐ यत्प्रज्ञानमुतचेतो धृतिश्च
यज्ज्योतिरन्तरमृतं प्रजासु।
यस्मान्न ऋते किंचन कर्म क्रियते
तन्मे मन: शिव संकल्पमस्तु॥

उनका वर्तमान प्रधान शिष्य कमन्द पास ही था। उसने आगे बढ़कर चरण-स्पर्श किए और सम्मुख खड़ा हो गया।

चाणक्य की आयु सत्तर से कम नहीं थी, पर उनके विशाल उज्ज्वल आकार को वह झुका नहीं पाई थी। उनके गौर मुख पर कठिन, असहनीय तेज था और खड्गधार-सी प्रखर मेधा की चमक उनकी आँखों से फूट रही थी। सफेद धोती का पल्ला ही उपवीतयुक्त उनके नंगे कन्धों को ढके था।

"कमन्द!"

"गुरुदेव!"

"सब एकत्र हैं?"

"हाँ, आर्य!"

"तब चलो।"

कमन्द को आगे किए चाणक्य अध्ययन कुटी की ओर बढ़े।

कुटी में पहले से ही उनके नियमित शिष्य उपस्थित थे। आचार्यवर को देखते ही उन्होंने साष्टांग प्रणाम किया और अपने-अपने स्थान पर खड़े हो गए। चाणक्य के पीठ पर बैठ जाने पर ही सबने आसन ग्रहण किया। कमन्द भी सम्मुख बैठ गया। चाणक्य ने कहना आरम्भ किया—

"पुत्रो! आज ध्यान के बीच यह वेद मंत्र मेरी चेतना में उभरा...

ॐ यत्प्रज्ञानमुतचेतो धृतिश्च,
यज्ज्योतिरन्तरमृतं प्रजासु।
यस्मान्न ऋते किंचन कर्म क्रियते
तन्मे मनः शिव संकल्पमस्तु॥

"जिज्ञासुओ! इसका मनन करो। अर्थनीति और राजनीति का ही नहीं, समग्र जीवन-नीति का तत्त्व इस मंत्र में निहित है। मेरे मन में 'शिव संकल्प' का उदय हो, इससे अधिक मानव और क्या चाह सकता है? पर, 'शिव संकल्प' क्या है? उसका क्या स्वरूप है? 'शिवत्व' क्या है? प्रज्ञान से जगमगाती अन्तश्चेतना में धृति पैदा होती है। धृति, अर्थात् व्यष्टि-समष्टि के विविध-विषम परिप्रेक्ष्यों की सम्यक अवधारणा। प्रजाओं के उत्कर्ष की कामना ऐसे धृतियुक्त मानस में ही उत्पन्न हो सकती है। ध्यान देने की बात है कि मंत्रकार ऋषि ने व्यक्ति के नहीं, समग्र प्रजा के उत्कर्ष को ही शिवत्व की संज्ञा दी है। पुत्रो! राजनीतिज्ञ यहीं मार खा जाता है। वह अपने उत्कर्ष को ही प्रजा का उत्कर्ष मान बैठता है और तब प्रजा के लिए स्वयं को साधन बनाने के स्थान पर, वह अपने लिए प्रजाओं को साधन बनाने में जुट जाता है। यह अशिव है। यही पतन है। राजनीतिज्ञ का उत्कर्ष प्रजा के उत्कर्ष में अन्तर्भूत है, ऐसा शिव संकल्प मुझमें उदित हो। तुम सब चाहो और सोचो—क्या प्रज्ञान की ज्योति तुममें है? क्या धृति तुममें है? क्या समग्र दृष्टि तुममें है? पुत्रो! इस वेद-मंत्र का गहन चिन्तन करो।"

प्रवचन का अन्त हुआ। छात्रों ने फिर साष्टांग प्रणाम किया और एक-एक करके कुटी से बाहर निकल गए। केवल कमन्द रह गया।

"कमन्द! क्या यवन मेघस्थनीज आ गया है?"

"मैं देखता हूँ, गुरुदेव!"

"आ गया हो तो उसे यहीं ले आओ।"

"जो आज्ञा, गुरुदेव!"

कमन्द चला गया।

चाणक्य पुनः ध्यानस्थ हो गया। प्रज्ञान की दीप्ति और जीवन-भर के सफल कर्म की गहन तृप्ति के रहते भी उनके मुख पर एक थकान थी, मानो कृतकृत्य होकर अब सांसारिक प्रपंच के प्रति अनुत्सुक हो। मानो पूरा अतीत उसके भीतर सूक्ष्म रूप में कुलमुला उठा हो और अपनी ही कर्म-राशि अब निश्चिन्त विनोद का विषय बन चुकी हो। अपनी निमीलित आँखों को खोलते ही चाणक्य ने मेघस्थनीज को सामने विनत देखा।

"आचार्य! प्रणाम करता हूँ।" मेघस्थ ने कहा।

"बैठो, यवन!"

मेघस्थ बैठ गया।

"तुमने मुझसे मिलने की प्रार्थना की थी?"

"हाँ, आर्य! आज मैं राजदूत के रूप में नहीं, एक जिज्ञासु के रूप में आपके समक्ष उपस्थित हुआ हूँ। शीघ्र ही मुझे पाटलिपुत्र छोड़कर वापस चले जाना है। क्या आर्य मेरी कुछ जिज्ञासाओं का शमन करना उचित समझेंगे?"

"अवश्य, मेघस्थ, यदि तुम्हारी जिज्ञासा तात्कालिक राजनीति से सम्बन्धित नहीं होगी। अपने पाटलिपुत्र प्रवास में तुमने सभी का हृदय जीत लिया है। तुम्हारे मित्रवत् आचरण से मुझे विशेष सन्तोष मिला है। तुम्हारी हर उचित जिज्ञासा का उत्तर देने में मुझे प्रसन्नता ही होगी।" चाणक्य ने कहा।

"मैं कृतार्थ हुआ, देव! मेरी जिज्ञासा वस्तुत: आपके और आपकी उपलब्धि के बारे में है। यह राजनीतिक नहीं, तात्विक अधिक है। उसकी तृप्ति के बिना आर्य संस्कृति के उस पक्ष को समझा नहीं जा सकता, जिसे आपने जाज्वल्यमान किया है।"

"सुनूँ तो किस पक्ष की बात कह रहे हो?" चाणक्य ने हँसकर पूछा।

"आर्य! जानते हैं, मेरे मन में क्या है। मैं स्यात उसे उपयुक्त वाणी नहीं दे सकूँगा। ऐहिक कर्म के संन्यास एवं व्यक्ति की निर्वाणैषणा के समक्ष सजग कर्म द्वारा समष्टि की शिव-साधना का पक्ष।"

"मेघस्थ! पूछो।"

"आर्य! संसार के सबसे बृहद् साम्राज्य के स्रष्टा और महामंत्री होते हुए भी आप नगर से दूर इस पर्णकुटी में क्यों रहते हैं, जहाँ आपकी सुरक्षा तक का कोई प्रबन्ध नहीं है? हम विदेशियों को यह बड़ा ही रहस्यमय लगता है। आपको यहाँ मिलने आने में अतिथियों को, साम्राज्य के प्रमुख अभियन्ताओं को, विशेषकर सम्राट् को कितनी असुविधा होती है, आपने इसका विचार अवश्य किया होगा। तब भी सबकी इस असुविधा की उपेक्षा आप क्योंकर कर पाते हैं?"

यह नहीं पूछा, यवन! कि यहाँ वन में रहकर भी पूरे प्रशासन का नियमन मैं कैसे कर पाता हूँ?" चाणक्य ने मुस्कराकर कहा।

"यह इसके बाद पूछना था, देव!"

"कमन्द!"

"गुरुदेव!"

"तुम खड़े मत रहो। बैठो और सुनो।"

कमन्द बैठ गया।

"मेघस्थ!"

"मैं उत्कंठित हूँ, आर्य!"

"मेरा वन में रहना दिखावा नहीं है और सबको यही आने के लिए बाध्य करना अहंकार नहीं है। दिखावा लोभवश किया जाता है और अहंकार का जन्म अज्ञान में से, ढोल की पोल में से होता है। मेरा जीवन साक्षी है कि ये दोनों प्रवृत्तियाँ मुझमें नहीं रही हैं। फिर यह व्यवस्था मैंने क्यों रखी है? वत्स यवन! मैं सत्यान्वेषी अध्येता और अध्यापक हूँ। यही मेरी मूल वृत्ति और साधना है। इसी को करते-करते, इसी सत्य-शोध की साधना के बीच अनायास ही चन्द्रगुप्त मुझे मिला; नन्द-वंश के विनाश और नए साम्राज्य के निर्माण का संकल्प मुझे मिला; संकल्प की पूर्ति मिली और इस विशाल आर्य साम्राज्य का महामंत्रित्व मिला। पर सदैव ये सब मेरे लिए माध्यम ही रहे, सत्य ही लक्ष्य रहा। सम्राट् और अन्य सबों को यह अनुभूति रहनी आवश्यक है और उन्हीं के हित में है। जब तक उन्हें मेरी आवश्यकता हो, वे आएँ; जब वह न रहे, न आएँ। मेरा कोई आरोपण उन पर नहीं है और उनसे कोई अपेक्षा मुझे नहीं है। इस साम्राज्य का निर्माण पूरे राष्ट्र के हितार्थ मैंने किया। उसी के हित के लिए महामंत्रित्व मैंने ग्रहण किया था। आर्य सम्राट् साम्राज्य के लिए है, साम्राज्य सम्राट् के लिए नहीं है। मैं साम्राज्य का सेवक हूँ, सम्राट् द्वारा नियुक्त उनका भृत्य नहीं हूँ। फिर यवन! राजधानी के भीतर रहकर, मुझे वहाँ के वैभव के बीच रहना पड़ता। इस प्रकार मैं सम्राट् से नीचे तो माना ही जाता, राजकर्मचारियों की ईर्ष्या, पद-लिप्सा और उनकी क्षुद्र कूटनीतियों का भागीदार और लक्ष्य भी मुझे बनना पड़ता। वहाँ रहकर मैं गुरु न रह पाता। तुम तब तत्त्व-जिज्ञासा लेकर मेरे पास न आते। मेरे सत्य, लोभ और मोह से अपरूप हो गए होते। सबसे बड़ी बात यह, वत्स! कि तब मैं परमेश्वर की प्रकृति के, निखिल के, ब्रह्म के प्राणदायक सम्पर्क से कट जाता। तुम भूले नहीं होगे, मेघस्थ! कि तुम्हारे विश्वविजयी अलक्षेंद्र को स्वयं चलकर ऋषि दांड्यायन के आश्रम में आना पड़ा था। दांड्यायन अलक्षेंद्र की सभा में नहीं गए थे। भारतीय ऋषि का यह माहात्म्य मैंने अक्षुण्ण रखा है। मेरा व्रत देना है, लेना नहीं। जिसे मुझसे लेना हो वह यहीं आए। सम्राट् शक्ति का स्रोत है, पर सत्य शक्ति से बड़ा है। निर्लोभ, निर्मोह व्यापक सत्य से ही मैं साम्राज्य का अर्थात महत्त्वाकांक्षी राजपुरुषों का नियंत्रण करता आया हूँ।"

"पर सत्य क्या है, आर्य!"

"व्यापक सामष्टिक दृष्टि से ही सत्य दीखता है। समष्टि का हित ही सत्य है।"

"आर्य! अपने इतने लम्बे, इतने विराट् आयास से आपने अपने लिए क्या अर्जित किया?"

"मैंने अपनी चेतना, अपने अन्तर्विवेक, अपने व्यक्तित्व का विकास किया, वत्स! यह विकास निरन्तर अनवरुद्ध होता गया है। मैं पीछे देखता हूँ तो एक सूत्र में बँधे अनेक चाणक्य मुझे दृष्टि पड़ते हैं।"

"मैं तृप्त हुआ, कृतार्थ हुआ, आर्य!" मेघस्थ ने कहा।

"मेघस्थ! सम्राट् सिल्यूकस को मेरा आशीर्वाद देना।"

"निश्चय ही, आचार्य! तो मैं आज्ञा चाहता हूँ।"

"सुखी रहो, वत्स! कमन्द! मेघस्थ को मार्ग दिखाओ।"

मेघस्थ के चले जाने पर चाणक्य कुटी से बाहर निकल आया, मानो चारों ओर का निरीक्षण करने लगा। आश्रम के सभी जन किसी न किसी कार्य में व्यस्त थे। गायों को चारा डाला जा रहा था। रसोईघर में लकड़ियाँ और सब्जियाँ पहुँचाई जा रही थीं। एक कुटिया से चक्की की ध्वनि भी आ रही थी। कुछ शिष्य गंगा से जल भरकर ला रहे थे। कुछ एक ओर बैठे पढ़ने में संलग्न थे। चाणक्य इन सबको देख रहा था। पर, जैसे कुछ भी नहीं देख पा रहा था। वह किसी गहन चिन्ता या चिन्तन में डूबा था। फिर धीमे-धीमे चलकर वह अपनी कुटी में आ गया। वहाँ आसन पर बैठकर वह फिर अपने विचारों में खो गया।

कुछ ही देर बाद आकर कमन्द ने कंकु के आने की सूचना दी। चाणक्य ने उसे वहीं लिवा लाने का आदेश दिया।

कंकु ने आकर चरण-स्पर्श किया और संकेत पाकर सामने बैठ गया। कमन्द तत्क्षण चला गया।

"कंकु!"

"आर्य!"

"मैं चन्द्रगुप्त की मनःस्थिति के विषय में तुम्हारा मत जानना चाहता हूँ।"

"गुरुदेव!..." कंकु कहते-कहते रुक गया।

"बोलो, कंकु!"

"लगता है, गुरुदेव! त्रिकोण का एक बिन्दु शेष दो से टूटना चाहता है।"

"बात पूरी करो, वत्स!"

"आर्य! सम्राट् के मन में उदासीनता तो यवन आक्रमण के समय भी थी, यद्यपि प्रकट नहीं थी। पर अब वह खिन्नता और विरक्ति में बदल गई है। जैन मुनि भद्रबाहु के साथ आजकल उनका काफी समय बीतता है। कहीं ऐसा न हो कि वे सिंहासन छोड़कर दीक्षा लेने का निर्णय कर डालें।"

"हूँ!" चाणक्य के मुँह से निकला।

"कई वर्ष हुए जो भीषण सूखा और अकाल पड़ा, लगता है, उसका सम्राट् के हृदय पर अवांछित प्रभाव पड़ा है। स्यात् निरन्तर के युद्धों ने भी उन्हें उबा दिया है। वे थक गए हैं और अब ऐहिक प्रपंच से विश्राम चाहते हैं।"

"यह बात नहीं है, पुत्र!"

"तब?" कंकु ने आश्चर्य से चाणक्य की ओर देखा।

"कंकु! मेरी भक्तिवश जो बात तुम्हारे अन्तरंग से उठकर सतह पर नहीं आ पा रही है, उसे मेरे ही मुँह से सुनो। चन्द्र की विरक्ति का कारण अकाल या युद्ध नहीं, मैं हूँ।"

"आप?"

"हाँ, वत्स! यह बात बहुत दिनों से मेरे मन में थी। पर जब से यह निष्कर्ष बनी है, मेरा हृदय तीव्र वेदना से ग्रस्त है। पहली बार मैं स्वयं को विवश पा रहा हूँ।"

"आप कारण कैसे हैं, देव?"

"सुनो, कंकु! तुम सबसे अधिक जानते हो कि नए साम्राज्य के अनन्त शत्रुओं से सम्राट् की रक्षा करने के लिए मुझे चन्द्रगुप्त की हर गतिविधि, यहाँ तक कि भोजन, भोग और विहार-विनोद जैसी निजी गतिविधियों तक को अनुशासित करना पड़ा था। यह नियंत्रण आरम्भ से ही उसे खलता रहा है। वह न खलता, यदि यह अनुशासन अपने ऊपर उसने स्वयं आरोपित किया होता। इससे भी अधिक एक अन्य तथ्य ने उसे खिन्न किया है।"

कहकर चाणक्य रुका। कंकु उत्कंठित उनकी ओर देख रहा था।

"वह यह पुत्र! कि साम्राज्य के समस्त क्रिया-कलापों की बागडोर मेरे हाथ में रही। सम्राट् बनने पर भी कर्तृत्व उसके हाथ में नहीं आया। उसके आज्ञापालक रूप में कोई उल्लेखनीय अन्तर नहीं पड़ा।"

"पर यह तो उचित और शुभ ही हुआ, आर्य! आप साम्राज्य के स्रष्टा ही नहीं, उसके मूर्त प्रतीक हैं। आपने जो किया साम्राज्य को संगठित और शक्तिशाली बनाने के लिए ही किया। आपके प्रयासों का सुफल संसार के समक्ष है।" कंकु ने कहा।

"व्यक्ति का अहं यह नहीं सोचता, कंकु! चन्द्र का योद्धा अहं कुंठित हुआ है। यद्यपि मेरे कारण होने का तथ्य वह कभी स्वीकार नहीं करेगा, पर कारण मैं हूँ। चन्द्र का अन्तर्मन इसलिए और भी अधिक खिन्न रहा होगा कि मेरे प्रति ईर्ष्या और रोष के भाव उसमें अनवरुद्ध उठते रहे हैं।"

...

"कंकु!"

"गुरुदेव!"

"दुर्धरा की मौत की परिस्थितियाँ तुम्हें स्मरण होंगी। इस घटना ने ही चन्द्र के मन में मेरे प्रति ईर्ष्या और रोष के बीज सर्वप्रथम रोपे थे। चन्द्र दुर्धरा से बहुत अधिक प्रेम करने लगा था, पर वह नहीं जानता था कि नन्द-सुता प्रेम और प्रतिशोध की पेंगें निरन्तर ले रही है।"

कंकु के मुख पर एक छाया हौले-से तैर गई।

"अब क्या हो, आर्य?"

"बिन्दुसार के क्या भाव हैं?" चाणक्य ने पूछा।

"युवराज सम्राट् की मन:स्थिति से विशेष चिन्तित दृष्टि नहीं पड़ते।"

"कारण?"

"कुछ उनकी स्वाभाविक निश्चिन्तता और कुछ उनके मित्र, आपके शिष्य सुबन्धु का प्रभाव।"

"हूँ!"

"वह चतुर है, महत्त्वाकांक्षी है, कुटिल है। कंकु!"

"गुरुदेव!"

"तुम चन्द्रगुप्त के हृदय की थाह लो। क्या मेरा वहाँ जाकर उससे मिलना फलदायक होगा?"

"जो आज्ञा, देव!"

"वत्स! एक अभूतपूर्व अन्तर्व्यथा मेरे हृदय को मथ रही है। चन्द्रगुप्त को मैंने हर संकट से बचाया है, पर इस वैराग्य के संकट से मैं सम्भवत: उसे बचा सकूँगा।"

"मैं चलू, आर्य?"

"हाँ। दो-तीन दिन में मुझसे मिलो। इस बीच चन्द्र को प्रेरित करो कि वह यहाँ आए।"

"जो आज्ञा!"

कंकु प्रणाम करके चला गया।

"कमन्द!" चाणक्य ने पुकारा।

कमन्द तत्काल भीतर आया।

"कुशल को भेजो।"

कुशल आजकल महामात्य के निजी गूढ़पुरुषों का प्रमुख था।

कुशल के आने पर चाणक्य ने आदेश दिया—

"सुबन्धु और भद्रबाहु पर योग्य चर नियुक्त करो।"

"जो आज्ञा, गुरुदेव!"

कुछ देर बाद कमन्द चाणक्य के पास आया तो चाणक्य ने कहा—

"कमन्द!"

"आर्य!"

"इस आश्रम के चारों ओर प्रमुख नाकों पर हमारी सुरक्षा के लिए जो छद्मवेशी सैनिक रहते हैं, उनके नायक से कहो कि अब हमें किसी सुरक्षा की आवश्यकता नहीं है। वे सब आज रात्रि तक राजधानी चले जाएँ। नायक सम्राट् से जाकर कहे कि मेरा ऐसा ही आदेश है।"

कमन्द ने सुना और वह एक पल के लिए हिचका।

"वत्स! जाओ। मेरा आदेश नायक को सुना दो।"

विनत होकर अनमना कमन्द धीमे-धीमे चला गया।

दिन बीत गया। संध्या के बाद कमन्द चाणक्य के सन्मुख करबद्ध आ खड़ा हुआ।

"क्या है, पुत्र?"

"गुरुदेव!"

"बोलो, बोलो।"

"आप इसे मेरी धृष्टता न मानें तो एक बात कहूँ?"

"कहो, वत्स!"

"जितना उद्विग्न दो दिन से आपको देख रहा हूँ, वह मेरे लिए आश्चर्य का विषय है।"

"कमन्द!"

"देव!"

"बैठो!"

कमन्द बैठ गया। उसकी उत्सुक आँखें आचार्य पर जमी रहीं। उसने देखा, गुरुदेव ने अपनी आँखें बन्द कीं, जैसे अपनी व्यथा को सहेज रहे हों और एक पल बाद ही उन्हें खोलकर भींजी दृष्टि उन्होंने शिष्य पर डाली।

"पुत्र! ठीक इसी प्रकार लगभग उन्तीस वर्ष पूर्व युवक कंकु ने मेरी गुह्य अन्तर्व्यथा पर उँगली रख दी थी। उस समय मुझे बहुत ही अच्छा लगा था। ठीक वैसी ही स्नेहयुक्त कृतार्थता की अनुभूति मुझे इस क्षण हुई है।"

गद्गद कमन्द ने उठकर अपना मस्तक चाणक्य के चरणों पर रख दिया।

"कमन्द! बहुधा समझा जाता है कि हम राजनीतिज्ञों में द्रवण की क्षमता नहीं रहती। ऐसी बात नहीं है। नियति के क्षण सामान्य जनों की तरह ही हमें भी विवश या विभोर करते हैं और विविध कर्म और विविध जन हमें भी सहज व्यथाएँ, वेदनाएँ दे जाते हैं। अवसर आते हैं, जब हम भी उन्हें दबाये नहीं रख पाते। पुत्र! जीवन की संध्या आने पर पहले की विराट् सफलताएँ भी अवसाद का कुहरा बनकर मानस पर छा जाती हैं। तब त्रिकाल पारदर्शी मेधा तक सब-कुछ जानते-देखते हुए भी विफल हो उठती है।" कहकर चाणक्य मौन हो गया।

"आर्य! सैनिकों को आपने क्यों हटवा दिया? "कमन्द ने प्रश्न किया।

"हाँ, वे सब चले गए न?"

"हाँ, गुरुदेव! पर आपकी सुरक्षा..."

"किससे?"

"आपके शत्रु तो कम नहीं हैं, आर्य!"

"मेरे शत्रु हैं?"

"हैं, आर्य!"

"हैं, तो उन्हें अवसर क्यों नहीं मिलना चाहिए?"

"साम्राज्य के लिए..."

"साम्राज्य अब दृढ़ है, वत्स! मेरी सुरक्षा की कोई संगति अब नहीं रह गई है। मैं ब्राह्मण हूँ और मुझे अब केवल ब्राह्मण की तरह जीना चाहिए।"

"गुरुदेव! आपके इस निर्णय के पीछे कोई गहरी बात है। आपकी उद्विग्नता अकारण नहीं है।"

"कमन्द! उन्तीस वर्ष पहले मेरी आन्तरिक ग्रन्थि को कंकु ने पकड़ लिया था। मेरे जीवन-क्रम में वह एक परिवर्तन ले आया था।"

"वह ग्रन्थि क्या थी, आर्य?"

"सुनना चाहोगे?" चाणक्य ने हँसकर पूछा।

"हाँ, आर्य!"

"तो सुनो कमन्द! मेरे पास अब गोपनीय क्या है? आज मुझे जैसे निवृत्ति की-सी अनुभूति हो रही है। पिछले अट्ठाईस वर्षों की कठोर व्यस्तता के पार झाँकने की मन:स्थिति आज मेरी बन रही है। वत्स! तक्षशिला की वह भूमि जहाँ मेरे जीवन के चालीस वर्ष बीते, आज मेरी आँखों के सामने मचल रही है।"

चाणक्य रुका। अतीत स्मृतियों ने जैसे उसका कंठावरोध कर दिया हो। कमन्द उत्कंठित चुप बैठा रहा। उसकी दृष्टि उसके मुख पर जमी रही।

"पुत्र! गोल्ल जनपद में एक छोटा-सा ग्राम है, चण। मेरा जन्म वहीं हुआ था। मेरे जन्म के ठीक बाद ही पिता को तक्षशिला में अध्यापक नियुक्त किया गया। अत: उन्होंने मुझे भाग्यशाली घोषित किया। पर उनकी घोषणा तब अन्यथा सिद्ध हो गई जब मेरे पाँच वर्ष के होते-होते माँ कालज्वर का शिकार होकर परलोक सिधार गई। शोक-सन्तप्त पिता आकर मुझे तक्षशिला लिवा ले गए। माँ की स्मृति, धुँधली सूक्ष्म चमक से अधिक मुझे नहीं है। आज भी कभी-कभी चेतना पर एक चित्र उभरता है, जैसे एक स्त्री मुझ शिशु को दोनों बाँहों पर लिए उछाल रही है और छाती से चिपकाकर चूम रही है। एक और चित्र हैं कि आग की लपट जैसी जलती एक भुजा ने खींचकर मुझे तपते तवे से अपने शरीर से चिपटा लिया है और मैं रो रहा हूँ। उस स्त्री की मुखाकृति का मुझे कोई आभास नहीं है। माँ की मृत्यु के साथ नारी के स्नेह और उसके संस्पर्श का मेरे लिए जैसे अन्त हो गया।"

चाणक्य फिर पलभर को रुका।

"मेरे पिता का नाम शिवगुप्त था, पर तक्षशिला में उन्हें चणक कहा जाता था। चण ग्राम का वासी होने के कारण, चणक। जब से मैंने चेतना सँभाली, मैंने यही नाम उनका सुना। पिता माँ से बहुत प्रेम करते थे। माँ की आकस्मिक मृत्यु को वे कभी भुला नहीं पाए। मुझे बाद में पता चला कि अनेकों ने भरसक प्रयास किया, पर

उन्होंने दूसरा विवाह करना स्वीकार नहीं किया। जहाँ तक मुझे ज्ञात है, उन्होंने कभी किसी अन्य स्त्री पर दृष्टिपात नहीं किया। उनके हृदय का वह स्रोत ही जैसे सूख गया था। उनका समस्त अन्त:रस दो बिन्दुओं पर केन्द्रित हो उठा। एक अपने छात्रों पर और दूसरे मुझ पर। पर उनका स्नेह कर्तव्य की कठिन धरती के नीचे अदृश्य रहकर प्रवाहित रहता था। मुझे उन्होंने कठोर अनुशासन में रखा। मेरी सर्वांगीण शिक्षा के लिए उन्होंने अत्यन्त व्यस्त कार्यक्रम निर्धारित किया। एक पल का अपव्यय भी वे सहन नहीं करते थे। हर प्रकार का काम मुझे करना पड़ता था। उन्होंने हर विषय की शिक्षा मुझे दी और दिलाई। वे दंड-नीति के अध्यापक थे, पर मुझे उन्होंने व्याकरण, धर्म, औषधि-विज्ञान और युद्ध-विद्या, सभी का गहन अभ्यास कराया। उनके हृदय में एक सपना था कि मैं बड़ा होकर सक्रिय राजनीति में उतरूँ। इसके लिए उन्होंने हर दृष्टि से ठोस आधार मुझे दिया। पिता बड़े ही आत्माभिमानी थे। उन्होंने कभी किसी छात्र या किसी अन्य से प्रत्याशा नहीं की। तक्षशिला विद्यापीठ के वरिष्ठ आचार्यों से वे बहुत ही कम, आवश्यकतावश ही मिलने जाते थे। राजपुरुषों एवं श्रेष्ठियों से न मिलना तो जैसे उनका व्रत था। परिणाम यह कि अन्यों जैसी आय उन्हें नहीं हो पाती थी। जो वृत्ति मिलती थी, उसका अधिकांश मेरे लिए शिक्षा-साधन जुटाने पर व्यय हो जाता था। पर वे संतुष्ट थे। हमारी इतनी ही बड़ी एक छोटी-सी कुटिया थी। मृद्भांडों एवं कुछ विस्तर-वस्त्रों के अतिरिक्त उसमें और क्या था? दिन-भर निर्मम श्रम के पश्चात् हम पिता-पुत्र अपनी कुटिया में आते, तब गुरु के स्थान पर पिता मुझे मिलते। वे मुझे अपने पास बिठाते; मेरे सिर पर, कमर पर हाथ फेरते। स्नेह और आनन्द से सिक्त दृष्टि से मुझे निरन्तर देखते रहते। अपने हाथ से भोजन तैयार करके पहले मुझे छकाते, तब स्वयं खाते। मेरी बालसुलभ बक-बक को विनोदपूर्वक सुनते। मुझे कथाएँ सुनाते या मुझसे विभिन्न विषयों पर चर्चाएँ करते। जब नींद आने लगती तो मुझे बिस्तर पर लिटाकर वे मेरे पास बैठ जाते और तब तक मेरे माथे को सहलाते रहते, जब तक मैं गहरी नींद में अचेत न हो जाता। जब मैं प्रात: जगता तो वे मुझे जगे ही मिलते। मैंने कभी उन्हें सोते नहीं देखा। कमन्द! मेरे भीतर जो है, वह उसी महापुरुष का है। मैं अन्तर्बाह्य से अपने पिता का सच्चा प्रतिरूप हूँ।"

कमन्द मुग्ध सुन रहा था।

"आप सचमुच बहुत भाग्यशाली थे, आर्य!"

चाणक्य हँस दिया।

"इस दृष्टि से चाणक्य सचमुच ही भाग्यशाली रहा, वत्स! पर एक दूसरे क्षेत्र में भाग्य उसे चकमा दे गया।"

"किसमें, आर्य?"

"वही तो है जिसके बारे में तुमने जिज्ञासा की थी। उसी पर मैं आ रहा हूँ। हमारी कुटिया से कुछ ही दूरी पर फलों का एक बगीचा था। इसमें एक शिवालय

था और साथ में साधुओं आदि के रहने-टिकने का स्थान भी था। हम बच्चे आरम्भ से ही वहाँ जाया करते थे। उस समय मैं बीस से कुछ ऊपर ही हो गया था। मैं नहीं जानता मेरा गौर मुख कितना तेजस्वी था, पर बदन मेरा, गठीला था। एक दिन मैं साथियों के संग मन्दिर में था कि एक यवन स्त्री अपनी शोडषी बेटी के साथ वहाँ पहुँची। मेरी दृष्टि उस अल्हड़ यवन किशोरी पर पड़ी। उगते अरुण-सा उसका मुख, सुनहरी केश-राशि, हँसती चपल आँखें। मैं उसे देखता रह गया। मेरी भौचक दृष्टि उससे चिपक-सी गई। अचानक उस किशोरी की दृष्टि भी मुझ पर पड़ी। मैंने देखा, वह मुस्काई और यह मुस्कान मेरे हृदय में गुभ गई। उस रात मैं सो न सका। उस सौन्दर्य की प्रतिमा ने मेरी नींद को भगा दिया। मुझे करवटें लेते देख पिता ने पूछा, 'क्या बात है, पुत्र?' 'कुछ नहीं, पिता!' मैंने पहली बार झूठ बोला। मैं अब प्रतिदिन उसी समय मन्दिर में पहुँच जाता। कभी-कभी वह मिलती। दोनों एक-दूसरे को देखते। मैं जड़ हो उठता और हेमा—उसका नाम हेमा था—मुस्करा पड़ती। एक दिन वह अकेली ही आई। यह देखकर मैं दूर-दूर न रहा, उसके बहुत निकट पहुँच गया। 'मेरा नाम हेमा है।' उसने कहा। मैं बोल ही न सका। 'तुम्हारा?' 'विष्णु!' मैंने कठिनाई से उत्तर दिया। 'तुम बहुत भोले हो।' उसने कहा। 'तुम...तुम बहुत सुन्दर हो।' मेरे मुँह से सहसा निकला। वह हँस दी, खिलखिला दी। वह दिन मेरे लिए अनेक वर्ष पश्चात् चन्द्रगुप्त के सिंहासनारोहण के दिन से भी बड़ा दिन था।'

कमन्द को विश्वास नहीं आ रहा था कि क्या कभी इन आचार्य चाणक्य ने भी प्रेम किया होगा। मौर्य साम्राज्य के महामात्य दुर्द्धर्ष चाणक्य और प्रेम! कमन्द को बड़ा ही अटपटा लग रहा था। पर सुना तो स्वयं आर्य ही रहे हैं न। अन्यथा कैसे हो सकता है। वह साँस रोके सुनता रहा।

"तब, आर्य?"

"संक्षेप में यह, कमन्द! कि मेरा और हेमा का मिलना-जुलना चलता रहा। मैं राजनीति, गुप्तचरी आदि के विषय में तरह-तरह के तथ्य बताता और हेमा संगीत-नृत्य आदि के विषय में पता नहीं क्या-क्या कहती। हेमा कितनी अनुरक्त थी, ज्ञात नहीं। पर मैं उसके मोह में डूबता ही जाता था। जब मैं हेमा के साथ होता तो शास्त्र हेमा की चकाचौंध में ओझल हो जाता। पिता को मेरे इस अनुराग का पता चला, तो उन्होंने मुझे समझाया, 'पुत्र! वह लड़की तुम्हारे योग्य नहीं है। वह संस्कारहीन है।' पर मेरा विचार था कि मैं ही हूँ जो उस अद्‌भुत सौन्दर्य-प्रतिमा के योग्य नहीं हूँ। वह मुझे मिल गई तो जैसे स्वर्ग ही मेरे हाथों में आ जाएगा। हम दोनों का यह मिलना कुछ मास चलता रहा। पिता ने उसके बाद मुझे नहीं टोका। उन्होंने स्यात् सोच लिया कि यह भी मेरी शिक्षा का एक आवश्यक अंग है। इस बीच पुत्र के लिए कन्या की खोज में वे जुट गए और उन्होंने अपने ही एक साथी की सुन्दर, विदुषी कन्या को पसन्द भी कर लिया। नाम था, यशोमती। तभी ऐसा हुआ कि हेमा का

आना अचानक बन्द हो गया। व्याकुल-विह्वल मैं नगर में उसके घर गया तो पता चला कि उसने एक प्रतिष्ठानी सामन्त से विवाह कर लिया है।"

कमन्द ने देखा कि आचार्य के होंठों पर एक हलकी-सी मुस्कान है और उसे लगा कि इस मुस्कान में घुले व्यथा और व्यंग आज भी फीके नहीं पड़े हैं।

वह इस प्रत्याशा में रहा कि चाणक्य आगे कुछ कहेंगे। पर वे बोले—

"जाओ, पुत्र! विश्राम करो।"

अगले दिन प्रात: ही सूचित किया गया कि सम्राट् गुरुदेव से मिलने आना चाहते हैं। चाणक्य मन ही मन हँसा। पहला पहर बीतते-बीतते सम्राट् चन्द्रगुप्त आ पहुँचे। रथ से उतरकर सेवकों-सैनिकों को वहीं छोड़ वे सीधे आचार्य की कुटिया में पहुँच गए। उन्होंने चरण-स्पर्श किया। चाणक्य ने हाथ उठाकर आशीर्वाद दिया। चन्द्रगुप्त सामने उसी आसन पर बैठ गया, जिस पर कल कंकु बैठा था।

"स्वस्थ हो, आयुष्मन्!" चाणक्य ने पूछा।

"हाँ, गुरुदेव! आपका स्वास्थ्य कैसा है?" चन्द्रगुप्त ने कहा।

"उत्तम है, वत्स! पर अब वृद्धावस्था विवश करने लगी है।"

"अभी कहाँ, आर्य?"

"मैं अब विश्राम चाहता हूँ, सम्राट्!"

"गुरुदेव!"

"हाँ, चन्द्र!"

"विश्राम की प्रार्थना करने तो मैं आया था।"

"तुम?" चाणक्य ने आश्चर्य प्रकट किया।

"हाँ, आर्य!"

"अभी तो तुम पचपन के भी नहीं हो, वत्स!"

"पर मैं बहुत क्षीण अनुभव करने लगा हूँ।"

"चन्द्र!"

"गुरुदेव!"

"क्या तुम चाहते हो, इतने श्रम से निर्मित यह साम्राज्य खंड-खंड होकर बिखर जाए और यवन आकर इस पर अधिकार कर लें?"

"नहीं, आर्य!"

"मेरा पुरुषार्थ अब थक चुका है, वत्स! और बिन्दुसार अभी बालक है।"

"आर्य! आपने सुरक्षा-सैनिक क्यों लौटा दिये?"

"मुझे अब उनकी क्या आवश्यकता है?"

"क्यों? अभी आप महामात्य हैं?"

"चन्द्र! साम्राज्य तुम्हारा है। तुम सम्राट् हो उसके। जब तुम सिंहासन छोड़ना, अपने दायित्व से भागना चाह उठे हो, तो मैं ही क्यों इस पद से चिपका रहूँ? मुझे तुमसे मोह रहा है, महामात्यत्व से मुझे कोई मोह नहीं है।"

"आर्य! बिन्दु को आपके संरक्षण एवं मार्गदर्शन की आवश्यकता होगी।"

चाणक्य ने एक गहरी दृष्टि चन्द्रगुप्त पर डाली। उसे लगा, जैसे वह वास्तविक न होकर कृत्रिम सम्राट् हो और अचानक निरीह हो उठा हो। जैसे वह निर्णय ले चुका हो।

"तुम्हारे मन में क्या है, वत्स!"

"गुरुदेव! सांसारिक कर्तव्य मुझे निस्सार लगने लगे हैं। यह मुकुट और ये वस्त्र अब मुझे काटते हैं। मैं इन्हें उतार फेंकने के लिए आतुर हूँ।"

"ऐसा क्यों है, वत्स?"

"कारण मैं नहीं जानता। पर मेरे भीतर कैवल्य की आकांक्षा जगी है।"

"कैवल्य? निर्वाण? किसके लिए?"

"आत्मा के लिए।"

"सम्राट्! तुमने करोड़ों लोगों को अव्यवस्था से मुक्ति दिलाई है, उन्हें सुरक्षा और समृद्धि प्रदान की है। तुमने कुभा से लेकर ब्रह्मपुत्र तक और काश्यपमेरु से लेकर तमिल देश तक फैले विशाल राष्ट्र को एक किया है। इससे विराट् और महत्त्वपूर्ण और किस निर्वाण की आवश्यकता तुम्हें है?"

"इस आत्मा के निर्वाण की, आर्य!"

"सम्राट्! तुम्हारी महान् उपलब्धि किसी मुक्ति या निर्वाण से छोटी नहीं है? उससे असन्तोष क्यों है तुम्हें?"

"आर्य! पहली बार आपकी अनुमति के बिना मैंने कुछ चाहा है।"

"क्या?"

"दीक्षा लेना।"

चाणक्य एक पल चुप हो उठा।

"तुम मुझसे रुष्ट हो, चन्द्र?"

"आप क्या कह रहे हैं?"

"तब ऐसा करो, कुछ वर्ष ठहर जाओ। यह शासन अब तुम सँभालो और युवराज को प्रशिक्षित करो। फिर जो चाहो, करना।"

"क्या यह आदेश है, आर्य?"

"नहीं। तुम्हें अब आदेश मैं नहीं दूँगा। तुम सोचकर देखो, शीघ्रता मत करो। कर्म के मार्ग से भी कैवल्य मिल सकता है, पुत्र!"

चन्द्रगुप्त ने कोई उत्तर नहीं दिया।

"तुमने कंकु से बात की?"

"नहीं, आर्य!"

"बात करो। वह तुम्हारा लड़कपन का साथी है। तुम्हारी सभी सफलताओं का सूक्ष्म आधार वही रहा है। तुम दृश्य सम्राट् हो, तो वह साम्राज्य का अदृश्य शासक है, जिसका नाम इतिहास कभी नहीं जानेगा। उससे परामर्श लो।"

"मैं जानता हूँ, वह क्या कहेगा।"

"तब?"

"गुरुदेव!"

"बोलो।"

"शव शिव नहीं बन सकता।"

"पुत्र! शव तुम अपने को मान बैठे हो। चित्त को निर्मल करो। शिव संकल्प और शिव कर्म से लोक का हित होता है, कर्म-संन्यास से एक अपना कल्याण भी सन्दिग्ध है। कर्म संन्यास हठ है। हठ कुंठित अहं में से पैदा होता है। तुम्हारे अहं को ठेस पहुँचाई होगी तो मैंने ही पहुँचाई होगी, वत्स! मैं पितृवत् हूँ। अब तुम मेरी उपेक्षा कर सकते हो।"

चन्द्रगुप्त ने हाथ बढ़ाकर आचार्य की चरण-रज ली। उसकी आँखों में आँसू भर आए।

"तात!" उसके मुँह से निकला।

"कहो, पुत्र!"

"क्या आप मेरा एक और अपराध क्षमा नहीं कर सकते?"

"तुमसे कभी कोई अपराध नहीं हुआ, चन्द्र! अब भी अपराध यह नहीं होगा। सम्राट् बनकर भी विनत अनुचर बने रहने का व्रत तुम्हीं ने निभाया है। तुम जैसा शिष्य पाकर मैं वास्तव में धन्य हो उठा हूँ।"

"देव! मैं कृतार्थ हुआ।"

"पुत्र! हर दृष्टि से विचार कर निर्णय लो। निर्णय लेने में तुम स्वतंत्र हो। पहली बार आज्ञा-अंग कर क्लेश तुम्हें पहुँचे, यह नहीं होने दूँगा मैं। मुझसे पन्द्रह दिन बाद मिलो। हर स्थिति में मेरा आशीर्वाद तुम्हें है। वत्स! नियति हमारी सुविधा-असुविधा, रुचि-अरुचि को गिनती में कब लेती है? जो होना हो, हो। चिन्ता करने के लिए कोई भी अनन्त काल तक जीवित नहीं रह पाता।"

"जो आज्ञा, गुरुदेव!" चन्द्रगुप्त प्रणाम कर बाहर आ गया।

इस बातचीत से चाणक्य के मुखमंडल का विक्षुब्ध तेज वापस लौट आया। एक वेदनासिक्त निश्चिन्तता से उसका अन्त:करण भर उठा। वह बहुत देर ध्यानस्थ बैठा रहा। कमन्द कई बार आया और गया। पर चाणक्य का ध्यान भंग नहीं हुआ।

तीसरा पहर आरम्भ होते ही कंकु आ गया।

"गुरुदेव! मैं मुनि भद्रबाहु से मिला था।"

"तो?"

"सम्राट् का दीक्षा लेना लगभग निश्चित प्रतीत होता है।"

"यही लगता है, वत्स!"

"भद्रबाहु के एक शिष्य ने कहा है कि महामात्य चाणक्य सम्राट् को दीक्षा लेने से रोक लें तो जानें।"

चाणक्य हँस पड़ा।

"मैं क्यों रोक लूँ? कंकु!"

"आर्य!"

"अपने विषय को सतर्क कर दो। पश्चिमोत्तर सीमाओं के विषयपति विशेष रूप से सन्नद्ध रहने चाहिए। तुम महाबलाधिकृत से मिल लो और मेरा वाचिक सन्देश उसे दो। हर कहीं सेना सतर्क रहे। तुम कंकु! महाबलाधिकृत पर विशेष दृष्टि रखो। राजभवन और पूरे पाटलिपुत्र में नियुक्त गढ़पुरुषों की आज ही पुनर्नियुक्ति करो। जैन श्रेष्ठि एवं मुनि वर्ग पर कड़ी चौकसी रखी जानी चाहिए। नगर में आने-जानेवालों की सूक्ष्म जाँच होनी आवश्यक है। युवराज बिन्दुसार को गूढ़पुरुषों से घेर दो और उसकी स्वतंत्रता सीमित कर दो। उसे आपत्ति हो तो कहला दो कि महामात्य का आदेश है। सुबन्धु को युवराज से नहीं मिलना चाहिए। उसके अवांछित सम्पर्क हो सकते हैं। उसे कहीं उलझा दो।"

"यह सब हो जाएगा, आर्य! पर..."

"बोलो, कंकु!"

"गुरुदेव! मैं भी अब अवकाश चाहता हूँ।"

"मैं तुम्हारी मनःस्थिति को समझता हूँ, पुत्र! अवकाश तो मुझे तुमसे पहले चाहिए। पर साम्राज्य को इस संक्रान्ति क्षण में छोड़ जाना क्या उचित होगा? तुम्हें कुछ वर्ष, अधिक नहीं तीन-चार वर्ष और टिकना होगा। बिन्दुसार चन्द्र जितना विनीत नहीं रहेगा। पर उसे जमाना तो होगा ही। क्यों? तब हम दोनों ही निवृत्त होंगे। मैं तुम्हारे ही परिवार में रहूँगा। तुम्हीं मेरी अन्तिम क्रिया करोगे, पुत्र! अभी से दक्षिण देश में एक ठिकाना बना लो। वहीं दोनों निर्विघ्न रहेंगे।"

कंकु का चेहरा खिल उठा। उसने चाणक्य के चरणों पर अपना माथा रख दिया।

"अब जाओ।" चाणक्य ने कहा।

"आर्य! वे सैनिक आपने क्यों हटा दिये?"

"तभी तो चन्द्र आज भागा आया। तुम्हें प्रेरित नहीं करना पड़ा उसे।"

"आपकी सुरक्षा में ढील नहीं आनी चाहिए।"

"यह अब तुम जानो।"

कंकु प्रणाम कर चला गया।

उपसंहार

पन्द्रह दिन बीत गए। आज चन्द्रगुप्त अन्तिम मिलन के लिए आनेवाला है। चाणक्य का हृदय विदीर्ण है, पर बाहर से वह संयत है। कमन्द हर समय उसके पास रहता है। वह भी आतुर है। एक महान् क्षण का साक्षी वह बन गया है, इसलिए कृतार्थ भी है। पर चाणक्य को हर समय अपने में डूबा पाकर चिन्तित है।

"गुरुदेव!"

"हाँ, पुत्र!"

"आप स्वस्थ हैं न?" उस प्रात: वह पूछ ही बैठा।

"सब कितना विचित्र लगता है, पुत्र! जैसे मार्ग के एक ओर खड़ा होकर मैं अपने ही जीवन की भीड़पूर्ण घटनाओं का रंगीन जुलूस चकित भाव से देख रहा हूँ।"

"आर्य! सम्राट् सिंहासन-त्याग कर रहे हैं?"

"कमन्द! संसार त्यागकर किसी मोक्ष या निर्वाण के पीछे भागना वैदिक महत्त्वाकांक्षा नहीं है। जीवन के अन्तिम क्षण तक सत्य का शोध ही आर्य परम्परा रही है।"

"मौर्य साम्राज्य का भविष्य क्या है, गुरुदेव?"

"मैं भविष्यवक्ता नहीं हूँ, पुत्र! सम्राट् कुछ भी सोचें, चाहें। यह निश्चित है कि कोई भी साम्राज्य शाश्वत नहीं हो सकता।"

कमन्द चुप हो रहा।

चन्द्रगुप्त आने ही वाला है और यह उससे उसकी अन्तिम भेंट होगी। जीवन का उपसंहार कितना हृदयविदारक होता है। कहते हैं, किसी भी घटित या पूर्वघटित की स्मृति से हृदय का विदीर्ण होना दुर्बलता है। पर यही क्या संवेदना की सार्थकता नहीं है?

तभी कंकु ने प्रवेश किया।

"सम्राट् आने ही वाले हैं।" उसने बताया।

"बिन्दुसार भी आ रहा है न?"

"हाँ, आर्य!"

"तुम यहीं रहना।"

"जो आज्ञा।"

"मैं चन्द्रगुप्त से क्या कहूँगा?"

"आप उसे आशीर्वाद दें, आर्य!"

"तुम ठीक कहते हो, कंकु! तुमने सदा मेरा मार्गदर्शन किया है। मुझे अब इस अहं से मुक्ति पानी होगी, अपने राजनीतिज्ञ के चोले को पूरी तरह उतार फेंकना होगा।"

"गुरुदेव!"

"कंकु! राधागुप्त को वापस बुला लो। आज मुझे हेमा की बहुत याद आ रही है। राधागुप्त के जन्म के पश्चात् हेमा को मैंने दूर-दूर ही रखा। पता नहीं क्यों एक ग्लानि ने मुझे आ घेरा था। मुझे आज इसका गहरा अनुताप है, कंकु! अपने पुत्र जीवक को भी बुला लो। मैं दोनों का विवाह कर देने के लिए उत्सुक हूँ! क्यों? तुम क्या कहते हो?"

"जो आज्ञा, आर्य!"

"कंकु! कर्णाट देश के एक क्षुद्र ग्राम में कुछ भूमि लेकर एक उपवन का निर्माण कराओ। वहीं एक कुटिया में हम दोनों रहेंगे। तुम्हारी पत्नी अभी स्वस्थ है। वह हम दोनों की सँभाल कर सकेगी।"

"निश्चय ही, आर्य!"

"वही अब उचित है। वहाँ रहकर अपने अर्थशास्त्र का मैं संस्कार करूँगा।"

"गुरुदेव! सुबन्धु का आचरण दुष्टतापूर्ण बनता जा रहा है। उसने बिन्दुसार को भड़काया है कि युवराज राजा बनने पर आपके जुए को उतार फेंके। उसने यहाँ तक कहा है कि आपने शत्रुतावश बिन्दुसार की माँ का उदर चिरवा दिया था।"

"एक महत्त्वाकांक्षी अयोग्य राजसेवक ऐसा ही मार्ग अपनाया करता है। शासन-सूत्र सुबन्धु के हाथ में नहीं जाना चाहिए। वह बिन्दुसार को नन्द बना देगा। बिन्दुसार के प्रसव के समय उपस्थित दाइयाँ अभी होंगी। तुम उनका साक्षात् युवराज से कराओ।"

"जो आज्ञा।"

"कंकु! बिन्दुसार की मन:स्थिति क्या है?"

"आर्य! युवराज पर जो प्रतिबन्ध इस बीच लगे, उनसे वे बहुत रुष्ट हैं। इस बीच सुबन्धु से न मिल पाने से भी वे खीजे हुए हैं।"

"सुबन्धु कहाँ तक जा सकता है?"

"कोई भी दुष्टता करने में वह समर्थ है, आर्य!"

"बिन्दुसार कितना उसके हाथ में है?"

"सम्राट्-पद के और साम्राज्य के प्रति अपने दायित्व की चेतना युवराज में है। युवराज और सुबन्धु केवल आपके प्रभुत्व के विरुद्ध एकमत हैं। दोनों के अपने-

अपने कारण हैं। सुबन्धु महामात्य-पद चाहता है और युवराज पूर्ण स्वायत्त रहने को उत्सुक हैं।"

"दोनों की इच्छा पूर्ण हो। राधा और जीवक दोनों को अपने ही बूते पर उन्नति करनी होगी।"

"हाँ, आर्य!"

"कंकु! दक्षिण में रहने का प्रबन्ध तत्काल कर लो। हो सकता है हमें शीघ्र ही कूच करना पड़े।"

"जो आज्ञा, आर्य।" यहाँ आपकी सुरक्षा के लिए विशेष व्यवस्था मैंने की है। आपको अपनी कुटी बदलनी होगी। सम्राट् के जाने के पश्चात् यह परिवर्तन आप कर लें।"

"ठीक है।"

तभी कमन्द ने आकर सूचित किया कि महाराज पहुँच गए हैं। कंकु उठकर बाहर गया। कुछ ही क्षणों में चन्द्रगुप्त, बिन्दुसार और कंकु ने प्रवेश किया। सम्राट् और युवराज ने चरण-स्पर्श किए।

चाणक्य ने आँखों में तरल स्नेह भरकर दोनों को ग्रहण किया और उत्तर में भाव-विगलित आशीर्वाद दिया। तीनों सामने बैठ गए।

"गुरुदेव! मैं विदा लेने आया हूँ।" चन्द्रगुप्त ने अवरुद्ध कंठ से कहा।

"तुम्हारी साधना सफल हो, चन्द्र! तुम्हारा नूतन लक्ष्य सिद्ध हो। यह हार्दिक कामना ही मैं तुम्हें दे सकता हूँ, वत्स!"

"मैं कृतार्थ हूँ, आर्य! मुझे आशीर्वाद दीजिए कि शारीरिक कष्टों को भी मैं उसी धैर्य एवं सुख से सहन करूँ, जिससे मैंने वैभव का वहन किया है। मैं वीरतापूर्वक ही इन्द्रियों की ऐषणाओं को निरस्त कर सकूँ।"

"अपने नए धर्म में भी, वत्स! तुम उसी उच्च शिखर को प्राप्त करो, जिसे तुम पहले प्राप्त कर चुके हो।" चन्द्रगुप्त ने हाथ बढ़ाकर फिर चरण-स्पर्श किया।

चन्द्रगुप्त ने हाथ बढ़ाकर फिर चरण-स्मर्श किया।

"चन्द्र!"

"आर्य!"

"कल प्रात: जा रहे हो?"

"हाँ, आर्य!"

"मैं उस अवसर पर उपस्थित नहीं रह सकूँगा। कंकु ही मेरा प्रतिनिधित्व करेगा।"

"जैसा आप उचित समझें।"

"युवराज का राज्यारोहण करके ही जाते।"

"मैं बिन्दु को आपको सौंपने के लिए लाया हूँ।"

"चन्द्र! युवराज उस सम्बन्ध को समझने में स्यात् असमर्थ सिद्ध होंगे जो मेरे और तुम्हारे बीच रहा है और जिसका निर्वाह तुमने अपने अहं को कुचल कर भी किया है। तुम्हारी इच्छानुसार युवराज को राजतिलक करके मैं भी अवकाश ग्रहण करूँगा।"

"नहीं, गुरुदेव! साम्राज्य का भार कुछ वर्ष आपको वहन करना होगा। बिन्दुसार अभी अबोध है। बन्धु कंकु! तुम भी कुछ कहो न!"

"महाराज!..."

"महाराज नहीं, केवल बन्धु।"

"बन्धु चन्द्र! सब काम नए सम्राट् की इच्छा के अनुकूल ही होंगे।" कंकु ने कहा।

"गुरुदेव ही बिन्दु की इच्छा को स्वस्थ रूप दे सकते हैं।"

"युवराज को महत्त्वाकांक्षी जनों के चंगुल में नहीं फँसना चाहिए। साम्राज्य के हित में अनिवार्य है कि उनमें व्यक्ति-विवेक हो।" कंकु ने कहा।

"क्यों बिन्दु! आर्य कंकु क्या कह रहे हैं?"

"यह कटाक्ष सुबन्धु को लेकर है, पितृपाद!" बिन्दुसार बोला।

"विनय सीखो, बिन्दु! शासन अविनय और अविवेक से नहीं चलता। इस मौर्य साम्राज्य के निर्माता और नियन्ता गुरुदेव का पथनिर्देश तुम्हारे लिए अनिवार्य है।"

"पर सुबन्धु मेरा मित्र है।"

"पुत्र! व्यक्तिगत मित्रता जैसी कोई वस्तु राजा के लिए नहीं होती। राज्य और प्रजा का मित्र ही राजा का मित्र होता है और इनका शत्रु ही उसका शत्रु। शत्रु और मित्र का चुनाव इसी सन्दर्भ में राजा को करना पड़ता है। मानवप्रकृति बहुत गहन और तामसिक कोनों से भरी होती है। सात्विक समर्पण दुष्प्राप्य है, वत्स!"

"बिन्दु!" चाणक्य ने कहना आरम्भ किया, "साम्राज्य सम्राट् से बड़ा होता है। समर्पण साम्राज्य के प्रति होना चाहिए, सम्राट् तो केवल उस समर्पण को प्रत्यक्ष ग्रहण करनेवाला है। इस तत्त्व को केन्द्रबिन्दु मानकर ही विवेक और सफलता सम्भव है। पुत्र! मुझे कोई आकांक्षा शेष नहीं है। मोह तो कभी भी नहीं रहा है। मैं यहाँ वन में हूँ। तुम्हें हर प्रकार की सहायता एवं संरक्षण देने के लिए मैं और कंकु कृतसंकल्प है। पर, तुम्हारे पिता पर जो आरोपण मैंने किया, वह तुम पर मैं कदापि नहीं करूँगा। तुम मुक्त हो। अपने निर्णय तुम स्वयं लो। हाँ, तुम्हें दृढ़ता से जमे देखकर मुझे प्रसन्नता होगी, नहीं तो खेद होगा। किसी को भी अपने प्रतिद्वंद्वी के रूप में देखने के लिए मैं प्रस्तुत नहीं हूँ। उसकी मुझे आवश्यकता भी नहीं है।"

"मैं क्षमाप्रार्थी हूँ, गुरुदेव!" बिन्दुसार ने कहा।

"बिन्दु!" चन्द्रगुप्त बोला, "मैं कल प्रात: चला जाऊँगा। एक बात ध्यान रखना, पुत्र! नियति किसी को क्षमा नहीं करती। विवेक, आध्यात्मिक विवेक ही है जो अनिष्ट को टाल सकता है।"

"मैं लज्जित हूँ, पितृपाद! गुरुदेव! मुझे क्षमा करें। पितृव्य आर्य कंकु, मैं आपसे भी क्षमा की याचना करता हूँ।"

तीनों ने बिन्दुसार को पास लेकर चुमकारा और प्यार किया।

"पिता से भी प्रतापी सम्राट् बनो, वत्स!" चाणक्य ने आशीर्वाद दिया।

"गुरुदेव! पितृश्री पर जो अधिकार आपने समझा है, वही मुझ पर भी समझें।"

"आयुष्मान् हो, पुत्र!" चन्द्रगुप्त ने कहा।

"युवराज! परम यशस्वी बनी।" कंकु बोला।

"चन्द्र!"

"गुरुदेव!

"कितना लम्बा युग बीत गया। छत्तीस लम्बे वर्ष! तुम दस-ग्यारह के थे। स्मरण है तुम्हें नदी-तट पर राजा बनने का खेल, मुझे गायों का दान, वह अमरूद का पेड़, गृह-द्वार पर मुझे देखकर तुम्हारा डरा-डरा चेहरा? सब जैसे कल की बात है।"

"हाँ, गुरुदेव!"

"तुम आज भी वही हो। जैसे एक युग तक मेरे आश्रम में रहकर तुम आज जा रहे हो, नया जीवन आरम्भ कर रहे हो। विषाद से पूर्ण होते हुए भी मैं प्रसन्न हूँ, चन्द्र! मेरा हृदय, मेरा आशीर्वाद तुम्हारे साथ है।"

"मैं कृतार्थ हूँ, गुरुदेव! जो आपसे मुझे मिला है, वही तो आगे भी मेरे काम आनेवाला है। मैं अब आपसे अन्तिम विदा लेता हूँ, आर्य!"

कहकर चन्द्रगुप्त ने अपना सिर चाणक्य के चरणों पर रख दिया। वह उठा और द्वार की ओर चल दिया। बिन्दुसार और कंकु पीछे-पीछे चले। चाणक्य वहीं बैठा रहा और उसने आँखें बन्द कर लीं।

चन्द्रगुप्त मुनि धर्म में दीक्षित होकर भद्रबाहु के साथ चला गया। बिन्दुसार पूरे वैभव प्रदर्शन के साथ सिंहासन पर बैठ गया। सिल्यूकस की पुत्री कार्नेलिया उसके पार्श्व में सुशोभित हुई। चाणक्य ने राजतिलक किया और वह वापस अपने आश्रम में आ गया। सुबन्धु को वरिष्ठ अमात्य बना दिया गया, पर महामात्य-पद चाणक्य के पास ही रहा। कंकु प्रधान गूढ़पुरुष के पद पर प्रतिष्ठित रहा। राधागुप्त को अवर मंत्री और जीवक को एक प्रमुख गूढ़पुरुष का पद प्राप्त हो गया। चाणक्य ने दोनों का विवाह भी कर दिया।

एक दिन चाणक्य ने दोनों को बुलाया और कहा—

"पुत्रो! तुम दोनों को उच्चतम शिक्षा दी गई है। शिक्षा की सार्थकता विवेक में है। तुम दोनों वैसे ही एक-दूसरे के मित्र और पूरक बनो जैसे मैं और कंकु बने हैं।

दोनों साम्राज्य के सेवक बनो और सम्राट् के श्रेष्ठ हित की साधना करो। इस मार्ग पर चलने से तुम्हारे शत्रु निरस्त होंगे और तुम्हें सफलता एवं आत्मतुष्टि मिलेगी।"

चाणक्य ने अपने को आरोपित करने तथा सब-कुछ अपनी मुट्ठी में रखने की नीति त्याग दी। केवल परामर्श देने का दायित्व ही उसने अपने पर रखा। कंकु के माध्यम से वह पूरी जानकारी रखता और आवश्यक निर्देश देता। राज्य के मंत्री उसके पास आते रहते और सम्राट् भी जब-तब आते। बिन्दुसार का मन अब साफ था और वह चाणक्य के निर्देशन के महत्त्व को समझने लगा था। वह चाहता था कि इसी प्रकार चलता रहे। पर सुबन्धु को यह रुचिकर नहीं हो रहा था। वह महामात्य बनने के लिए व्यग्र था। वैसे जब भी वह चाणक्य के पास आता था, विनम्रता की मूर्ति बना दृष्टि पड़ता था।

एक दिन सुबन्धु ने सम्राट् से निवेदन किया ही—

"महाराज! कब तक आचार्य चाणक्य की छाया में रहकर अपनी प्रभुसत्ता को सीमित एवं कुंठित रखेंगे आप?"

"सुबन्धु! मैं ऐसा नहीं सोचता। आचार्य तुम्हारे और मेरे दोनों के गुरु और मौर्य साम्राज्य के जनक हैं। उनकी छत्र-छाया जब तक बनी रहे, शुभ ही है।"

"आचार्य ने आपकी माँ के साथ जो दुर्व्यवहार किया, वह भी क्या सम्राट् ने भुला दिया है?"

"वह दुर्घटना थी, सुबन्धु! आचार्य ने सूझ-बूझ से काम लिया, नहीं तो मैं भी कहाँ होता।"

"सम्राट्! वह दुर्घटना नहीं थी। चाणक्य की ही परोक्ष प्रेरणा या षड्यंत्र से सम्राज्ञी ने वह विषाक्त भोजन खाया था।"

"अपने ही आचार्य से यह द्वेष तुम्हें क्यों है?"

"द्वेष मुझमें नहीं है, सम्राट्! पर गुरुता, प्रभुत्व एक सीमा तक ही पच पाता है। उनका अर्थशास्त्र है; अब उनकी आवश्यकता नहीं है।"

"तब तो मेरे प्रभुत्व से भी तुम शीघ्र ही उकता जाओगे।"

"आप सम्राट् हैं और सम्राट् की सत्ता शाश्वत है।"

"सुबन्धु! इस विषय में विकलता से काम नहीं लिया जा सकता। विचार किया जाएगा।"

सुबन्धु निराश लौटा। पर बिन्दुसार से उसकी बातचीत ने चाणक्य के प्रति उसके द्वेष, आक्रोश को उद्दीप्त ही किया। वह कई बार सोचता कि आखिर इस दुर्भाव का कारण क्या है। चाणक्य ने उसे सदा ही पुत्र का स्नेह दिया है। शिक्षा दी है। अब भी हर विषय पर उत्तम परामर्श उसे निस्संकोच मिलता है। फिर भी चाणक्य

का ध्यान आते ही उसका तन क्यों फूँस की झोंपड़ी की तरह जलने लगता है? क्यों वह इस ईर्ष्या के वशीभूत हुआ जाता है?

सुबन्धु ने प्रतीक्षा की, पूरे छ: मास वह देखता रहा कि कब सम्राट् बिन्दुसार चाणक्य को अपदस्थ करके उसे या किसी भी अन्य को महामात्य नियुक्त करते हैं। पर वैसा नहीं हुआ। सम्राट् से दुबारा इस विषय पर बात करना उसने उचित नहीं समझा। उसने तय किया कि इतिहास के महानतम षड्यंत्रकारी को षड्यंत्र के द्वारा ही हटाया जाए।

और एक रात चुपचाप जाकर सुबन्धु ने उस कुटिया में आग लगा दी, जिसमें आचार्य चाणक्य सो रहे थे। पल-भर में ही तीक्ष्ण लपटें उठने लगीं। आश्रमवासी पानी ले-लेकर भागे, पर आग को बुझाया नहीं जा सका। देखते-देखते ही कुटिया जलकर राख हो गई। पर बहुत खोजने पर भी न तो वहाँ से कोई अस्थिपंजर मिला, न ही आचार्य चाणक्य कहीं मिल पाए।

सम्राट् बिन्दुसार ने सुबन्धु को पकड़वाकर बन्दीगृह में डलवा दिया। पर चाणक्य को खोज निकालने के सभी राजकीय प्रयास विफल रहे। विशेष बात यह हुई कि उसी दिन से कंकु भी सपत्नीक लुप्त हो गया। राधागुप्त और जीवक भी उन दोनों के विषय में कुछ न बता सके।

✪